北京高速公路巡检养护手册

（桥梁、隧道）

于保华 主编

东南大学出版社
SOUTHEAST UNIVERSITY PRESS
·南京·

图书在版编目(CIP)数据

北京高速公路巡检养护手册. 桥梁、隧道 / 于保华主编. — 南京:东南大学出版社,2019.12
 ISBN 978-7-5641-8748-4

Ⅰ.①北… Ⅱ.①于… Ⅲ.①公路养护-技术手册②公路桥-养护-技术手册③公路隧道-公路养护-技术手册 Ⅳ.①U418-62②U448.145.7-62③U459.2-62

中国版本图书馆 CIP 数据核字(2019)第 287095 号

北京高速公路巡检养护手册(桥梁、隧道)

出版发行	东南大学出版社
出 版 人	江建中
社　　址	南京市四牌楼 2 号(邮编 210096)
印　　刷	江苏凤凰数码印务有限公司
经　　销	全国各地新华书店
开　　本	787 mm×1092 mm　1/16
印　　张	26.75
字　　数	647 千字
版　　次	2019 年 12 月第 1 版印刷
印　　次	2019 年 12 月第 1 次印刷
书　　号	ISBN 978-7-5641-8748-4
定　　价	128.00 元

* 本社图书若有印装质量问题,请直接与营销部联系,电话:025—83791830。

北京首发公路养护工程有限公司
《北京高速公路巡检养护手册(桥梁、隧道)》

编审委员会

主　　任：张　祥　曹　炜
副 主 任：于保华　景海林
编　　委：刘阳杰　高玉梅　王　革　聂　雷　朱从伟
主　　编：于保华
副 主 编：闫　强　王　革
编写人员：师　慧　杜　森　刘　新　翟亦民　王肖磊
　　　　　郭振华　郑文军　赵雅芳

PREFACE 前言

  在桥梁、隧道设计、建设到投入使用的运营管理全寿命期内，主体和附属结构将遭遇各种风险，不可避免地产生缺陷、病害和损伤，导致土建结构状态的不利性改变和结构损伤与劣化。为规范桥梁隧道的养护管理工作，保障公路畅通和桥隧运行安全，依据国家相关法律法规，结合北京首发公路养护工程有限公司高速公路管理体制，制订本手册。

  编制养护辖区内公路桥梁、隧道的巡检养护手册，其基本目标是制定恰当合理的巡检养护方案，通过规范化、标准化和信息化的手段开展桥梁、隧道巡检养护工作，管理桥隧土建结构的损伤和劣化，评定构件和土建结构的技术状况，保障其能够及时得到经济、合理、科学的养护或维修，确保在全寿命期内具有全面、良好的服务水平。

  本书由北京首发公路养护工程有限公司总工程师于保华主持编制，其中，桥梁篇第1章至第17章正文部分由于保华编写，附件1至附件7由闫强整理编写，隧道篇中第1章至第10章由闫强、王革整理编写，第11章至17章由杜森整理编写。总工程师于保华负责统筹、协调、审稿。

CONTENT 目录

第1部分 桥梁篇(Bridge Part)

1 总则 2

  1.1 简介 2
  1.2 适用范围 2
  1.3 参考标准与指南 3
  1.4 附件说明 3

2 术语 4

  2.1 通用术语 4
    2.1.1 桥梁基本信息卡片(Bridge condition card) 4
    2.1.2 经常检查(Routine inspection) 4
    2.1.3 定期检查(Regular inspection) 4
    2.1.4 专门检查(Detail inspection) 4
    2.1.5 应急检查(Contingency inspection) 4
    2.1.6 风险(Risk) 4
    2.1.7 应急预案(Emergency plan) 5
    2.1.8 紧急情况(Emergency) 5
    2.1.9 事故(Accident) 5
    2.1.10 应急反应(Emergency response) 5
  2.2 专业术语 5
    2.2.1 养护(Maintenance) 5
    2.2.2 预防性养护(Preventive maintenance) 5
    2.2.3 装置(Device) 5

2.2.4	巡检(Inspection) ………………………………………………	5
2.2.5	巡检通道(Inspection channel) ………………………………	5
2.2.6	上部结构(Superstructure) ……………………………………	6
2.2.7	下部结构(Substructure) ………………………………………	6
2.2.8	桥面系(Bridge deck system) ………………………………	6
2.2.9	桥梁技术状况(Bridge technical condition) ………………	6
2.2.10	小修保养(Routine maintenance) ……………………………	6
2.2.11	加固(Strengthening of structure) …………………………	6

3　工程简介 ……………………………………………………………… 7

　　3.1　概况 …………………………………………………………………… 7
　　3.2　技术设计 ……………………………………………………………… 8
　　　　3.2.1　高速公路桥梁 ………………………………………………… 8
　　　　3.2.2　一级公路桥梁 ………………………………………………… 8
　　　　3.2.3　二级公路桥梁 ………………………………………………… 8
　　3.3　养护现状 ……………………………………………………………… 9
　　　　3.3.1　梁桥 …………………………………………………………… 10
　　　　3.3.2　拱桥 …………………………………………………………… 12
　　　　3.3.3　斜拉桥 ………………………………………………………… 13

4　应急事件处置 ………………………………………………………… 15

　　4.1　应急事件的类型 ……………………………………………………… 15
　　4.2　事件处理的一般流程 ………………………………………………… 15
　　4.3　突发事件处理 ………………………………………………………… 16
　　　　4.3.1　交通事故 ……………………………………………………… 16
　　　　4.3.2　火灾事故 ……………………………………………………… 18
　　　　4.3.3　危险化学品事故 ……………………………………………… 19
　　　　4.3.4　地震 …………………………………………………………… 22
　　　　4.3.5　恶劣天气引发事故 …………………………………………… 22
　　　　4.3.6　桥梁坍塌事故 ………………………………………………… 22
　　　　4.3.7　冬季除雪防滑 ………………………………………………… 23

5 日常清洁 ··· 24

5.1 概述 ·· 24
5.2 流程 ·· 24
5.3 清洁内容、频率及要求 ··· 25
5.4 清洁管理要求 ··· 27
5.5 安全保障措施 ··· 27

6 经常检查 ··· 28

6.1 概述 ·· 28
6.2 日常巡查 ·· 28
6.2.1 流程 ·· 29
6.2.2 巡查对象及频率 ··· 29
6.2.3 巡查内容和方法 ··· 30
6.3 经常检查 ·· 31
6.3.1 概述 ·· 31
6.3.2 检查目的 ··· 32
6.3.3 检查频率及方式 ··· 32
6.3.4 常规部位检查内容 ·· 32
6.3.5 重点部位检查内容 ·· 36

7 定期检查 ··· 42

7.1 概述 ·· 42
7.2 目的 ·· 42
7.3 检查时间 ·· 43
7.4 内容及方法 ··· 43
7.4.1 材料检查 ··· 43
7.4.2 结构检查 ··· 57
7.5 验收工作 ·· 67

8 专门检查 ··· 69

8.1 检查目的 ·· 69
8.2 检查频率 ·· 69

8.3 检查内容 ... 70
8.4 注意事项 ... 72
8.5 检查验收 ... 73

9 桥梁结构评定标准 ... 74

9.1 技术状况评定 ... 74
9.1.1 概述 ... 74
9.1.2 技术状况评定思路 ... 74
9.1.3 技术状况评定算法 ... 75
9.1.4 桥梁评定流程 ... 78
9.1.5 5类桥梁技术状况单项控制指标 ... 78
9.2 专项评定 ... 79
9.2.1 桥梁抗震专项评估 ... 79
9.2.2 桥梁结构变形与变位专项评估 ... 81
9.2.3 汽车荷载专项评估 ... 85

10 结构单元解析 ... 92

10.1 解析原则 ... 92
10.2 梁桥 ... 92
10.3 拱桥 ... 94
10.4 斜拉桥 ... 95

11 管养体系 ... 101

11.1 管养组织架构 ... 101
11.2 桥梁工程师团队体系职责 ... 102
11.2.1 公司级桥梁养护工程师 ... 102
11.2.2 桥隧办公室 ... 102
11.2.3 公司桥检队 ... 102
11.2.4 各生产单位、桥检队桥隧主管（中心级桥梁养护工程师） ... 103
11.2.5 各单位桥检队 ... 103
11.3 管养制度要求 ... 104
11.3.1 桥梁养护管理责任划分制度 ... 104

11.3.2	信息公开制度	104
11.3.3	养护资金管理制度	104
11.3.4	养护工程师制度	104
11.3.5	桥梁例行检查制度	105
11.3.6	桥梁动态评估管理制度	106
11.3.7	技术档案管理制度	106
11.3.8	定期培训制度	106
11.3.9	挂牌督办制度	107

12 养护标准及措施 ... 108

12.1	总体目标	108
12.2	养护策略	108
12.3	桥梁工程	109
12.3.1	主要承重结构	110
12.3.2	斜拉索	112
12.3.3	桥塔	114
12.3.4	支座	114
12.3.5	桥面铺装	114
12.3.6	桥墩基础	115
12.3.7	排水设施	115
12.3.8	护栏栏杆	115
12.3.9	照明	116
12.3.10	伸缩缝	116
12.4	保洁绿化工程	116

13 桥梁运营安全风险及易损性分析 ... 118

13.1	运营安全风险评估	118
13.1.1	风险评估的目的	118
13.1.2	运营期主要风险事件	118
13.1.3	主要风险事件分析	119
13.2	结构易损性分析	122
13.2.1	空心板(实心板)单板受力	122
13.2.2	斜坡桥梁滑移	123

  13.2.3 独柱、弯坡桥梁倾覆 …… 123
  13.2.4 跨中下挠严重 …… 124
  13.2.5 桥墩下沉倾斜 …… 124

14 技术档案管理 …… 125

 14.1 概述 …… 125
 14.2 技术档案 …… 125
  14.2.1 建设期文档 …… 125
  14.2.2 运营期文档 …… 126

15 预防性养护 …… 127

 15.1 概述 …… 127
 15.2 目的、理念及优点 …… 127
 15.3 预养护措施分类 …… 128
 15.4 预防性养护方案设计 …… 128
  15.4.1 一般规定 …… 128
  15.4.2 预防性养护设计流程 …… 129
  15.4.3 预防性养护时机确定流程 …… 129
 15.5 预防性养护方案 …… 130
  15.5.1 周期性养护措施（非基于状态） …… 130
  15.5.2 基于状态养护措施 …… 133
 15.6 常见问题及预养护措施 …… 140
  15.6.1 大量使用融雪剂造成的耐久问题 …… 140
  15.6.2 钢结构的防腐问题 …… 141
  15.6.3 伸缩缝锚固区混凝土破损问题 …… 143
  15.6.4 T梁横隔板破损、开裂问题 …… 144

16 应急管理 …… 146

 16.1 突发事件应急预案 …… 146
  16.1.1 编制依据 …… 146
  16.1.2 损伤分级 …… 146
  16.1.3 协调指挥 …… 147

16.1.4 应急预案的类型 … 147
16.1.5 事件处理的一般流程 … 147
16.1.6 突发事件处理方法 … 148
16.2 应急检查 … 158
16.2.1 定义及目的 … 159
16.2.2 检查方法 … 159
16.2.3 检查内容及要求 … 159
16.2.4 应急预警分级及管理 … 161
16.2.5 记录方法及表格 … 162

17 安全管理 … 163

17.1 安全规程 … 163
17.1.1 一般规定 … 163
17.1.2 安全管理 … 163
17.1.3 突发事件处置 … 164
17.2 养护作业安全管理 … 164
17.2.1 组织分工 … 164
17.2.2 事故分级报告制度 … 165
17.2.3 事故分级标准 … 165
17.2.4 施工交通管制 … 166
17.3 突发事件安全管理 … 168
17.3.1 交通事故 … 168
17.3.2 火灾事故 … 168
17.3.3 危险化学品事故 … 169
17.3.4 恶劣天气引发事故 … 169

附件1 全线桥梁卡片（单独成册） … 171

附件1.1 六环路桥梁卡片(592座) … 171
附件1.2 京藏高速桥梁卡片(141座) … 171
附件1.3 大广高速桥梁卡片(250座) … 171
附件1.4 京广线桥梁卡片(43座) … 171
附件1.5 京港澳高速桥梁卡片(142座) … 171
附件1.6 京昆高速桥梁卡片(128座) … 171

附件 1.7　机场第二高速桥梁卡片(25 座) ······ 171
附件 1.8　京津高速桥梁卡片(122 座) ······ 171
附件 1.9　京新高速桥梁卡片(163 座) ······ 171
附件 1.10　京哈高速桥梁卡片(115 座) ······ 171
附件 1.11　京昆联络线桥梁卡片(48 座) ······ 171
附件 1.12　五环路桥梁卡片(315 座) ······ 172
附件 1.13　京密高速桥梁卡片(4 座) ······ 172
附件 1.14　京平高速桥梁卡片(47 座) ······ 172
附件 1.15　京哈线桥梁卡片(32 座) ······ 172
附件 1.16　机场北线桥梁卡片(33 座) ······ 172
附件 1.17　京承高速桥梁卡片(97 座) ······ 172
附件 1.18　妫川路桥梁卡片(21 座) ······ 172
附件 1.19　八达岭高速桥梁卡片(2 座) ······ 172

附件 2　各线路重点桥梁结构解析表(单独成册) ······ 173

附件 2.1　京哈高速 ······ 173
附件 2.2　京港澳高速 ······ 173
附件 2.3　京藏高速 ······ 173
附件 2.4　大广(京广)高速 ······ 173
附件 2.5　六环路 ······ 173
附件 2.6　京承高速 ······ 173
附件 2.7　京平高速 ······ 173
附件 2.8　五环路 ······ 173
附件 2.9　拱桥斜拉桥 ······ 173
附件 2.10　结构拆分桥梁明细表 ······ 173

附件 3　重点桥梁历史病害(单独成册) ······ 174

附件 4　桥梁结构病害及其产生机理 ······ 175

1　混凝土材质 ······ 175
2　钢材 ······ 179
3　上部结构 ······ 180

3.1	混凝土箱梁	180
3.2	空心板梁	182
3.3	T梁	183
3.4	小箱梁	185
3.5	拱桥承重结构	186
3.6	盆式橡胶支座	187
3.7	板式橡胶支座	189

4 下部结构 190
    4.1 桥墩 190
    4.2 桥台 192

5 桥面系 193
    5.1 模数式伸缩缝 193
    5.2 梳齿板伸缩缝 195
    5.3 桥面铺装 196
    5.4 附属设施 198

附件5　桥梁日常养护记录表 202

1 《公路桥涵养护规范》(JTG H11—2004)桥梁经常检查记录表 202
2 《公路桥涵养护规范》(JTG H11—2004)桥梁定期检查记录表 203
3 《公路桥涵养护规范》(JTG H11—2004)桥梁基本状况卡片 205
4 日巡查记录表(斜拉桥) 207
5 经常检查记录表 208
6 定期检查记录表 209
7 专门检查记录表 210
8 应急检查记录表 211

附件6　桥梁结构检查措施库 212

1 回弹仪:检测混凝土强度 212
2 超声回弹检测仪:检测混凝土强度 213
3 钢筋位置测定仪:检测钢筋位置 216
4 碳化深度尺:检测混凝土碳化深度 217
5 裂缝测深仪:检测裂缝深度 218
6 钢筋锈蚀仪:检测钢筋锈蚀情况 219

- 7 氯离子含量检测仪：检测氯离子含量 ………………………………………… 220
- 8 混凝土电阻率测试仪：检测混凝土电阻率 …………………………………… 221
- 9 激光测距仪：测距定位 ………………………………………………………… 223
- 10 水准仪：高程测量 ……………………………………………………………… 224
- 11 全站仪：变位测量 ……………………………………………………………… 227
- 12 振弦式应变计：应变测量 ……………………………………………………… 228
- 13 磁粉探伤仪：钢结构无损检测 ………………………………………………… 229
- 14 钢结构涂层厚度检测仪：钢结构涂层厚度 …………………………………… 230
- 15 漏磁法拉索检测设备：拉索探伤 ……………………………………………… 231
- 16 光电挠度仪：挠曲度、变形测量 ……………………………………………… 232
- 17 缆索机器人：拉索检查 ………………………………………………………… 233
- 18 连通管：挠度测量 ……………………………………………………………… 233

附件7 桥梁维修加固工艺 …………………………………………………………… 235

- 1 混凝土结构维修加固工艺 ………………………………………………………… 235
  - 1.1 结构腐蚀破坏 ……………………………………………………………… 235
  - 1.2 混凝土裂缝限值 …………………………………………………………… 235
  - 1.3 混凝土表观缺陷处置 ……………………………………………………… 236
  - 1.4 混凝土结构裂缝处置 ……………………………………………………… 241
- 2 钢结构的维修加固工艺 …………………………………………………………… 243
- 3 基础的维修加固 …………………………………………………………………… 245
- 4 斜拉索维修加固 …………………………………………………………………… 246
- 5 桥面铺装 …………………………………………………………………………… 247
  - 5.1 工艺流程 …………………………………………………………………… 249
  - 5.2 技术要求 …………………………………………………………………… 252
- 6 支座的维修及更换 ………………………………………………………………… 253
- 7 伸缩缝的维修及更换 ……………………………………………………………… 254
- 8 防撞护栏的维修 …………………………………………………………………… 255

第 2 部分 隧道篇(Tunnel Part)

1 总则 ········258

1.1 简介 ········258
1.2 安全规程 ········258
1.2.1 一般规定 ········258
1.2.2 安全管理 ········259
1.2.3 突发事件处置 ········259
1.3 参考标准 ········260
1.4 更新规定 ········261
1.5 附件说明 ········261

2 术语 ········263

2.1 通用术语 ········263
2.1.1 分离式隧道(Separated tunnel) ········263
2.1.2 连拱式隧道(Multi-arch tunnel) ········263
2.1.3 小净距隧道(Neighbourhood tunnel) ········263
2.1.4 下沉式隧道(Subsidence-style tunnel) ········263
2.1.5 单元结构解析(Object breakdown structure) ········263
2.1.6 经常检查(Regular inspection) ········263
2.1.7 定期检查(Periodic inspection) ········263
2.1.8 应急检查(Emergency inspection) ········264
2.1.9 专项检查(Special inspection) ········264
2.1.10 改建工程(Alteration improvement) ········264
2.1.11 报警(Alarm) ········264
2.1.12 警报(Alarm) ········264
2.1.13 应急预案(Emergency plan) ········264
2.1.14 紧急情况(Emergency) ········264
2.1.15 小修保养工程(Routine maintenance) ········264
2.1.16 中修工程(Minor maintenance) ········264
2.1.17 大修工程(Major maintenance) ········265
2.2 专业术语 ········265

2.2.1	土建结构(Tunnel structure)	265
2.2.2	边坡(Side-slope)	265
2.2.3	仰坡(Heading-slope)	265
2.2.4	洞门(Portal)	265
2.2.5	明洞(Open cut tunnel)	265
2.2.6	衬砌(Lining)	265
2.2.7	紧急停车带(Emergency parking area)	265
2.2.8	仰拱(Invert)	265
2.2.9	车行横洞(Transverse traffic tube)	265
2.2.10	人行横洞(Pedestrian Crosswalk)	266
2.2.11	巡检(Patrol)	266
2.2.12	公路隧道养护(Maintenance for highway tunnel)	266
2.2.13	养护等级(Maintenance grade)	266
2.2.14	预防性养护(Preventive maintenance)	266
2.2.15	隧道加固(Strengthening of existing tunnel)	266
2.2.16	隧道病害(Tunnel disease)	266
2.2.17	病害处置(Disease treatment)	266
2.2.18	衬砌裂缝(Lining crack)	266
2.2.19	渗漏水(Leaking water)	267
2.2.20	衬砌剥落(Lining spalling)	267
2.2.21	冻害(Frost damage)	267
2.2.22	衬砌背后空洞(Cavities behind the lining)	267
2.2.23	衬砌变形(Lining deformation)	267
2.2.24	衬砌劣化(Lining degradation)	267
2.2.25	错台(Staggered platform)	267
2.2.26	路面裂缝(Pavement crack)	267
2.2.27	路面隆起(Road hump)	267
2.2.28	侵限(Beyond limit)	267
2.2.29	车辙(Rutting)	268
2.2.30	坑槽(Pit slot)	268
2.2.31	磨光(Burnish)	268
2.2.32	套拱(Umbrella arch)	268
2.2.33	加热法(Heating methods)	268
2.2.34	防冻隔温系统(Thermal insulation system)	268
2.2.35	洞口安全影响区(The affected area of security)	268

3 工程简介 ... 269

3.1 概况 ... 269
3.2 技术设计 ... 272
3.2.1 分离式隧道 ... 272
3.2.2 连拱式隧道 ... 274
3.2.3 单洞隧道 ... 274
3.2.4 小净距隧道 ... 275
3.2.5 下沉式隧道 ... 276
3.3 土建结构技术状况 ... 277
3.3.1 总体检查结果 ... 277
3.3.2 隧道典型病害 ... 277

4 结构单元解析 ... 283

4.1 解析原则 ... 283
4.2 分离式隧道 ... 284
4.3 连拱隧道 ... 288
4.4 单洞隧道 ... 290
4.5 小净距隧道 ... 291
4.6 下沉式隧道 ... 291

5 日常巡查与清洁 ... 293

5.1 概述 ... 293
5.2 日常巡查 ... 293
5.2.1 基本要求 ... 293
5.2.2 流程 ... 293
5.2.3 频率和方法 ... 294
5.2.4 巡查内容 ... 294
5.2.5 日常巡查工作任务单 ... 295
5.3 清洁 ... 296
5.3.1 基本要求 ... 296
5.3.2 流程 ... 296
5.3.3 清洁内容、频率及要求 ... 297

  5.3.4 清洁管理要求 …… 298
  5.3.5 安全保障措施 …… 298

6 经常检查 …… 300

 6.1 概述 …… 300
 6.2 经常检查 …… 301
  6.2.1 概述 …… 301
  6.2.2 检查频率 …… 301
  6.2.3 检查方法 …… 301
  6.2.4 检查内容及要求 …… 301
  6.2.5 检查要点及注意事项 …… 303

7 定期、应急及专项检查 …… 309

 7.1 定期检查 …… 309
  7.1.1 概述 …… 309
  7.1.2 检查周期 …… 309
  7.1.3 检查内容及要求 …… 309
 7.2 应急检查 …… 310
 7.3 专项检查 …… 311
  7.3.1 检查频率 …… 311
  7.3.2 检查内容及要求 …… 311

8 基础状况检查 …… 313

 8.1 概述 …… 313
 8.2 检查要求 …… 313
 8.3 检查内容 …… 313
  8.3.1 资料收集 …… 313
  8.3.2 现场检测 …… 317
  8.3.3 检测方法 …… 317

9 土建结构技术状况评定 …… 319

 9.1 概述 …… 319

9.2 技术状况评定 ··· 319
　　9.2.1 评定技术路线 ··· 319
　　9.2.2 评定方法 ··· 320
　　9.2.3 分项及权重 ··· 321
9.3 分项技术标准 ··· 321
9.4 结构技术状况评定 ··· 326

10 管养体系 ··· 329

10.1 隧道工程师团队体系职责 ··· 329
　　10.1.1 公司级隧道养护工程师 ··· 329
　　10.1.2 桥隧办公室 ··· 330
　　10.1.3 公司隧检队 ··· 330
　　10.1.4 各养护中心隧检队隧道主管 ··· 331
　　10.1.5 各中心隧检队 ··· 331
10.2 管养制度要求 ··· 331
　　10.2.1 巡检养护原则 ··· 331
　　10.2.2 土建养护单位主要职责 ··· 332
　　10.2.3 隧道养护技术管理制度 ··· 332

11 预养护体系 ··· 334

11.1 概述 ··· 334
　　11.1.1 定义 ··· 334
　　11.1.2 目的 ··· 334
11.2 养护措施分类 ··· 334
11.3 预防性养护的设计与实施方案 ··· 334
　　11.3.1 预防性养护设计 ··· 334
　　11.3.2 养护时机确定流程 ··· 335
　　11.3.3 方案实施条件 ··· 336
　　11.3.4 养护方案选择 ··· 336
11.4 预防性养护工作重点 ··· 337
　　11.4.1 洞口 ··· 337
　　11.4.2 洞门 ··· 338
　　11.4.3 衬砌 ··· 338

11.4.4　检修道 ·· 338
　　11.4.5　排水系统 ··· 339

12　运营安全风险评估与解析 ··· 340

12.1　概述 ··· 340
12.2　运营事故分类、成因及特点 ··· 340
12.2.1　分类 ·· 340
12.2.2　成因 ·· 341
12.2.3　特点 ·· 342
12.3　安全设防等级 ··· 343
12.3.1　影响因素 ·· 343
12.3.2　隧道重要度分级标准 ·· 344
12.3.3　基于运营安全度的隧道管理分类办法 ·· 345
12.3.4　隧道运营环境评价 ·· 347
12.3.5　隧道运营环境等级划分 ·· 347
12.4　运营期安全风险评估 ··· 348
12.4.1　评估流程 ·· 348
12.4.2　风险识别 ·· 349
12.4.3　风险估计 ·· 350
12.4.4　风险评价 ·· 351
12.4.5　风险控制 ·· 353

13　技术档案管理 ··· 357

13.1　概述 ··· 357
13.2　档案分类 ··· 357
13.2.1　建设期文档 ·· 357
13.2.2　运营期文档 ·· 358
13.3　归档原则及流程 ··· 359
13.3.1　纸质档案归档要求 ·· 359
13.3.2　电子档案归档要求 ·· 359
13.3.3　归档流程 ·· 360
13.4　管理流程 ··· 360

14 保养维修与病害处置 ... 362

- 14.1 概述 ... 362
- 14.2 保养维修 ... 362
- 14.3 病害处置 ... 363
  - 14.3.1 病害处置分类 ... 363
  - 14.3.2 基于病害表观特征分类 ... 364
  - 14.3.3 按照病害产生的部位属性分类 ... 365
  - 14.3.4 基于结构健康状态分类 ... 365
  - 14.3.5 隧道病害处置要求 ... 366

15 水下隧道养护管理 ... 367

- 15.1 隧道土建结构分解 ... 367
- 15.2 日常巡查与清洁 ... 370
  - 15.2.1 日常巡查 ... 370
  - 15.2.2 清洁 ... 371
- 15.3 检查 ... 372
  - 15.3.1 经常检查 ... 372
  - 15.3.2 定期检查 ... 372
  - 15.3.3 应急检查 ... 373
  - 15.3.4 专项检查 ... 373
- 15.4 土建结构技术状况评定 ... 373
- 15.5 保养维修与病害处置 ... 374
  - 15.5.1 减光罩保养与维修 ... 374
  - 15.5.2 防撞护栏 ... 374

16 应急管理 ... 375

- 16.1 一般规定 ... 375
- 16.2 应急组织机构与职责 ... 375
  - 16.2.1 应急组织机构构成 ... 375
  - 16.2.2 应急组织机构职责 ... 375
- 16.3 管理程序 ... 377
  - 16.3.1 处置流程 ... 377

  16.3.2 信息管理 ·· 377
  16.3.3 管理制度 ·· 380
  16.3.4 恢复与重建 ·· 383
 16.4 保障措施 ·· 383
 16.5 宣传、培训和演练 ·· 384
 16.6 突发事件应急预案 ·· 384
  16.6.1 交通事故 ·· 384
  16.6.2 火灾事故 ·· 386
  16.6.3 化学危险品事故 ·· 388
  16.6.4 非正常情况 ·· 391
  16.6.5 应急检查 ·· 393

17 安全管理 ·· 395

 17.1 概述 ·· 395
 17.2 安全规定 ·· 395
 17.3 养护作业控制区布置 ·· 395
  17.3.1 单洞双向隧道 ·· 395
  17.3.2 双洞单向隧道 ·· 399

第1部分

桥梁篇
(Bridge Part)

1 总则

1.1 简介

本手册是北京首发公路养护工程有限公司(简称首发养护公司)养护段内桥梁工程的巡检养护手册。

桥梁从设计、建造到投入使用的运营管理全寿命期内,桥梁结构将遭遇各种风险,不可避免地产生缺陷、病害或损伤,导致结构状态的不利性改变和结构损伤与劣化。结构损伤与劣化由人工巡检(包括检查和检测)获得。重点通过规范化、标准化和信息化地开展桥梁巡检养护工作,管理桥梁结构的损伤和劣化,评定构件和桥梁的技术状况,保障其能够得到及时、经济、合理、科学的养护或维修,确保在全寿命期内具有良好的服务水平。

为确保桥梁始终处于正常使用状态和为公众提高水平的服务,本手册提供了有关管理养护的工作资料,同时还介绍了正确完成任务的方法。

建立桥梁检测与维护策略的基本目标是通过制定科学合理的检测与维护方案,确保结构不因提前老化失去其功能或对公众安全造成威胁,以最低的成本达到合格的养护标准,使其在设计使用年限内始终保持优良的服务水平。

(1) 为加强和规范桥梁的养护管理工作,保障公路畅通和桥梁运行安全,依据国家相关法律法规,结合首发养护公司高速公路管理体制,制订本手册。

(2) 养护管理应贯彻"预防为主,安全至上"的工作方针,努力提高桥梁结构的耐久性和安全性。

1.2 适用范围

本管养手册适用于首发养护公司桥梁建成通车运行期间的巡检养护管理。巡检养护范围包括:

(1) 养护段内各类型桥梁主体结构,如主梁、墩台基础、支座等;

(2) 桥面系,如桥面铺装、排水系统标志、标线、轮廓标等;

(3) 桥梁附属设施。

1.3 参考标准与指南

管养手册的编制参考了现行国家和北京市相关规范、规章制度等，主要依据如下：

(1)《交通运输部关于进一步加强公路桥梁养护管理的若干意见》(交公路发〔2013〕321号)；

(2)《公路桥梁养护管理工作制度》(交公路发〔2007〕336号)；

(3)《公路桥梁技术状况评定标准》(JTG/T H21—2011)；

(4)《公路桥梁承载能力检测评定规程》(JTG/T J21—2011)；

(5)《公路钢筋混凝土及预应力混凝土桥涵设计规范》(JTG D62—2012)；

(6)《公路桥涵设计通用规范》(JTG D60—2015)；

(7)《公路桥涵养护规范》(JTG H11—2004)；

(8)《公路养护安全作业规程》(JTG H30—2015)；

(9)《公路工程质量检验评定标准》(JTG F801—2012)；

(10)《回弹法检测混凝土抗压强度技术规程》(JGJ/T 23—2011)；

(11)《公路桥梁钢结构防腐涂装技术条件》(JT/T 722—2008)；

(12)《钢结构现场检测技术标准》(GB/T 50621—2010)；

(13)《超声回弹综合法检测混凝土强度技术规程》(CECS 02：2005)；

(14)《建筑工程资料管理规程》(DBJ01—51—2015)；

(15)《市政基础设施工程资料管理规程》(DB11/T808—2011)；

(16)《城市桥梁工程施工质量检验标准》(DB11/1072—2014)。

1.4 附件说明

手册的附件是对部分章节内容的补充说明，附件主要有以下内容：

附件1—全线桥梁卡片；

附件2—各线路重点桥梁结构解析表；

附件3—重点桥梁历史病害；

附件4—桥梁结构病害及产生机理；

附件5—桥梁日常养护记录表；

附件6—桥梁结构检查措施库；

附件7—桥梁维修加固工艺。

2 术语

2.1 通用术语

2.1.1 桥梁基本信息卡片(Bridge condition card)

桥梁基本状况卡片又称桥梁卡片,是为将桥梁信息录入数据库建立永久性档案的信息卡片。

2.1.2 经常检查(Routine inspection)

它是对桥面系、结构部件、附属设施及桥梁保护区域内的施工作业等进行的经常检查,以便能够及时发现损伤并及时采取保养与维修措施。

2.1.3 定期检查(Regular inspection)

按规定周期,对桥梁主体结构及附属构造物进行定期跟踪的全面详细检查。主要检查各部件的功能是否完善有效,构造是否合理耐用,发现需要大、中修,改善或限制交通的桥梁缺损情况,同时检查小修保养情况。

2.1.4 专门检查(Detail inspection)

根据经常检查和定期检查的结果对需要进一步判明损坏原因、缺损程度或使用能力的桥梁针对病害进行专门检查。

2.1.5 应急检查(Contingency inspection)

当桥梁受到灾害性损伤后,为了查明破损状况,采取应急措施,组织恢复交通,对结构进行的详细检查和鉴定工作。

2.1.6 风险(Risk)

桥梁运营期间可能对桥梁结构安全造成威胁的因素,包括材料老化、特殊事件等。

2.1.7 应急预案(Emergency plan)

(1)在紧急情况发生时,应遵循的包括指定的岗位职责、行动和程序的方案文件。
(2)针对某一可能发生的事件制定的具体应急办法。
(3)在具体系统失效或者操作崩溃时,针对某一隐蔽实体或者业务单元使用的应急计划。一个紧急预案可以使用任何数量和形式的资源。

2.1.8 紧急情况(Emergency)

对健康、安全、环境或者财产产生潜在的威胁,要求立即行动的突然、非预期状况。

2.1.9 事故(Accident)

对桥梁运营和安全产生不利影响的异常和意外(包括意外事故)事件。

2.1.10 应急反应(Emergency response)

事故和紧急情况发生后,对破坏或影响进行评估,明确所需控制措施的行为。
注:① 除了明确与人身安全相关的事项及疏散行动外,应急反应还应明确相关的政策、程序和行为。
② 紧急事件或灾难的应急反应应像灾难事件的结果一样紧随灾难事件发生而开展。

2.2 专业术语

2.2.1 养护(Maintenance)

为保持桥涵及附属物的正常使用而进行的经常性保养及维修作业;预防和修复桥涵的灾害性损害及为提高桥涵使用质量和服务水平而进行的改造。

2.2.2 预防性养护(Preventive maintenance)

为防止桥梁风险发生而采取的周期性养护措施。

2.2.3 装置(Device)

除钢或混凝土单元外,对结构性能有一定作用的单元,一般包括支座、阻尼器和伸缩缝。

2.2.4 巡检(Inspection)

为掌握结构现在实际状态,确认结构劣化和性能的行为。

2.2.5 巡检通道(Inspection channel)

到达结构或构件特定位置的路径。

2.2.6 上部结构(Superstructure)

桥梁支座以上跨越桥孔部分的总称。

2.2.7 下部结构(Substructure)

支撑桥梁上部结构并将其荷载传递至地基的桥墩、桥台和基础的总称。

2.2.8 桥面系(Bridge deck system)

上部结构中直接承受车辆、人群等荷载并将其传递到主梁的整个桥面构造系统,包括桥面铺装、人行道、灯柱等。

2.2.9 桥梁技术状况(Bridge technical condition)

它指桥梁结构或构件在强度、刚度、稳定性和耐久性(缺损状况、适应性状况)等方面的技术特征的总称,如结构位移、构件变形、混凝土表观质量、缺损状况和钢筋锈蚀状况等。

2.2.10 小修保养(Routine maintenance)

对桥涵和附属物进行预防性保养和修补其轻微损坏部分,使其保持完好状态。

2.2.11 加固(Strengthening of structure)

当桥涵构造物局部损坏或承载能力不足时进行的修复和加强工程措施。

3 工程简介

3.1 概况

首发养护公司养护段内共有线路20条(表3.1),分别是大广高速、京承高速、京藏高速、八达岭路、京昆高速、京哈高速、京新高速、京港澳高速、京津高速、京台高速、京昆联络线、京密高速、京平高速、五环路、六环路、京广线、京哈线、机场北线、机场第二高速、妫川路。截至2019年1月,养护段内共有桥梁2 375座,涵洞929座。

表3.1 养护段内桥梁分布概况表

序号	线路名称	路线编号	桥梁分布/座	涵洞分布/座
1	八达岭路	S325	2	0
2	大广高速	G45/H45	218	172
3	妫川路	S232	21	18
4	机场北线	S28/T28	33	10
5	机场第二高速	S51/T51	25	3
6	京藏高速	G6/H6	141	88
7	京承高速	S11/T11	76	28
8	京港澳高速	G4/H4	142	27
9	京广线	G106/H106	77	21
10	京哈高速	G1/H1	115	58
11	京哈线	G102/H102	32	9
12	京津高速	S15/T15	122	39
13	京昆高速	G5/H5	130	20
14	京昆联络线	S66/T66	48	4
15	京密高速	S35/T35	4	24
16	京平高速	S32/T32	47	5
17	京台高速	G3/H3	86	0
18	京新高速	G7/H7	137	36
19	六环路	G4501/H4501	597	302
20	五环路	S50/T50	322	65
	合计		2 375	929

3.2 技术设计

不同结构形式桥梁的设计标准和参数会有不同,本节按照桥梁结构形式进行分类,对桥梁的设计标准及参数进行说明,方便后续巡检养护人员对桥梁情况进行整体把握,各桥梁详细资料见附件1(全线桥梁卡片)。

包括公路等级、设计速度、荷载标准、坡度、设计水位、设计风速、地震、坐标及高程系统等内容。

3.2.1 高速公路桥梁

高速公路桥梁工程设计标准及参数:

(1)公路等级　单向2~4车道高速公路。

(2)桥面铺装类型　沥青混凝土。

(3)荷载等级　汽车—超20级或公路Ⅰ级。

(4)抗震系数　0.20、0.30或8度设防。

3.2.2 一级公路桥梁

养护段内妫川路为一级公路,桥梁工程设计标准及参数:

(1)公路等级　双向2~4车道一级公路。

(2)桥面铺装类型　沥青混凝土。

(3)荷载等级　汽车—超20级或公路Ⅰ级。

(4)抗震系数　0.20、0.30或8度设防。

3.2.3 二级公路桥梁

养护段内八达岭路为二级公路,公路桥梁工程设计标准及参数:

(1)公路等级　单向两车道二级公路。

(2)桥面铺装类型　沥青混凝土。

(3)荷载等级　汽车—超20级。

(4)抗震系数　0.20、0.30或8度设防。

3.3 养护现状

本章节依据 2016 年 12 月定检情况,按照梁桥、拱桥、斜拉桥的形式进行归纳,重点关注各类型桥梁的技术状况等级及病害现状。各类结构形式桥梁仅选取具有代表性的部分桥梁进行总结,桥梁常见病害类型及产生机理详见附件 4。养护区段内 3、4 类桥梁分布及列表如表 3.2、3.3 所示。

表 3.2 养护区段内 3、4 类桥梁分布表

序号	线路名称	路线编号	3 类桥梁/座	4 类桥梁/座
1	八达岭路	S325	0	0
2	大广高速	G45/H45	1	0
3	妫川路	S232	0	0
4	机场北线	S28/T28	0	0
5	机场第二高速	S51/T51	0	0
6	京藏高速	G6/H6	10	1
7	京承高速	S11/T11	2	0
8	京港澳高速	G4/H4	4	0
9	京广线	G106/H106	2	0
10	京哈高速	G1/H1	7	0
11	京哈线	G102/H102	0	0
12	京津高速	S15/T15	0	0
13	京昆高速	G5/H5	0	0
14	京昆联络线	S66/T66	0	0
15	京密高速	S35/T35	0	0
16	京平高速	S32/T32	2	0
17	京台高速	G3/H3	0	0
18	京新高速	G7/H7	0	0
19	六环路	G4501/H4501	5	0
20	五环路	S50/T50	2	0
	合计		35	1

表 3.3 养护区段内 3、4 类桥梁列表

桥梁名称	路线名称	跨径组合	技术状况
京哈进京上四环内环匝道桥	京哈	3×28+3×35+1×28+2×24+1×21+2×24+1×21	3 类
K0+178 通道桥(右幅)	京哈	1×16	3 类
K0+178 通道桥(左幅)	京哈	1×16	3 类
K0+303 通道桥(左幅)	京哈	1×16	3 类
K0+303 通道桥(右幅)	京哈	1×16	3 类

续表 3.3

桥梁名称	路线名称	跨径组合	技术状况
K15+946 通道桥(右幅)	京哈	2×16.6	3类
郎府四桥(匝道)	京哈	23+37.3+23	3类
阀东路东桥(右幅)	京港澳	1×19.4	3类
阀东路东桥(左幅)	京港澳	1×19.4	3类
阀东路西桥(右幅)	京港澳	1×19.4	3类
阀东路西桥(左幅)	京港澳	1×19.4	3类
北沙滩桥(右幅)	京藏	27+19.62+40+27+27	3类
北沙滩桥(左幅)	京藏	27+19.62+40+27+27	4类
沙河北桥(右幅)	京藏	6×24	3类
沙河北桥(左幅)	京藏	6×24	3类
百葛服务区跨线桥	京藏	5×18.5+22+23.5+20.5+22	3类
南站村跨线桥	京藏	6×25+27+36+23	3类
山羊洼一号桥	京藏	2×7.5+80+2×10	3类
东老峪一号桥	京藏	60+76+60	3类
东老峪二号桥	京藏	56+82+56	3类
东老峪三号桥	京藏	22+32+22	3类
滚天沟桥	京藏	30+25+7×30+25+11.5	3类
K1151+937 主线桥(右幅)	大广	3×30	3类
潞阳桥(左幅)	六环路	36×25	3类
闫村桥(右幅)	六环路	6×35+2×30+1×35+1×30+1×35+1×30+7×35	3类
六环内环上京拉路匝道桥(右幅)	六环路	46+50+46+3×36+3×33	3类
六环外环上京藏进京2号匝道桥	六环路	25+2×40+25	3类
K187+415 通道桥(右幅)	六环路	3×25	3类
K39+100 通道桥(右幅)	京广线	1×5	3类
K39+530 通道桥(右幅)	京广线	2×6	3类
京承出京上四环外匝道桥	京承	3×39+48+52+48+4×42.5	3类
京承进京上五环内环匝道桥	京承	4×24+5×28+1×35	3类
K13+617 通道桥(右幅)	京平	1×15	3类
K13+617 通道桥(左幅)	京平	1×15	3类
外环上圆明园西路出京2号匝道桥	五环路	30+40+30+40+30	3类
京藏出京上五环外环匝道通道桥(匝道)	五环路	1×16	3类

3.3.1 梁桥

梁桥中以京藏高速沙河大桥为例对养护情况进行说明。

3.3.1.1 左幅

沙河大桥左幅在2016年12月定期检查中技术状况评定为2类。桥梁主要病害：

(1) 上部结构梁体T梁翼板存在麻面、泛白、剥落露筋，箱梁梁底存在剥落露筋、横向裂缝伴泛白、锈胀、泛白，箱梁翼板存在剥落露筋、受水侵蚀，湿接板存在泛白。

(2) 下部结构桥墩盖梁存在剥落露筋、麻面、受水侵蚀，桥台存在麻面、受水侵蚀、竖向裂缝。

(3) 该桥桥面系伸缩缝存在堵塞现象，存在泄水管丢失。

重点病害图片见图3.1～3.6。

图3.1 麻面

图3.2 泛白

图3.3 剥落露筋

图3.4 受水侵蚀

图3.5 混凝土剥落

图3.6 桥台竖向裂缝

3.3.1.2 右幅

沙河大桥右幅2016年12月定检桥梁评为2类。桥梁主要病害：

（1）该桥上部结构T梁梁底纵向裂缝伴泛白、受水侵蚀；T梁翼板存在泛白、麻面、剥落露筋、纵向裂缝；箱梁梁底存在剥落露筋、泛白、纵向裂缝、横向裂缝、锈胀；箱梁翼板、腹板存在受水侵蚀；箱梁翼板存在剥落露筋、锈胀；箱梁腹板存在锈胀；湿接板存在泛白；横隔板存在泛白、剥落露筋、剥落、横向裂缝。

（2）下部结构桥墩盖梁受水侵蚀、剥落、剥落露筋、锈胀、横向裂缝、麻面；桥台受水侵蚀、剥落露筋；抗震挡块破损。

（3）该桥桥面系伸缩缝堵塞；护栏开裂破损；泄水管丢失、破损。

重点病害见图3.7～3.10。

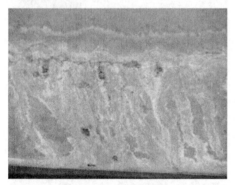 图3.7　纵向裂缝、泛白

 图3.8　麻面

 图3.9　剥落露筋

 图3.10　横向裂缝

3.3.2　拱桥

拱桥以京藏高速居庸关一号桥（K46+774.00）为例，对桥梁技术状况及病害情况进行说明：

（1）该桥编号为H6110114L0030，桥跨组合1 m×30.0 m，桥梁全长40.0 m，桥梁平面面积为460.0 m²，主桥结构形式为拱桥；全桥结构技术状况综合评定为2类桥。

（2）该桥上部结构主拱圈剥落露筋、锈胀剥落、麻面，拱脚竖向裂缝，腹拱圈剥落；下部

结构桥台竖向、横向裂缝。

现场病害见图3.11~3.14。

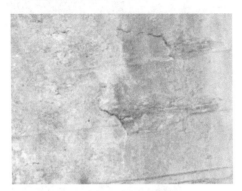

图3.11 主拱圈剥落露筋

图3.12 主拱圈拱脚竖向裂缝

图3.13 桥台竖向裂缝

图3.14 桥台横向裂缝

3.3.3 斜拉桥

京新上地桥结构形式为五跨连续独塔单索面预应力混凝土斜拉桥,全长510 m。主塔采用塔、墩固结体系,主梁支撑于塔墩上,塔高99 m,主梁中心高3.37 m,索塔高速与中跨比为0.38。主梁采用预应力混凝土的大悬臂单箱五室截面,全宽为35.50 m,顶板宽35.26 m,底板宽20 m。

2016年12月定检技术状况评定为2类,但主梁被评定为4类构件,检查发现主梁问题较多。

桥梁主要病害表现为:

(1) C1N′、C1W′斜拉索外包管开裂;锚拉筒与拉索外包套筒密封处老化开裂。

(2) 主梁箱梁外腹板斜向裂缝。

(3) 主梁箱内横隔板大量斜向裂缝,顶板纵向裂缝,次边箱内腹板竖向裂缝。

(4) 索塔下塔柱大量竖向裂缝。

(5) 人孔中室有可燃物堆积,主梁中室普遍存在积水情况。

现场病害见图3.15~3.20。

图 3.15　第 39 跨左翼板斜向裂缝

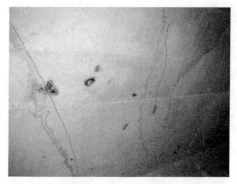
图 3.16　右侧 33♯箱室内左腹板竖向裂缝

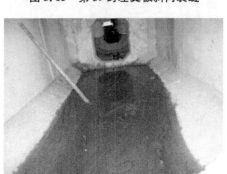
图 3.17　积水

图 3.18　索塔竖向裂缝

图 3.19　可燃物堆积

图 3.20　外包管开裂

4 应急事件处置

本巡检手册中应急事件处置的目标使用者为各养护中心桥梁工程师、桥检队及养护队。

4.1 应急事件的类型

(1) 交通事故；

(2) 机电系统及供电系统重大故障；

(3) 火灾事故；

(4) 危险化学品事故；

(5) 地震事故；

(6) 恶劣天气引发事故；

(7) 桥梁坍塌事故；

(8) 冬季除雪防滑工作；

(9) 大风天气；

(10) 其他突发事件。

4.2 事件处理的一般流程

(1) 接收信息：通过监控设备主动发现和通过电话、对讲系统等被动方式获得信息。各养护中心应多途径收集事件相关信息。依托政府、社会信息资源，收集可能影响桥梁结构安全的相关结构损伤信息，及时受理重点结构损伤预警信息。

(2) 登记核实：详细询问信息来源和记录有关情况，确认事件的真实性，了解事件的具体起因和目前进程。为确保能够准确判断，应记录以下几点：事故地点、事故情况、人员伤亡情况、对桥梁结构安全的影响程度。

(3) 分类分级上报：根据对桥梁结构的安全影响，各中心桥梁工程师判断桥梁结构安全损伤的分级，通知公司相关部门领导，请示处理意见。

(4) 下达指令：根据请示的结果，向养护中心桥检队及养护队下达指令。

(5) 相关责任部门在规定时间到达现场进行处理。

(6) 跟踪处理过程：

养护中心应主动通过视频图像、电话等途径持续向现场人员、事件处理人员及其他知情人员了解事件的进展情况。

现场事件处理人员或事件知情人员（包括公司监控人员、公司养护人员等）应主动向养护中心通报事件处理进程相关信息（包括现场人员处理事件的各种要求、事态进展与否及事件发展预估等）。

(7) 信息反馈：养护中心及时将以下信息通知现场、有关责任部门和相关领导：

① 发生事故的单位及事故发生的时间、地点；

② 事故类型、事故的影响程度；

③ 事故的简要经过、伤亡人数；

④ 事故处置的情况和采取的措施；

⑤ 需要有关部门和单位协助事故抢救和处理的有关事宜；

⑥ 事故的报告单位、签发人和报告时间。

(8) 在相应表格中记录事件处理的全过程，注意事件发生在摄像头可监控位置，进程中应全程控制摄像头的角度和远近位置，确保录像能够完整清晰地记录事件的全过程，事后人员对能反映事件情况的相关位置及事件内容的录像资料及记录日志等资料按照命名原则、存放位置进行备份。

4.3 突发事件处理

4.3.1 交通事故

(1) 各养护中心桥梁工程师职责。当各中心管辖区域内某处桥梁发生交通事故时，应及时通知报备桥隧办公室以及其他相关部门和人员，与现场保持密切联系，并做好桥梁结构安全工作。

① 通过监控图像切换至相应的位置，确认现场情况，并对事故现场进行录像，为日后确保桥梁结构安全保留宝贵的视频材料。

② 立即启动应急预案，确定发生事故的地点、情况，事故靠近桥梁的哪个车行通道。

③ 如需暂时封闭某位置以确保桥梁结构不发生更大的结构损伤，可上报公司桥梁办公室后由其通知管辖该路段的交警发生事故的地点、简况以及需要紧急封闭桥梁或采取其他的临时措施。

④ 利用对应事故路段的有线广播进行呼叫。引导驾驶员向后续车辆发出警告信号并开启报警灯，如在夜间桥梁内应及时开启示宽灯和尾灯；引导驾驶员和乘车人必须迅速转移到右侧的路肩上或者紧急停车带内；引导驾驶员在肇事车来车方向的后方150 m处设置"故障车警告标志牌"，以引起后续车辆的注意；引导驾驶员通过紧急电话向高速公路的桥梁管理部门求援或利用通信工具向高速公路交警报警。

⑤ 更改来车方向的交通信号灯、可变情报板、可变限速标志诱导指挥事故路段的交通状况。

⑥ 根据现场人员反馈的事故现场信息、指令作进一步的处理（如开关桥上照明灯），并及时将事故现场的反馈信息通知信息中心，有伤员则联系急救医院（简要说明伤情），有路产损失则联系路政值班人员，有抛洒物则联系养护公司或相关部门，若有火灾或危险品渗漏则联系消防队。同时及时告知现场人员相关业务单位、部门的处置情况。

⑦ 监控好其他路段的通行状况。

⑧ 详细做好相关记录，包括事故状况、处置措施、相关联系情况等。

(2) 接到事故报告后，各中心桥梁工程师团队应迅速组织人员成立应急小分队。在确保自身安全的情况下，根据事件严重等级，赶赴事故现场。如事故重大，视情况上报公司桥隧办公室并转公司级桥梁工程师，由公司级桥梁工程师统一指挥事故处置工作。

(3) 到达事故现场路线：根据桥梁实际情况规划好行驶路线，要求安全及时到达事故现场。

(4) 事故现场处置：

① 通过视频监控发现桥梁结构受到损伤，若事故现场已不能通行，则在进入事故桥梁前，先在桥梁外实施封道，清除应急通道（硬路肩）的路障，确保施救车辆和交警快速赶赴现场。

② 事故现场预警按预警方案执行。

③ 桥梁工程师了解事故的具体情况，并及时对现场涉及桥梁进行勘察（现场信息），发出处置指令。

④ 现场交通处置指令。

a) 若事故较轻，对桥梁结构影响较小（如护栏破坏等），且车辆能行驶，则要求事故车立即开出桥梁等待交警处理或事故双方协商解决，并对桥梁内被堵车辆放行，应急小分队也随之撤出，并通知桥梁外放行车辆。

b) 若事故较重或事故车坚决不肯开走，则做好被堵车辆的疏通和预警工作（摆放安全标志牌、反光隔离筒等），等待交警处理。并根据现场桥梁技术勘察状况，要求桥梁外放行车辆或继续实施封道。

⑤ 仔细检查现场状况，确定有无燃油泄漏扩散，若有则应立即用水冲洗将其排入边沟。严格禁止现场明火，以防起火燃烧，待泄漏物完全冲洗干净方可放行。

⑥ 若发现是火灾或危险品车事故则转入相关预案处理。

(5) 待交警到达后，将现场移交给交警，并根据具体情况继续协助交警处理。

① 告知交警、路政等专业处理部门所掌握的事故情况（内容要真实，不能是推测内容）以及已采取的处理措施。

② 若事故较轻未造成桥梁设施损失的，交警已能独立处理，则撤离现场并告知交警。

③ 若造成桥梁设施损失的，则继续留在现场协助交警、路政取证，并确定损失情况和确

定是否影响桥梁通行。

④ 若现场还需协助的,则继续配合交警、路政等专业处理部门工作,如人员、车辆的疏散、伤员的运输等,由交警统一指挥。待处理好后再撤离。

4.3.2 火灾事故

(1) 养护中心工程师职责。当接到火灾报警或发现火灾后应及时通知养护中心桥检队、养护队以及相关单位、部门和人员,与其保持密切联系,并做好相关工作:

① 迅速将监控图像切换至相应的位置,确认火灾情况,并对火灾现场进行录像。

② 启动应急方案,根据火灾情况立即通知执勤队长发生火灾的地点、状况等。

③ 立即通知当地消防队发生火灾的地点、状况等。

④ 通知交警发生火灾的地点、情况,火灾状况等,并迅速实施封道。

⑤ 通知路政发生火灾的地点、状况等。

⑥ 通知相关收费所火灾状况。

⑦ 利用对应事故路段的有线广播进行呼叫。引导驾驶员利用附近的消防器材进行现场自救,引导司乘人员迅速转移到右侧的路肩上或者紧急停车带内;引导驾驶员在事故车来车方向的后方150 m处设置"故障车警告标志牌",以引起后续车辆的注意;引导驾驶员通过紧急电话向高速公路的桥梁管理部门求援或利用通信工具向公路交警报警。

⑧ 更改来车方向的交通信号灯、可变情报板、可变限速标志等,诱导指挥着火路段交通状况。

⑨ 根据现场人员事故现场反馈的信息、指令,安排下一步的处理措施,并及时告知现场人员相关业务单位、部门的处置措施。

⑩ 及时将反馈事故现场信息通知相关业务单位、部门,有伤员则联系急救医院(简要说明伤情),有抛撒物则联系养护公司或相关部门。

a) 监控好其他路段的通行状况。

b) 详细做好相关记录,包括事故状况、处置措施、相关联系情况等。

(2) 接到火灾报告后,养护中心桥梁工程师应迅速组织人员成立应急小分队。到达事故现场,视情况组织交通封闭,协助交警、救护人员工作。应急小分队队长职责如下:

① 向上级汇报。分队队长向养护中心领导汇报火灾详细情况。

② 分队队长全面负责火灾现场的安全管理,确保应急小分队队员的人身安全,协调灭火工作,观察火情要由分队队长进行,便于及时作出决策。

③ 分队队长亲自或指定专人了解火情,准确掌握起火物质、起火部位、被困人员、车辆情况等,向养护中心领导汇报火灾具体情况,并发出处置指令。

④ 根据火情决定灭火方案,人员分工。

⑤ 根据火情发展情况,如桥梁相关用电设施已开始燃烧则指挥切断相关电源,开启应急照明系统,切断电源前需向上级汇报,并保证桥梁内事故现场人员能安全疏散。

⑥ 根据火情发展情况,如火情已无法扑救或有爆炸等危及抢险人员自身安全的情况,分队队长有权作出撤离火场的决定,但尽可能要先向上级汇报。

⑦ 与现场其他抢险单位共同协调抢险救灾工作。

(3) 到达现场方法:根据桥梁实际情况规划好行驶路线,要求安全及时到达事故现场。

(4) 现场灭火救灾:

① 在消防队到达之前,安排一名监控员负责接应消防队和消除道路交通障碍,确保消防队及时到达现场,并及时向消防队报告灾情。

② 在进入事故桥梁前,要先在桥梁外实施封道,并留一人维持秩序,清除应急通道(硬路肩)的路障,确保施救车辆和交警能快速赶赴现场。

③ 到达现场后首先要侦察火情,询问知情人(以事故车的司乘人员为主),准确掌握起火物质(是否易爆、有毒的危险品,若是则立即进入化学危险品事故应急预案)、起火部位、被困人员、车辆情况等,以确定灭火抢险方案。

④ 事故现场预警按预警方案执行。

⑤ 根据火情确定是否打开风机并加开事故路段的全部基本灯。

a) 若火未烧到顶部照明桥架的,则加开事故路段的全部基本灯。

b) 开启风机要求保证火势不扩大、蔓延,且事故前方人员已疏散,此时打开风机以及时排出烟雾。

⑥ 疏散围观群众、车辆,自己车辆应车头向外停放(发动机不熄火),设立警戒线(离着火点至少 50 m 处),做好警戒工作,并安排一名队员(驾驶员)负责维持现场秩序。

⑦ 组织解救被困和伤亡人员,"救人第一"是我们灭火救援的指导思想,有伤员则按现场伤员处置方案组织抢救。

(5) 专业处理人员(消防队、交警等)到达后,将现场移交给他们,并继续协助其工作。

① 告知专业处理人员事故情况(内容要真实,不能是推测内容)、现场所具有的消防设施以及我们的处理措施。

② 协助交警等组建现场抢险指挥部,统一指挥抢险工作和人员、车辆疏散工作,并与现场各抢险单位保持密切联系。

③ 按照交警要求协助对事故现场进行预警和疏散工作。

④ 配合消防队进行灭火,为其提供力所能及的支持。

⑤ 在灭火结束后,协同路政查看及取证桥梁、路面和设施的损失情况,并确定是否影响桥梁通行。

⑥ 待完全处理好后再撤离。

4.3.3 危险化学品事故

(1) 化学危险物品。包括爆炸品、压缩气体和液化气体、易燃液体、易燃固体、自燃物品和遇湿易燃物品、氧化剂和有机过氧化物、有毒品和腐蚀品等。

(2) 当桥梁内某处因运载危险化学品车辆发生事故而引发泄漏或火灾时,接到报警或发现后,作为信息中枢,应及时通知相关单位、部门和人员,与其保持密切联系,并做好相关工作。

① 接到报警后,首先应问清发生事故的物品、理化特性以及周围的人员状况等。

② 有监控摄像头的路段,迅速将监控图像切换至相应的位置,初步确认现场情况,并对事故现场进行录像。

③ 立即启动应急预案,通知桥隧办公室及各中心桥梁工程师团队发生险情的地点、情况、危险品名或火灾状况等,指明靠近桥梁哪个车行通道。

④ 立即通知当地消防队发生险情的地点、情况、危险品名、火灾状况等。

⑤ 通知交警发生险情的地点、情况、危险品名、火灾状况等,并迅速实施封道。

⑥ 通知路政发生险情的地点、情况、危险品名、火灾状况等。

⑦ 通知相关收费所险情状况。

⑧ 利用对应事故路段的有线广播进行呼叫。引导驾驶员利用附近的消防器材进行现场自救,引导司乘人员迅速转移到右侧的路肩上或者紧急停车带内;引导驾驶员在事故车来车方向的后方150 m处设置"故障车警告标志牌",以引起后续车辆的注意;引导驾驶员通过紧急电话向高速公路的桥梁管理部门求援或利用通信工具向高速公路交警报警。

⑨ 更改来车方向的交通信号灯、可变情报板、可变限速标志等,诱导指挥着火路段交通状况。

⑩ 根据现场人员事故现场反馈的信息、指令,作进一步处理;及时告知执勤队长相关业务单位、部门的处置措施。

a) 及时将现场反馈信息通知相关业务单位、部门,有伤员则联系急救医院(简要说明伤情)。

b) 监控好其他路段的通行状况。

c) 详细做好相关记录,包括事故状况、处置措施、相关联系情况等。

(3) 接到险情报告后,养护中心桥梁工程师应迅速组织人员成立应急小分队,在确保自身安全的前提下,投入到配合抢救险情的行动之中,由分队队长统一指挥。

① 分队队长职责:

a) 向上级汇报。分队队长向中心领导汇报详细险情。

b) 分队队长全面负责事故现场的安全管理,确保应急小分队队员的人身安全,协调抢险工作,观察险情要由分队队长进行便于及时作出决策。

c) 根据险情发展情况,如桥梁相关用电设施已开始燃烧,则指挥切断相关电源,开启应急照明系统,切断电源前需向上级汇报,并能保证桥梁内事故现场人员安全疏散。

② 养护中心领导职责:

a) 要及时向上级领导及相关部门汇报险情与求援。根据现场反馈的信息,如为有毒和腐蚀化学品的泄漏,负责落实与安全生产监督管理部门或环境保护部门的联系,请求他们到达现场做好对有毒和腐蚀化学品泄漏的监测和处理工作。

b) 根据现场反馈情况,如有必要及时向外部求援。

c) 做好与消防、安全生产监督管理、环境保护、交警、路政、卫生等部门的联系与协调工作。

(4) 到达现场方法

根据桥梁实际情况规划好行驶路线,要求安全及时到达事故现场。

(5) 现场处置

① 要安排一名养护人员负责接应消防队和相关专业处理部门,消除道路交通障碍,确保消防队等及时到达现场,并及时向其报告灾情。

② 施救车辆与人员应坚持从上风口进入,绝对禁止逆风向进入桥梁施救。在进入事故桥梁前,先在桥梁外实施封道,并留一人维持秩序,清除应急通道(硬路肩)的路障,确保各专业处理部门和交警能快速赶赴现场。

③ 进入现场人员应配备、使用防毒面具。到达现场后首先要了解事故情况,询问知情人(以事故车的司乘人员为主),准确掌握泄漏的物品和理化特性(是否易爆物品、剧毒气体等,若是则要立即进行人员疏散)、泄漏部位、被困人员、车辆情况等,以确定抢险方案。

④ 若无法确定是何种危险源,则要立即进行疏散,确保人身安全。

⑤ 事故现场预警按预警方案执行。

⑥ 根据现场风向及险情确定是否打开风机并加开事故路段的全部基本灯。

a) 若是易燃、易爆气体的物品则现场严格禁止一切电气开关操作。

b) 若非易燃易爆物品,则加开事故路段的全部基本灯。

c) 若事故前方人员已疏散,则打开风机保持现场空气流通。

⑦ 疏散围观群众、车辆,自己车辆应车头向外停放,设立警戒线(离现场至少50 m处),做好警戒工作,并安排一名队员(驾驶员)负责维持现场秩序并阻止一切人员使用明火。

(6) 专业处理人员(消防队、交警等)到达后,将现场移交给专业处理人员,并继续协助其工作。

① 告知专业处理人员所掌握的事故情况(内容要真实,不能是推测内容)、现场消防设施以及我们的处理措施。

② 协助交警等组建现场抢险指挥部,统一指挥抢险工作和人员、车辆疏散工作。并与现场各抢险单位保持密切联系。

③ 按照交警要求协助对事故现场进行预警和疏散工作。

④ 配合专业处理人员工作,为其提供力所能及的支持。

⑤ 在抢险结束后,协同路政查看及取证桥梁、路面及设施的损失,并确定是否影响桥梁通行。

⑥ 待完全处理好后再撤离。

4.3.4 地震

（1）各中心养护队伍成员平时应处于待命状态，加强对管辖区段重要部位（主要线路、大桥、涵洞通道等）的维修养护和日常值班巡查，及时将重要部位的当前状况信息做好记录，以便能及时、准确做好预测和决策，遇突发情况能果断实施有效的应急抢险措施。

（2）地震发生后，养护中心要迅速了解震情、灾情，确定应急抢险工作规模，并立即向集团公司和路政局抗震抢险指挥部报告。养护中心按照预案及时落实组织、物资、人员、车辆等项工作的调度，负责部署、指挥、协调所辖区域公路的抗震应急抢险工作，并随时向上级报告组织落实情况。

（3）应急指挥部一旦接到上级下达抢险救灾命令，应立即组织赶赴震区现场，全力以赴投入应急抢险救灾工作。震区现场抢险指挥由现场最高级别党政领导担任，现场指挥根据地震级别、破坏程度采取架设钢桥、迂回、绕道行驶、抢修恢复等应急方案组织实施。

（4）抢险救灾在现场按公路抢险组、物资供应组、伤员救护组、现场警戒组、后勤保障组、生产恢复组等相应的工作机构分头工作，确保抗震抢险工作有序进行，尽快修复被毁公路、桥梁、隧道、涵洞等，恢复公路畅通。必要时还必须在主要路口设置醒目的指示标志或派专人值勤、疏导交通，尽力将地震破坏的损失降到最低。

4.3.5 恶劣天气引发事故

（1）首发养护公司各养护中心应当预防恶劣天气引发事故的发生，并主要负责紧急事故发生时有条不紊地进行抢救或处理。

（2）各养护中心负责信息收集及后勤保障工作，密切关注恶劣天气情况，及时收集信息，及时向公司桥隧办公室通报相关情况。

（3）发生恶劣天气引发事故时，各养护中心根据现场形势，组织相关的救援并采取措施。若有人员伤亡报告，应拨打120急救电话进行求援。若遇大风、大雨、大雪等恶劣天气，造成道路堵塞、能见度低等不利救援的情况，各养护中心应迅速联系公安、消防部门，进行交通疏导或封闭，确保救援队伍能够第一时间进入现场。各养护中心应积极配合公安、交警、消防、医疗等部门进行处理。

4.3.6 桥梁坍塌事故

（1）各养护中心接到桥梁垮塌报警后，迅速记录桥梁垮塌发生的时间、位置等信息。

（2）各养护中心将监控系统切换并放大显示损伤发生地点图像，同时启动录像功能，对损伤发生后的现场进行监控和记录。

（3）各养护中心向桥隧办公室通报相关情况。

根据公司领导指令，桥隧办公室立即发布应急预案启动信息。

（4）应急救援处置的原则必须坚持以人为本、环境优先，尽量减少设备和财产的损失。

参加事故应急救援的所有工作人员,应在专业人员的指导下采取个人防护措施,当事故状态有新的危害出现时,应及时进行个人防护措施的调整。

4.3.7 冬季除雪防滑

(1) 物资储备:防滑沙。冬季应储备防滑沙,放置于桥面两侧。防滑沙随消耗随补充。

(2) 根据天气预报情况,如预报下雪,各养护中心人员轮流值班待命。所有与除雪防滑有关的人员手机保持 24 小时开机,随时了解降雪信息、接受除雪指令、上报除雪情况。

(3) 养护人员密切关注桥面状况,把桥面积雪结冰情况及时汇报:白天下雪,下午 16:00 前报各桥隧办公室;夜间下雪,第二天早上 8:00 前报各桥隧办公室。公司及时与各养护中心沟通积雪的具体情况以及撒融雪剂后的情况。

(4) 负责防滑沙的撒布及桥面状况巡查工作,积极开展冬季除雪防滑工作,并落实好除雪防滑队伍,除正常的养护人员外,还应配备一定数量的除雪队伍,必要时启动应急预案。

(5) 在除雪工作中严格按照规范组织作业施工,作业人员要穿着安全标志服,在人员设备集中作业的除雪路段设立警示标志及摆放安全帽等,确保除雪设备、除雪人员及通行车辆的安全。

(6) 完善后期工作。冰雪天气结束后,养护中心应做好桥梁设施维护工作。对因冰雪造成的桥梁病害进行全面调查,积极采取相关措施,及时进行处理。对消耗的应急物资及时补充,对丢失破坏的标志、标牌等附属设施,要抓紧添置补齐。重点做好冰雪期间安全盲区、险情易发路段的安全防护工作,消除安全隐患。

(7) 根据相关文件要求,及时做好资料搜集工作,积累除雪档案资料,认真做好除雪防滑工作的总结,及时补充和完善冰雪灾害应急预案。全面总结工作中的不足及需改进的方面,形成书面总结报告,及时上报集团。

5 日常清洁

5.1 概述

日常清洁是工程中最基本与频率最高的维护与保养工作,可以在第一时间发现工程的突发性事故件、突出病害等异常情况。

清洁工作是针对工程各部件在使用过程中产生的垃圾、污迹、淤积等进行的清理工作。

清洁工作应制订详细的清洁计划、清洁周期和实施方案;因为每个清洁单元的清洁频率不相同,各个部件应根据不同的清洁频率制定不同的清洁时间与清洁路线。

日常巡查对清洁工作有一定的监督与指导作用,巡查中发现异常情况后,可以直接上报并对特定部件进行立即清理,包括飞扬物、机械清扫的残留物、交通事故造成的油污与堆积物、装饰张贴物、交通事故造成的墙体轮迹、排水设施中的淤积与堵塞等;如果情况不影响交通并且对桥梁环境影响不大,可以将清洁放在本部件的下一个清洁周期。

5.2 流程

清洁工作的基础流程为(图 5.1):

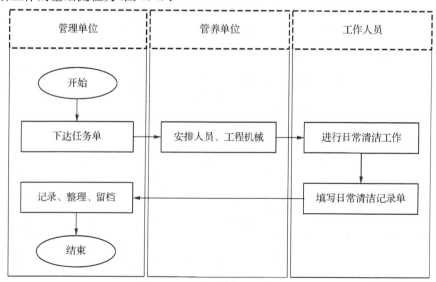

图 5.1 日常清洁流程图

5.3 清洁内容、频率及要求

1) 清洁频率

桥梁清洁应综合考虑桥梁养护等级、交通组成、结构物脏污程度、清洁方式和环境条件等因素确定清洁方案和频率。按照养护等级,桥梁清洁频率不宜低于表5.1中规定的频率。

表5.1 桥梁清洁频率

清洁项目	清洁频率
桥面铺装	2次/周
检修道、标志、标线、轮廓标	1次/2月
排水设施	1次/半年
主梁	1次/季度

2) 清扫、保洁的时间

大桥采取的时段应选择在白天,但应避开6:00～10:00,16:00～20:00的高峰时段。

3) 桥梁路面清洁要求

应保持干净、整洁,两侧边沟不应有残留垃圾等物品;清洁方式以机械清扫为主,清扫时应防止产生扬尘;路面被油类物质或其他化学品污染时,应采取措施清除。

① 对于清扫车清扫不到的部位,如车辆交通限制区、中分带等采用人工清扫和捡拾的方法,并做好安全防护措施。

② 对于体积较大等清扫车不能吸除的垃圾,配合采用人工捡拾,保证桥面整洁。

4) 清扫保洁设备

所有清扫保洁车辆必须喷涂黄色。所有清扫保洁车辆上必须安装箭形导向频闪灯。清扫车均配置GPS全球定位系统,以实现管理部门远程对作业道路、车速的监控管理。

5) 桥梁主梁清洁要求

应保持干净、整洁、无污垢、无污染、无油污和痕迹;

应该定期对主梁进行清洁。

主梁清洁流程图如图5.2所示。

6) 桥梁排水设施清洁要求

应保持无淤积、排水通畅;清洁时,应将泄水孔沉积物清除干净。

7) 桥梁标志、标线和轮廓标清洁要求

应保持完整、清晰、醒目;当标志、标线和轮廓标表面有污秽,影响辨认时,应及时进行清洗。清洗时,应避免损伤其表面覆膜或涂层等。

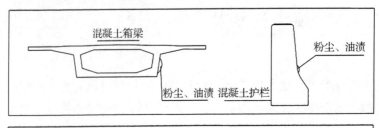

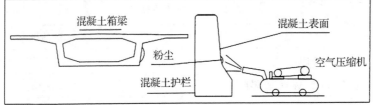

第一步：用压缩空气清理混凝土表面。空气从空气吸入口吸入，经滚动式空气粗过滤器除掉大部分灰尘和其他固体杂质，之后按操作完成混凝土表面的除尘工作

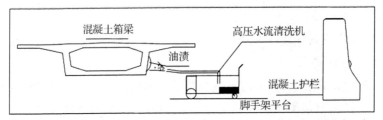

第二步：高压射水洗净混凝土表面。水的冲击力大于污垢与物体表面附着力，高压水就会将污垢剥离、冲走，达到清洗物体表面的目的

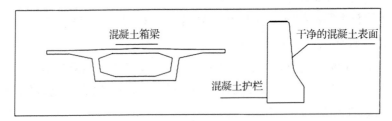

第三步：经压缩空气和高压射水后得到干净的混凝土表面

图 5.2　梁体清洁流程示意图

8）护栏、栏杆

采用高压冲水车冲洗并用侧扫进行保洁，可达到保洁效果。

9）特殊清扫

（1）除了定期的清扫作业外，还应根据路面污染的特殊情况，及时进行不定期的特殊清扫保洁作业。

（2）桥面上有妨碍正常交通的杂物时，立即调动工程车来清除，以确保行车安全。

（3）意外事件、事故等因素造成桥面污染时，应及时清扫，以保持桥面整洁。沥青桥面被油类物质或化学物品污染时，应先撒砂、撒木屑或用化学中和剂处理，然后进行清扫，必要时调动洒水车,用水冲洗干净。

5.4 清洁管理要求

(1) 对养护区域进行有计划的清扫、保洁,保持区域干净、整洁和有序,不能有杂物碎片。

(2) 路面保洁采取人工捡拾的原则。对于体积大的垃圾不能吸除的,须辅以清扫车保洁。

(3) 若遇特殊情况,如交通保卫、上级领导检查、节假日等,应按实际情况增加保洁的频率和内容。

(4) 对于突发事件,造成道路出现大面积的洒落物等,影响行车安全时,在接到中控指令后无特殊情况应保证 30 min 内赶到现场进行清理。

(5) 应对恶劣天气下的保洁工作做好预案,如冰雪时扫雪、暴雨时清除路面泄水口垃圾等。

5.5 安全保障措施

作业人员应接受专业的安全教育与作业规程培训;清洁作业时工作人员应遵守《公路桥梁养护技术规范》(JTG H12—2015)、《公路养护安全作业规程》(JTG H30—2015)。

(1) 清洁作业应制定严密的施工组织设计,选择交通量较少的时间段,禁止在同一行车道两侧同时作业,确定合理的清洁作业控制区并确定清洁作业区内的施工安全性。

(2) 清洁作业前应全面检查保洁机械,并在养护站中试行,确保机械正常工作;检查信号灯是否准确、明显,施工标志设置是否规范,清洁机械的反光标志是否醒目。

(3) 桥梁清洁作业前应在桥梁入口设置相应的提示、警告标志;对于车流量较大、交通组织较为困难的占道作业,除应利用标志或可变情报板进行提示外,宜采取固定隔离、强制减速、防撞装置等安全保障设施。

(4) 清洁作业中不得随意变更作业控制区,作业人员不得在控制区外活动或者将机械设备、材料置于清洁作业控制区外,禁止在同一行车道内的两侧同时进行清扫保洁工作。

(5) 清洁作业完成后,应及时清理作业现场,并逆车流方向拆除交通管制标志,恢复道路的正常使用状态。

6 经常检查

6.1 概述

日常巡查是每日针对辖区内的 3 座斜拉桥(京新上地桥、三家店桥、石丰桥)进行常规检查,经常检查是按月对辖区内所有桥梁结构状况进行检查。

经常检查:主要针对桥面设施、上部结构、下部结构及附属构造物的技术状况进行的检查。

(1)日常巡查是对影响桥梁行车安全隐患的检查。主要是对桥面车行道范围内各种遗落抛洒物、障碍物、保护区域范围作业、结构明显异常进行巡视,及时发现不安全因素和设备故障。(本手册特指斜拉桥)

(2)经常检查主要指对桥面设施、上部结构、下部结构及附属结构物的技术状况进行的巡检,对应中国规范的经常检查和国外的浅表性巡检或日常巡检(Superficial or Routine Inspection)。(辖区内所有桥梁)

通过日常巡查与检查制度,及时发现路桥及其附属设施的病害及损坏,对出现的路况不良情况进行记录,并迅速作出判断和处理,同时建立 24 h 值班制度,确保应急处置时效性,掌握、收集道路路况情况和交通信息,建立日常养护日志等相关台账资料,积累养护分析评价基础资料,辅助养护决策。

本章内容的修改与更新应由检查人员根据实际巡检、养护经验进行,修改与更新需由主管的桥梁养护工程师或管养技术负责人确认。

6.2 日常巡查

日常巡查是针对桥梁结构各部件是否处于正常工作状态、是否妨碍交通安全等进行的检查。巡查中发现结构缺陷与病害应及时上报管理单位并做好档案记录,同时需要检查工程的日常清洁养护状况,对清洁工作有监督和指导作用。

日常巡查采用人工与信息化手段相结合的方式,采用乘车辅以步行的方式对土建结构进行巡视检查;异常情况记录以文字记录为主,辅以照相或摄像手段。

日常巡查以乘车为主,乘车巡查与步行巡查相结合,管养单位应配备日常巡查专用车辆。可结合路况进行巡查,如发现大面积缺损和不清洁的区域需及时记录和报告,对病害进行拍照和记录位置、性质、数量、程度等。每月对日常巡查记录进行汇总。日常巡查主要采用目测方法,但应配以望远镜、照相机、摄像机等设备来辅助检查和记录。检查过程中应当场填写"日常巡查检查表"。

日常巡查应包括下列内容:

记录巡查填表时的时间、温度、天气状况、风力、能见度等,观察路面铺装有无明显病害,护栏和栏杆是否完好,桥面积水情况(下雨时和下雨中重点检查),标志和标线是否清晰,结构有无明显异常,有无其他可见的影响正常行车的明显病害和障碍物。

6.2.1 流程

日常巡查的基础流程如图 6.1 所示。

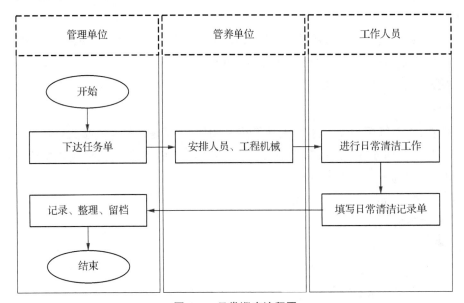

图 6.1 日常巡查流程图

6.2.2 巡查对象及频率

日巡查对象为集团管养范围内 3 座斜拉桥,即京新上地桥(左右幅)、三家店桥(左右幅)、石丰桥(左右幅)。

本手册建议养护段内斜拉桥日常巡查的频度为 1 次/天,在雨雪季或冰冻季节增加日常巡查的频度。

特殊情况:

(1)施工作业期间 2 次/天;

(2)雨雪天气前、后立即进行 1 次,且改为特殊检查。

检查进行方式：

(1) 桥面设施步行检查；

(2) 索塔及斜拉索抵近或望远镜检查。

6.2.3 巡查内容和方法

日常巡查主要采用人工巡视的方法。人工巡视采用目测法，并辅以简单设备(如望远镜、照相机、摄像机，以及扳手、铲子、锉刀等常用工具)来进行检查和记录。工作人员在人工巡查过程中应特别注意安全，需佩戴全套安全设备(安全帽、反光背心等)。每日1～2人，穿戴反光背心，上路巡查，控制车速40 km/h，注意掌握道路技术状况的变化情况，并填写巡查记录。发现路面有坑槽等影响行车安全的病害，应尽快采取安全疏导措施。

日常巡查的内容：

1) 主梁

主梁是直接承受汽车荷载的部位，其结构是否健全直接关系着行车的安全性和舒适性。因此，主梁的经常检查及养护对于保证桥梁的正常运营相当重要。主梁巡查应重点关注箱梁内外是否清洁与干燥等问题。

2) 斜拉索系统

斜拉桥拉索系统至关重要，拉索是主要受力构件，拉索是否健全直接关系着全桥的结构的安全。因此，应加强日常巡查和养护，最大限度地控制其劣化速度，以延长桥梁的使用寿命。斜拉索系统巡查内容主要包括：

(1) 拉索锚头防护涂装是否完好；

(2) 下锚头内是否干燥，有无积水；

(3) 锚头是否锈蚀；

(4) 拉索PE护套是否有损伤或开裂；

(5) 斜拉索索体振动情况；

(6) 不应在大风、暴雨、浓雾等恶劣天气进行拉索系统的巡检。

3) 索塔

因此，混凝土段塔柱混凝土材料劣化、结构裂缝、钢筋锈蚀等成为影响结构耐久性的影响因素。索塔巡查应重点关注如下两个方面：

(1) 索塔混凝土塔柱段混凝土表面裂缝、蜂窝、麻面；

(2) 索塔混凝土剥落、露筋。

4) 桥墩

桥墩巡查应重点关注：

(1) 混凝土表面裂缝、蜂窝、麻面；

(2) 混凝土有无缺损、剥落、露筋；

(3) 墩身有无水迹、白华等现象。

5）桥面铺装

桥面铺装巡查重点关注桥面铺装裂缝、沉陷、车辙、推移/拥包、坑槽、网裂等现象。

巡检桥面铺装时应着重注意安全问题及不影响交通。

6）桥面清洁及交通清障

桥面应每日定时定人打扫卫生，应保持桥面车道、防撞带等的清洁卫生，不得有污物及过往车辆丢弃的杂物。

妥当处理交通事故与交通疏通工作，并检查是否对桥面设施造成破坏或损伤。协同有关部门及时清理故障车辆，保持正常的交通秩序。重点关注交通事故后结构物的损伤。

清理桥面时应着重注意安全问题及不影响交通。

7）交通信号、标志、标线、照明设施

巡查时应关注交通信号、标志、标线是否完好，照明设施是否工作正常。

8）排水设施

巡查时应关注排水孔和管道是否通畅，及时清除排水孔中堵塞的泥土杂物，保证排水通畅。

9）防撞护栏、风障

巡查应关注防撞护栏或者风障是否被撞伤或锈蚀，如发现问题均应及时处理。护栏为钢构件，应定期作防腐涂装保养。

应重点关注护栏的防腐涂装劣化及交通事故后防撞护栏的损坏情况。

10）伸缩缝

为保证伸缩缝能自由伸缩变形及车辆运行平稳，应经常清扫缝隙，勿使杂物堵塞或嵌入。检查伸缩缝下面橡胶防水密封条是否老化、失去弹性或开裂以及水密性是否良好。

11）支座

支座是桥梁上下部结构关联的关键部位，是实现结构约束体系的保证，支座的好坏直接影响到桥梁结构的受力和运营状况。因此，支座的日常巡检和养护就显得极其重要。其经常检查关注点包括：

（1）支座和相关的连接螺栓是否腐蚀与松动；

（2）支座周围有无杂物；

（3）支座的位移量，有无卡死或脱空；

（4）支座四氟滑板有无磨损、老化现象。

6.3 经常检查

6.3.1 概述

经常检查是对土建结构的外观状况进行一般性定性检查，主要是为了发现桥梁结构的早期破损、显著病害或其他异常情况。

6.3.2 检查目的

（1）经常检查是桥梁养护工作的重要环节，其目的是对桥梁运营状态进行全面了解、及时发现现有病害、及时处置严重病害。

（2）经常检查是对桥面设施、上部结构、下部结构及附属构造物的技术状况进行的检查。

（3）经常检查周期应根据桥梁技术状况和构件的重要性综合确定。

（4）经常检查应能目视检查发现所有病害、应能够覆盖所有构件，对所有发现的病害进行记录及描述。

（5）经常检查中发现桥梁重要部件存在明显缺损时，应及时向上级提交专项报告。

6.3.3 检查频率及方式

（1）依据《公路桥涵养护技术规范》(JTG H11—2004)第3.2.1条、《交通运输部关于进一步加强公路桥梁养护管理的若干意见》(交公路发〔2013〕321号)第五章例行检查制度、《公路桥梁养护管理工作制度》(交公路发〔2007〕336号)等若干条文的规定及首发集团现有制度要求，各养护中心管养桥梁经常检查一般每月不得少于一次（支座一般不低于每季度1次），雨季汛期、高温等恶劣天气情况可由桥梁养护工程师确认后，加强巡检频率；

（2）经常检查针对全线桥梁结构物，采取先乘车后步行到达位置进行目测检查的方式；

（3）经常检查应避免对交通产生影响。

经常检查宜采用人工与信息化手段相结合的方式，配以简单的检查工具（如皮尺、钢卷尺、铁锤、手电筒和粉笔等）进行。应当场填写"经常检查记录表"，翔实记述检查项目的缺损类型，估计缺损范围和程度以及养护工作量，对异常情况作出缺损状况判定和分类，提出相应的小修保养措施，编制桥梁结构巡查报告。

经常检查主要采用目测方法，辅以简单设备（如望远镜、照相机、摄像机以及扳手、铲子、锉刀等常用工具）来进行检查和记录。对步行容易到达的部位则到达检查部位查看，对步行不易到达的部位可借助望远镜等工具进行查看。

6.3.4 常规部位检查内容

经常检查发现桥梁存在一般异常情况时，应进行监视、观测或做进一步检查。

经常检查发现桥梁工程存在严重异常情况时，应采取措施进行处置；当对其产生原因及详细情况不明时，应做定期检查或专项检查。

6.3.4.1 桥墩

经常检查应重点关注：

(1) 混凝土表面有无裂缝、蜂窝、麻面（图6.2）；

(2) 混凝土有无缺损、剥落、露筋；

(3) 墩身有无水迹、白华等现象；

(4) 桥墩下沉倾斜(图6.3)。

图6.2 桥墩墩身水平裂缝　　　　图6.3 桥墩下沉倾斜

6.3.4.2 桥面铺装

桥面铺装经常检查重点关注桥面铺装裂缝、沉陷、车辙、推移、拥包、坑槽、网裂等现象。检查桥面铺装时应着重注意以下几个方面：

1) 坑洞

主要表现为桥面铺装局部破损，局部区域出现坑洞(图6.4)。路面产生坑洞破损的主要原因是龟裂、网裂未得到及时养护。

图6.4 桥面坑洞

2) 网裂

主要表现为桥面铺装表面呈网状裂缝(图6.5)。主要原因是沥青性能不好，油层老化，路面疲劳、衰减，反复多次微裂，即会形成较大面积的网裂，严重时形成龟裂。

图6.5 网裂

3) 纵向裂缝

主要表现为桥面铺装沿桥纵向开裂。桥面铺装纵向开裂一般主要出现在板梁结构和装配式干接头的T梁桥中(图6.6)。

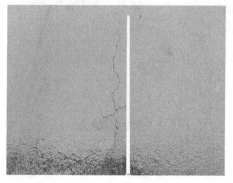 

图6.6 桥面纵向裂缝

4) 车辙

车辙是铺装层在车辆轮载重复行驶下逐渐形成的永久变形;外观主要表现为铺装层表面在行车道的轮迹带上出现纵向沉陷(图6.7)。

图6.7 桥面车辙

6.3.4.3 桥面清洁及交通清障

桥面应每日定时定人打扫卫生,应保持桥面车道、防撞带、拉索锚固区等的清洁卫生,不得有污物及过往车辆丢弃的杂物。

妥当处理交通事故与交通疏通工作,并检查是否对桥面设施造成破坏或损伤。协同有关部门及时清理故障车辆,保持正常的交通秩序。重点关注交通事故后结构物的损伤。

清理桥面时应着重注意安全和交通问题。

6.3.4.4 交通信号、标志、标线、照明设施

经常检查时需检查交通信号、标志、标线是否完好,照明设施是否工作正常。若发现图6.8、图6.9中问题应及时给予处理。

图 6.8 反光标志变形

图 6.9 照明失效

6.3.4.5 排水设施

经常检查时应检查排水孔和管道是否通畅，及时清除排水孔中堵塞的泥土杂物，保证排水通畅（图 6.10、图 6.11）。

图 6.10 排水不畅

图 6.11 泄水管接头破损

6.3.4.6 防撞护栏

应经常检查防撞护栏或者风障是否被撞伤或锈蚀，如发现问题均应及时处理。护栏为钢构件，应定期作防腐涂装保养。

应重点关注护栏的防腐涂装劣化及交通事故后防撞护栏的损坏情况。

6.3.4.7 伸缩缝

为保证伸缩缝能自由伸缩变形及车辆运行平稳，应经常清扫缝隙，勿使杂物堵塞或嵌入。重点检查伸缩缝下面橡胶防水密封条是否老化、失去弹性或开裂以及水密性是否良好。

6.3.4.8 支座

支座是桥梁上下部结构关联的关键部位，是实现结构约束体系的保证，支座的好坏直接影响到桥梁结构的受力和运营状况，因此，支座的日常巡检和养护就显得极其重要。其经常检查关注点包括：

(1) 支座和相关的连接螺栓是否腐蚀与松动；
(2) 支座周围有无杂物；

(3) 支座的位移量，有无卡死或脱空；
(4) 是否有开裂、剪切变形现象（图 6.12、图 6.13）；
(5) 支座四氟滑板有无磨损、老化现象。

图 6.12　板式橡胶支座开裂

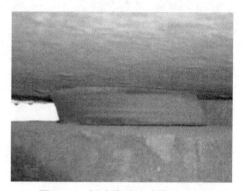

图 6.13　板式橡胶支座剪切变形

6.3.5　重点部位检查内容

根据不同桥型，经常检查应着重关注的位置与病害类型不同。

6.3.5.1　斜拉桥

1) 主梁

主梁是直接承受汽车荷载的部位，其结构是否健全直接关系着行车的安全性和舒适性。因此，主梁的经常检查及养护对于保证桥梁的正常运营相当重要。主梁经常检查应重点关注箱梁内外是否清洁与干燥等问题。

主梁裂缝是经常检查的重点关注病害。

应重点关注跨中处的腹板竖向及斜向裂缝、墩顶横向裂缝、跨中底板横向裂缝（如图 6.14、图 6.15 所示）。

图 6.14　顶板横向裂缝

图 6.15　底板横向裂缝

2) 斜拉索系统

斜拉桥拉索系统至关重要，拉索是主要受力构件，拉索是否健全直接关系着全桥的结构的安全。因此,应加强经常检查和养护,最大限度地控制其劣化速度,以延长桥梁的使用寿命。

斜拉索系统经常检查内容主要包括:

(1) 拉索锚头防护涂装是否完好;

(2) 下锚头内是否干燥,有无积水;

(3) 锚头是否锈蚀;

(4) 拉索 PE 护套是否有损伤或开裂(图 6.16);

(5) 索体振动情况;

(6) 不应在大风、暴雨、浓雾等恶劣天气进行拉索系统的巡检。

典型照片如图 6.16 所示。

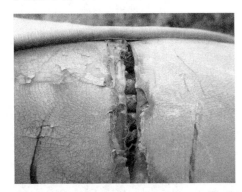

图 6.16　拉索开裂

3) 索塔

混凝土段塔柱混凝土材料劣化、结构裂缝、钢筋锈蚀等成为影响结构耐久性的主要因素。索塔经常检查应重点关注如下几个方面:

(1) 索塔混凝土塔柱段混凝土表面裂缝、蜂窝、麻面;(2) 索塔混凝土剥落、露筋;(3) 索塔竖向裂缝、索塔横向裂缝。

典型照片如图 6.17～6.18 所示。

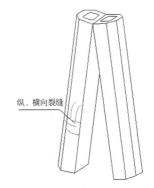

图 6.17　索塔竖向裂缝　　　　　图 6.18　索塔横向裂缝

4) 斜拉桥桥梁重点部件经常检查内容

对斜拉桥桥梁重点部件经常检查的内容汇总如表 6.1 所示。

表 6.1　经常性检查内容及关注病害

部件	巡检内容	关注病害
主梁	主梁是否出现裂缝	底板横向裂缝、腹板斜裂缝、横隔板裂缝
	主桥横隔梁斜裂缝状况	横隔梁裂缝
斜拉索	斜拉索锚头防水护套渗水状况	防水护套开裂
	拉索锚头锈蚀状况	锚头锈蚀
	拉索 PE 护套破损状况	护套损坏、裂缝
索塔	索塔外混凝土裂缝	竖向裂缝、横向裂缝
	封锚区混凝土剥落破损、裂缝	锚固区混凝土破损、裂缝
	索塔混凝土脱落、锈胀露筋	混凝土表观病害

6.3.5.2　简支梁(板)桥

简支梁(板)桥重点关注部位为主梁，主要着重对以下几个方面进行检查：

(1) 简支梁桥经常检查着重关注桥梁跨中截面(正弯矩最大)、墩顶截面(负弯矩最大)，主梁跨中是否存在纵向裂缝、横向裂缝。如图 6.19～6.20 所示。

图 6.19　空心板板底横向裂缝

图 6.20　小箱梁跨中底板横向裂缝

(2) 空心板梁支点区域腹板斜向裂缝。如图 6.21 所示。

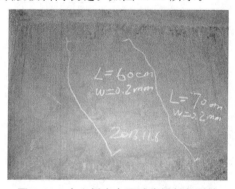
图 6.21　空心板支点区域腹板斜向裂缝

(3) T梁桥横隔板破损(图6.22)。预应力混凝土拼装T梁之间由横隔板相连,提高其横桥向整体性能。横隔板有现浇混凝土湿接缝,或锚固钢筋连接等铰缝形式。在车辆荷载作用下,容易产生破坏。该位置的破坏将严重影响结构的整体性,导致单梁受力过大而破坏。

在T梁桥检查过程中,采用桥梁检查车或登高车接近检查的方式,重点关注横隔梁位置破坏及裂缝情况。

 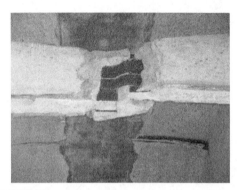

图6.22 横隔板破损

(4) 跨中区域为正弯矩最大区,腹板也容易出现受弯裂缝。此类裂缝一般由T梁底面向上发展而来。典型照片如图6.23所示。

图6.23 腹板竖向裂缝

6.3.5.3 连续梁桥

连续梁桥重点关注部位为主梁(含T梁、箱梁、小箱梁),着重对以下几个方面进行检查:由于结构原因,连续梁支点处上缘有负弯矩存在,易发生裂缝而受水侵蚀。

(1) 连续梁结构在荷载作用下墩顶区域顶板出现较多横向裂纹。连续梁墩顶处于负弯矩最大区,墩顶顶板易出现受弯裂缝(图6.24)。

(2) 顶板横向裂缝。由于墩顶负弯矩区域抗裂不满足设计要求,在顶板产生横向裂缝(图6.25)。

图 6.24 顶板受弯裂缝

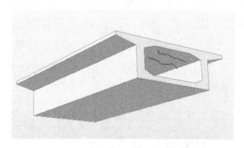
图 6.25 顶板横向裂缝(以箱梁为例)

6.3.5.4 刚构桥

刚构桥经常检查重点主要关注的有以下几点。

1) 主梁

该类型连续刚构桥跨中下挠是需要特别关注的病害。通过对国内外刚构桥的调研,认为跨中下挠主要的原因如下:

(1) 由于收缩徐变导致刚构桥跨中下挠;
(2) 由于结构开裂导致刚度下降,从而导致跨中下挠;
(3) 由于预应力灌浆不饱满等原因导致预应力损失,从而引起跨中下挠;
(4) 由于结构超方引起恒载增大,导致跨中下挠;
(5) 由于交通量巨大,加剧了结构的收缩徐变,导致跨中下挠。

检查时要结合特大桥线形监测成果,根据以上主梁下挠主要原因,有针对性地进行检查。示例照片如图 6.26 所示。

图 6.26 连续刚构桥跨中下挠

2) 桥墩

连续刚构桥薄壁墩是柔性的,因此必须采取防撞措施。在经常检查中要对桥墩防撞设施进行重点关注。

6.3.5.5 拱桥

管养范围内拱桥的结构形式有板拱和钢管拱。经常检查主要关注的重点部位病害如下:

1) 板拱桥主拱圈变形

经常检查时看拱圈是否异常变形或沉降(图 6.27)。

主拱圈凹陷或凸起。可能的原因为桥台水平变化,引起主拱圈矢高减小;桥台抗水平推力不足和稳定性差;墩台不均匀沉降,引起桥面永久性变形;桥台后倾转动,引起无铰拱拱轴马鞍形变形;跨中区下挠,四分点区上拱。

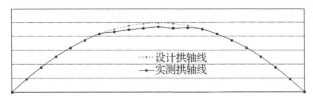

图 6.27 板拱桥主拱圈变形

2)板拱桥主拱圈裂缝

经常检查时应关注主拱圈侧面竖向裂缝、底面纵向或横向裂缝(图 6.28～图 6.29)。

主拱圈横向开裂,表明拱圈底部出现拉应力。为了确切地分析病害成因,利用实测的拱轴线,计算拱圈内力,进而分析裂缝成因。拱圈出现裂缝主要有以下原因:

(1)实际拱轴线偏离合理拱轴线较大,导致主拱圈出现拉应力;
(2)拱脚出现水平移动,导致拱圈下缘受拉;
(3)超重车引起拱圈出现拉应力。

图 6.28 拱脚腹部纵向开裂　　　　图 6.29 主拱圈拱背纵向与横向裂缝

3)拱上结构开裂

拱上结构出现裂缝(图 6.30～图 6.31)。可能的原因为承载能力不足或超载引起。

图 6.30 拱脚立柱环向开裂　　　　图 6.31 立柱横向开裂

7 定期检查

7.1 概述

定期检查是按规定周期对桥梁结构的基本状况进行全面检查,检查的目的是系统掌握桥梁的基本技术状况,为制订养护工作计划提供依据,检查宜采取徒步的目视检查为主,配备必要的检查工具或设备,检查的内容除了上述提及的结构病害外,还应扩展到运营的通风、照明、噪音、环保、路面抗滑系数等,定期检查完成后应提交定期检查报告以及桥梁展开图和其他有关检测记录资料。

(1) 定期检查是为评定桥梁使用功能,制订管理养护计划提供基本数据,对桥梁主体结构及其附属构造物的技术状况进行的全面检查,为桥梁管理系统搜集结构技术状态的动态数据。

(2) 定期检查要有实践经验丰富的桥梁养护工程师参加,应由管养单位与有资质的桥梁检测单位共同进行。桥梁检测单位负责定期检查的实施和报告,管养单位负责定期检查的监督和报告的审查。

(3) 应该尽量选择交通量较小的时段进行检查,最大限度地降低检查工作对交通的影响。检查人员必须充分接近结构,才能及时发现损伤,对于既无法直接接近又没有设置专用巡检通道的结构,则必须采取特别方法进行近距离巡检,如采用桥检车、爬索机器人等。

7.2 目的

对桥梁进行定期检查的主要目的:
(1) 详细记录结构每个构件存在的缺损类型、尺寸和严重程度等技术状况;
(2) 完成桥梁结构构件、部件、部位和桥梁的技术状况评定;
(3) 实地判断缺损原因,确定维修范围及方式;
(4) 对难以判断损坏原因和程度的部件,提出专门检查的要求;
(5) 对损坏严重、危及安全运行的危桥,提出限制交通或改建的建议;
(6) 根据桥梁的技术状况,确定下次巡检时间。

7.3 检查时间

定期检查的时间符合下列规定：

(1) 在建成通车后 3 年内、维修、加固或改建后应立即进行 1 次全面检查。

(2) 根据《公路桥梁养护管理工作制度》(交公路发〔2007〕336 号)第二十条及《交通运输部关于进一步加强公路桥梁养护管理的若干意见》(交公路发〔2013〕321 号)第五条中规定，常规桥梁其检查周期一般不低于每 3 年 1 次，特大、特殊结构和特别重要桥梁定期检查不少于 1 年 1 次，定期检查均应委托专业桥梁检测单位实施。

(3) 在经常检查中发现重要部(构)件的缺损明显达到 3、4、5 类技术状况时，应立即安排 1 次定期检查。

7.4 内容及方法

检查时，应尽量靠近结构，依次检查各个结构部位，注意发现异常情况和原有异常情况的发展变化；对有异常情况的结构，应在其适当位置做出标记，此外，检查结果记录宜量化。

检查结果应当场填入"定期检查记录表"，将检查数据及病害绘入"桥梁展开图"，发现评定状况值为 2 以上的情况，应做影像记录，并详细、准确记录缺损或病害情况，分析成因，对结构物的技术状况进行评定。

定期检查中出现状况值为 3 或 4 的项目，且其产生原因及详细情况不明时，应做专项检查。

定期检查以目测观察结合仪器观测进行，必须接近各部件仔细检查其缺损情况。定期检查的主要工作有：

(1) 现场校核桥梁基本数据(桥梁基本状况卡片)。

(2) 当场填写"桥梁定期检查记录表"，记录各部件缺损状况并给出技术状况评分。

(3) 实地判断缺损原因，确定维修范围及方式。

(4) 对难以判断损坏原因和程度的部件，提出特殊检查(专门检查)的要求。

(5) 对损坏严重、危及安全运行的危桥，提出限制交通或改建的建议。

(6) 根据桥梁的技术状况，确定下次检查时间。

7.4.1 材料检查

7.4.1.1 混凝土材质检查内容

混凝土结构劣化原因十分复杂，主要取决于以下 4 个方面：

(1) 混凝土材料自身特性；

(2) 结构设计、施工质量；

(3) 混凝土结构所处的环境；

(4) 混凝土结构使用条件与防护措施。

桥梁地处北京,环境因素、使用条件与防护措施等因素引起的混凝土结构劣化尤其值得重视,巡检时需要查看检测任何可能改变混凝土材料性能的病害损伤。

预应力混凝土结构与普通钢筋混凝土结构的损伤基本类似,不同之处在于不允许出现垂直于预应力钢束平面上的结构性裂缝,因此,须重点关注预应力混凝土结构是否存在结构性裂缝。

混凝土材料结构巡检主要包括如下内容:

(1) 裂缝

混凝土结构的裂缝是由材料内部的初始缺陷、微裂缝的扩展而引起的,主要有结构性裂缝与非结构性裂缝(图7.1)。结构性裂缝是构件的强度和刚度不足,裂缝宽度失去控制而引起的较为规律的严重裂缝,呈现明显受力特征,这类裂缝危及结构安全,必须对之进行补强。非结构性裂缝是指构件的强度和刚度足够,由于施工、材料、温度等原因而引起的无规律的、不太严重的裂缝,此类裂缝不影响结构安全,但会影响结构的正常使用和耐久性,必须加以处理。非结构性裂缝包括收缩裂缝、温缩裂缝、施工构造裂缝、钢筋锈胀裂缝。

一般认为,如果裂缝宽度小于0.15 mm就不会造成混凝土结构的劣化,因此裂缝统计分析的界限标准一般为0.15 mm。

对裂缝进行记录时需要同时关注裂缝附近是否存在泛碱(或白华)、滞水和水迹等情况。

图7.1 混凝土裂缝

(2) 龟裂(或网裂)

混凝土材料结构表面产生交错裂缝,把结构局部表面分割成网状(图7.2)。

图7.2 混凝土龟裂

（3）蜂窝

蜂窝是指混凝土局部不密实或松散，混凝土表面多砂少浆，呈蜂窝状孔洞（图7.3）。

图7.3　混凝土蜂窝

（4）麻面

麻面是指混凝土表面局部缺浆、粗糙，或有大量小凹坑的现象（图7.4）。

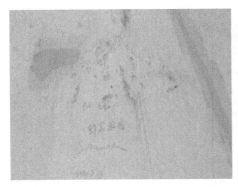 

图7.4　混凝土麻面

（5）剥落

剥落是指混凝土表层脱落、粗骨料外露的现象。严重时，呈片状脱落，钢筋外露（图7.5）。

图7.5　混凝土剥落

(6) 掉角

掉角是指构件角边处混凝土局部掉落,或出现不规整缺陷(图7.6)。

图7.6 混凝土掉角

(7) 缺损

混凝土局部出现解体,表面呈现松散状,松动较易从表面脱离,露出粗集料或钢筋(图7.7)。

图7.7 混凝土缺损

(8) 空洞(或孔洞)

混凝土表面出现肉眼可见的空洞或孔洞(图7.8)。

图7.8 混凝土空洞(或孔洞)

(9) 露筋锈蚀

结构表面混凝土脱落后露出内部钢筋,并且产生锈蚀(图 7.9)。

图 7.9　混凝土露筋锈蚀

(10) 泛碱(或白华)

泛碱是指混凝土表面沉积一层白色物质的过程,它是水泥浆中析出的氢氧化钙与空气中的二氧化碳反应后生成的碳酸钙结晶以及其他碳酸盐及氯化物的结晶的混合物(图 7.10)。

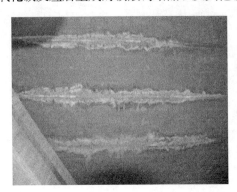

图 7.10　混凝土泛碱(或白华)

(11) 滞水和水迹

滞水是指混凝土结构表面或结构局部区域存在着液态水的积聚;水迹是指混凝土结构表面存在着水流过的痕迹(图 7.11)。

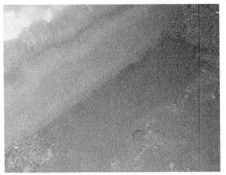

图 7.11　混凝土滞水和水迹

混凝土滞水和水迹是由于上部结构开裂、孔洞、排水不合理等造成。水对混凝土结构具有腐蚀作用,会造成混凝土泛碱松散、钢筋锈蚀等危害。

(12) 预应力混凝土

对预应力混凝土结构,除了会出现上述常见混凝土材料病害外,还有专属预应力混凝土结构的损伤,主要有:

① 波纹管外露、破损　混凝土构件表面可见预应力钢束波纹管暴露,波纹管可能出现破损,但预应力筋还处于压浆料的保护中,未见预应力筋外露(图7.12)。

② 预应力筋外露、锈蚀和断裂　由波纹管外露破损导致预应力筋外露,同时发现预应力筋存在锈蚀甚至断裂情况(图7.13)。

③ 锚具外露锈蚀　部分预应力筋锚具未进行相应保护,导致锚具外露锈蚀。

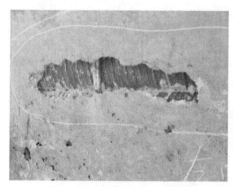
图7.12　波纹管外露、破损

图7.13　波纹管开裂

④ 齿块　齿块为预应力混凝土结构的特征部位,需要重点关注齿块上顺筋方向裂缝和齿块表面的钢筋剥落、缺损情况。

(13) 混凝土表面涂层

混凝土结构表面存在防腐涂层,对具有涂层的混凝土结构进行巡检还应包括以下内容:

① 涂层裂缝　涂层表面出现裂缝,对于此种裂缝在记录时应标注为涂层裂缝。此种裂缝可能由混凝土结构表面裂缝所致,也可能是涂层自身的开裂,因此不能将此种裂缝等同于混凝土的裂缝(图7.14)。

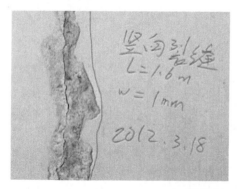

图7.14　涂层裂缝

条件允许的情况下,可打开开裂区域的涂层,观察混凝土表面是否同样存在裂缝。对于打开后涂层的情况,在进行涂层裂缝的记录时予以说明。

对不能打开涂层的区域,可采用裂缝测深仪进行裂缝深度的抽检,以确定混凝土结构自身是否开裂。

② 涂层剥落　表面涂层与混凝土结构发生剥离,严重时涂层卷边翘起(图7.15)。

图 7.15　涂层剥落

③ 明显色差　结构表面部分区域涂层与其他区域涂层颜色对比存在明显的色差,出现此种情况的原因可能是此部分涂层施工质量不良或涂层劣化。

典型照片如图 7.16 所示。

图 7.16　涂层色差

7.4.1.2　混凝土材质检查方法

1) 裂缝

在结构物上,应用不易褪色的油性笔或油漆标注裂缝的走势、长度、宽度及测量的日期。对于测量了深度的裂缝,还应标注裂缝的深度。同时,在检查时,应明确判定裂缝的端部,并在裂缝端部画垂直于裂缝的线段,表示裂缝截止。如果裂缝截止位置巡检人员无法进行标记,则可以以箭头表示裂缝延伸方向。在测量裂缝宽度的位置画圆圈或垂直于裂缝宽度的线段,为以后判定裂缝是否扩大提供依据。现场标注示意如图 7.17 所示。

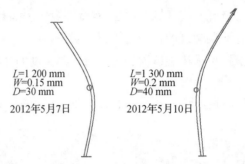

图 7.17　裂缝现场标注示意(图中黑色线表示裂缝)

图中,L 表示裂缝长度,W 表示裂缝宽度,D 表示裂缝深度。

裂缝的走势、长度、宽度、深度、位置等信息同样需要填写在记录表格或巡检图中,典型裂缝需要拍照。以上记录信息须反映在定期检查报告中。

2)龟裂

在现场应用不易褪色的油性笔标注龟裂的范围、面积及测量的日期。如果巡检人员认为有必要,可以将龟裂范围中最大裂缝的宽度标注在现场。现场标注示意如图 7.18。

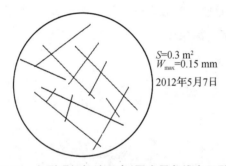

图 7.18　龟裂现场标注示意(图中黑色线表示裂缝)

图中,S 表示面积,W_{max} 表示最大裂缝宽度。

龟裂的范围、面积、位置等信息同样需要填写在记录表格或巡检图中,典型龟裂需要拍照。以上记录信息须反映在定期检查报告中。

3)水迹和滞水

在现场应用不易褪色的油性笔标注水迹或滞水的范围、面积及测量的日期。现场标注示意如图 7.19。

图 7.19　水迹或滞水现场标注示意

图中，S 表示面积。

水迹或滞水的范围、面积、位置等信息同样需要填写在记录表格或巡检图中，典型水迹需要拍照。以上记录信息须反映在定期检查报告中。

4）混凝土剥落、露筋

在现场应用不易褪色的油性笔标注剥落、露筋的范围、面积、深度及测量的日期。现场标注示意如图 7.20。

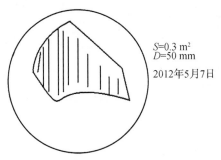

图 7.20 混凝土剥落、露筋现场标注示意

图中，S 表示面积，D 表示裂缝深度。

7.4.1.3 钢材检查内容

钢材料构件主要包括斜拉索系统、钢箱梁（部分桥）及桥面系钢构件，此部分钢材料构件的巡检对象主要包括防腐涂层、钢材、焊缝和螺栓等。

防腐涂层的损伤包括开裂、剥落、鼓包和色差；钢材的损伤包括锈蚀、锈蚀穿孔、破损、变形和开裂；焊缝的损伤主要包括焊缝裂纹、开裂、漏焊和不饱满等；螺栓的损伤主要包括螺栓锈蚀、松动和缺失等。

1）防腐涂层开裂、剥落、鼓包和色差

涂装劣化（图 7.21）是钢材开始腐蚀的先兆，此部分与混凝土结构涂层类似。

图 7.21 涂装劣化

2）钢材锈蚀

钢结构物表面出现锈斑、锈迹等（图 7.22）。

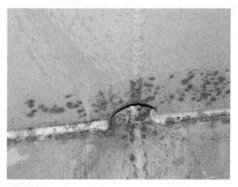

图 7.22　钢材锈蚀

3）钢材锈蚀穿孔

钢结构因锈蚀严重导致局部被洞穿。

4）钢材破损

因外力或施工缺陷导致钢材出现破损（图 7.23）。

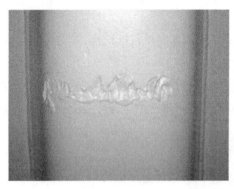

图 7.23　钢材破损

5）钢材变形

钢结构板材发生与设计预期形状不一致的永久变形（图 7.24）。

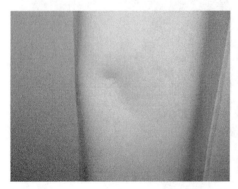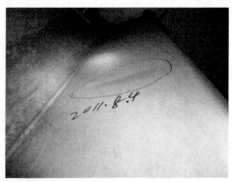

图 7.24　钢材变形

6) 钢材开裂

钢板因受力发生开裂(图 7.25)。

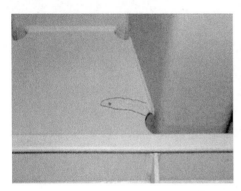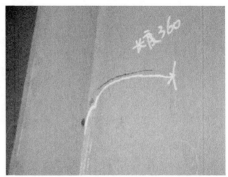

图 7.25 钢材开裂

7) 焊缝裂纹

钢结构物上的焊缝出现裂纹,宽度很小,肉眼几乎不可见(图 7.26)。

图 7.26 焊缝裂纹

8) 焊缝开裂

钢结构物上的焊缝出现开裂,裂缝较为明显(图 7.27)。

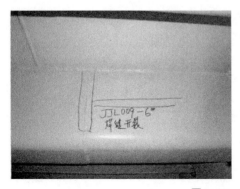

图 7.27 焊缝开裂

9）焊缝漏焊

钢结构板材间应该焊接处未进行相应焊接,形成漏焊情况(图7.28)。

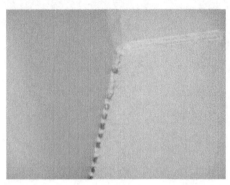 

图7.28　焊缝漏焊

10）焊缝不饱满

焊缝处出现气孔、焊渣和微小孔洞等情况,表现为焊缝处不均匀(图7.29)。

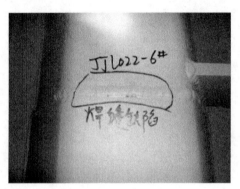

图7.29　焊缝不饱满

11）螺栓锈蚀

用于钢构件连接的螺栓出现锈迹(图7.30)。

 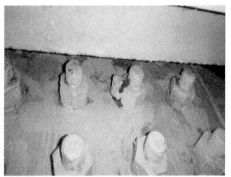

图7.30　螺栓锈蚀

12)螺栓松动

钢结构物上的螺栓出现松动(图7.31)。

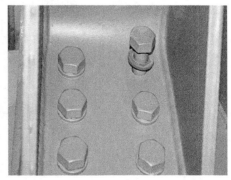

图7.31 螺栓松动

13)螺栓缺失

钢结构物上应该安装螺栓的位置未见螺栓(图7.32)。

图7.32 螺栓缺失

7.4.1.4 钢材检查方法

1)防腐涂装劣化

涂装劣化是钢材开始腐蚀的前兆,主要有锈蚀、剥离、裂纹、鼓包、变色、褪色等类型,因此巡检过程中必须:

(1)确定劣化的类型以及严重程度;

(2)测量劣化面积。

在现场应用不易褪色的油性笔标注涂装劣化的范围、面积及测量的日期,如有必要,可将劣化的类型在现场标记。现场标注示意如图7.33。

涂层劣化的类型、范围、面积、位置等信息同样需要填写在记录表格或巡检图中,典型的劣化需要拍照。以上记录信息须反映在定期检查报告中。

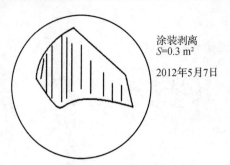

图 7.33 钢结构涂层劣化现场标注示意

图中，S 表示面积。

2）钢材腐蚀

钢板腐蚀将导致截面的削弱，因此巡检过程中必须：

(1) 确定腐蚀的类型以及严重程度；

(2) 测量腐蚀面积以及深度，分析原因及其发展趋势。

在现场应用不易褪色的油性笔标注钢材锈蚀的范围、面积及测量的日期，如有必要，可将锈蚀的深度在现场标记。现场标注示意如图 7.34。

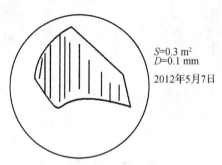

图 7.34 钢材锈蚀现场标注示意

图中，S 表示面积；D 表示深度。

钢材锈蚀的范围、面积、深度等信息同样需要填写在记录表格或巡检图中，典型的锈蚀需要拍照。以上记录信息须反映在定期检查报告中。

3）螺栓损伤

螺栓的损伤主要包括松动、脱落、锈蚀、断裂等。在现场应将发生损伤的螺栓用不易褪色的油性笔标明，并注明损伤的类型、发现的时间。现场标注示意如图 7.35。

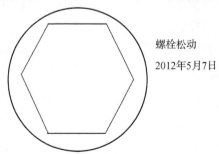

图 7.35 螺栓损伤现场标注示意

螺栓损伤的类型、位置、数量等均须反映到定期检查报告中。

4) 钢板裂纹

对于钢板裂纹的检查要求参照混凝土裂缝的检查。

5) 断裂

对于钢板断裂的检查要求参照混凝土裂缝的检查。对于斜拉索钢丝断裂,则应判定斜拉索的断丝率。

7.4.2　结构检查

7.4.2.1　上部结构

1) 斜拉索系统的检查

(1) 检测索体振动频率有无异常变化。索体振动频率观测应在多种典型气候下进行。每次定期检查均需检测。

(2) 检测拉索索力有无异常变化。每次定期检查均需检测。

(3) 检查拉索锈蚀、断丝状况。在索体表观无异常情况(渗水、破损等)下,检查周期不超过6年。

(4) 检测拉索是否出现异常滑移变形,且无法复拉。每次定期检查均需检测。

(5) 检查拉索护筒内的发泡材料是否老化变质。检查周期不超过3年。

(6) 检查索梁锚固区和索塔锚固区的损坏情况,包括混凝土破损、开裂等。每次定期检查均需检查。

(7) 检查拉索锚具技术状况,包括锚杯积水、锚具内潮湿、防锈油结块、锚具锈蚀等情况。每次定期检查均需检查。

(8) 检测拉索线形是否异常,是否有异常声响,相应主梁位置是否有明显变形或振动。每次定期检查均需检查。

(9) 检查拉索聚氟乙烯(PVF)保护带、螺旋线、PE护套是否有开裂破损现象。每次定期检查均需检查。

(10) 检测拉索护套是否有渗水现象。每次定期检查均需检测。

2) 钢箱梁的检查

(1) 检查涂层劣化情况,包括流痕、气泡、白化、漆膜发黏、针孔、起皱或皱纹、表面粉化、变色起皮、脱落等损伤。每次定期检查均需检测。

(2) 检查钢结构锈蚀情况,包括点蚀、养护起皮、油漆因锈蚀而剥落、锈蚀成洞等。每次定期检查均需检测。

(3) 检查焊缝开裂情况,包括焊缝裂纹或断裂、因裂缝开裂引起结构变形等。每次定期检查均需检测。

(4) 检查螺栓缺失情况,包括螺栓损坏、松动、丢失及由此引起的结构变形。每次定期检查均需检测。

（5）检查钢构件裂缝情况,包括钢裂缝及其引起的截面削弱、永久变形等。每次定期检查均需检测。

（6）检测跨中下挠情况。每次定期检查均需检测。

（7）检查构件变形情况,包括承重构件和次要构件的变形,行车时有明显振动或摇晃并伴有异常声音等。每次定期检查均需检测。

3）混凝土主梁的检查

（1）预制混凝土空心板

① 板底跨中横向裂缝　关注每块空心板的跨中区域是否存在横向裂缝,出现的裂缝是否贯穿整块空心板,裂缝处是否存在泛碱或渗水现象。对存在横向裂缝的边板,关注腹板对应位置是否同样存在裂缝。

② 从空心板底部和桥面铺装的情况共同判断空心板板间铰缝的状况　空心板板底的铰缝处会有1 cm的填充物,观察此部分填充物是否完好并注意板间铰缝是否存在渗水痕迹或泛碱的现象。同时,在车辆通过时观察各空心板的下挠情况,是否出现单块空心板变形明显超过邻近空心板的情况。

在沥青混凝土桥面铺装上观察铰缝所在位置是否存在规则的纵向裂缝。

③ 空心板板底的纵向裂缝一般会出现在板底的中间区域,另一种是空心板内倒角处的对应处。对于出现在倒角对应处的纵向裂缝,可能由于空心板预制时模板下滑,导致原本的倒角形成了V形槽而削弱了截面,并造成应力集中所致。

（2）装配式预应力混凝土组合箱梁

① 板底跨中横向裂缝　此种情况参照空心板的板底跨中横向裂缝。

② 横隔板竖向裂缝　装配式箱梁的横隔板是增加上部结构整体性的重要构造,在检查中需要关注横隔板的竖向裂缝。

同时,也在沥青混凝土桥面铺装上观察在箱梁板间湿接头所在位置,是否存在规则的纵向裂缝。

（3）连续梁桥变截面箱梁

连续梁桥绝大部分为变截面箱梁桥,其常见裂缝主要包括：先张法梁梁端锚固处的裂缝,后张法梁梁端(或其他部位)锚固处的裂缝,预应力筋锚固齿板后的斜向裂缝,箱梁顶、底板纵向裂缝,箱梁顶、底板梗腋处纵向裂缝,箱梁底板不规则裂缝,腹板收缩裂缝,箱梁腹板中部的竖向裂缝,箱梁腹板上的斜裂缝,箱梁腹板上的水平裂缝,悬臂施工时各分段接缝或合拢段接缝出现裂缝,悬臂剪切裂缝,悬臂箱梁锚固后接缝中的裂缝,横隔板或横梁的跨中发生竖向裂缝,变截面箱梁弯曲裂缝,预应力梁下翼缘的纵向裂缝和变截面箱梁底板保护层劈裂破坏等。

连续梁桥变截面箱梁常见裂缝的类型、主要特征、发生原因及图示见表7.1。

表 7.1　连续梁桥变截面箱梁的常见裂缝统计表

序号	裂缝类型	主要特征与发生原因	图示
1	先张法梁梁端锚固处的裂缝	1）裂缝均起始于张拉端面,宽度约 0.1 mm,长度一般只延伸至扩大部分的变截面 2）由于在两组张拉钢筋之间梁端混凝土处于受力区使梁端易发生水平裂缝,或因锚头处应力集中和锚头产生的楔形作用而使锚头附近产生细小水平裂缝	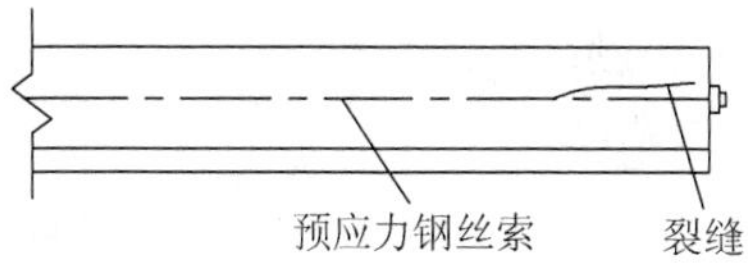
2	后张法梁端（或其他部位）锚固处的裂缝	1）通常发生在梁端或预应力筋锚固处,裂缝比较短小,发生在梁端时多与钢丝束方向一致,在锚固处时与梁纵轴多呈 30°～45° 2）运营初期有所发展,但不严重,以后会趋于稳定 主要由于端部应力集中,混凝土质量不良所致	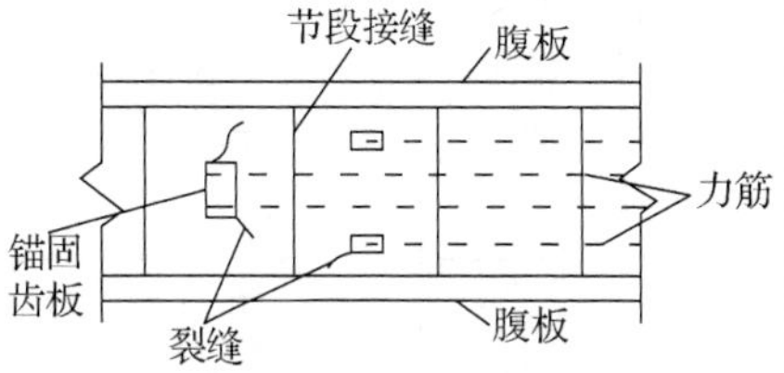
3	预应力筋锚固齿板后的斜向裂缝	主要是齿板附近应力集中过大,普通钢筋配置偏少,预应力束锚固过于集中等引起	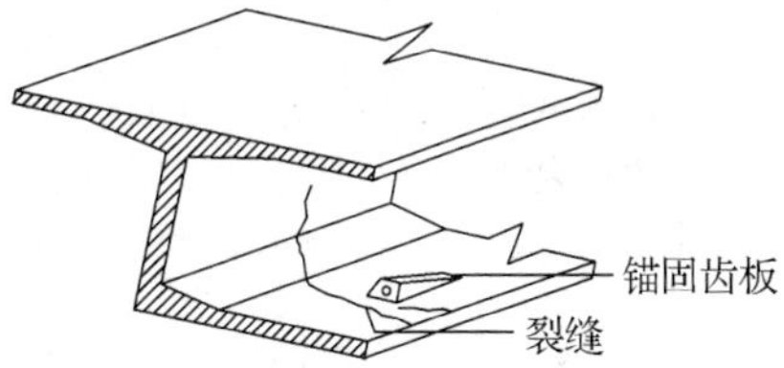
4	箱梁顶、底板纵向裂缝	主要是顶、底板横向弯矩过大,无横向预应力,箱梁横向弯曲空间效应、板厚偏小,横向配筋不足,箱梁内外温差过大产生温度应力等原因	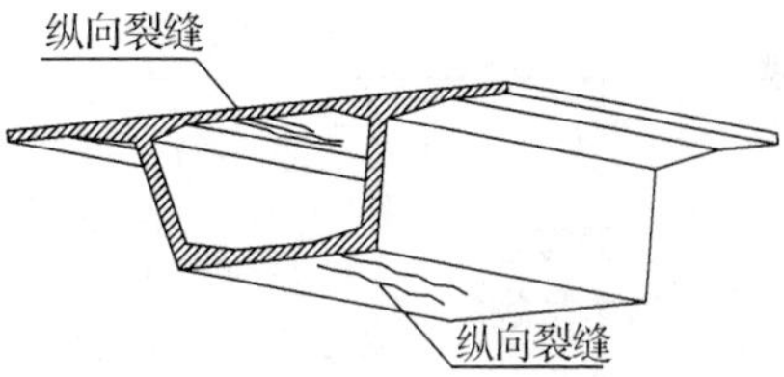
5	箱梁顶、底板梗腋处纵向裂缝	顶板梗腋处主要是该处有大梁预应力纵向钢束通过,局部应力过大,或者是箱梁的正剪力滞效应考虑不足,或者是偏心荷载下箱梁畸变扭转引起腹板上下端局部应力过大等所致	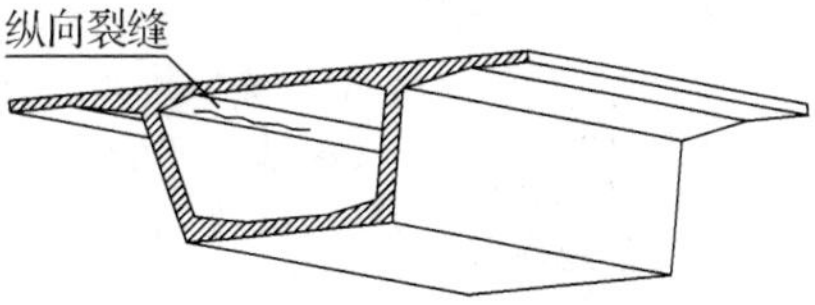
6	箱梁底板不规则裂缝	箱梁底板上发生不规则裂缝,由于梁横向受力性能与横向不变形截面显得有很大的不同,即由于腹部与底板受力不均所致	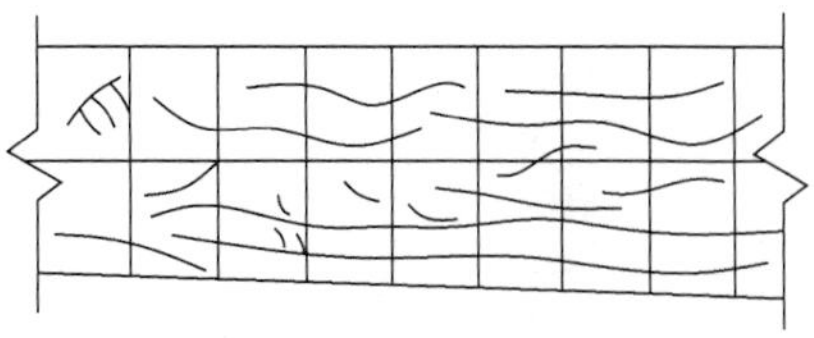

续表 7.1

序号	裂缝类型	主要特征与发生原因	图示
7	腹板收缩裂缝	1) 大多在脱模后 2~3 天内发生,裂缝通常从上梁肋到下梁肋,整个腹板裂通,宽度一般为 0.2~0.4 mm,施加预应力后大多会闭合 2) 多为混凝土收缩和温差所致,如极低的外界温度,混凝土混合料进行预热,使应力分布不均	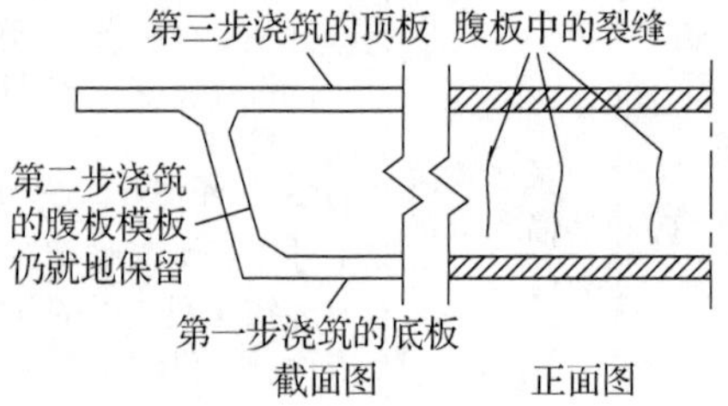 (截面图、正面图,示第一步浇筑的底板、第二步浇筑的腹板模板仍就地保留、第三步浇筑的顶板、腹板中的裂缝)
8	箱梁腹板中部的竖向裂缝	大多发生在脱模的 2~3 天内,上下没有延伸,施加预应力后大多会闭合,这主要与混凝土收缩或箱梁内外温差或腹板水平筋不足,或混凝土混合料质量有关	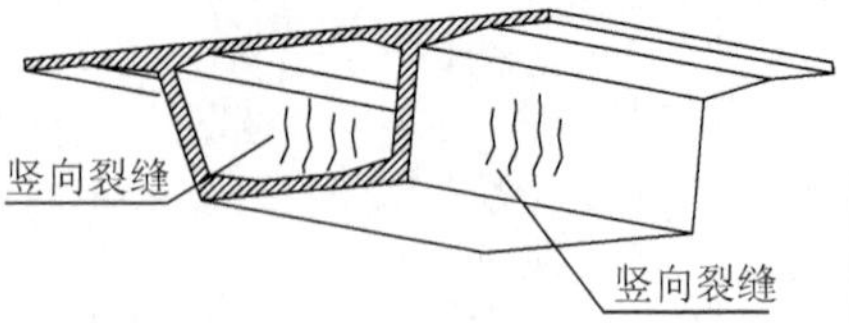 (竖向裂缝)
9	箱梁腹板上的斜裂缝	一般发生在墩台支承点至反弯点间的梁段上,属剪切裂缝。也有与水平缝相连发展到接近跨中的,一般呈 25°~50° 倾斜 裂缝产生原因比较复杂,主要有纵向和竖向预应力不足,或损失过大,箱梁内外温差过大,箱梁的抗弯或抗扭刚度不足,偏心荷载下箱梁畸变应力过大,腹板厚度偏小,剪力滞效应影响,非预应力钢筋配置不足,混凝土混合料及添加剂影响,施工不当,纵向预应力束直线形布置,跨径布置不合理等	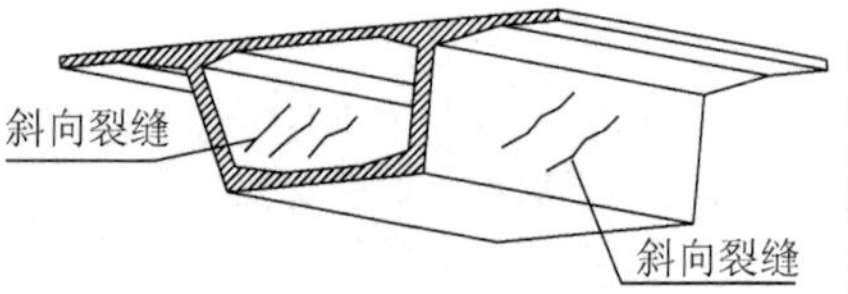 (斜向裂缝)
10	箱梁腹板上的水平裂缝	主要是由箱梁横向弯曲空间效应与内外温差应力使腹板内侧或外侧产生较大的竖向应力、箱梁横向刚度不足,畸变应力影响,竖向预应力不足等原因引起	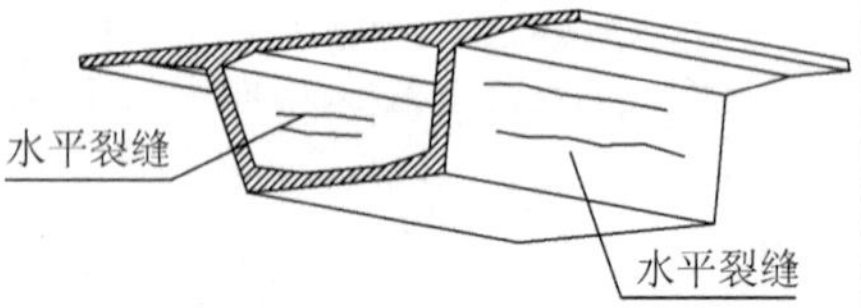 (水平裂缝)
11	悬臂施工时各分段接缝或合拢段接缝出现裂缝	多由于施工接头处理不好,成为薄弱截面,在纵向弯矩、混凝土收缩或较大温差应力等作用下开裂,或者由于预制拼装接缝不密实,桥面开裂后,接缝渗水、钢筋锈蚀等原因造成	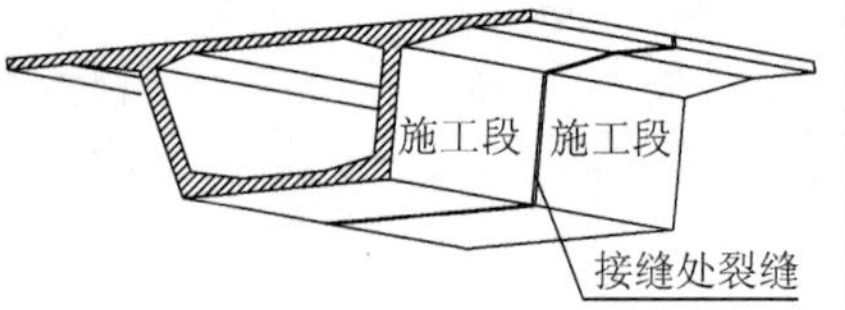 (施工段、接缝处裂缝)

续表 7.1

序号	裂缝类型	主要特征与发生原因	图示
12	悬臂梁剪切裂缝	1) 剪切裂缝出现在腹板上,看起来近似按45°角倾斜,一般出现在支点和反弯点之间的区域 2) 裂缝的产生主要是由于:预应力不足、超载的永久荷载、二次应力、温度作用等;此外设计中缺乏对箱梁腹板内剪力分布的认识,横截面设计未考虑横截面的实际变形,没有重复验算力筋截断处的左右截面受力情况	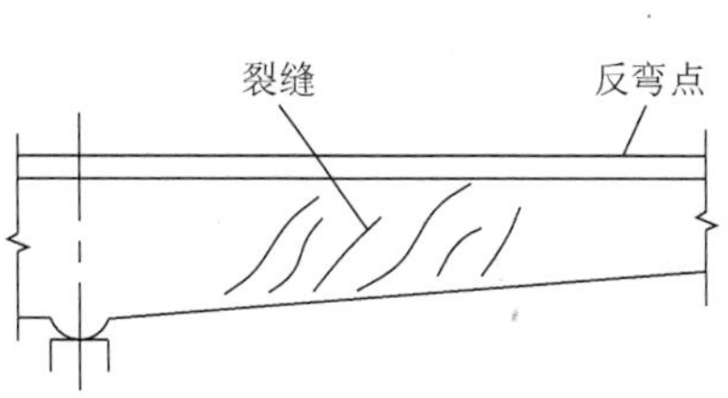
13	悬臂箱梁锚固后接缝中的裂缝	1) 悬臂箱梁在连续力筋锚固齿板后的底板内会产生裂缝,并有可能向着腹板扩展,裂缝与梁纵轴呈30°~45° 2) 产生这种裂缝的原因是由于预应力筋作用面很小,产生局部应力,或者由于顶底板中力筋锚具之间水平方向错开的距离太小	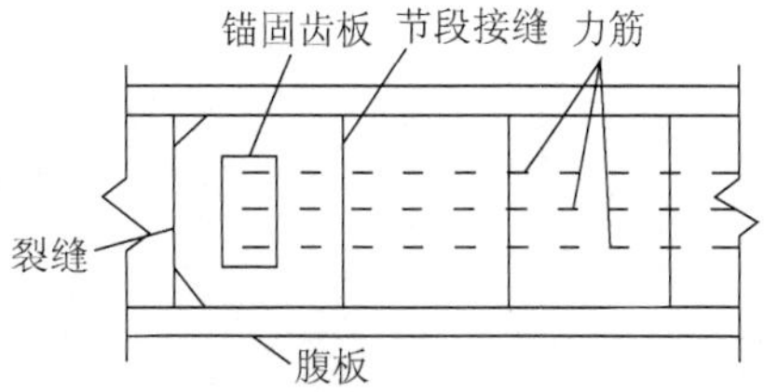
14	横隔板或横梁跨中产生竖向裂缝	在箱梁较宽时,也容易出现横隔板或横梁跨中产生竖向裂缝,这主要是横隔板或横梁中施加的横向预应力不足或损失过大,或箱梁抗扭能力差等引起	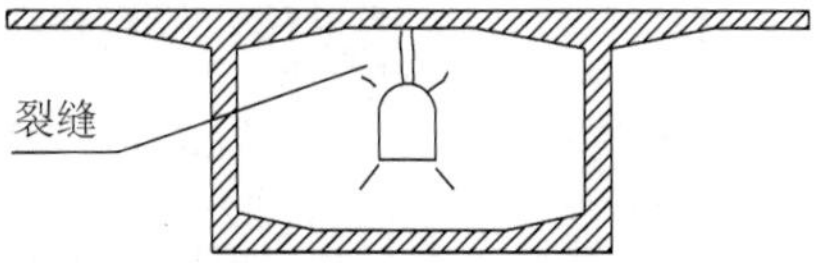
15	变截面箱梁弯曲裂缝	混凝土抗拉能力不足,将导致裂缝的产生。在分段式箱梁中,一般出现在接缝内或接缝附近,梁底裂缝可达0.1~0.2 mm。弯曲裂缝一般很小,结构不受损伤,但在外荷载反复作用下(汽车动力荷载及温度梯度)裂缝有可能会扩大	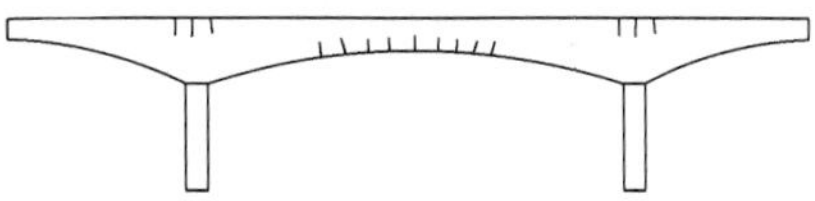
16	预应力梁下翼缘的纵向裂缝	1) 为预应力梁中最严重的一种裂缝,多发生在梁端第一二节间的下缘侧面及梁底,或腹板与下翼缘交界处,也有少数发生在腹板上 2) 裂缝一般处于最外的一排钢丝束部位,宽度一般为0.05~0.1 mm 3) 产生原因是下翼缘受到过高的纵向压力,保护层太薄,或混凝土质量不好	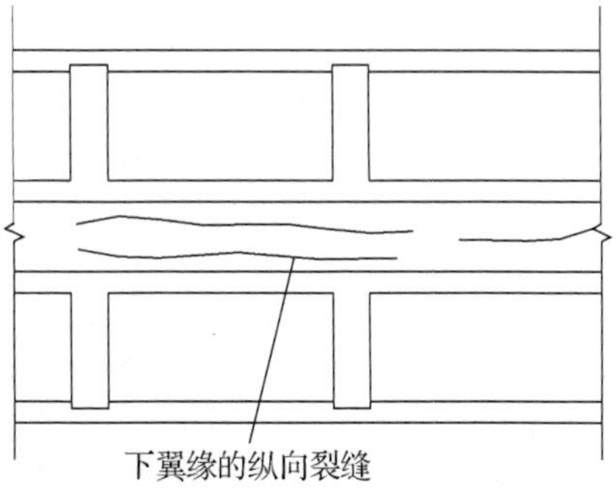
17	变截面箱梁底板保护层劈裂破坏	变截面箱梁底板在纵向呈曲线形,其纵向预应力筋也呈曲线布设,张拉时会产生向下的径向分力,当底板未设置足够数量抵抗此径向分力的防崩钢筋时,便会产生劈裂,造成严重事故	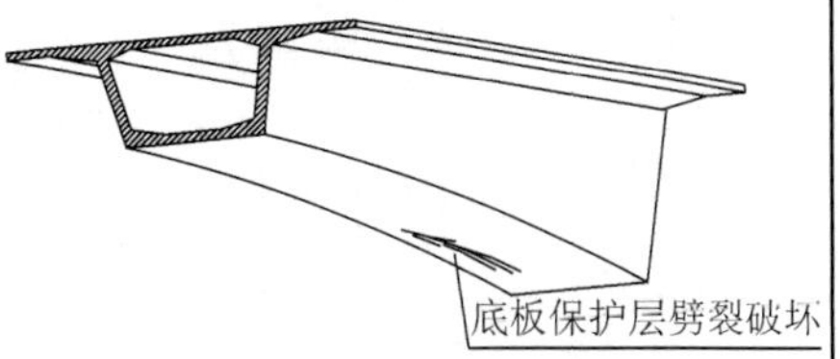

(4) T梁病害

连续T梁的常见裂缝包括:网状裂缝,下缘受压区的裂缝,腹板上的竖向裂缝,腹板上的斜向裂缝,运梁不当引起的上部裂缝,梁侧水平裂缝,梁底纵向裂缝等。

常见裂缝的类型、主要特征、发生原因及图示见表7.2。

表7.2 连续T梁的常见裂缝

序号	裂缝类型	主要特征与发生原因	图示
1	网状裂缝	1) 裂缝细小,宽度约0.03～0.05 mm,用手触及有凸起感觉 2) 无固定规律 3) 多为混凝土收缩引起的表面龟裂	
2	下缘受拉区裂缝	1) 多发生于梁跨中部,梁跨度越大,裂缝越多 2) 自下翼缘向上发展,至翼缘与梁肋相接处停止 3) 裂缝间距约0.1～0.2 m,宽度约为0.03～0.1 mm 4) 多为混凝土收缩和梁受挠曲所产生的裂缝	
3	腹板竖向裂缝	1) 为常见也是较为严重的一种裂缝。当跨径大于12 m时,其裂缝多处于薄腹部分,在梁的半高线附近裂缝宽度较大,一般在0.15～0.3 mm 2) 多为设计不当,施工质量不良,养护不及时,或温度及周围环境条件不良的影响所致	
4	腹板斜向裂缝	1) 这是钢筋混凝土梁中出现最多的裂缝,多在跨中两侧,离跨中越远倾角越大,反之较小,倾角约在15°～45°之间,第一道裂缝多出现在距支座0.5～1 m处 2) 裂缝宽度一般在0.3 mm以下 3) 为设计上的缺陷,拉应力较计算大,混凝土不能负担而导致产生裂缝;施工质量不良又会加速裂缝的产生和发展	

续表 7.2

序号	裂缝类型	主要特征与发生原因	图示
5	运梁不当引起的上部裂缝	运送梁时支撑点没有放在梁的两端掉点上,而是偏向跨中,使支撑点处上部出现负弯矩,而引起开裂	
6	梁侧水平裂缝	1) 为近似水平方向的层裂缝 2) 施工不当引起,分层灌注,间隔时间太长	
7	梁底纵向裂缝	1) 沿下翼缘主筋方向的裂缝 2) 混凝土保护层过薄,或掺入氯盐等速凝剂所造成。裂缝严重时,应予更换	

4) 板拱

(1) 主拱圈检查的关键部位为拱脚、$L/4$、$L/2$、$3L/4$ 截面,关注该部位重点检查混凝土、砌块有无压碎、局部掉块、风化、砌缝有无脱离或脱落、渗水。

(2) 拱座是否倾斜、压碎、局部掉块、风化、沉降或位移。

(3) 拱上立柱(立墙)检查时,上、下端混凝土、砌块有无压碎、局部掉块。

(4) 腹拱圈拱脚、$L/4$、$L/2$、$3L/4$ 截面混凝土、砌块有无压碎、局部掉块、风化、砌缝有无脱离或脱落、渗水。

5) 索塔混凝土的检查

(1) 检测索塔倾斜、变形、沉降状况。每次定期检查均需检测。

(2) 检查索塔开裂状况。可直接到达区域每次定期检查均需检查。不可直接到达区域检查周期不超过 3 年。应重点关注索塔锚固区裂缝、索塔根部横向裂缝。

(3) 检查索塔锚固区渗水状况。每次定期检查均需检查。

(4) 检查混凝土蜂窝、麻面、剥落、掉角、空洞、孔洞、露筋等混凝土常见损伤。直接到达区域每次定期检查均需检查。不可直接到达区域检查周期不超过 3 年。

(5) 检测混凝土保护层厚度。每次定期检查均需检测。

(6) 检测钢筋锈蚀状况。每次定期检查均需检测。

(7) 检测混凝土碳化状况。每次定期检查均需检测。

(8) 检测混凝土强度状况。每次定期检查均需检测。

(9) 检测预应力构件损伤状况。包括钢绞线裸露、管道不密实、钢绞线锈蚀、钢绞线断丝、预应力损耗等，每次定期检查均需检测。

6) 支座的检查

桥梁支座是设置在桥梁上、下结构之间的传力和连接装置，其主要功能是将上部结构承受的各种荷载传递给墩台，并能适应上部结构由于荷载、温度变化、混凝土收缩等产生的变形（水平位移及转角），使上部结构的实际受力情况符合设计要求。桥梁支座按材料分为钢支座、钢筋混凝土支座及橡胶支座，按其作用分为固定支座和活动支座。

支座是检测拱桥时容易忽略的构件，下承式拱桥一般都设有支座，由于上部结构的类型、跨度、荷载等级不同等原因，现有桥梁支座种类、型号也不同。因此，在对支座进行检查时应根据不同情况区别对待。

整体上，采用目测方法对支座脱空、开裂情况进行检查，观察支座的位置是否仍处于设计位置，能否正常工作。

检查在墩台帽顶面支座附近混凝土健康情况。

目测并使用卷尺、角尺、塞尺等仪器，记录、标记检查到的异常现象，采用剪切变形简便测尺检查支座的纵向和横向变形，并详细记录（表 7.3）。

表 7.3 桥梁支座检测内容、指标及检测方法

序号	分类	检测指标	检测方法
1	板式橡胶支座	1) 是否老化变质、开裂 2) 各夹层钢板间橡胶层是否外鼓 3) 夹层钢板是否外露 4) 支座是否与梁体脱空 5) 支座是否错位 6) 支座剪切变形是否超出规范限值	1) 采用目测并使用卷尺、角尺、塞尺等仪器，记录、标记检查到的异常现象 2) 采用剪切变形简便测尺检查支座的纵向和横向变形，并详细记录 3) 采用数码相机，拍摄支座异常情况 4) 逐个支座进行检查、编号、记录、分析统计
2	盆式橡胶支座	盆底是否翘起、锈蚀剥落 底板是否裂纹、掉角 支座是否开裂、开焊、变形、破损 锚栓是否剪断 上下部是否受到异常约束 有无位移、转角是否超出设计值 防尘罩是否破裂	
3	支承垫石	1) 是否有裂缝 2) 座板混凝土是否压坏、剥离、掉角	
4	弯桥支座	1) 支座橡胶与垫石相对滑移是否正常 2) 支座脱空方向和大小是否正常	

7.4.2.2 下部结构

1) 桥墩的检查

(1) 检查桥墩开裂状况。可直接到达区域每次定期检查均需检查。不可直接到达区域检查周期不超过3年。

(2) 检查混凝土主梁蜂窝、麻面、剥落、掉角、空洞、孔洞、露筋等混凝土常见损伤。直接到达区域每次定期检查均需检查。不可直接到达区域检查周期不超过3年。

(3) 检测混凝土保护层厚度。每次定期检查均需检查。

(4) 检测钢筋锈蚀状况。每次定期检查均需检查。

(5) 检测混凝土碳化状况。每次定期检查均需检测。

(6) 检测混凝土强度状况。每次定期检查均需检测。

(7) 检测桥墩位移状况。每次定期检查均需检测。

2) 基础的检查

(1) 检测桩基冲刷、掏空状况。每次定期检查均需检测。

(2) 检查承台剥落、露筋状况。每次定期检查均需检测。

(3) 检查桩基冲蚀状况。每次定期检查均需检测。

(4) 检测桩基沉降、滑移、倾斜状况。每次定期检查均需检测。

(5) 检查承台裂缝状况。每次定期检查均需检查。

3) 河床的检查

检测河床堵塞、冲刷及变迁状况。每次定期检查均需检测。

7.4.2.3 桥面系

1) 桥面铺装的检查

桥面铺装的主要功能是保护属于主梁部分的行车道板不受车辆轮胎的直接磨耗,防止主梁遭受雨水的侵蚀,并对车轮的集中荷载起一定的分配作用。

桥面铺装破损将增大动荷载对桥梁的冲击,影响行车的舒适、顺畅、安全。检查重点是桥面开裂、磨耗、平整度、损坏等情况,测量桥面铺装裂缝长度、宽度。

沥青类铺装层常见的缺陷有:开裂、泛油、松散露骨、坑槽、拥包等病害。

开裂:由于桥面日温差和年温差比较大,桥面收缩时超过沥青混凝土的形变量,造成桥面开裂。桥面出现裂缝会导致雨水渗入梁体,加速混凝土的碳化和混凝土内钢筋锈蚀。

泛油:这是由于沥青含量过高、骨料级配不合理以及沥青材料软化点太低所致。桥面出现泛油后,高温时车辆黏轮,雨后容易打滑,降低了行车安全。

松散露骨:由于车辆轮载的反复作用,铺装层表面的细骨料慢慢松散、脱离,表面出现锯齿状的粗糙状态。一般为沥青混合料压实度不足、油石比太小或超载所致。

坑槽:由松散露骨进一步发展造成,致桥面高低不平。不仅降低行车的舒适性和行车速度,而且增大汽车荷载对桥梁结构的冲击作用,对桥梁结构的危害很大。

混凝土类铺装层常见的缺陷有:断缝、拱胀、错台、起皮、露骨等病害,一旦出现也应及时处理。

表7.4是桥面系检测指标,检测方法皆采用观察、拍照、记录、统计。部分检测方法见下文详细介绍。

表7.4 桥面系检测内容、指标及检测方法

类型	序号	指标	检测方法
沥青混凝土	1	变形	观察、拍照、记录、统计
	2	泛油	观察、拍照、记录、统计
	3	破损	观察、拍照、记录、统计
	4	裂缝	观察、拍照、记录、统计
水泥混凝土	1	磨光、脱皮、露骨	观察、拍照、记录、统计
	2	错台	观察、拍照、记录、统计
	3	坑洞	观察、拍照、记录、统计
	4	剥落	观察、拍照、记录、统计
	5	拱起	观察、拍照、记录、统计
	6	接缝料损坏	观察、拍照、记录、统计
	7	裂缝	观察、拍照、记录、统计

2)伸缩缝装置的检查

(1)检查伸缩缝是否存在凹凸不平现象。每次定期检查均需检查。

(2)检查伸缩缝锚固区缺陷。包括锚固构件松动、锚固螺栓松脱、锚固区损坏、裂缝、剥落等。每次定期检查均需检查。

(3)检查伸缩缝装置破损。包括锚固构件松动、缺失,焊缝开裂,橡胶条损坏、老化,钢板破损,排水不畅等损伤。每次定期检查均需检查。

(4)检查伸缩缝功能失效。包括因槽口堵塞、卡死等原因导致伸缩缝伸缩异常,伸缩缝不能自由变形,车辆行驶时出现冲击和噪声等。每次定期检查均需检查。

3)栏杆、护栏的检查

(1)检查栏杆、护栏撞坏、缺失状况。包括栏杆受到车辆冲撞,失去效用,或构件脱落缺失等。每次定期检查均需检查。

(2)检查栏杆、护栏破损。包括栏杆蜂窝麻面、剥落、锈蚀、裂缝、变形错位等。每次定期检查均需检查。

4)排水系统的检查

(1)检查是否存在排水不畅现象。包括桥下漏水、桥面积水等。每次定期检查均需检查。

(2)检查泄水管缺陷。包括泄水管堵塞、破损、缺件、管体脱落、漏留泄水管等。每次定期检查均需检查。

5) 照明标志的检查

（1）检查照明、标志设施的无损或损坏状况。包括设施松动、锈蚀、损坏，或出现污损标志不清现象。每次定期检查均需检查。

（2）检查照明设施是否存在缺失。每次定期检查均需检查。

（3）检查标志脱落、缺失和需要标志的位置没有相应标志的情况。每次定期检查均需检查。

7.5 验收工作

管养单位对委托本单位以外定期检查中技术状况等级评定为2类的桥梁进行抽查，重点对结构评分时权重大且评分低的桥跨构件进行复核。

对于定期检查后技术状况评定为3、4类的桥梁，根据3类以上桥梁及有严重缺损和难以判明损坏原因和程度的桥梁外委单位检查留存的影像记录及病害状况说明进行初次复检。

如仍无法对桥梁现有状况评定，应赶赴现场，比照检查数据表，对外委检测单位定期检查在现场中发现的各种病害范围及日期的油漆等标记逐一复核，确保数据真实有效，桥梁技术状况评定反映出桥梁实际的状况。

1) 定期检查前应根据桥龄、交通量、车辆载重、桥梁使用历史、已有技术评定、自然环境以及桥梁临时封闭的社会影响制订详细计划，计划应包括采用的测试技术与组织方案并提交主管部门批准。在安排每次定期检查前，要认真查阅所查桥梁的技术资料，以及上次定期的检查报告，以便有充分的准备并做对比分析。

2) 桥梁定期检查后，应提出下列文件：

（1）桥梁定期检查数据表。当天检查的桥梁现场记录，应在次日内整理成每座桥梁定期检查数据表。

（2）典型缺损和病害的照片及说明。缺损状况的描述应采用专业标准术语，说明缺损的部位、类型、性质、范围、数量和程度等。

（3）两张总体照片。一张桥面正面照片，一张桥梁左侧立面照片。桥梁改建后应重新拍摄一次。如果桥梁拓宽改造后，左右幅桥梁结构不一致，还要有右侧立面照片，并标注清楚。

（4）桥梁清单。

（5）桥梁基本状况卡片。定期检查完成后，应将该次检查的桥梁各部件技术状况评定结果登记在桥梁基本状况卡片内。

（6）定期检查报告。该报告应包括下列内容：

① 大桥的保养小修情况。

② 需要中修或改建的桥梁计划，并说明修理的项目，拟用的修理方案，预估费用及实施时间。

③ 要求进行特殊检查桥梁的报告,说明检验的项目及理由。
④ 需要限制桥梁交通的建议报告。
⑤ 桥梁无损检测、桥梁线形测量、冲刷检测以及大桥无法直接到达区域的检查与检测属于专门检查的内容,作为定期检查报告中专门检查的内容出现,报告中应含有相关检查的具体数据作为检查结果的支撑。
⑥ 对于定期检查报告一般要求的其他未尽事宜参照《公路桥涵养护规范》(JTG H11—2004)执行。

8 专门检查

专门检查是根据定期检查和应急检查结果,或者通过其他途径,并经过技术状态评估之后,判断需要进一步查明某些破损或病害的详细情况而进行的更深入的专门检测。通过专项检查,应完整掌握破损或病害的详细资料,为是否实施处置以及采取何种处置措施等提供技术依据。

专门检查是指根据经常检查和定期检查的结果,对需要进一步明确损坏原因、缺损程度或使用能力的桥梁,针对病害进行专门的现场试验检测、验算与分析鉴定工作。旨在进一步判定损伤程度,分析损伤发生原因,预测损伤发展趋势。

在以下情况应作专门检查:

(1) 周期性进行的专门检查项目;
(2) 定期检查中难以判明损坏原因或程度的桥梁;
(3) 桥梁技术状况为4、5类者;
(4) 拟通过加固手段提高荷载等级的桥梁;
(5) 条件许可时,特殊、重要的桥梁在正常使用期间可周期性进行荷载试验。

8.1 检查目的

专门检查的目的如下:

(1) 对经常检查和定期检查中难以判明原因的损伤进行深入检查,必要时须使用特殊设备或专门技术手段进行试验检测;
(2) 对同类的结构部件出现的同类型损伤或综合评分较高的损伤进行详细检查,也是对经常检查、定期检查的重要补充;
(3) 在桥梁结构遭遇特殊事件后,为尽快落实养护维修方案而进行的针对性检查工作;
(4) 在进行复杂和昂贵的维修之前,通过细致且富有针对性的专门检查,可更为全面地掌握桥梁结构的技术状况。

8.2 检查频率

专门检查应根据桥梁的破损情况和性质,采用仪器设备进行现场测试、荷载试验及其他辅助试验,针对桥梁现状进行验算分析,形成鉴定结论。

一般而言,专门检查由养护管理机构根据需要安排进行,巡检时机多为特殊事件发生后,或者定期检查中发生较严重损伤而又难以判明原因的时候。对于某些重要构件,还应定期进行某些项目的专门检查,以便管理者切实掌握桥梁的技术状况,需定期进行专门检查的项目及频率见表8.1所示。

根据交公路发〔2007〕336号文,第二十四条 特大桥、特殊结构桥梁和单孔跨径60 m及以上大桥的检测评定工作应符合以下规定:

(1) 在桥梁上下部结构的必要部位埋设永久性位移观测点,并定期进行观测,1、2类桥每3年至少1次,3类桥每年至少1次,4、5类桥每季度至少1次,特殊情况时应加大观测密度。

(2) 应安排专项经费委托有资质的单位进行定期的特殊检查。1、2类桥每5年至少1次,3类桥每3年至少1次,4、5类桥应立即安排进行特殊检测。

表8.1 专门检查项目及频率

序号	专门检查项目	巡检频率(年)
1	桥梁线形	3
2	桥梁动力特性测试	3
3	形变位移检测	3
4	混凝土无损检测	5
5	动载、静载试验	根据实际需要进行
6	其他项目(如支座缺陷、墩柱沉降等)	根据实际需要进行

作为承担专门检查工作的试验检测机构,根据其通过公路工程试验检测机构等级认定的内容,可开展的巡检项目包含了材料和装置的相关检测项目,如钢筋(含接头)的抗拉强度、伸长率,支座的极限抗压强度、竖向压缩变形,以及伸缩缝的外观质量/防水性能等。材料和装置的检测项目及参数,在已投入运营的桥梁检测业务中极少开展,仅在养护维修施工时可能略有涉及。

8.3 检查内容

1) 动力特性测试

桥梁动力特性测试须包括大桥自振频率、阻尼比和振型的测试。

2) 桥梁荷载试验

桥梁荷载试验包括静载试验、模态参数试验及动载试验。

桥梁静载试验需在桥梁上施加与设计或使用荷载基本相当的外载,检测结构的控制部位和控制截面在荷载作用下的挠度、应力和横向分布等特性的变化,分析桥梁的实际工作状态,并对结构的刚度、强度和整体性能进行评价。

模态参数测试包括大桥自振频率、阻尼比和振型,用以反映结构损伤情况和整体性能及受力体系的改变。

桥梁动载试验测定桥梁在动载作用下的强迫振动响应。

3）混凝土无损检测

对于各类不同形式的主梁选择不同位置的混凝土进行测试。

A. T梁检查重点　T梁桥无损检测重点区域如图8.1所示。

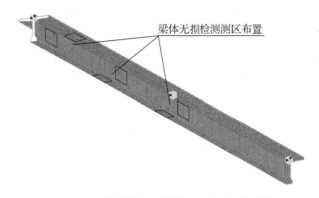

图8.1　T梁桥结构无损检测重点关注位置图

B. 板梁检查重点　板梁桥无损检测重点区域如图8.2所示。

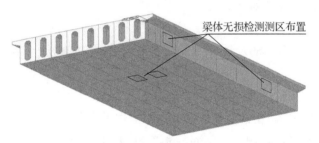

图8.2　板梁桥结构无损检测重点关注位置图

C. 箱梁检查重点　箱梁桥无损检测重点区域如图8.3所示。

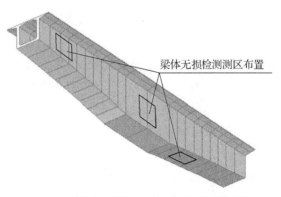

图8.3　箱梁桥结构无损检测重点关注位置图

（1）混凝土强度检测　根据结构构件的重要程度，以及设计文件、竣工文件提供的结构构件强度标号进行混凝土强度检测。检测对象为主要受力构件，如索塔、混凝土主梁、墩台身、墩柱等。

混凝土强度检测是检测人员了解混凝土现阶段状况的一个重要指标。

（2）混凝土碳化深度检测　在进行混凝土强度测试时同时进行混凝土碳化深度的检测。碳化深度检测是混凝土强度检测的必须流程。同时碳化深度检测也为检测人员判断混凝土老化程度提供了依据。

（3）钢筋保护层厚度及钢筋位置检测　针对桥梁外观检测中发现的露筋、锈蚀等问题，可采用钢筋位置测定仪测量钢筋位置和钢筋保护层厚度，通过外业测量和内业处理得到测区内箍筋或主筋的保护层厚度，并得到钢筋分布。

钢筋保护层厚度是判断钢筋混凝土结构耐久性的一个重要指标。

（4）混凝土电阻率检测　确定混凝土电阻率检测的适用桥梁状况及检测选取构件数量。

8.4　注意事项

进行专门检查时应注意如下事项：

（1）实施专门检查前，承担单位负责检查的工程师应充分收集资料，包括设计资料（设计文件、计算所用的程序、方法及计算结果）、竣工图、材料试验报告、施工记录、历次桥梁定期检查和特殊检查报告，以及历次维修资料等。原资料如有不全或疑问时，可现场测绘构造尺寸，测试构件材料组成及性能，勘察水文地质情况等。

（2）桥梁专门检查应根据需要对以下3个方面作出鉴定：

① 桥梁结构材料缺损状况。包括对材料物理、化学性能退化程度及原因的测试鉴定；结构或构件开裂状态的检测及评定。

② 桥梁结构承载能力。包括对结构强度、稳定性和刚度的验算、试验和鉴定。

③ 桥梁防灾能力。包括桥梁抵抗洪水、流冰、风、地震及其他地质灾害等能力的检测鉴定。

（3）桥梁结构缺损状况鉴定，可根据鉴定要求和缺损的类型、位置，选择表面测量、无破损检测和局部取试样等有效可靠的方法。试样应在有代表性构件的次要部位获取。

（4）桥梁结构检算及承载力试验应按国家及行业有关标准和技术规范进行。

（5）桥梁抗灾能力鉴定一般采用现场测试与验算的方法，特别重要的桥梁可进行模拟试验。

（6）原设计条件已经变化的，所有鉴定都应针对当时桥梁的实际情况，不能套用原设计的资料数据。

8.5 检查验收

（1）实施专门检查前，巡检工作承担单位应充分收集相关资料，如设计资料（设计文件、计算报告）、竣工图、材料试验报告、施工记录、历次桥梁定期检查和特殊事件后巡检报告，以及历次维修资料等。

（2）专门检查应根据需要对以下3个方面作出鉴定：

① 桥梁结构材料力学性能，包括对材料物理、化学性能退化程度及原因的测试鉴定，结构或构件开裂状态的检测及评定；

② 桥梁结构承载能力，包括对结构强度、刚度、疲劳及稳定的检算、试验和鉴定；

③ 桥梁防灾能力，包括桥梁抵抗洪水、流冰、风、地震及其他地质灾害等能力的检测鉴定。

（3）桥梁结构材料力学性能鉴定，可根据鉴定要求和病害类型、位置，选择表面测量、无损检测和局部试样等有效可靠的方法。试样应在有代表性的构件的次要部位获取。

（4）桥梁结构验算及承载力试验应按国家及行业现行有关标准和技术规范进行。当无现行规范或客观条件限制，需要发生偏离时，应获得桥梁养护管理机构的认可。

（5）桥梁抗灾能力鉴定一般采用现场测试与验算的方法，特别重要的桥梁可进行模拟试验。

（6）原设计条件已经变化的，所有鉴定都应针对当时桥梁的实际状况，不能套用原设计的资料数据。

（7）专门检查应由具有工程试验检测资质的专业检测单位实施。

检查完成后，应编制专门检查报告，报告内容包括：

① 检查的主要经过，包括检查的组织实施、时间和主要工作经过等；

② 所检查结构的技术状况，包括检查方法、试验和检测项目及内容、检测数据与结果分析以及缺损状态评价等；

③ 对缺损或病害的成因、范围、程度等情况的分析，及其维修处置对策、技术以及所需工程量和费用等建议。

9 桥梁结构评定标准

9.1 技术状况评定

9.1.1 概述

目前,对于公路桥梁的技术状况评定可参照《公路桥梁技术状况评定标准》(JTG/T H21—2011)执行。相比于《公路桥涵养护规范》(JTG H11—2004)中规定的评定方法,该标准已有较大进步,主要体现在以下几点:

《公路桥涵养护规范》(JTG H11—2004)中的评估方法主要针对的是中小型钢筋混凝土桥梁和预应力混凝土桥梁,而该标准已涵盖了基本所有桥型。

该标准对桥梁部件、构件的划分更为详细,评定方法也更为精细。这就在一定程度上避免了巡检人员由于个人知识构成、经验水平以及认知程度的不同,在评估同一桥梁病害对结构的影响时得出迥异的判断结果。建立在人工认知基础上的这类桥梁病害程度的评价评估方法很难得到一个最符合客观实际的结论。

9.1.2 技术状况评定思路

按照该标准,公路桥梁技术状况评定包括桥梁构件、部件、桥面系、上部结构、下部结构和全桥评定。公路桥梁技术状况评定应采用分层综合评定与5类桥梁单项控制指标相结合的方法,先对桥梁各构件进行评定,然后对桥梁各部件进行评定,再对桥面系、上部结构和下部结构分别进行评定,最后进行桥梁总体技术状况评定。

评定指标如图9.1所示。

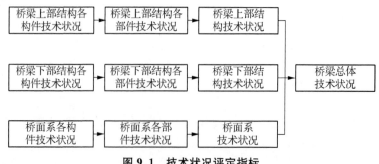

图9.1 技术状况评定指标

桥梁技术状况评定流程如图 9.2 所示。

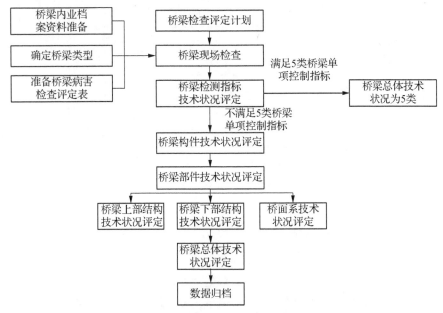

图 9.2　桥梁技术状况评定流程图

9.1.3　技术状况评定算法

桥梁构件的技术状况评分,按式(1)计算。

$$PMCI_l(BMCI_l 或 DMCI_l) = 100 - \sum_{x=1}^{k} U_x \tag{1}$$

当 $x = 1$ 时

$$U_1 = DP_{i1}$$

当 $x \geqslant 1$ 时

$$U_x = \frac{DP_{ij}}{100 \times \sqrt{x}} \times (100 - \sum_{y=1}^{x-1} U_y) 其中(j=x)$$

当 $DP_{il} = 100$ 时

$$PMCI_l(BMCI_l 或 DMCI_l) = 0$$

式中:$PMCI_l$——上部结构第 i 类部件 l 构件的得分,值域为 0～100 分;

　　　$BMCI_l$——下部结构第 i 类部件 l 构件的得分,值域为 0～100 分;

　　　$DMCI_l$——桥面系第 i 类部件 l 构件的得分,值域为 0～100 分;

　　　k——第 i 类部件 l 构件出现扣分的指标的种类数;

　　　U_x、U_y——引入的变量;

　　　i——部件类别,例如 i 表示上部承重构件、支座、桥墩等;

　　　j——第 i 类部件 l 构件的第 j 类检测指标;

　　　DP_{ij}——第 i 类部件 l 构件的第 j 类检测指标的扣分值;根据构件各种检测指标扣分

值进行计算，扣分值按表9.1规定取值。

表9.1 构件各检测指标扣分值

检测指标所能达到的最高等级类别	指标类别				
	1类	2类	3类	4类	5类
3类	0	20	35	—	—
4类	0	25	40	50	—
5类	0	35	45	60	100

桥梁部件的技术状况评分，按式(2)计算。

$$PCCI_i = \overline{PMCI} - (100 - PCCL_{\min})/t \tag{2}$$

或

$$BCCI_i = \overline{BMCI} - (100 - BCCL_{\min})/t \tag{3}$$

或

$$DCCI_i = \overline{DMCI} - (100 - DCCL_{\min})/t \tag{4}$$

式中：$PCCI_i$——上部结构第i类部件的得分，值域为0～100分；当上部结构中的主要部件某一构件评分值$PMCI$在[0,60)区间时，其相应的部件评分值$PCCI_i = PMCI_i$；

$\overline{PMCI}$——上部结构第i类部件各构件的平均值，值域为0～100分；

$BCCI_i$——下部结构第i类部件的得分，值域为0～100分；下部结构中的主要部件某一构件评分值$\overline{BMCI}$在[0,60)区间时，其相应的部件评分值$BCCI_i = BMCI_i$；

$\overline{BMCI}$——下部结构第i类部件各构件的平均值，值域为0～100分；

$DCCI_i$——桥面系第i类部件的平均值，值域为0～100分；

$\overline{DMCI}$——桥面系第i类部件各构件的平均值，值域为0～100分；

$PCCL_{\min}$——上部结构第i类部件中分值最低的构件得分值；

$BCCL_{\min}$——下部结构第i类部件中分值最低的构件得分值；

$DCCL_{\min}$——桥面系第i类部件中分值最低的构件得分值；

t——随构件的数量而变的系数，见表9.2。

表9.2 t值表

n(构件数)	t	n(构件数)	t
1		20	6.6
2	10	21	6.48
3	9.7	22	6.36
4	9.5	23	6.24
5	9.2	24	6.12

续表 9.2

n(构件数)	t	n(构件数)	t
6	8.9	25	6
7	8.7	26	5.88
8	8.5	27	5.76
9	8.3	28	5.64
10	8.1	29	5.52
11	7.9	30	5.4
12	7.7	40	4.9
13	7.5	50	4.4
14	7.3	60	4
15	7.2	70	3.6
16	7.08	80	3.2
17	6.96	90	2.8
18	6.84	100	2.5
19	6.72	≥200	2.3

注：① n 为第 i 类部件的构件总数。② 表中未列出的 t 值采用内插法计算。

桥梁上部结构、下部结构、桥面系的技术状况评分，按式(5)计算

$$SPCI(SBCI \text{ 或 } BDCI) = \sum_{i=1}^{m} PCCI_i(BCCI_i \text{ 或 } DCCI_i) \times W_i \tag{5}$$

式中：$SPCI$——桥梁上部结构技术状况评分，值域为 0～100 分；

$SBCI$——桥梁下部结构技术状况评分，值域为 0～100 分；

$BDCI$——桥面系结构技术状况评分，值域为 0～100 分；

m——上部结构(下部结构或桥面系)的部件种类数；

W_i——第 i 类部件的权重。

桥梁总体技术状况评分，按式(4)计算。

$$D_r = BDCI \times W_D + SPCI \times W_{SP} + SBCI \times W_{SB} \tag{6}$$

式中：D_r——桥梁总体技术状况评分，值域为 0～100 分；

W_D——桥面系在全桥中的比重；

W_{SP}——上部结构在全桥中的比重；

W_{SB}——下部结构在全桥中的比重；

桥梁技术状况分类界限宜按表 9.3 规定执行。

表 9.3　桥梁技术状况分类界限表

技术状况评分	技术状况等级				
	1类	2类	3类	4类	5类
D_r（SPCI、SBCI、BDCI）	[95,100)	[80,95)	[60,80)	[40,60)	[0,40)

当上部结构和下部结构技术状况等级为 3 类、桥面系技术状况等级为 4 类,且桥梁总体技术状况评分为 $40 \leqslant D_r < 60$ 时,桥梁总体技术状况等级应评定为 3 类。

全桥总体技术状况等级评定时,当主要部件评分达到 4 类或 5 类且影响桥梁安全时,可按照桥梁主要部件最差的缺损状况评定。

9.1.4　桥梁评定流程

（1）首先将桥梁按上部结构、下部结构、桥面系拆分成部件和构件,并为桥梁部件赋予权重;

（2）根据检查结果,判定每个桥梁构件的评定指标;

（3）按照桥梁构件评定指标,完成对于桥梁构件技术状况的评分,得到构件评定结果;

（4）按照构件评定结果,完成对于桥梁部件技术状况评分,得到部件评定结果;

（5）按照部件评定结果,完成对于桥梁上部结构、下部结构和桥面系的技术状况评分,得到上部结构、下部结构和桥面系的评定结果;

（6）按照上部结构、下部结构和桥面系的评定结果完成桥梁总体技术状况评分,得到桥梁总体技术状况。

9.1.5　5 类桥梁技术状况单项控制指标

按照《公路桥梁技术状况评定标准》(JTG/T H21—2011)的要求,其针对桥梁技术状况评定有 5 类桥梁技术状况单项控制指标。在桥梁技术状况评定中,有下列情况之一时,整座桥梁应评为 5 类桥：

（1）上部结构有落梁或有梁、板断裂现象。

（2）梁式桥主梁控制截面出现全截面开裂。

（3）梁式桥主梁有严重的异常位移,存在失稳现象。

（4）结构出现明显的永久变形,变形大于规范值。

（5）关键部位混凝土出现压碎或失稳倾向或桥面板出现严重塌陷。

（6）扩大基础冲刷深度大于设计值,冲空面积达 20% 以上。

（7）桥墩(桥台或基础)不稳定,出现严重滑动、下沉、位移、倾斜等现象。

9.2 专项评定

9.2.1 桥梁抗震专项评估

9.2.1.1 概述

我国是世界上多地震国家之一,近几十年来,我国地震活动较为频繁,地域分布具有很大的不确定性,对于大跨度桥梁结构建立桥梁抗震监测系统有助于对震后桥梁结构安全性能的评定,同时也能为改进现行的抗震设计方法和抗震措施提供科学依据。

目前,世界各国对于结构抗震多采用多级设防的抗震设计思想,即"小震不坏,中震可修,大震不倒"具体要求如下:

(1) 在小震(多遇地震)作用下,结构物不需修理,就可正常使用;

(2) 在中震(偶遇地震)作用下,结构物无重大损坏,经修复后仍可继续使用;

(3) 在大震(罕遇地震)作用下,允许结构出现重大损坏,但不出现倒塌或发生危及生命的严重破坏。

9.2.1.2 流程

对于桥梁结构抗震分析的流程如图 9.3 所示。

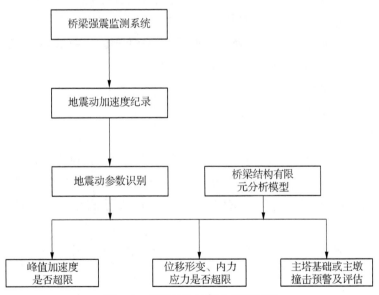

图 9.3 桥梁结构抗震分析流程图

9.2.1.3 关键技术

桥梁结构处实测地震动的参数主要包括:① 地震加速度峰值;② 强震持时;③ 卓越周期;④ 地震频谱特性;⑤ 参考烈度。

地震对结构的作用机理十分复杂,但通常我们可以选取若干地震动参数来表征地震作用的特性。地震动参数是工程抗震设计的依据,同时也可用于评估桥梁结构在地震作用下的安全性能。通过对桥梁结构实测地震动的分析,确定相应的地震动参数,即:地震加速度峰值、强震持时、卓越周期、地震频谱特性及参考烈度,从而掌握桥梁结构的地震动特性,并通过选取合适的桥梁抗震分析理论对桥梁结构的抗震性能进行计算评估,以判定桥梁结构的使用安全状态。

各地震动参数的定义及识别方法如下:

1) 地震加速度峰值

通常用地震动加速度峰值来表征地震振动强度。地震动加速度峰值为地震过程中某一时刻地震动的最大强度,它直接反映了地震力及其产生的振动能量和引起结构地震变形的大小,是地震对结构影响大小的尺度。在公路桥梁设计规范中,可将地震加速度峰值按烈度等级划分原则换算成相应的地震烈度,即参考烈度。

一般地,只需要通过对实测的地震动信号进行加速度峰值拾取即可得到某一时段内的地震加速度峰值,在对桥梁结构抗震性能评价时,往往只需关心大于某一限值的地震加速度峰值,因为只有当地震动强度达到一定程度,才会对桥梁结构的安全性能产生影响。

2) 强震持时

强震持续时间对结构反应的影响主要表现在结构的非线性反应阶段,原则上应采用持续时间较长的记录。因为持续时间长时,地震时程能量大,结构反应较强烈。而且当结构的变形超过弹性范围时,持续时间长,结构在振动过程中屈服的次数就多,从而易使结构损伤不断发展而破坏。因此,对于重大的桥梁结构,需要考虑强震持时的影响。强震持时的定义多种多样,常见的类型有绝对持时、相对持时和等效持时 3 种。

只需要设定一个初始的加速度限值,选择强震加速度时程记录中加速度响应大于初设的加速度限值的时间段,即可得到强震持时。

3) 卓越周期

地震波在某场地土中传播时,由于不同性质界面多次反射的结果,某一周期的地震波强度得到增强,而其余周期的地震波则被削弱。这一被加强的地震波的周期称为该场地土的卓越周期。场地卓越周期只反映场地的固有特征,场地软硬程度不同则会呈现不同的卓越周期。

卓越周期是按地震记录统计得到,只需要对强震加速度时程记录进行频谱分析,识别谱强度峰值对应的周期即为卓越周期。

4) 地震频谱特性

地震动频谱特性可以用功率谱、反应谱和傅立叶谱来表示。3 种谱之间具有一定的对应关系,但一般用功率谱的角度来进行描述。它受到许多因素的影响,如震源的特性、震中距离、场地条件等。震级越大、震中距越远,地震动记录中的低频分量越显著;软土地基上地震动记录的卓越周期显著,而硬土地基上的地震动记录则包含多种频率成分。在选择强震记录时,除了最大峰值加速度应符合桥梁所在地区的烈度要求外,场地条件也应尽量接近,也就是该地震加速度时程的主要周期应尽量接近桥址区场地的卓越周期。地震频谱特性直接关系桥梁结构的地震响应水平及特性。

只需要对监测得到的强震加速度时程记录进行功率谱分析，即可得到地震动频谱特性。

5）参考烈度

在公路桥梁设计规范中，可将地震加速度峰值按烈度等级划分原则换算成相应的地震烈度，即参考烈度。

6）桥梁抗震计算的地震力理论

对于许多大型桥梁空间结构而言，采用静力法或者反应谱等线性分析方法来计算分析桥梁结构的地震响应是不合适的，此时，多采用动态时程分析法。将大跨桥梁结构按多节点、多自由度的计算图式建立精细化有限元模型，将实测的地震强迫振动——地震加速度时程直接输入到桥梁结构有限元模型中，对桥梁结构进行地震时程反应分析。在动态时程分析法中，需考虑桥梁结构的几何非线性、材料非线性及地震多点不一致输入等。

9.2.1.4 架构方式

桥梁抗震评估属于专项评估，整个评估过程需要熟悉设计特点的有经验的工程师开展。整个评估工作的架构方式如表9.4所示。

表9.4 桥梁抗震专项评估架构方式

评估内容	离线模块
地震动参数	地震动参数识别模块（采用VC编写）
桥梁抗震计算分析	有限元计算模型分析模块（拟采用Midas、Ansys建立）

9.2.2 桥梁结构变形与变位专项评估

9.2.2.1 概述

桥梁结构空间位置的变化与结构内力变化是一个统一体，以桥梁建成通车时其各主要构件的空间位置为初状态，通过运营期监测数据与初状态的对比，可分析计算出结构内力的变化趋势，为运营期结构承载能力的判断及维护调整提供科学依据。此外，在特殊荷载作用下，结构的变位响应与荷载的对应关系也是判断结构状态的主要依据。因此，桥梁结构空间状态的监测和对比分析是评估结构安全使用状态的重要组成部分。桥梁结构变形与变位主要包括桥梁挠度、纵向变形、横向变形、索塔纵横向水平变位、桥墩基础沉降等。

1）主梁变形

主梁作为直接承受车辆荷载的结构，其空间变形是反映当前大桥内力状态的重要指标，进行主梁空间变位监测的主要目的为：

（1）作为运营期间安全性预警的重要信息；

（2）作为行车舒适性和桥梁适用性评价的直接指标；

（3）是进行内力状态识别的最重要的输入参数。

2) 索塔变形监测

索塔塔顶高程及偏位是结构几何线形控制的重要参数，是反映当前大桥内力状态的重要指标，进行索塔空间变位监测的主要目的为：

(1) 作为运营期间安全性预警的重要信息；

(2) 是进行内力状态识别的最重要的输入参数。

3) 伸缩缝位移及梁端位移

主梁在交通、地震、温度及风荷载等的作用下将会产生一定的纵向位移，监测主梁支座位移及主引桥整体纵向相对位移的目的为：

(1) 作为运营期间安全性预警的重要信息；

(2) 为评估支座和伸缩缝的安全使用状态提供依据；

(3) 作为直观评估大桥内力状态的重要参数。

9.2.2.2 流程

1) 基于变形与车辆荷载监测的承载能力评估流程(图9.4)

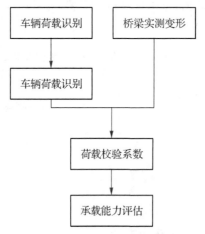

图 9.4 基于变形与车辆荷载监测的承载能力评估流程

2) 基于变形与索力监测的结构内力状态识别流程(图9.5)

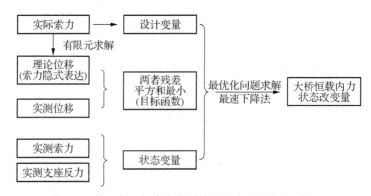

图 9.5 基于变形与索力监测的结构内力状态识别流程

9.2.2.3 关键技术

1) 基于变形与车辆荷载监测的承载能力评估

校验系数是评判桥梁承载能力和工作状态的一个重要指标参数。借用成桥静动荷载试验校验系数的概念,以行驶在桥梁结构上的重车作为荷载试验车辆,由某时刻监测系统所采集的测试变形与有限元模型计算所得的理论值的比值获得校验系数,从而评价结构受力性能。

$$\eta = \frac{S_{实测}}{S_{理论}}$$

上式中 η 为校验系数,$S_{实测}$ 为监测系统的实测挠度值,$S_{理论}$ 为有限元模型计算的理论挠度值。车辆荷载的布置加载依据健康监测系统布设的动态称重系统监测所得的总重、轴数、轴重确定,车辆荷载以集中力的方式作用于有限元模型。在大桥建成时测得一组校验系数作为基准状态,每年进行同样的分析,考察结构的整体刚度改变情况。

2) 基于变形与索力监测的结构内力状态识别

(1) 概述

内力状态识别的主要目的是根据数据采集系统获得的结构响应信息对结构恒载内力进行识别,即由结构响应反演结构状态。内力状态识别的对象是结构的恒载内力,并且以主梁、索塔的恒载内力状态为主要识别对象。

内力状态识别区别于损伤识别在于损伤识别主要目的是识别出结构刚度的变化,内力状态识别则针对结构恒载内力状态的改变。损伤识别着眼点在于结构的局部损伤,内力状态识别着眼点在于结构总体内力状态的改变。

即使对于布置有应变传感器的桥梁结构监测而言,由于内力的重分布将会导致布置有测点的断面不一定再是最危险的位置,而内力状态识别的重要作用在于可以通过有限的测点掌握全桥内力状态的情况,从而避免上述问题发生时系统不能及时发出预警信号的情况出现。

通过结构恒载内力状态的识别可以使得管理者始终能够掌握结构的较为真实的恒载状态,以及通过与其他可变荷载叠加来掌握结构的承载能力,并且在结构可能出现危险前及时通过调索等调整手段来调整结构内力使之达到安全的范围。

(2) 具体思路和实施方案

内力状态识别的基本思路是:

① 主要是基于桥梁恒载状态进行的内力状态识别;

② 建立面向状态识别的基准有限元模型;

③ 以系统辨识及最优化理论为基础进行恒载内力状态识别;

④ 在内力状态识别过程中假定结构刚度不变,结构刚度的改变通过损伤识别加以修正。

大桥内力状态识别的流程如图 9.6 所示。

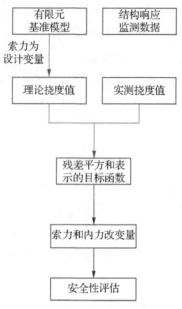

图 9.6 结构内力状态识别流程

（3）基准有限元模型的建立

结构内力状态识别基于结构的基准有限元模型，基准有限元模型的建立是关键。首先根据结构的设计资料建立结构的初始有限元模型，然后根据成桥荷载试验的结果，引入结构响应信息及结构损伤信息修正有限元模型，获得能够反映结构自身特性的有限元基准模型。由于结构的功能退化、结构损伤、结构内力重分布等因素，故结构有限元模型是时变模型。当前时刻的有限元基准模型是基于前一时刻的结构内力状态识别及结构损伤监测信息得到，基于当前时刻的结构响应信息和前一时刻有限元基准模型进行当前时刻的内力状态识别。上述流程如图 9.7 所示。

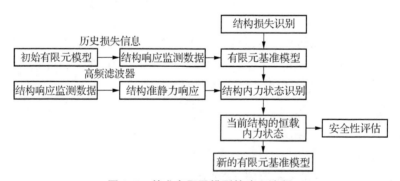

图 9.7 基准有限元模型的建立流程

在评估阶段，将根据大桥的原始设计资料，利用通用有限元分析程序 ANSYS 建立大桥的初始有限元模型，混合 3 种单元类型建立空间有限元模型。经模型修正得到的基准有限元模型可以用于大桥预警值的确定及结构内力状态识别的基础。

(4) 利用最优化理论进行内力状态识别

可以认为结构的内力状态改变主要反映在挠度上,考虑用实测的挠度值来反演结构的内力状态,这属于结构求解的反问题,可以通过数学中的最优化原理来进行求解。对于反问题求解结果的不确定性,可以通过引入一系列的约束条件来解决。

具体地说,在进行空间有限元分析的基础上,以实测各点钢箱梁挠度和理论挠度的偏差平方和最小为目标函数,以斜拉索索力为设计变量,通过约束斜拉索索力值范围和各单个控制点的挠度偏差值,采用一阶分析法对结构内力状态进行迭代优化求解。该优化问题可由下式来表达:

$$\min f(T) = \sum_j (u_j(T) - \bar{u}_j)^2$$
$$T = [T_1, T_2, \cdots, T_{24}]$$
$$0 < T_i < T_s, i = 1, 2, \cdots, 24$$
$$\bar{u}_1 < u_j(T) - \bar{u}_j < \bar{u}_2, j = 1, 2, \cdots, 9$$

式中,T 为索力,是设计变量;$f(T)$ 是目标函数,它是索力的函数;$u_j(T)$ 是根据基准有限元模型理论计算的理论挠度值,它也是索力的函数。$\bar{u}_j$ 代表实测的挠度值;$\bar{u}_1$,$\bar{u}_2$ 为允许偏差的上下限值。基于 Ansys 的结构分析功能和优化计算功能,对上述问题进行求解,识别出大桥的索力和内力改变值。

9.2.2.4 架构方式

桥梁结构变形与变位评估属于专项评估,其整个评估过程需要熟悉桥梁设计特点的有经验的工程师开展。整个评估工作的架构方式如表 9.5 所示。

表 9.5 桥梁结构变形与变位专项评估架构方式

评估内容	离线模块
基于变形与车辆荷载监测的承载能力评估	校验系数分析模块(拟采用 VC 编写)
基于变形与索力监测的结构内力状态识别流程	内力状态识别模块(拟采用 Matlab、Ansys 建立)

9.2.3 汽车荷载专项评估

9.2.3.1 概述

很多桥梁在使用了一定时间后,其正常使用功能和安全性就产生了不同程度的隐患与缺陷,其原因除了桥梁结构自身的设计与施工因素之外,还与桥梁运营荷载状况(汽车荷载)有很大的关系。

如果桥梁当初的设计荷载标准与运营中的实际荷载标准相比过低,会给结构的安全带来巨大问题。如图 9.8 所示是因为车辆超载导致的桥梁垮塌。

图 9.8　由于车辆超载导致的桥梁垮塌

桥梁车辆荷载专项评估时利用安装的称重系统对大桥实际车辆荷载参数进行记录和统计,将统计到的车流施加到实际桥梁结构关键截面关键效应(如弯矩、应力等)的影响线上,并对计算出来的效应进行拟合。计算在桥梁 100 年基准期内,各分位值,特别是 95% 保证率下的车辆荷载效应,并与规范荷载计算的结果进行对比,最终对大桥上的汽车荷载进行评价。根据评价结果,及时采取限载、分流等交通管制措施。

9.2.3.2　流程

(1) 汽车荷载专项评估是依托动态称重系统的实测数据进行车流的模拟。这其中也包括汽车荷载随时间、空间的变化规律的统计。

(2) 对于汽车荷载效应的计算依托于结构有限元模型得出的关键效应影响线。本专项评估不侧重于分析结构疲劳热点的应力影响线,而是侧重于结构整体受力(主梁整体应力、斜拉索索力)的影响线。本专项评估依托的有限元模型应为梁单元建立的整体模型。

(3) 根据加载的结果,绘制关心的关键效应(如跨中应力、塔底弯矩等)的穿越次数直方图。

(4) 利用 Rice 公式进行荷载效应最大值外推。该部分主要包括 Rice 公式的最优拟合和设计基准期内汽车荷载效应最大值最小值外推。

(5) 利用第 4 步中外推的基准期内汽车荷载效应最大值、最小值,计算基准期内汽车荷载效应标准值。

(6) 利用该标准值与设计荷载效应对比,评价桥梁实际荷载效应与设计荷载效应的不同,得出结构超载比例。同时,判断在实际荷载下结构安全度。

汽车荷载专项评估流程如图 9.9 所示。

9.2.3.3　关键技术

桥梁汽车荷载专项评估的核心技术是基于 Rice 公式的汽车荷载效应最大值外推技术。利用 Rice 公式进行荷载效应最大值外推,其实质是利用 Rice 公式拟合桥梁车辆荷载(荷载效应)穿越次数直方图的尾部,而后利用拟合的 Rice 公式进行不同重现期荷载(荷载效应)的最大值外推。

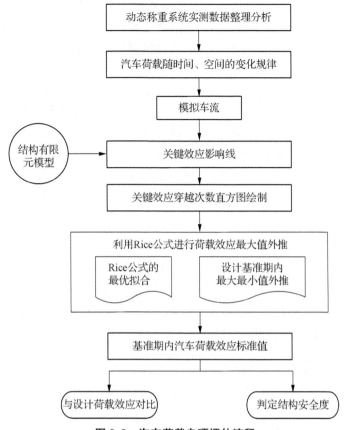

图 9.9　汽车荷载专项评估流程

1) 穿越次数和 Rice 公式

令 X 为一随机变量，x_1 为一大于 0 的实数，如果 $x=x_1$，且在 x_1 附近呈递增趋势，那么我们定义 $X=x$ 这一事件是对 x_1 的向上穿越；同理如果 x_2 为一小于 0 的实数，如果 $x=x_1$，且在 x_1 附近呈递减趋势，那么我们定义 $X=x$ 这一事件是对 x_2 的向下穿越，如图 9.10 所示。

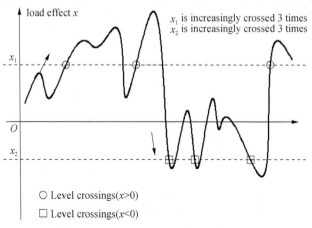

图 9.10　随机过程穿越次数计算示意图

和桥梁结构相关变量的随机过程,如车辆荷载及其荷载效应(例如应力、应变和弯矩等等),在很多情况下可以描述为平稳高斯过程。桥梁截面荷载效应为一平稳高斯过程 X 时,则单位时间内向上(向下)的穿越次数平均值可以采用 Rice 公式计算:

$$v(x) = \frac{1}{2\pi} \frac{\hat{\sigma}}{\sigma} \exp\left(-\frac{(x-m)^2}{2\sigma^2}\right) \tag{7}$$

式中 $\sigma, \hat{\sigma}, m$ 分别表示随机过程 X 的标准差、随机过程 $\hat{X}$ 的标准差和随机过程 X 的平均值。

利用动态称重(WIM)系统记录的数据,可以方便地得到桥梁车辆荷载实际运营情况,结合截面效应的影响线(或影响面)就能计算桥梁关心截面汽车荷载效应的随机过程 $X(t)$。在 WIM 系统记录时间 Trec 内,对不同 x 值都可以求得 $X(t)$ 关于 X 的穿越次数($X>0$ 为向上穿越次数,$X<0$ 为向下穿越次数),从而绘制出荷载效应 X 的穿越次数直方图(the histogram of level crossings),这种直方图可用于外推汽车荷载效应 X 在任意重现期下的最大(小)值。

如果我们把荷载效应 x 的穿越次数直方图标准化:即把所有的穿越次数除以 WIM 系统记录时间 Trec 后,直方图中每一个间隔所对应的值都接近于 $V(X)$。因此,可以很自然地联想到采用 Rice 公式来拟合标准化之后的穿越次数直方图的尾部。采用 Rice 公式来拟合穿越次数直方图的尾部,需要确定 $\sigma, \hat{\sigma}, m$ 这 3 个参数的值,这需要确定 Rice 公式开始拟合点对应的 x_0,如图 9.11 所示。

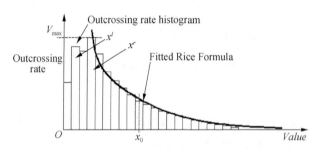

图 9.11 Rice 公式拟合穿越次数直方图尾部

对公式(7)两边取对数后,可以得到:

$$y = \ln(v(x)) = a_0 + a_1 x + a_2 x^2 \tag{8}$$

$$a_0 = \ln(v_0) - \frac{m^2}{2\sigma^2}; \quad a_1 = \frac{m}{\sigma^2}; \quad a_2 = -\frac{1}{2\sigma^2}; v_0 = \frac{\hat{\sigma}}{2\pi\sigma}$$

因此,Rice 公式拟合问题可以转化为上面二次多项式的系数取值问题,而 $a_i, i=0,1,2$ 这 3 个系数可以采用最小二乘原理方便地确定。

2) Rice 公式的最优拟合

如果 x_0 的取值比较靠近直方图的尾端时,拟合曲线将在最右端给出很好的结果,但是由于用于拟合的穿越次数数据点较少,不能精确地估计 Rice 公式中的 3 个参数。相反地如果 x_0 的取值距离直方图的尾端较远,则能得到更具代表性的拟合曲线用于外推,但是可能不能很好地拟合直方图的尾端。因此必须要找到一种程序化而且相当严密的方法来确定 x_0

的最佳取值。

要评估 Rice 公式与穿越次数直方图尾部的吻合性,正如前面所述,首先要确定穿越次数直方图中莱斯公式开始拟合的 x_0 值,再采用 Kolmogorv-Smirnov 法检验莱斯公式和穿越次数直方图的吻合程度。具体做法如下:

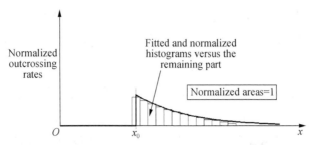

图 9.12 Rice 公式拟合截断后的穿越次数直方图尾部

确定 x_0 的值以后,截断穿越次数直方图,只分析穿越次数直方图 $x>x_0$ 部分(见图 9.12)。假设 $v'(x)$ 和 $f'(x)$ 分别表示莱斯公式和穿越次数随荷载效应 x 的频率函数($x>x_0$ 部分)。现在构造以下函数:

$$v'(x)=\begin{cases}0, & x<x_0 \\ \dfrac{v(x)}{\int_{x_0}^{+\infty}v(x)\mathrm{d}x}, & x\geqslant x_0\end{cases}; \quad f'(x)=\begin{cases}0, & x<x_0 \\ \dfrac{f(x)}{\int_{x_0}^{+\infty}f(x)\mathrm{d}x}, & x\geqslant x_0\end{cases}$$

显然,从上式的定义可以得到下面的推论:

$$\int_{-\infty}^{+\infty}f'(x)\mathrm{d}x=1, \quad \int_{-\infty}^{+\infty}v'(x)\mathrm{d}x=1$$

因此 $v'(x)$ 和 $f'(x)$ 分别为 $S'(x),F'(x)$ 的密度函数,下一步需要采用 K-S 检验法检验 $S'(x),F'(x)$ 这两个分布函数的吻合程度。

变量 D 为分布函数 $S'(x),F'(x)$ 之间的偏差:

$$D=\max_{-\infty<x<+\infty}(|S'(x)-F'(x)|) \tag{9}$$

对于一确定的值 d,变量 D 小于 d 的概率 $P(d>D)$ 可以由下式计算得到,这里 Q_k 的数值代表了 $S'(x)=F'(x)$ 这一统计假设的置信水平。

$$P(d>D)=Q_k(\sqrt{N}d)=2\sum_{k=1}^{\infty}(-1)^{k-1}\mathrm{e}^{-2k(\sqrt{N}d)} \tag{10}$$

式中,N 表示穿越直方图中 $x>x_0$ 的穿越分组数。关于 x_0 的确定,我们可以在下列范围内进行连续寻找(见图 9.12)。

$$x>x^r=\max_{f(x)=f_{\max}}(x) \tag{11}$$

对于每个 x_0,都可以采用下式计算 x_0 对应的

$$Q_{KS}(\sqrt{N(x_0)}D(x_0))=\beta(x_0) \tag{12}$$

其中 $N(x_0),D(x_0)$ 分别表示 $x>x_0$ 的穿越分组数和分布函数 $S'(x),F'(x)$ 之间的偏差值。

x_0 的取值准则可以分为绝对最优取值准则和相对最优取值准则两种情况。前者的确定方式可以采用下式表述，即在计算的所有 $\beta(x_0)$，取最大 β 对应的最小 x_0。

$$\hat{x}_{\text{opt}}^r = \min_{\max(\beta(x_0))} (x_0)$$

而关于相对最优准则也可以采用下式表达，其中 β_0 是一个传统的 K-S 检验置信水平，一般在 $0.9 \sim 1.0$ 之间。而 $\beta(x_{\text{opt}})$ 表示 $S'(x) = F'(x)$ 这一统计假设的置信水平，显然该值以及 $\hat{x}_{\text{opt}}^r$ 的取值和 β_0 的大小有关，这就是为什么这种方法叫"相对最优"的原因。

$$\hat{x}_{\text{opt}}^r = \min_{\beta(x_0) \geqslant \beta_0} (x_0)$$

上述两种方法各有各的优缺点，绝对最优取值准则一定能得到 $\hat{x}_{\text{opt}}^r$ 的取值，而相对最优准值在 β_0 取值较高或 $\beta(x_0)$ 计算值普遍较低时，就无法得到 $\hat{x}_{\text{opt}}^r$，但相对最优准值能对 $\beta(x_{\text{opt}})$、x_{opt} 的取值和 β_0 作敏感性分析，如果 $\beta(x_{\text{opt}})$、x_{opt} 的取值和 β_0 的敏感性较低，那么说明拟莱斯公式能很好地代表穿越次数直方图的尾部。

3) 最大（小）值外推

在得到最佳拟合曲线后，即可利用已求曲线外推任意重现期 R_t 的最大（小）值。对应于 x 的重现期 R_t 的意义是两次 $X = x$ 事件出现的平均时间，即

$$v(x) R_t = 1 \tag{13}$$

代入上式后可以得到：

$$v_0 \exp\left(-\frac{(x-m)^2}{2\sigma^2}\right) = \frac{1}{R_t} \tag{14}$$

由此，x 可以表示为

$$x = m \pm \sigma \sqrt{2 \ln(v_0 R_t)}$$

而重现期 R_t 的最大（小）值可以由下式得到：

$$x_{\max}(R_t) = m_{\text{opt}}^r + \sigma_{\text{opt}}^r \sqrt{2 \ln(v_{0,\text{opt}}^r R_t)} \tag{15}$$

$$x_{\min}(R_t) = m_{\text{opt}}^l - \sigma_{\text{opt}}^l \sqrt{2 \ln(v_{0,\text{opt}}^l R_t)} \tag{16}$$

其中 r 和 l 分别表示拟合曲线的右端尾部和左端尾部。

4) 汽车效应标准值和重现期

荷载标准值可以定义为在结构设计基准期 T 中具有不被超越的概率 p_k，即 $F_T(Q_k) = p_k$。荷载标准值也可采用重现期 T_k 来定义。重现期为 T_k 的荷载值也称为"T_k 年一遇"，即在年分布中可能出现大于此值的概率为 $1/T_k$。因此，

$$F_i(Q_k) = 1 - 1/T_k \tag{17}$$

或

$$[F_T(Q_k)]^{1/T} = 1 - 1/T_k \tag{18}$$

即

$$T_k = 1/\{1 - [F_T(Q_k)]^{1/T}\} = 1/(1 - p_k^{1/T}) \tag{19}$$

上列公式给出了重现期 T_k 与 p_k 间的关系。

我国公路桥梁中车辆荷载效应标准值的定义是：车辆荷载效应标准值由设计基准期最大荷载效应概率分布的某一分位值来确定，由于一般运行状态和密集运行状态的剪力效应分布均不起控制作用，这与桥梁设计的工程经验较为吻合。因此，荷载效应标准值的取值以弯矩效应概率分布为基础。按照国际上惯用的取值原则，标准值 S_{QK} 应取保证率为 95% 的分位值。

按 100 年的基准期设计。结合上述公式，这里可以得到效应标准值对应的重现期为：

$$T_k = 1/(1 - 0.95^{1/100}) = 1950 (年) \tag{20}$$

9.2.3.4 架构方式

对整个评估工作的架构方式如表 9.6 所示。

表 9.6 汽车荷载专项评估架构方式

健康监测系统内置模块	离线模块
车轴车速仪监测数据收集	Monte_carlo 抽样子程序（采用 Matlab 编写）
车辆荷载参数识别	利用 Rice 公式进行荷载效应最大值外推（采用 Matlab 辅助）

10 结构单元解析

不同结构形式桥梁所包含的部件、构件会有不同,本节按照桥梁结构类型分类进行结构单元解析。

10.1 解析原则

桥梁结构物的各种构件分别是由不同材料所组成的,构件材料的性质直接影响构件的使用性能。另外,由于构件的结构形式、受力形式以及损坏方式的不同,其巡检养护方法也会大不相同。

同时,由于桥梁评估是按照病害、构件、部件、部位、桥梁整体逐层进行的,所以在进行单元划分时,还必须要与评估方法相适应。

综合考虑后,提出桥梁结构单元划分原则如下:
(1) 要适应结构技术状况评估的需要;
(2) 要适应不同检测和养护方法的要求;
(3) 结构形式一致;
(4) 材料一致;
(5) 环境条件基本一致;
(6) 构件要合理编号,以便定位和识别。

10.2 梁桥

梁式桥以 K2+804 通道桥左幅为例,对梁式桥结构进行解析,见表 10.1。

表 10.1 K2+804 通道桥左幅结构解析表

桥梁名称	部位	部件	构件	子构件
K2+804 通道桥左幅				
	上部结构			
		混凝土主梁		
			混凝土空心板	

续表 10.1

桥梁名称	部位	部件	构件	子构件
K2+804通道桥左幅				
				1#空心板
				2#空心板
				……
				……
				12#空心板
				13#空心板
		支座		
			0#台	
				0#台1#支座
				0#台2#支座
				……
				0#台12#支座
				0#台13#支座
			1#台	
				1#台1#支座
				1#台2#支座
				……
				……
				1#台12#支座
				1#台13#支座
	下部结构			
		桥台		
			0#薄壁式桥台	
			1#薄壁式桥台	
		翼墙耳墙		
	桥面系			
		桥面铺装		
		栏杆、护栏		
			左侧防撞护栏	
			右侧防撞护栏	
		排水系统		
		照明		

10.3 拱桥

拱式桥以石佛寺一号桥为例进行解析,表 10.2 仅对桥梁解析的情况进行简要介绍。

表 10.2 石佛寺一号桥结构解析表

桥梁名称	部位	部件	构件	子构件
石佛寺一号桥				
	上部结构			
		主拱圈		
		腹拱圈		
			1#腹拱圈	
			2#腹拱圈	
			3#腹拱圈	
			4#腹拱圈	
			5#腹拱圈	
			6#腹拱圈	
		拱上结构		
			1#立墙	
			2#立墙	
			3#立墙	
			4#立墙	
	下部结构			
		桥台		
			0#重力式桥台	
			1#重力式桥台	
		基础		
			0#台扩大基础	
			1#台扩大基础	
	桥面系			
		桥面铺装		
		栏杆、护栏		
			左侧防撞护栏	
			右侧防撞护栏	
		排水系统		
		照明		

10.4 斜拉桥

斜拉桥以京新上地桥为例进行解析,表 10.3 仅对桥梁解析的情况进行简要介绍。

表 10.3 京新上地桥结构解析表

桥梁名称	部位	部件	构件	子构件	组件
京新上地桥					
上地桥					
	上部结构				
		主梁			
			第1跨箱梁		
				主桥斜拉桥上部结构第1跨1号箱室	
				主桥斜拉桥上部结构第1跨2号箱室	
				主桥斜拉桥上部结构第1跨3号箱室	
				主桥斜拉桥上部结构第1跨4号箱室	
				主桥斜拉桥上部结构第1跨5号箱室	
			第2跨箱梁		
				主桥斜拉桥上部结构第2跨1号箱室	
				主桥斜拉桥上部结构第2跨2号箱室	
				主桥斜拉桥上部结构第2跨3号箱室	
				主桥斜拉桥上部结构第2跨4号箱室	
				主桥斜拉桥上部结构第2跨5号箱室	
			第3跨箱梁		
				主桥斜拉桥上部结构第3跨1号箱室	
				主桥斜拉桥上部结构第3跨2号箱室	
				主桥斜拉桥上部结构第3跨3号箱室	
				主桥斜拉桥上部结构第3跨4号箱室	
				主桥斜拉桥上部结构第3跨5号箱室	
			第4跨箱梁		
				主桥斜拉桥上部结构第4跨1号箱室	
				主桥斜拉桥上部结构第4跨2号箱室	
				主桥斜拉桥上部结构第4跨3号箱室	
				主桥斜拉桥上部结构第4跨4号箱室	

续表 10.3

桥梁名称	部位	部件	构件	子构件	组件
京新上地桥					
				主桥斜拉桥上部结构第4跨5号箱室	
			第5跨箱梁		
				主桥斜拉桥上部结构第5跨1号箱室	
				主桥斜拉桥上部结构第5跨2号箱室	
				主桥斜拉桥上部结构第5跨3号箱室	
				主桥斜拉桥上部结构第5跨4号箱室	
				主桥斜拉桥上部结构第5跨5号箱室	
		斜拉索			
			主塔由南向北斜拉索		
				西侧斜拉索C1N	
					上锚头
					索体
					下锚头
				西侧斜拉索C2N	
					上锚头
					索体
					下锚头
				……	
				……	
				……	
				……	
				……	
				西侧斜拉索C21N	
					上锚头
					索体
					下锚头
				西侧斜拉索C22N	
					上锚头
					索体
					下锚头
				东侧斜拉索C1W	

续表 10.3

桥梁名称	部位	部件	构件	子构件	组件
京新上地桥					
					上锚头
					索体
					下锚头
				东侧斜拉索 C2W	
					上锚头
					索体
					下锚头
				……	
				……	
				……	
				……	
				东侧斜拉索 C21W	
					上锚头
					索体
					下锚头
				东侧斜拉索 C22W	
					上锚头
					索体
					下锚头
				西侧斜拉索 C1N′	
					上锚头
					索体
					下锚头
			主塔由北向南斜拉索		
				西侧斜拉索 C1N′	
					上锚头
					索体
					下锚头
				西侧斜拉索 C2N′	
					上锚头

续表 10.3

桥梁名称	部位	部件	构件	子构件	组件
京新上地桥					
					索体
					下锚头
				……	
				……	
				……	
				……	
				……	
				西侧斜拉索 C21N′	
					上锚头
					索体
					下锚头
				西侧斜拉索 C22N′	
					上锚头
					索体
					下锚头
				东侧斜拉索 C1W′	
					上锚头
					索体
					下锚头
				东侧斜拉索 C2W′	
					上锚头
					索体
					下锚头
				……	
				……	
				……	
				……	
				……	
				东侧斜拉索 C21W′	
					上锚头
					索体
					下锚头

续表 10.3

桥梁名称	部位	部件	构件	子构件	组件
京新上地桥					
				东侧斜拉索 C22W'	
					上锚头
					索体
					下锚头
		索塔			
			主塔		
				上塔柱	
				中塔柱	
				下塔柱	
	桥面系				
		桥面铺装			
				行车道桥面铺装	
		灯具			
			灯柱		
		护栏			
			中央防撞护栏		
			边防撞护栏		
		伸缩缝			
			1♯墩伸缩缝		
			3♯墩伸缩缝		
		排水设施			
			泄水管		
		支座			
			主桥斜拉桥 1♯桥墩		
				1号支座	
				2号支座	
			主桥斜拉桥 2♯桥墩		
				1号支座	
				2号支座	
			主桥斜拉桥 3♯桥墩		

续表10.3

桥梁名称	部位	部件	构件	子构件	组件
京新上地桥					
				1号支座	
				2号支座	
			主桥斜拉桥4#桥墩		
				1号支座	
				2号支座	
			主桥斜拉桥5#桥墩		
				1号支座	
				2号支座	
			主桥斜拉桥6#桥墩		
				1号支座	
				2号支座	
	下部结构				
		桥墩			
				主桥斜拉桥1#墩	
				主桥斜拉桥2#墩	
				主桥斜拉桥3#墩	
				主桥斜拉桥4#墩	
				主桥斜拉桥5#墩	
				主桥斜拉桥6#墩	

11 管养体系

11.1 管养组织架构

本章内容主要参考《交通运输部关于进一步加强公路桥梁养护管理的若干意见》(交公路发〔2013〕321号)(简称"321号文")、《公路桥梁养护管理工作制度》(交公路发〔2007〕336号)、《公路桥涵养护规范》(JTG H11—2004)以及首发集团印发关于桥梁管养文件中桥梁巡检养护的相关内容编制。

桥隧养护管理工作按照"统一指导、分级管理"方式进行。公司级桥梁养护工程师为桥梁养护工作的总组织者,承担桥隧设施的总体养护组织管理和技术管理责任;桥隧办公室负责统筹领导,并具体实施桥梁养护管理工作;公司桥梁检测队主要负责3类以上桥梁检查和抽查各中心桥梁工作质量;各中心负责各自辖区内1、2类桥梁的检查和桥隧维养工作,按辖区内桥梁数量、延米数等配备专职桥梁检查员,落实桥隧养护管理实名制。

总体组织机构如图11.1所示。

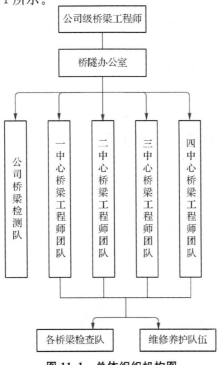

图11.1 总体组织机构图

11.2 桥梁工程师团队体系职责

11.2.1 公司级桥梁养护工程师

（1）接受政府部门、集团桥梁养护工程师和公司下达的任务，对首发养护公司管养的桥梁日常巡查、经常性检查、定检、特殊检查和应急抢险负总责。

（2）审核桥隧办公室制定的年度、月度计划。

（3）负责公司桥隧办公室、桥检队、各中心桥隧主管（中心级桥梁养护工程师）、日常工作监督及考核工作。

（4）参与制定桥梁专项工程、大修和新建、改扩建工程技术方案和措施，参与工程的交（竣）工验收工作，与参加接养工作的部门、单位共同商定，提出验收意见。

（5）负责审批应急抢险工程方案，组织实施应急抢险工程，桥梁安全应急预案及组织实施应急演练。

（6）负责组织各养护管理中心的桥隧养护主管及有关技术人员业务培训。

11.2.2 桥隧办公室

（1）桥隧办公室由公司桥梁养护工程师主管，编制年度和月度工作计划，并下发到各生产单位、桥梁检查队。

（2）按照考核办法对各中心及桥梁检测队桥隧主管（中心级桥梁养护工程师）进行工作检查及考核。

（3）按照考核办法对各中心及桥检队桥梁检查的外业和内业进行检查并综合考评。

（4）编制公司桥梁年度养护工作总结报告。

（5）参与桥梁专项工程、大修和新建、改扩建工程的交（竣）工验收工作，与参加接养工作的部门、单位共同商定，提出验收意见。

（6）管理桥梁的技术档案工作。

（7）制订各生产单位、桥检队桥梁资金使用计划。

（8）组织桥梁安全应急预案及组织实施应急演练。

11.2.3 公司桥检队

（1）接受桥隧办公室管理，根据相关制度、技术规范规定，对所辖桥梁进行相关数据统计。

（2）负责做好公司管辖内3、4类桥梁日常性检查工作。

（3）负责公司管辖内1、2类桥梁经常性检查抽查工作。

（4）如实规范地填写《桥梁经常检查记录表》等日常巡查记录资料存档备查，并及时录入外业巡检系统信息。

(5) 注意对辖区内环境因素及危险源等因素的识别,对重大环境因素、危险源及时上报。

(6) 监察桥梁病害发展趋势,收集桥梁维修相关记录资料并编制桥梁相关报告。

(7) 配合路巡工作。桥检途中发现道路有问题或情况应及时与相关单位汇报。

(8) 配合每年桥梁定检工作,主动掌握桥梁定检技术。

(9) 配合各养护管理中心桥检车使用工作。

(10) 配合完成应急抢险相关准备工作、防汛除雪应急抢险工作。

11.2.4　各生产单位、桥检队桥隧主管(中心级桥梁养护工程师)

(1) 接受公司桥梁养护工程师和桥隧办公室管理,组织桥梁的日常巡查和经常性检查,根据检查结果编制桥梁养护维修方案和对策措施,并提出维修计划、工程立项等建议。

(2) 负责考核各中心内部桥梁养护质量,掌握辖区内桥梁受自然灾害和其他因素损坏的情况,及时上报、消除桥梁各类安全隐患,地下工程穿越桥梁的安全监管、超限车辆过桥管理、桥下空间监管。

(3) 负责指挥中心或其他渠道反映的应急问题调查和桥梁被车辆撞击等突发事件造成的应急抢险加固工程。

(4) 负责所管辖桥梁技术档案管理,建立完善桥梁档案。

(5) 负责本养护中心技术人员的技术业务培训、考核工作。

(6) 组织实施桥梁小修保养工作,监督安全文明施工、进度控制、质量控制,负责验收各类养护维修质量、跟踪评价处置效果。

(7) 参与桥梁专项工程、大修和新建、改扩建工程的交(竣)工验收工作,与相关参加部门、单位共同商定,提出验收意见。

11.2.5　各单位桥检队

(1) 接受各中心、桥检队桥隧主管(中心级桥梁养护工程师)的管理,根据相关制度、技术规范规定,对所辖桥梁的相关数据统计。

(2) 负责辖区内桥梁日常性检查工作。

(3) 如实规范填写《桥梁经常检查记录表》《桥梁病害检查月度汇总表》等日常巡查记录资料存档备查,收集归档电子版资料。

(4) 识别辖区内工作场所、施工现场环境因素及危险源等,及时上报、消除桥梁各类安全隐患。

(5) 负责收集整理桥梁病害数据并上报,联系沟通桥梁病害处理工作。

(6) 监察桥梁病害发展趋势,收集桥梁维修相关记录资料并编制桥涵、隧道相关报告。

(7) 配合路巡工作,桥检途中发现道路有问题或情况应及时与相关单位汇报。

(8) 协助组织安排应急抢险相关准备工作、防汛除雪应急抢险工作。

11.3 管养制度要求

11.3.1 桥梁养护管理责任划分制度

养护单位负责的养护工作如下：

（1）根据首发集团养护管理各项制度、办法，制定具体的实施细则并组织落实。

（2）负责编制公司的年度养护建议计划并报集团审批。

（3）负责日常养护巡查、经常检查、路况调查等技术管理工作。

（4）负责小修保养的具体实施、组织管理、招标评标、计量支付及监督考核等。

（5）负责养护大中修及专项工程的建议技术方案、招标工作的具体实施、预（概）算、工程决算、项目管理和交（竣）工验收工作，并按照管理权限严格履行报批、报备手续。

（6）负责养护工作的监督、检查、考核、指导。

（7）负责组织灾害防治（防洪与水毁抢修、防冰与除雪）、养护突发事件（损坏公路设施、影响公路使用功能）快速处置及公路安全生命防护工程的实施。

（8）负责检查及技术状况评定。

（9）负责养护统计的汇总、上报。

（10）负责养护机械设备的具体使用管理工作。

（11）负责信息化建设及科研工作，推广应用养护新技术、新工艺、新设备、新材料。

11.3.2 信息公开制度

（1）应设置桥梁信息公开牌，做到"一桥一牌"。

（2）桥梁信息公开内容应包括桥名、路线编号、路线名称、桥型、养护单位、管理单位、监管单位、联系电话等主要信息。

11.3.3 养护资金管理制度

（1）养护年度计划的编制应坚持经常性、预防性、季节性、全面性、突发性、经济合理性的原则。

（2）小修保养经费计划由公司董事会批准下达，实行定额管理。

（3）大中修及专项工程经费计划由公司编制，经报送集团批准后实施。

（4）公司养护经费使用实行分级、分类、分项支出的核算制度。

11.3.4 养护工程师制度

11.3.4.1 岗位设置

根据国家规定，各级桥梁养护管理单位，应设置专职的桥梁养护工程师，并保持其人员的相对稳定。

11.3.4.2 岗位职责

桥梁养护工程师履行以下主要职责：

(1) 负责桥梁养护管理的技术工作，监督检查养护单位的桥梁养护工程师职责履行情况。

(2) 组织制订桥梁养护管理工作计划，并监督实施。

(3) 组织桥梁的定期检查与评定，按规定组织对4、5类技术状况桥梁的评定进行复核。

(4) 参与制订重要桥梁的专项工程、大修和改建工程技术方案及对策措施，并组织审验其科学合理性。

(5) 负责桥梁管理系统的数据更新、系统维护、系统运行及桥梁养护报告编写等工作。

(6) 负责组织养护单位的桥梁养护工程师及有关技术人员的技术业务培训。

11.3.4.3 任职资格

根据北京首发公路养护工程有限公司现阶段内部制度及相关公路桥梁管养经验，公司级桥梁养护工程师应具有5年以上从事桥梁养护管理的工作经历，具有高级工程师及以上技术职称；中心级桥梁养护工程师应具有两年以上从事桥梁养护管理的工作经历，具有中级工程师及以上技术职称。

11.3.5 桥梁例行检查制度

11.3.5.1 桥梁检查评定基本制度

1) 桥梁检查制度

经常检查和定期检查应符合《公路桥涵养护规范》(JTG H11—2004)的规定。

2) 桥梁评定制度

桥梁评定分为技术状况评定和适应性评定。

技术状况评定，是依据桥梁定期检查资料，通过对桥梁各部件技术状况的综合评定，确定桥梁的技术状况等级，提出各类桥梁的养护措施。

适应性评定，是依据桥梁定期检查及特殊检查资料，结合试验与结构受力分析，评定桥梁的实际承载能力、通行能力、抗洪能力，提出桥梁养护、改造方案。

11.3.5.2 桥梁检查分级评定制度

根据桥梁现有技术状况确定适当的桥梁检查等级、检查频率。

(1) 当桥梁被评定为1、2类时，按正常频率采取日常检查和定期检查，根据检查结果进行桥梁技术状况评定。

(2) 当桥梁被评定为3类时，适当加大日常检查和定期检查频率，定期检查一般一年一次，可根据桥梁重要性和具体损坏情况确定。

(3) 对3类桥梁主要病害，根据具体损坏情况立即安排定期检查，或采用连续监测，根据检查或监测结果进行桥梁技术状况评估，可进行桥梁适应性评定。

（4）对4、5类桥梁应安排特殊检查,根据检查结果,进行桥梁适应性评定,及时提出维修、加固或改建重建方案。

11.3.5.3 桥梁检查评定工作制度

（1）桥梁日常检查由养护负责单位承担实施,依据本手册要求记录检查结果。

（2）养护单位应根据日常检查记录和规范要求,组织制订桥梁定期检查计划、方案,落实资金,委托具有资质的单位承担实施桥梁定期检查和一般评定。

（3）按规定把日常检查发现的问题及时上报首发养护公司,并对需维修项目提出方案。

11.3.6 桥梁动态评估管理制度

（1）建立养护技术跟踪观测评估制度。对养护大中修及专项工程实行全寿命周期动态观测评估,建立跟踪记录卡片,如实填写跟踪记录,形成"缺陷有发现,上报有记录,修复有时限,奖惩有措施"的动态备案管理机制。针对应用"四新"成果的养护工程,每年度提报"四新"成果应用综合报告,对成果使用性能和成效进行详细分析。

（2）建立完善桥梁重要病害动态管理制度,及时准确掌握桥梁重要病害的发生发展状况。

（3）经过桥梁检查发现的重要病害,应纳入动态管理系统,完善相关桥梁技术资料和历年检查资料。

（4）对桥梁的重要病害按规定增加检查频率,必要时采取动态连续监测,并确保检查或监测结果资料齐全、连续,及时全面掌握病害的发展趋势,制订科学合理的养护对策。

（5）桥梁重要病害动态管理可与桥梁档案管理及信息化管理系统结合进行。

11.3.7 技术档案管理制度

1）认真做好高速公路技术状况检测评定,建立和完善养护管理系统建设工作

（1）各级养护管理单位要严格执行工程档案管理的有关规定,养护工程所形成的档案应及时归档,并由本单位档案管理部门实行集中统一管理,专人负责；

（2）应逐步建立并完善养护档案的电子化管理系统。

2）建立统计报表制度

（1）认真做好养护统计工作,按时限要求上报集团；

（2）要建立养护统计分析制度,对计划完成、技术与管理创新、解决的重点难点问题、取得的效果、存在的问题及下一步工作建议等情况进行分析,分析报告与相关统计报表一并上报。

11.3.8 定期培训制度

（1）加强对养护管理与技术人员的培训工作,鼓励参加提升管理水平、专业技能的学习,定期组织开展养护专题培训、养护技术与管理交流、定期赴外学习调研,着力提高各级养

护人员的业务素质,不断提升公司养护管理整体水平。

(2) 桥梁养护技术人员应按规定参加技术培训和技术交流。

(3) 新上岗桥梁养护管理技术人员应进行一次业务培训,考核合格后才可上岗。

(4) 公司统一集中组织养护管理与技术人员学习、培训,每年不少于两次,每次不少于8个学时。

11.3.9 挂牌督办制度

交通运输部为有效防范和遏制公路桥梁安全事故,各级公路桥梁监督单位要在抽检和例行检查的基础上,根据桥梁安全隐患严重程度和养管状况,建立桥梁安全隐患分级挂牌督办制度。交通运输部将结合年度长大桥梁抽检巡查等情况,对存在重大安全隐患的桥梁进行挂牌督办;对存在一般安全隐患的,由省级交通运输主管部门进行挂牌督办。

公司负责的桥梁成为挂牌督办桥梁,公司要按照挂牌督办要求,及时整治和报告隐患整改情况,严防桥梁安全运行事故发生。北京首发公路养护工程有限公司要强化对整改情况的全过程监督,做到隐患不消除,挂牌不取消,督办不停止。

12 养护标准及措施

12.1 总体目标

运营服役期内养护工作总体目标是"技术先进、安全可靠、适用耐久、经济合理",其含义为:

(1) 技术先进。在运营期内,管养单位应该努力学习并运用国内外科学的养护理念和方法来不断完善桥梁的养护制度。在桥梁检查、检测、保养、维修等各方面积极吸取先进的技术手段,提高桥梁养护的质量和效率。

(2) 安全可靠。在运营期内,管养单位应时刻将桥梁使用者的安全通行作为养护工作的首要目的,竭尽全力减少人员伤亡,避免结构损毁。

(3) 适用耐久。在运营期内,桥梁管养单位应依靠优质的养护工作来保证桥梁良好的技术状况和服务水平;积极落实预防性养护,保障达到预期的使用寿命。

(4) 经济合理。在运营期内,管养单位应以"全寿命管养"理念为基础,合理安排养护资金,在保证质量的前提下,创造最大的经济效益。

12.2 养护策略

(1) 建立健全巡检养护管理机构组织,明确桥梁巡检养护管理人员的职责分工,加强对巡检养护管理人员的技术培训。

(2) 根据积累的技术经济资料,充分利用现代科学技术进行分析论证,作出决策予以防范,消除导致结构物损坏的因素,增强设施的耐久性,提高抵御灾害的能力。

(3) 巡检养护工作推行专业化、机械化,积极利用先进的专业检查工具,改善巡检养护手段,提高巡检养护技术水平,力争达到高效率及高效益。

(4) 应充分利用监控通信系统和其他方法收集各类信息,提高工作实效。

(5) 与路政、交通安全部门紧密配合,做好桥梁的调查研究与巡检工作,及时清除、维修由交通事故等引起的污染和设施损坏。

(6) 重视桥梁的技术状况调查与收集,对各种病害采取有效、先进、经济的措施进行修复,并对修复后的病害进行跟踪调查。

(7) 推广桥梁巡检养护管理系统,逐步建立全线结构和非结构物的巡检养护管理数据库,实行病害监控,实现决策科学化、现代化。

12.3 桥梁工程

主体结构包括桥梁结构及其附属设施。其技术状况的划分方式参照《公路桥梁技术状况评定标准》(JTG/T H21—2011)的规定。桥梁总体技术状况评定等级如表12.1所示。

表12.1 桥梁总体技术状况评定等级

技术状况评定等级	桥梁技术状况描述
1类	全新状态,功能完好
2类	有轻微缺损,对桥梁使用功能无影响
3类	有中等缺损,尚能维持正常使用功能
4类	主要构件有大的缺损,严重影响桥梁使用功能或影响承载能力,不能保证正常使用
5类	主要构件存在严重缺损,不能正常使用,危及桥梁安全,桥梁处于危险状态

按照《公路桥梁技术状况评定标准》(JTG/T H21—2011)的规定,对于桥梁结构来说,斜拉索(斜拉桥)、主梁(各类型)、索塔(斜拉桥)、拱圈(拱桥)、拱上结构(拱桥)、桥墩、桥台、基础、支座等属于主要部件,其技术状况评定标度如表12.2所示。

表12.2 桥梁主要部件技术状况评定标度

技术状况评定等级	桥梁技术状况描述
1类	全新状态,功能完好
2类	功能良好,材料由局部轻度缺损或污染
3类	材料有中等缺损,或出现轻度功能性病害,但发展缓慢,尚能维持正常使用功能
4类	材料有严重缺损,或出现中等功能性病害,且发展较快;结构变形小于或等于规范值,功能明显降低
5类	材料严重缺损,出现严重的功能性病害,且有继续扩展现象;关键部位的部分材料强度达到极限,变形大于规范值,结构的强度、刚度、稳定性不能达到安全通行的要求

一般来说,伸缩缝、桥面铺装、标志标线、防撞护栏、防撞设施等其他部件属于次要部件。其技术状况评定标度如表12.3所示。运营期内主体结构技术状况目标如表12.4。

表12.3 桥梁次要部件技术状况评定标度

技术状况评定等级	桥梁技术状况描述
1类	全新状态,功能完好;或功能良好,材料有轻度缺损、污染等

续表 12.3

技术状况评定等级	桥梁技术状况描述
2类	有中等缺损或污染
3类	材料严重缺损,出现功能降低,进一步恶化将不利于主要部件,影响正常交通
4类	材料有严重缺损,失去功能,严重影响正常交通;或原无设置,需补设

表 12.4 运营期内主体结构技术状况目标

部位	部件	技术状况
上部结构	斜拉索系统(斜拉索、锚具、拉索护套等)	2类
	主梁	2类
	索塔	2类
	主拱圈	2类
	拱上结构	2类
	支座	2类
下部结构	桥墩、桥台	1类
	墩台基础	1类
	防撞设施	2类
桥面系	桥面铺装	2类
	伸缩缝装置	2类
	栏杆、护栏	2类
	排水系统	2类
	照明标志	2类

注:评级为3、4类已出现中等缺损的构件建议维修加固,使其技术状况能保持在2类水平。

12.3.1 主要承重结构

1) 日常养护维修内容

清除表面污垢;修补混凝土空洞、破损、剥落、表面风化以及裂缝;清除暴露钢筋的锈渍、恢复保护层;处理各种横、纵向构件的开裂、开焊和锈蚀。设置预应力的主梁,应对预应力锚固区的破损及开裂、沿预应力钢束纵向的开裂进行修补。梁体的污垢宜用清水洗刷,不得使用有腐蚀性的化学清洗剂。

2) 日常检查重点

(1) 梁桥——钢筋混凝土板梁

钢筋混凝土板的常见病害主要是底板裂缝、露筋,接缝渗水。钢筋混凝土板的裂缝有龟裂、横向裂缝和纵向裂缝。底板纵向裂缝的产生原因是板比较宽,为双向受力状态,而底板的横向受力钢筋布置不足。底板露筋的产生原因是桥下净空高度小,受车辆擦伤致混凝土剥落。

跨中底板横向开裂的产生原因分析:该裂缝为横向裂缝,位于跨中区域,同时有几条裂缝,该裂缝为受力裂缝,需要对施工工艺和承载能力做复核。

底板渗水,产生原因分析:该桥底板中存在纵向裂缝导致渗水,是底板横向构造不足或施工底板厚度偏薄导致;接缝处渗水则是浇注的接缝混凝土不密实导致的。

（2）梁桥——钢筋混凝土现浇箱梁

钢筋混凝土连续箱梁桥常见病害为箱体裂缝、钢筋锈蚀、混凝土剥落,翼缘板的裂缝、钢筋锈蚀、混凝土剥落。箱体检查要点为:

① 跨中区域在底板是否有横向裂缝,其侧面是否有从下向上的竖向裂缝;

② 在连续梁中间支点区域是否有从上向下的竖向裂缝和斜向裂缝;

③ 在连续梁两端支点区域则是否有从下向上的斜裂缝。上述这些裂缝是典型结构受力裂缝;

④ 翼缘板检查要点为:翼缘板是否存在横向裂缝;翼缘板根部是否存在混凝土剥落;翼缘板横向裂缝一般为混凝土收缩裂缝,根部混凝土剥落则要检查桥面板是否在对应位置存在纵向裂缝。

（3）梁桥——预应力混凝土现浇箱梁

预应力混凝土现浇箱梁常见病害也主要是裂缝、混凝土剥落、露筋锈蚀,检查的要点是:

① 顶板的纵横向裂缝;

② 腹板跨中区域的竖向裂缝和支点区域的斜向裂缝;

③ 底板的纵横向裂缝;

④ 箱梁悬臂桥面板的裂缝;

⑤ 横隔板的竖斜向裂缝;

⑥ 箱梁混凝土剥落、露筋锈蚀;

⑦ 常见的箱梁腹板斜裂缝,裂缝位于正负弯矩变号区域。产生的原因是斜截面抗剪承载能力不足。

（4）梁桥——T梁、小箱梁

T梁、小箱梁的主要病害是支点区域腹板斜裂缝、腹板竖向裂缝、腹板纵向裂缝、底面纵向裂缝、底面横向裂缝、横隔板破损露筋、横隔板湿接缝处开裂。

① 裂纹形态为两头小中间大的枣核形短裂缝属于收缩裂缝,往往在脱模后就已经出现,为非结构性裂缝;若是裂缝形态较长,各处宽度变化不大属于受力裂缝;

② 浇筑混凝土后,预应力混凝土梁因在底模上驻留时间长,养护条件和梁体内外混凝土温差等措施不当,混凝土收缩和温差作用所致。

（5）梁桥——钢箱梁

对钢箱梁的养护要求如下：

① 根据钢结构涂装的检查结果，对钢结构涂装进行相应的保养或维修。建议采用原有的涂装体系；

② 经常清除钢结构的表面污垢，保持构件清洁，特别应注意节点、转角、钢板搭接处等易积聚污垢的部位。清除的污垢不要扫入泄水孔或排水槽中，以免堵塞。应保持钢箱梁内部干燥无积水，若发现积水应检查水源，并及时排除积水；

③ 焊接连接的构件，焊缝处若发现裂纹、未熔合、夹渣、未填满、弧坑等缺陷时，应进行返修焊，焊后的焊缝应随即铲磨匀顺；

④ 若发现螺栓松动应及时加以拧紧，对于高强螺栓必须施加设计的预拉应力。

（6）刚构桥——主梁

斜腿刚构桥检查重点是：

① 翼板纵向裂缝；

② 底板横向裂缝；

③ 节点位置处混凝土的开裂情况。

（7）拱桥——主拱圈

① 主拱圈拱板或拱肋是否开裂。钢筋混凝土拱有无露筋、钢筋锈蚀。圬工拱桥砌块有无压碎、局部掉块，砌缝有无脱离或脱落、渗水，表面有无苔藓、草木滋生，拱脚工作是否正常。空腹拱的小拱有无较大的变形、开裂、错位，立墙或立柱有无倾斜、开裂；

② 拱上立柱（或立墙）上下端、盖梁和横系梁的混凝土有无开裂、剥落、露筋和锈蚀；

③ 拱的侧墙与主拱圈间有无脱落，侧墙有无鼓突变形、开裂，实腹拱拱上填料有无沉陷。肋拱桥的肋间横向连接有无开裂、表面剥落、钢筋外露、锈蚀等。

（8）斜拉桥——预应力混凝土箱梁

主梁或加劲梁的检查，按预应力混凝土箱梁的相应要求。

3）常见病害及处理方法

（1）对梁体混凝土的空洞、蜂窝、麻面、表面风化、剥落等应先将松散部分清除，再用高强度等级混凝土、水泥砂浆或其他材料进行修补。新补的混凝土要密实，与原结构应结合牢固、表面平整。新补的混凝土必须实行养护。

（2）梁体若发现露筋或保护层剥落，应先将松动的保护层凿去，并清除钢筋锈迹，然后修复保护层。如损坏面积不大可用环氧砂浆修补，如损坏面积过大可用喷射高强度等级水泥砂浆或环氧混凝土的方法修补。

（3）梁体的横、纵向连接件开裂、断裂，可采取更换、加强等措施修补。

12.3.2 斜拉索

1）日常养护

（1）斜拉索两端的锚具及防水罩内部应经常保持清洁和干燥。

（2）在斜拉索的经常检查或定期检查过程中，若发现锚头及护筒内有漏水、渗水或积水，必须查明原因，并有针对性地制定有效的防治措施。

（3）定期更换拉索两端锚具锚杯内的防护油，定期对丝杆、螺母等部位涂刷防护油（漆）进行防腐，或采用其他有效防腐措施进行防腐处理。当在检查过程中发现锚杯内的防护油失效，则需要立即更换防护油，如发现丝杆或螺母部位的防护油（漆）失效，亦需要及时处理。应对防护罩进行防腐处理，避免其发生锈蚀。

（4）在经常检查或定期检查中发现防水罩与拉索间密封材料老化失效时，应及时更换。其位置如图 12.1 所示。

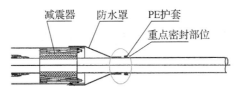

图 12.1　防水罩重点密封位置示意

（5）墩头应无异常；锚板及锚箱不得出现裂缝、断裂等现象。

（6）若拉索护套出现开裂或损坏，应及时检查开裂处内部索体是否有积水或潮湿。若有积水或潮湿，应及时作干燥处理，并进行修复，当情况严重时，需由斜拉索制造单位或其他专业单位进行修复。

（7）在日常巡视时，应观测斜拉索是否有明显振动。遇风雨时要争取时机对拉索的振动多做些实地观察。

（8）当检测斜拉索钢丝出现锈蚀、断丝、锚具损坏等状况后，必须进行专门检查，并专门研究制定合理的解决措施。

2）加固维修工作

对一些主要的养护维修工作列举如下：

（1）当发现外层 PE 破损面积超过 10%时，应组织一次修补。当发现内层 PE 破损时，在确定钢丝无锈蚀后，应立即进行修补。修补人员利用载人爬车接近待修补处。修补方法可选用 PE 修补专用焊枪进行焊补，也可选用缠绕热缩带的方法进行修补。建议优先选用 PE 修补专用焊枪焊补。

（2）如果 PE 管已老化开裂，并丧失防护功能，有雨水进入钢丝，且有部分钢丝锈蚀和断丝，但断丝不超过 5%，或锈蚀削弱截面不超过 5%，可考虑对 PE 护套进行更换。

（3）如果因 PE 管老化开裂，雨水进入索内，斜拉索的钢丝断丝超过 5%，或锈蚀削弱截面超过 5%者，可考虑换索。

（4）当发现钢丝锈蚀时，应立即进行钢丝除锈。其一般流程为切开 PE 护套、清除表面浮锈、涂刷防锈油漆、填充防锈油脂、修补 PE 护套。

（5）当发现锚具锈蚀时，应立即进行锚具除锈。其一般流程为锚具表面处理、锚具除锈、涂刷防锈油脂。

(6) 当发现防水罩防水失效时,应立即进行密封处理。可以选择在防水罩端口填充密封材料,也可在防水罩端口加装PE护套。

(7) 当发现斜拉索索力与成桥索力相比偏差超过10%,应进行专项评估。必要时进行调索。张拉的顺序、级次和量值应委托有资质的设计或科研单位进行分析确定,并测定索力和延伸值,对施工过程进行控制。

12.3.3 桥塔

(1) 索塔的表面应保持清洁、完好。

(2) 索塔表面的裂缝因及时封闭。

(3) 检查索塔高程、塔柱倾斜度、桥面高程及梁体纵向位移,注意异常变位。

12.3.4 支座

1) 日常养护

(1) 支座各部应保持完整、清洁,每半年至少清扫一次。清除支座周围的油污、垃圾,防止积水,保证支座正常工作。

(2) 及时拧紧钢支座各部接合螺栓,使支承垫板平整、牢固。

2) 维修与更换

(1) 支座如有缺陷或产生故障不能正常工作时,应及时予以整修或更换。

(2) 支座座板翘起、变形、断裂时应予更换,焊缝开裂应予整修。

(3) 支座出现脱空或不均匀压缩变形时应进行调整。

12.3.5 桥面铺装

1) 日常养护

桥面应经常清扫,排除积水,清除泥土、杂物,保持桥面平整、清洁。

桥面铺装的重点是桥面的纵坡、横坡,桥面平整度、磨耗及损坏等情况。以不同速度驾车行驶通过桥面(以10km/h递增),结合目测结果,考察桥面铺装层纵、横坡是否顺适。

桥梁为沥青混凝土铺装,对于沥青类材料桥面铺装层,常见的缺陷有:泛油——这是由于沥青用量过多,骨料级配不良,以及沥青材料软化点太低所致,桥面出现泛油后,车辆黏轮,下雨时易打滑,降低了行车安全;松散露骨——由于车辆的作用,铺装层表面的细骨料慢慢松散、脱离,表面出现锯齿状的粗糙状态,为沥青混合料压实不足或用油量太少所致。

2) 维修与更换

(1) 桥面出现泛油、拥包、裂缝、波浪、坑槽、车辙等病害时,应及时处置。当损坏面积较小时,可局部修补。

(2) 桥面防水层如有损坏,应及时修复。

12.3.6 桥墩基础

1）桥墩

桥墩主要包括盖梁、墩柱和承台结构,其养护检查细则有:

（1）墩台有无滑动、倾斜、下沉或冻拔。

（2）混凝土墩台及盖梁有无冻胀、风化、开裂、剥落、露筋等。

（3）墩台顶面是否清洁,伸缩缝处是否漏水。

2）基础

（1）如有洪水,过后应及时清理河床上的漂浮物,使水流顺利宣泄。

（2）跨越河流的桥梁若基础冲刷过深(即超过设计考虑的局部冲刷深度)、基底局部掏空、河床铺砌损坏等病害,应及时采取维修措施。

（3）桥墩基础的允许变位宜由设计单位制定,无法由设计单位确定时,可参考《公路桥涵养护规范》(JTG H11—2004)第5.1.2条的规定。当桥墩变位所产生的附加内力影响到桥梁的正常使用和安全时,或桥梁墩台基础自身结构出现大的破损使承载力不足时,必须进行加固处理。

主要检查基础有无滑动、倾斜或下沉,基础下是否发生不许可的冲刷或淘空现象,扩大基础的地基有无受到侵蚀。桩基础是否受过撞击,损伤程度如何；桩顶段在水位涨落、干湿交替变化处有无冲刷磨损、劲缩、露筋,有无环状冻裂,是否受到污水、咸水或生物的腐蚀,详见表12.5所示。

表12.5 墩台观察检测的重点部位

墩台类型	观测的重点部位
轻型桥台	① 支座底板；② 支撑梁；③ 耳墙
扶壁式桥台	① 支座底板；② 台身；③ 底板
重力式桥台	① 支座底板；② 台身；③ 前墙
重型桥墩	① 支座底板；② 墩身；③ 水位变化部位
柱式墩	① 支座底板；② 帽梁；③ 横系梁及其与桩的连接处

12.3.7 排水设施

（1）桥面的泄水管、排水槽如有堵塞,应及时疏通,并保持畅通。

（2）排水导管出现松动、移位或老化破损应及时更换或修复,避免水浸湿主梁或桥墩。

（3）桥面应保持大于2%的横坡,以利于桥面排水。

12.3.8 护栏栏杆

（1）桥梁栏杆应经常保持完好状态。栏杆柱应竖立正直,应无损坏、断裂,伸缩缝处的水平杆件应能自由伸缩。栏杆柱如有缺损,应及时补齐。因栏杆损坏而采用临时防护设施时,使用时间不得超过3个月。

(2) 护栏应牢固、可靠,若有损坏应及时修理或更换。

12.3.9 照明

桥上灯柱应保持完好状态,如有歪斜和缺损,应及时扶正、修理或更换。

灯具损坏应及时更换,保证夜间照明。

12.3.10 伸缩缝

(1) 应经常清除缝内积土、垃圾等杂物,使其发挥正常作用,若有损坏或功能失效应及时修理或更换。

(2) 止水带应保证良好,当出现破损时及时进行更换。

(3) 伸缩缝的变形,螺栓脱落,伸缩不能正常进行应及时修复或更换。

(4) 维修或更换伸缩装置时,应采取措施维持交通。

12.4 保洁绿化工程

1) 桥面清扫保洁作业

(1) 清扫保洁要求及原则

① 对养护区域进行有计划的清扫、保洁,保持区域干净、整洁和有序,不能有杂物碎片。

② 路面保洁采取人工捡拾的方法。对于体积大的垃圾不能吸除的,须辅以清扫车保洁。

③ 若遇特殊情况,如交通保卫、上级领导检查、节假日等,应按实际情况增加保洁的频率和内容。

④ 对于突发事件,造成道路出现大面积的洒落物等,影响行车安全时,在接到指令后无特殊情况应保证30min内赶到现场进行清理。

⑤ 应对恶劣天气下的保洁工作做好预案,如冰雪时扫雪、暴雨时清除路面泄水口垃圾等。

(2) 清扫、保洁的时间

采取的时段应选择在白天,但应避开6:00~10:00,17:00~20:00的高峰时段。

(3) 清扫车辆的定位

清扫车应配置全球定位系统(GPS),以实现管理部门远程对作业道路、车速的监控管理。

(4) 清扫保洁设备

所有清扫保洁车辆必须喷涂黄色。所有清扫保洁车辆上必须安装箭形导向频闪灯。

(5) 零星部位清扫

① 对于清扫车清扫不到的部位,如斜拉索桥面锚固区,车辆交通限制区、中分带等采用人工清扫和捡拾的方法,并做好安全防护措施。

② 对于体积较大等清扫车不能吸除的垃圾,配合采用人工捡拾,保证桥面整洁。

(6) 特殊清扫

① 除了定期的清扫作业外,还应根据路面污染的特殊情况,及时进行不定期的特殊清扫保洁作业。② 桥面上有妨碍正常交通的杂物时,立即调动工程车清除,以确保行车安全。③ 意外事件、事故等因素造成桥面污染时,应及时清扫,以保持桥面整洁。④ 沥青桥面被油类物质或化学物品污染时,应先撒砂、撒木屑或用化学中和剂处理,然后进行清扫,必要时调动洒水车,用水冲洗干净。

2) 防撞护栏保洁

采用高压冲水车冲洗并用侧扫进行保洁,可达到保洁效果。

3) 伸缩缝保洁

伸缩缝处极易聚集垃圾,影响伸缩缝的正常工作。保洁时应采用大功率风力吸尘机或人工捡拾的方式,在临时封道的情况下,快速把垃圾全部收入垃圾储存箱,而且在保洁过程中不能伤害伸缩缝原结构,保护好伸缩缝。

4) 排水设施保洁

对排水口采用人工清捞的方法,确保排水口清洁;对排水立管采用高压冲水车冲洗的方法进行疏通,确保汛期排水通畅。

5) 其他附属设施保洁

(1) 里程碑、百米桩的保洁

一般采用人工擦洗的方法进行保洁,确保标志清洁、醒目。

(2) 诱导器

选用合适的工具和清洁剂对诱导器进行保洁,同时注意定期更换工具,保持器具的清洁。

(3) 交通标志牌的保洁

一般采用高压冲洗和人工擦洗的方法进行保洁,确保标志清洁、醒目。

13　桥梁运营安全风险及易损性分析

13.1　运营安全风险评估

13.1.1　风险评估的目的

根据大数定律,在长期不断的试验中,小概率事件是几乎一定会发生的。因此,风险是客观存在的。风险的概念可认为是在特定的客观情况下,在特定的时期内,某一事件的预期结果与实际结果间的偏离程度。偏离程度越大,风险越大,反之,风险越小,即包括两个方面:偏离发生的概率和偏离程度。具体到桥梁工程领域,可以认为其风险为在桥梁全寿命过程中,对桥梁安全造成影响的不确定事件。桥梁运营期风险的产生是内部因素(如桥梁结构本身)与外部条件(如人、运营条件)在一定的时间和空间中相互作用的结果,具有客观性和严重性。风险可以控制、减小、分担、转移或接受,在一定的时间和空间内改变风险存在和发生的条件,降低风险发生的概率和损失程度,但不能忽略风险更不能消除风险。因此,须研讨桥梁运营期风险发生的机理,辨识风险源,并利用概率论和数理统计的方法测算风险事故发生的概率及其损失程度,然后制定应对策略,降低风险发生的概率及其可能导致的损失,防患于未然。

13.1.2　运营期主要风险事件

按照《公路桥梁和桥梁工程设计安全风险评估指南》的规定,对于养护段内桥梁运营期的风险事件等级分为4类,如表13.1所示。

表13.1　风险水平接受准则

风险等级	要求
Ⅰ	风险水平可以接受,当前应对措施有效,不必采取额外技术、管理方面的预防措施
Ⅱ	风险水平有条件接受,工程有进一步实施预防措施以提升安全性的必要
Ⅲ	风险水平有条件接受,必须实施削减风险的应对措施,并需要准备应急计划
Ⅳ	风险水平不可接受,必须采取有效应对措施将风险等级降低到Ⅲ级及以下水平

本手册中,对桥梁运营期的主要风险事件进行了评估,评估综合考虑了风险事件发生的

概率和风险事件产生的损失两个方面的影响。按照《公路桥梁和桥梁工程设计安全风险评估指南》的规定,风险概率和风险损失各自分为5个等级,采用风险矩阵的方式,组合确定风险等级。风险概率和风险损失等级划分方法参照指南中的规定,风险矩阵如表13.2所示。

表13.2 风险水平等级矩阵表

风险损失	风险概率				
	1	2	3	4	5
1	Ⅰ	Ⅰ	Ⅱ	Ⅱ	Ⅲ
2	Ⅰ	Ⅱ	Ⅱ	Ⅲ	Ⅲ
3	Ⅱ	Ⅱ	Ⅲ	Ⅲ	Ⅳ
4	Ⅱ	Ⅲ	Ⅲ	Ⅳ	Ⅳ
5	Ⅲ	Ⅲ	Ⅳ	Ⅳ	Ⅳ

13.1.3 主要风险事件分析

13.1.3.1 火灾损毁

就所见报道来说,无论是桥梁工程的施工过程还是运营期间,由于可燃堆积物管理不当引起的火灾事故案例很多,数不胜数。由于交通车辆引起的桥梁火灾事故则相对较少,但同样不可忽视。例如,2011年10月,一辆满载易拉罐的大型货车在行驶过程中突然发生自燃,货车驾驶员将货车紧急停靠在某斜拉桥斜拉索旁的应急停车带内,随后火势急增且无法控制,车体在桥面发生剧烈燃烧,导致该斜拉桥一根斜拉索和周边区域的桥面烧损严重(图13.1)。

图13.1 某斜拉桥火灾现场及遭烧损的斜拉索

发生火灾的风险应引起管养单位的充分重视。高温会引起混凝土结构材料力学性能的变化。管养单位可将桥梁主要构件烧损过程及处置策略作为一个专题进行研究。火灾应急预案的制定应以研究成果为基础。

13.1.3.2 车辆超载

桥梁主要以服务通行车辆为主,并且在交通路网中发挥着重要的作用。可以说维持桥梁与车辆的和谐关系才能充分发挥桥梁结构的通行作用并且同时保障桥梁的结构安全,但是超载现象的出现是对这种关系的一种挑战。

由于首发养护公司养护区段内五环路、六环路等是北京地区的陆地货运主要通道,超载现象较为严重。长期承受超载车辆不但使桥面铺装、伸缩装置等遭受严重的破坏,甚至对桥梁主体结构造成永久性的损害,为桥梁结构安全埋下了安全隐患,严重时直接导致桥梁坍塌事故,使社会承受了巨大的经济损失(图13.2)。

(a) 208 国道太原市小店区段东柳林桥

(b) 山西"七一渠"公路桥塌陷

图 13.2 超载引起的桥梁垮塌事件

近年来,因汽车超载发生垮塌的桥梁主要有以下几种情况:

(1) 空心板梁桥因铰缝破坏,形成单板受力,在超载车辆作用下,空心板断裂。

(2) 独柱的匝道桥,柱与梁之间以支座连接,没有固结措施。在车辆超载作用下,桥梁发生倾覆事件。

13.1.3.3 冰雪灾害

桥梁结构地处北京,年平均气温 10~12 ℃,冬季 1 月份平均气温 -7~10 ℃,温度较低,同时根据附近地区的气候资料,运营期间发生此风险概率较高。

冰雪灾害对工程设施、交通运输和人民生命财产往往造成直接破坏,其最大危害是对公路交通运输造成影响,并由此造成一系列的间接损失。一般对人身和工农业生产的直接影响不大。

考虑冰雪荷载对桥梁结构的影响。按照国际结构安全联合委员会建议的公式计算雪荷载(N/m^3):$\gamma = 3000 - 2000e^{-1.5d}$,其中,$d$ 为雪厚度。

根据大桥附近历年冰雪厚度平均值作为计算参数,即 $d = 8$ cm,计算结果:$\gamma = 1.226$ kN/m^3。

可知冰雪荷载对结构受力影响很小,可以忽略此影响。

因此,对于冰雪灾害风险的评估,需要估测桥梁在某种冰雪灾害作用下可能导致的各类型损失破坏等级。冰雪灾害风险评估过程中,考虑两种风险事件:冰雪灾害对桥面通行产生不利影响事件、冰雪冻融不利影响事件。

1) 风险事件1：冰雪灾害对桥面通行产生不利影响事件

从发生的可能性上来说，该地区具有偶然发生对桥面通行不利影响的冰雪灾害可能。

积雪往往使得路况变差，同时潮湿的路面在冬季极易形成薄冰，造成车辆打滑，引发交通事故，给行车安全带来很大隐患。

该风险事件所导致的损失以交通事故为主，可能会导致部分人员伤亡；造成运营时间短暂，清理道路后可以迅速恢复通车环境。

2) 风险事件2：冰雪冻融不利影响事件

冰雪反复冻融的过程，会使桥面铺装、桥墩、混凝土箱梁等构件损坏。

另外，除雪盐在冻融循环的条件下，将会引起混凝土剥蚀破坏。其破坏速度远快于普通冻融循环引起的破坏及其他种类的破坏，从而严重影响这些路面的使用寿命，不利于桥梁的管理和养护。

因此，从发生的可能性上来说，桥梁具有发生对冰雪冻融不利影响的可能。受冻融循环作用而破坏的混凝土一般表现为混凝土表面疏松、剥落、骨料外露，甚至露筋等现象，从而造成混凝土力学性能逐渐衰退，影响大桥的安全运行，并缩短其使用寿命。

这种不利影响一般体现在混凝土构件耐久性方面，同时有可能使钢材发生局部轻微锈蚀。

13.1.3.4 雾霾灾害

近年来由于北京地区内环境的破坏，导致雾霾天气增多，秋冬季节出现频率较高。

大雾、霾是公路行车安全的重要影响因素之一。一般情况下，雾天、霾天行车能见度大大降低，视野变窄，很容易引发交通事故。

雾霾天气能见度较低，视野变窄，交通事故发生率较高。其主要影响如下：

1) 能见度降低。容易造成追尾事故，由于不同路段的严重程度可能有所不同，驾驶员很难根据各路段不同的能见度距离及时调整自己的速度和车间距。

2) 减少车辆与路面的摩擦系数。由于雾水与积灰、尘土混合，会导致轮胎与路面的附着系数减小，从而导致制动距离延长、行驶打滑、制动跑偏等现象发生。

3) 造成驾驶员心理紧张。驾驶员的情绪在雾霾天气也容易受到影响，心理压力增大，一旦发生意外，惊慌失措，采取措施不当从而引发交通事故。

对于雾霾灾害风险的评估，需要估测大桥在不同强度大雾灾害作用下可能导致的交通不利影响等级。雾霾灾害风险评估过程中，考虑两种风险事件：能见度小于50 m的强浓雾事件、能见度大于50 m小于500 m的浓雾事件。

(1) 风险分析

① 风险事件1：能见度小于50 m的强浓雾、霾事件

从发生的可能性来说，桥梁发生能见度小于50 m的强浓雾事件的概率很小。

发生此事件时，大桥能见度极低，极易发生交通事故，可能产生交通堵塞，根据运营情况，可能对大桥运营进行一定管制和关闭。

因此，发生此风险事件的总体风险水平一般，需要合理控制。

② 风险事件 2：能见度大于 50 m 小于 500 m 的浓雾、霾事件

发生此事件时，大桥能见度较低，容易发生交通事故，汽车行进速度较慢，可能产生交通堵塞，需要限速行驶。

从发生的可能性来说，桥梁发生能见度小于 50 m 的强浓雾事件的概率为可能发生，应及时做好预案措施，防治雾、霾天气造成灾害。

13.1.3.5 危险品过桥

参照相关危险品运输车辆管理办法，桥梁管理机构针对危险品运输车辆过桥应采取以下管理措施：

(1) 危险品载运车辆过桥应按照规定，事先必须经过有关部门的批准，应按照指定的路线单独过桥，禁止其他车辆同时通行。

(2) 由危险品运输车辆车主及所有单位提交相应应急预案，并获得桥梁养护管理机构的认可。

(3) 针对可能的泄漏、燃烧、腐蚀、有毒等情况，进行应急准备。

(4) 危险品载运车辆过桥应选择在交通量较小的时间段，并事前通告，并请交警和路政部门配合，采取限制与疏导相结合的方法，以确保危险品载运车辆安全通过。

(5) 对发现未经批准，已在桥面行驶的危险品运输车辆，通知交警和路政，尽快引导车辆下桥。在办理相关手续后，再按上述要求予以放行。

(6) 危险品载运车辆通过桥梁后，应填写通行记录并存档。

13.2 结构易损性分析

13.2.1 空心板（实心板）单板受力

在公路桥梁的梁板式桥中，由于板间铰缝被剪断，反映在桥面上会形成梁板间的纵向裂缝，造成车辆通过时的荷载不能通过铰缝进行传递，所受荷载只能由单个梁板承受，这种病害称为空心板（实心板）单板受力。

空心板（实心板）单板受力是结构易损性分析的一大重点。

根据首发养护公司养护区段桥梁概况分析，桥梁中空心板（实心板）梁桥占较大比例，通过分析研究已有桥梁重大安全事故资料，造成梁桥倒塌的重大风险源较少（地震可能会造成简支梁落梁等，但是地震属于外部风险源，不在定期检查风险源识别范围内），简支空心板梁桥单板受力是导致该类桥梁局部坍塌的重大风险源，在日常检查中要重点关注。

在日常进行检查时，应特别注意检查铰缝混凝土和桥面铺装层的状况，如发现桥面铺装纵向裂缝，应首先判断是否与板梁间的勾缝位置吻合，其次由于横向联系的丧失还伴随着梁板挠度的加大，因此可通过重车行驶时观测梁板挠度的情况或跨中部位是否有明显的凹陷来判断，一旦确定为单板受力应引起足够重视，应及时上报公司桥隧办公室并建议对该桥梁采取应对措施，以防止危险发生。

13.2.2 斜坡桥梁滑移

辖区内匝道桥数量较多,匝道桥多为具有曲线变形及带有坡度的连续箱梁结构。在以往国内多座弯坡桥实际现场,发现了部分弯坡桥梁体滑动有落梁趋势的现象,主梁滑移后还会引起支座剪切、脱空、掉落以及相邻主梁梁端顶死等次生病害,因此弯坡桥梁体滑移也是桥梁易损性分析的一大重点。

示例:某简支梁桥具有一定坡度,检查发现主梁发生了滑移,为了防止发生落梁事故,移位后又新建桥墩,如图13.3(a)、(b)所示。梁体滑移后支座发生了剪切,当滑移量继续增加后,支座脱空、掉落,如图13.3(c)所示。

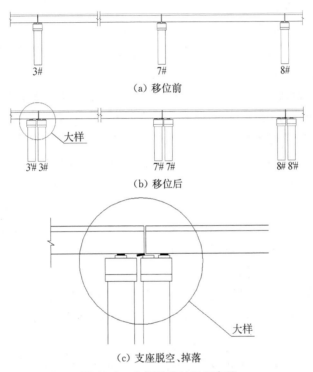

(a) 移位前

(b) 移位后

(c) 支座脱空、掉落

图 13.3 主梁滑移过程示意图

保养养护时应重点检查支座剪切变形方向与大小,支座是否出现脱空、偏压、滑移等病害,独柱墩支座和垫石之间是否有相对滑移,相邻梁体之间是否有顶死现象。

13.2.3 独柱、弯坡桥梁倾覆

养护区段内匝道桥由于本身弯坡、坡度的特点,尤其是独柱的弯坡桥,受力比较复杂,近年来也发生了不少弯坡桥外倾失稳的事故。因此,弯坡桥梁体外倾也是机构易损性分析的重点。

应重点关注腹板及是否有因扭转引起的弧形裂缝,独柱墩是否承受大偏压出现环状结构性裂缝,分联处梁体外缘是否有错台等,并结合针对弯梁桥扭转问题的结构分析,进行严谨的综合分析,综合判断弯梁是否存在外倾失稳危险,排除弯坡桥是否有横向倾覆的安全隐患。

13.2.4　跨中下挠严重

梁式桥主跨跨中过量下挠,桥面线性起伏,伴随箱梁开裂等。

大跨径连续刚构桥下挠成因复杂,影响因素众多。主梁下挠并不是作为单一的病害出现和发展的,而是和结构的其他病害(如梁体开裂等)相互影响的。由于徐变和预应力损失是随时间慢慢发展的,在这个过程中,结构变形和内力都在发生变化,直观的体现就是结构主梁会缓慢下挠。此外,由于预应力损失的慢慢加大,结构压应力储备会变小甚至消失,最后出现拉应力导致结构开裂。在徐变和结构下挠的影响下,裂缝发展加快,而裂缝的发展又导致主梁刚度下降,下挠加剧,两者相互促进,形成了恶性循环。

(1)超重是结构下挠的一个重要影响参数,施工过程中应严格控制结构自重,防止超重。

(2)预应力摩阻损失估计不足,是连续刚构桥长期下挠的一个重要原因。预应力损失也是连续刚构桥长期下挠的一个主要影响参数。且顶板预应力损失影响相对较大,故设计时,截面应留有一定的压应力储备。

(3)徐变的影响参数如混凝土加载龄期、环境相对湿度对连续刚构桥的长期下挠有一定的影响。徐变对于主梁长期下挠的影响控制主要还是在于选择一个与实际情况相符的徐变模式,从而正确估计桥梁徐变引起的长期下挠,在设计预拱度中应采用宁高勿低的原则。

(4)应严格控制车辆的超速和超载,对桥梁进行定期检测,并建立桥梁检测档案,密切注视桥梁的使用情况。

13.2.5　桥墩下沉倾斜

主要表现为桥墩的墩柱或者基础出现下沉、倾斜,桥面出现明显的不平整,严重影响桥梁的使用安全(图13.4)。可能的原因为:

(1)桥址处地质条件差。可能是桥址处本身的地质条件差,也可能是后期桥梁运营过程中长时间的暴雨、洪水作用,导致桥址处的地质条件发生明显的恶化。

(2)地基处理不当。

(3)桥墩偏压,荷载过大,导致基地软弱层的承载能力不足,基础发生不均匀沉降,导致桥墩下沉倾斜。

图 13.4　桥墩下沉倾斜

14 技术档案管理

14.1 概述

各桥梁在建设前期、建设期以及运营管养期,均拥有大量而宝贵的技术资料,这些技术档案是各桥梁全寿命期管养的重要依据和参考,须妥善保管。

为此,利用信息化电子化的档案管理技术,将各桥梁的技术资料整理归档,既方便管理、调阅又避免丢失,也方便技术研究交流和巡检养护时参考。

同时,巡检养护的各类巡检记录的表单以及巡检报告、评估结果等也是重要的技术档案资料,也纳入技术档案管理库中,并可通过电子化人工巡检软件进行记录、查询并以报告报表输出。

建立电子化的桥梁技术档案为桥梁运营期的巡检养护管理提供了一个信息化平台,使其管养具备重要的技术支撑和依据。

14.2 技术档案

本节主要介绍桥梁技术存档文件(同时包括项目完工时移交的信息以及运营阶段的信息),提出文件存档结构和数据管理系统。技术存档文件需包括施工图设计的所有文件或桥梁通车时所有变更过的设计文件、桥梁使用全寿命期间所有检查维护、修复工程、改造工程等的文件。这些技术文件是桥梁运营及维护的关键。

14.2.1 建设期文档

土建工程资料包括的内容比较多,具体包括设计手册、桥梁施工及质量验收标准、本巡检养护手册、前期调研所做的勘察资料、地形图、设计图纸(包括初步设计,详细设计,施工设计)等。以上资料均应按照运营期维修保养人员需要的方式进行归档,将桥梁数据资料进行分析和分类。

在设计施工过程中完成以下的文件,应将其电子便携式文档格式(PDF)存入桥梁技术文档,实际执行时需要按照文档类型的情况进行更详细的分类制表,以便将来可快速查阅。

(1)设计图纸;

（2）施工图设计图纸；

（3）竣工图纸；

（4）施工技术规范（施工方案）；

（5）设计计算书和分析报告；

（6）专项研究报告；

（7）施工质量验收记录（应包含缺陷及修补记录）；

（8）施工监控报告；

（9）文本、照片、视频及多媒体资料；

（10）桥梁专用标准。

14.2.2 运营期文档

运营期内对桥梁进行检查、维护、管理工作所直接形成的有保存价值的各种载体形式的技术文件，都应归档。在运营过程中完成的以下文件，应将其PDF文件存入桥梁技术文档。

（1）技术资料：专题研究资料、设计资料、施工资料、监控资料、测量资料、竣工资料、成桥荷载试验资料等，以及后续形成的相关的技术成果文件、技术规范、科研资料、论文或会议交流文件等。

（2）工程资料：桥梁所涉及的小修保养、专项维护、改造工程等从立项到竣工的全过程的整套技术文件，含立项批复、招投标文件、合同、技术规范、设计图、竣工图、费用支付及变更文件、决算书、开工报告、材质证书、施工原始记录、质量评定表、交工及竣工证书、总结等。

（3）巡检养护资料：桥梁的日常巡检、定期检查、特殊巡检、专门检查以及养护中形成的各类原始记录表格、照片、电子文件等；委托专业单位进行的检查、监测报告；各类报表（月报、季报、年报等）。

15 预防性养护

15.1 概述

预防性养护是一种新的路面养护理念。根据美国各州公路和运输官员协会(American Association of State Highway and Transportation Officials,简称 AASHTO)公路标准委员会的定义,路面预防性养护(Pavement Preventive Maintenance,简称 PPM)是指在不增加路面结构承载力的前提下,对结构完好的路面或附属设施有计划地采取某种具有费用效益的措施,以达到保养路面系统、延缓损坏、保持或改进路面功能状况的目的。其英文定义原文为"Preventive Maintenance is a planned strategy of cost-effective treatments to an existing roadway system and it's appurtenances that preserves the system, retards future deterioration, and maintains or improves the functional condition of the system(without significantly increasing the structural capacity)"。

目前我国现行的标准规范体系中还没有预防性养护的定义,养护工程分类中也还没有预防性养护。

从道路路面的预防性养护延伸总结出桥梁工程中预养护的概念,预防性养护的概念:在桥梁构件仍处于良好状态而且未出现可见性退化之前实施的养护,主要作用是减小引起桥梁构件退化的原因造成的不利影响。

15.2 目的、理念及优点

预防性养护技术理念的提出是对养护理念的革新,把养护工作者的思维从路面发生结构性破坏再去维修的被动状态,转变到了在结构出现损坏之前就积极采取措施的主动状态,以此来延长结构寿命,减少养护维修费用。

预防性养护有两个主要理念:

(1) 让状态良好的桥梁、道路保持更长时间;

(2) 在合适的时间,用恰当的方法、措施,对适宜的桥梁结构进行养护。

预防性养护优点如表 15.1 所示。

表 15.1 预防性养护的优点

	现有工艺	预防性养护工艺
管理角度	·出现裂缝问题——修补裂缝？ ·出现剥落问题——修补混凝土？ ·出现渗水结晶问题——堵漏修补？	·病害整体统计 ·简化预算提报 ·科学系统管理
经济角度	·小型病害、多处病害、常见病害 ·修完再修，不断走回头路 ·成本增高、人工增加	·减少人工、减少成本和反复多次投入 ·局部修复，整体养护 ·建立整体性修复的思路，一次性全部养护
安全控制	·局部修复引发安全隐患，存在弊端 ·过一段时间又容易引发二次、二次病害	·彻底解决病害反复问题 ·提高安全性、耐久性 ·提高桥隧的使用寿命
施工质量管理	·由于病害反复，施工管理缺乏整体规划性 ·施工质量参差不齐 ·施工工期较难管控	·提高施工管理水平 ·提高施工质量水平 ·先进工艺缩短工期

15.3 预养护措施分类

预防性养护是伴随着桥梁寿命全周期而进行的，分为周期性养护措施（非基于状态）和两种基于状态养护措施，主要包括：经常性和预防性的保养、轻微破损部分的维修（即病害处置）等内容，以恢复和保持结构的良好使用状态。

对评定划分的桥梁结构，应分别采取不同的养护措施：

(1) 1 类桥梁应进行正常养护；
(2) 2 类桥梁或存在评定状况值为 1 的分项时，应按需进行保养维修；
(3) 3 类桥梁或存在评定状况值为 2 的分项时，应对局部实施病害处置；
(4) 4 类桥梁应进行交通管制，尽快实施病害处置；
(5) 5 类桥梁应及时关闭，然后实施病害处置；
(6) 重要分项以外的其他分项评定状况值为 3 或 4 时，应尽快实施病害处置。

15.4 预防性养护方案设计

15.4.1 一般规定

(1) 预防性养护设计应进行方案比选和费用效益分析。
(2) 预防性养护设计应参考历年来的桥梁检测数据、病害监测结果、养护历史。
(3) 预防性养护设计包括短期预防性养护方案设计与中长期预防性养护规划设计。

15.4.2 预防性养护设计流程(图 15.1)

图 15.1　预防性养护设计流程

15.4.3 预防性养护时机确定流程(图 15.2)

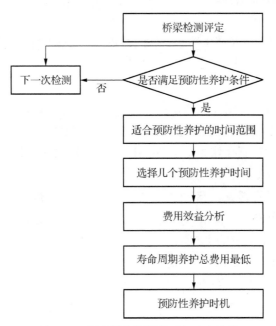

图 15.2　预防性养护最佳时机确定流程

15.5 预防性养护方案

15.5.1 周期性养护措施(非基于状态)

周期性养护措施是基于对桥梁结构及材料劣化的长期观测和机理分析后提出的针对不同部件的实施性强且经济效益显著的一般性保养措施。

周期性养护措施一般针对桥梁结构中未出现明显病害或已出现病害但病害影响较小时开始实施,贯穿于桥梁结构全寿命周期。

15.5.1.1 桥面铺装

1)抗滑型雾封层

(1)技术概述

抗滑型雾封层是一种新型沥青路面预防性养护技术,利用专用设备将具有良好渗透性的油剂型雾封层材料和铁钢砂均匀地撒布到沥青路面上,雾封层材料可以填封微小裂缝和表面空隙,起到防水和抑制松散的作用,防止路面材料进一步老化。铁钢砂可以增大路表面的粗糙程度,起到提高路面摩擦系数、保证行车安全的作用。该工艺可提高路面抗滑性能、避免水损害,达到保护路面结构,延长路面使用寿命的目的,是一种经济有效的预防性养护措施。

抗滑型雾封层适用于表面产生渗水、贫油、微细裂缝等病害及老化严重的高速公路沥青路面养护。

(2)技术特点

① 抗滑型雾封层可提高路面摩擦系数,解决原路面因进行传统雾封层施工后路面摩擦系数降低或磨损、老化、光滑等病害引起的抗滑能力不足问题。

② 能较好地渗透到路面孔隙和微小裂缝中,并填封原路面的孔隙,有效防止水的下渗。

③ 可以延缓路面黏结材料老化,使路表沥青材料的性能得到一定程度的恢复。

④ 补偿原路面的沥青损失,能够保持和加强沥青路面骨料间的黏结力。

⑤ 可以改善和恢复路面色泽。

⑥ 施工机具简单、施工速度快。

2)冬季降雪季节来临时,应按照计划部署进行除雪与防冻。可以采取撒布特殊融雪剂等防冻防滑材料,不应撒布氯化钠化雪,以降低对桥梁附属结构的腐蚀。

3)桥上若发生交通事故或其他意外事故,应及时对桥面及交通安全设施的破坏进行检查,并进行相应的修补。

4)桥面铺装的维护过程中,要坚持每日一小查,每周一大查的工作频率,要把日常检查与发现病害和预防性养护相联系。

15.5.1.2 混凝土主梁

(1)保持主梁表面清洁,及时清除主梁表面的青苔、杂草和污秽。保持主梁的排水系统处于正常工作状态,保持主梁的底面无积水,并及时清除杂物。

(2) 对混凝土表面进行砂浆处理。

(3) 在未经专门研究的情况下,不得在主梁上随意开洞。

(4) 保证主梁(箱梁)内通风情况良好,对设置有预留孔道的进行定期清理。

(5) 混凝土构件的修补应首先制定详细的技术方案,在经过专家评审通过后方可实施。

15.5.1.3 斜拉索

(1) 保证斜拉索止水密封圈、防雨罩等处于完好状态,定期对止水密封圈、防雨罩表观状况进行检查,并进行密封材料(防水密封胶)的封闭。

(2) 斜拉索各零部件定期进行除锈处理,并及时刷漆防止锈蚀。

15.5.1.4 支座

(1) 支座各部件应保持完整、清洁,及时清除支座周围的油污、垃圾,防止积水、积雪,保证支座正常工作。

(2) 横向抗风支座,限位支座防尘罩应维护完好,防止尘埃落入或雨雪渗入支座内。每年进行一次定期检查,打开防尘罩,清扫防尘罩内部。检查的内容包括:油漆涂层及锈蚀状况、防锈油是否干涸、支座横向位移、支座纵向位移、支座纵横向的转角、滑动面清洁及光滑程度、紧固螺栓、支座表面裂缝。

(3) 及时拧紧钢支座的螺栓,使支承垫板平整、牢固。

(4) 对于支座钢结构部分,应根据需要进行防腐处理,如涂刷油漆或防锈油。当油漆或防锈油老化失效时,应当补涂,具体的维护方法宜根据支座特点及产品说明书要求进行。

15.5.1.5 墩台基础

(1) 可采用能够上下提升的轻便脚手架(即吊篮)来协助养护人员对桥墩实施养护工作。

(2) 保持桥墩表面清洁,及时清除索塔表面的青苔、杂草、灌木和污秽。保持桥墩的排水系统处于正常工作状态,保持墩帽(盖梁)的顶面无积水,并及时清除杂物。

(3) 若发现桥墩表面出现渗水情况,应立即分析研究渗水原因并采取针对性措施。

(4) 桥墩表面发生侵蚀剥落、蜂窝、麻面、裂缝、露筋等病害,应及时修补。

(5) 墩身混凝土裂缝宽度超过 0.2 mm 时,可根据具体情况采用表面封闭法、压力灌浆法等对裂缝进行处理。

(6) 对桥墩倾斜超过设计允许值的,应专门研究防治措施。

(7) 应采取措施保持桥墩基础附近河床的稳定。根据设计要求,应明确保护区范围,在此范围内应做到:

① 每次洪水过后,应及时清理河床上的漂浮物,使水流顺利宣泄。

② 在桥下竖立警告牌,禁止任何人或单位在上述范围内挖砂、取土、采石、倾倒废弃物,禁止进行爆破作业及其他危及桥梁安全的活动。

③ 不得任意修建对桥梁有害的建筑物,因抢险、防汛需要修筑堤坝、压缩或拓宽河床时,应事先报经交通主管部门或公路管理机构同意,并采取有效的防护措施。发现任何有可

能破坏桥梁安全的行为,应及时制止。

(8) 若出现基础冲刷过深(即超过设计考虑的局部冲刷深度)、基底局部掏空、河床铺砌损坏等病害,应及时研究处置对策。

(9) 桥墩基础的允许变位应由设计单位确定,无法由设计单位确定时,可参考《公路桥涵养护规范》(JTG H11—2004)第 5.1.2 条的规定。当墩台变位所产生的附加内力影响到桥梁的正常使用和安全时,或桥梁墩台基础自身结构出现大的破损使承载力不足时,必须进行加固处理。

15.5.1.6 伸缩缝

伸缩缝是设置在梁端部结构处的重要装置,它应满足承受车轮荷载的反复作用和适应梁端位移,保证梁体自由伸缩,具有良好的平整度、防水性。因此伸缩缝应经常养护,及时清除缝内沉积物,勿使杂物堵塞或嵌入,使其发挥正常作用。

(1) 为确保伸缩缝能自由伸缩及保证车辆运行平整,应经常清扫缝隙,保持伸缩缝清洁,勿使杂物堵塞或嵌入。经常清理密封橡胶带缝内的泥沙和石屑,防止橡胶带损坏造成漏水。伸缩缝之间的垃圾杂物,要先用圆弧形的钩子勾出,再进行清扫,防止钩破止水橡胶带。要经常进行保洁,保证伸缩缝不被尘土垃圾填满,能自由伸缩。橡胶带有损坏老化或变形应及时更换。

(2) 经常检查伸缩缝是否伸缩自由,伸缩缝间隙是否均匀,若缝间距差别较大,可能是滑动支撑有损坏,应及时更换。

(3) 在更换橡胶带时,还应检查伸缩缝装置其他部位钢构件的防锈情况,锈蚀时应进行除锈、防腐处理。

(4) 伸缩缝其他各部件如出现病害,应及时维修。

15.5.1.7 排水系统

(1) 桥面的泄水管、排水管要及时疏通。不得有积水和渗水现象,排水沟应及时疏通。对进水口采用人工清捞的方法,确保进水口清洁。

(2) 泄水管损坏要及时修补,接头不牢已掉落的要重新安装接上,损坏严重的要更换。

(3) 栅盖及落水管缺损应补装。

15.5.1.8 灯具、标志

(1) 应保持桥梁所有的照明设施处于良好状态,如有损坏或不正常应及时维修或更换,确保行车的安全。

(2) 桥面、道路交通标志和标线要经常保持明显、清晰,确保行车安全。标志牌架保持清洁,做好油漆防腐工作,保证设施完好、结构安全。当交通条件有变化时应进行相应的变更和增补。

(3) 标线应结合日常养护经常清洗或冲扫。当发现因剥落、污染、磨损而影响识别性能的标线在该路段中占标线一半以上时,应予以重画;局部损坏的则进行修补,同时要注意避免与原标线错位。

(4) 电线电缆的养护：维修作业人员不得损坏电线、电缆；如有损坏或发现损伤时必须汇报，并通知有关单位进行检查维修。

15.5.2 基于状态养护措施

基于状态的养护措施（病害处置）包括修复破损结构、消除结构病害、恢复结构物设计标准、维持良好的技术功能状态，并应符合下列规定：

(1) 确定养护方案前，应对桥梁进行检测，对破损或病害的成因、范围、程度及其发展趋势等情况进行分析评定。

(2) 处置设计应综合考虑桥梁病害状况、地形、地质生态环境及运营和施工条件，合理确定处置方案。处置方案可由一种或多种处置方法组成。

(3) 在初始设计与施工中，应根据病害程度、地质条件、处置方案，进行工程风险评估，制定相应的应急预案。

(4) 桥梁处置施工应编制实施性施工组织方案。

(5) 病害处置工程施工完毕后，被处置段落各分项状况值应达到0或1。

制定病害处置方案应满足下列要求：

① 原则上不能降低桥梁原有的技术标准。
② 应按照安全、经济、快速、合理的原则，通过多方案技术、经济比选确定。
③ 处置设计应体现信息化和动态设计的思想，制定监控量测方案。
④ 应尽量减少施工对桥梁正常运营的影响，不能中断交通时应制定保通方案。
⑤ 应采取相应措施减小处置施工对既有结构、排水设施、机电设施及附属设施的不良影响。

维修工程分为3类：小修保养工程、中修工程和大修工程。实际操作时可根据技术状况评定类别来采取相应的维修方法，当技术状况评定类别为2类时进行小修保养工程，当技术状况评定类别为3类时进行中修工程，当技术状况评定类别为4类时进行大修工程。

15.5.2.1 桥面铺装

1) 表面油污

如果仅在表面，并且没有造成安全隐患，没有严重损害桥面美观，或没有对桥面造成实质性的损坏则不予处理，否则用性质温和的清洗剂刷洗以清洁桥面。

如果污迹已渗入沥青混凝土中，则加热并除去受污的材料，检查以确定是否所有的受污料已被清除以及防水黏结层是否受到了损坏，如果没损坏则修复沥青面层，如果防水黏结层受到损坏，则应重新修复整个沥青铺装结构。

2) 表面凹痕

检查压痕是否已经导致渗水，如果是，则参阅裂缝修复，否则参照以下建议：

如果凹痕细小，则应先除去碎石，然后加热沥青砂胶并将凹痕周围的沥青推挤到凹痕处使它与周围水平，最后进行表面处置；

如果凹陷面积很大或表面很不平整,则应稍稍加热沥青砂胶,然后除去沥青碎石,将隆起的材料压挤下或除去多出的材料,加入新的沥青材料使其平整,完成表面处置。

3) 坑洞处理

如果是由于有机溶剂、车辆行驶过程中泄漏的油等造成的坑洞,则把这些区域连同油污一起清除掉,将坑洞及附近整个沥青系统清除并修复,否则参阅表面凹痕的修复建议。

(1) 个别的坑洞,应清除洞内杂物,用水泥砂浆或环氧树脂砂浆等材料填补,进行整平压实。

(2) 坑洞较多且连成一片的,应采取薄层修补方法进行修补。

画出与路中心线平行或垂直的切割图形边线。用切割机沿边线切割,切割深度应不小于7 cm。用风镐将切割面内的混凝土破碎并除尽槽内的混凝土碎屑。将切割面内的立面凿毛,填入与原路面强度等级相同的混凝土拌和物,振捣密实,其顶面与原混凝土面板齐平。宜喷洒养护剂养生。待混凝土达到通车强度后,方可进行面层施工。也可用砂粒式沥青混凝土进行补坑调平处理。

4) 鼓包

如果出现多个鼓包,或在短期内鼓包问题连续出现在同一个路段,则说明该沥青铺装体系很可能存在问题,应该打开鼓包进行检查,如果是,则对该路段的沥青铺装层进行处置。

如果鼓包的密集程度较小且范围小,可只对鼓包处理而不触及沥青铺装结构,其具体做法:首先在沥青面层上钻孔来排放鼓包内的气体,吸出钻孔内的灰尘,用注射器将密封胶灌入鼓包底部,并用红外线加热器对沥青砂胶徐徐加热使其软化,再用锤子和铁垫块夯实以完成表面处置。

5) 裂缝

对裂缝做到"即裂即填""即裂即补",及时填补、灌浆。

微裂缝　建议采用灌缝措施,具体做法:首先采用性质温和的清洁剂对微裂缝进行清洗,确保裂缝部位清洁、干净,然后根据需要灌注聚合物黏结剂或填充缝隙的密封胶。

细小裂缝　此类裂缝是由于表面的凹痕或撕裂造成,水暂时还没进入铺装层内部。具体的处置方法:对于宽度在1~2 mm 的裂缝,可用注入环氧树脂胶的方法处理;对于宽度在2 mm 以上的裂缝,宜用注入环氧沥青黏结料的办法处理。

6) 表面碎石脱落

由于车辆在桥面上急转弯或重物的重压等原因引起表面沥青碎石脱落,如果没有引发其他的缺陷,则清理已脱落的碎石和压碎的石子,如果引发其他的缺陷则参阅相应的修补建议。

7) 接缝开裂

如果接缝材料脱落,则用火枪加热并除去接缝料,清洗缝隙;然后检查是否仍有污迹,如有污损则除去附近的沥青砂胶,进行修复。

15.5.2.2 混凝土主梁

1) 混凝土主梁加固方法

（1）浇筑钢筋混凝土加大截面加固法。用于加强构件，应注意在加大截面时自重也相应增加。

（2）增加钢筋加固法。用于加强构件，常与上述方法共同使用。

（3）粘贴钢板加固法，是普遍采用的方法，钢板与原结构必须可靠连接，并作防锈处理。

（4）粘贴碳纤维、特种玻璃纤维加固法。主要用于提高构件抗弯承载力。使用此法加固几乎不增加原结构自重。

（5）预应力加固法。对于提高构件强度、控制裂缝和变形的作用较好。

（6）增加横隔板加固法。用于少中横隔梁的加固，可增加桥梁整体刚度、调整荷载横向分配。

（7）当支座设置不当造成梁体受力恶化时，可采用调整支座标高的加固方法。

（8）因为预应力部分失效而进行加固时，对采用体外索结构的主梁，首先可以重新补张拉失效体外索，或者进行相应更换；若不能补张拉或更换，则利用备用束空洞进行新体外索张拉。

（9）若增加新体外索仍然不能满足要求，或增设齿板，增加体外束进行张拉。

（10）腹板抗剪切强度不够时，可采用加竖向预应力、粘贴钢板或加厚截面的方式加固。

（11）其他可靠有效的加固法。

2) 主梁裂缝的处置

（1）对裂缝进行全面的调查、复核，现场核实裂缝数量、长度、宽度等。

（2）对裂缝缝口进行表面处理

① 清理混凝土表面，使沿裂缝走向约 30～50 mm 范围露出坚实平整的混凝土表面，清除表面浮尘，表面清理范围以裂缝位置拓宽不少于 10～25 mm 为原则。

② 除去裸露钢筋表面的锈迹及油污。

③ 清除裂缝内的灰尘等杂物。

④ 应使工作面平顺、干燥、无油污。

（3）裂缝封闭

梁底出现纵向、横向裂缝，局部有渗水泛白。该共性病害比较普遍，分布范围较广，形态宽度各异，不同的裂缝宽度和裂缝形态采用的处理方案不同：

① 当裂缝宽度小于 0.2 mm 时，采用表面封闭法进行处理。采用表面封闭材料环氧胶泥、聚合物砂浆等对结构表面裂缝进行修补的方法，表面涂抹环氧胶泥时，先将裂缝附近 10 cm 宽度范围内的灰尘、浮渣清理干净并清洗、烘烤干燥、预热，保证环氧胶泥与混凝土黏结良好。也可以利用混凝土表层微细独立裂缝或网状裂缝的毛细作用吸收低黏度渗透强的修补胶液。以此防止裂缝进一步扩大、钢筋锈蚀等问题的出现。

② 当裂缝宽度在 1.5～0.2 mm 之间时，采用静压注射法，以 0.2～0.4 MPa 的压力，将

低黏度、高强度的裂缝修补胶注入裂缝腔内。

对拟处理的裂缝沿缝凿成深 2~4 mm、宽 4~6 mm 的"V"形槽；

清理缝口杂物，清除槽内浮尘，并用丙酮擦拭；

骑缝用环氧胶泥封缝并埋设、粘贴注射器底座，以 30 cm 间距为宜，每条裂缝必须有一个进浆口和排气孔；

用修补胶密封底座周围，并沿缝按 5 cm 宽进行密封；

密封材料固化后进行密封检查，对漏气部位进行补封处理；

安装注射器，注入专用裂缝修补胶液，待相邻注射嘴冒浆时，停止注射并用木塞塞紧，然后进行下一个注射嘴注胶，直至最后一个；

注射胶液初凝后，除去木塞，采用环氧胶泥封堵注射口。注射过程中一定要保证缝隙内部胶泥浆饱满，无空隙。

③ 对于宽度大于 1.5 mm 的活动性裂缝采用填充密封法。

首先要在构件表面沿裂缝走向骑缝凿出槽深和宽分别不小于 20 mm 和 15 mm 的"U"形沟槽，槽两侧混凝土修理平整并用丙酮擦拭，槽口干燥后，用改性环氧树脂充填，并粘贴不小于 3 倍缝宽的 E 玻璃纤维布封闭其表面。若裂缝伴有渗水泛白现象，应对板底进行钻孔排水，以保证梁体空腔内干燥。

当桥梁墩台由于埋置深度不够，或因施工质量控制不严等原因，导致墩台开裂破损时，有时会出现贯通裂缝，可采用钢筋混凝土围带或钢箍进行加固。当墩台损坏严重，如有严重裂缝及大面积表面破损、风化和剥落时，则可采用围绕整个墩台设置钢筋混凝土护套的方法进行加固。

3）混凝土缺陷的处置

（1）表面处理

利用人工凿除的方法将缺陷周围的松散混凝土予以清除，露出新鲜混凝土，并将混凝土表面清理干净，要求做到无水迹、无污渍及灰尘。

（2）缺陷修补

① 为了使新增部分的混凝土（或砂浆）能与老混凝土良好地结合，在修补之前应首先在待修补混凝土缺陷表面涂一层环氧基液，其涂层厚度以不超过 1 mm 为宜，且应涂刷均匀，涂刷时可采用人工涂刷或喷枪喷射，为了便于涂匀，可在基液中加入少量的丙酮（一般为浓度为3%~5%）。对于已涂刷基液的表面应注意防护，严禁杂物、灰尘落入其上。

② 基液涂刷完成后，须间隔一定时间，等基液中的气泡消除后方可涂抹环氧砂浆或浇筑环氧混凝土，时间间隔一般为 30~60 min。

③ 当破损面积较小时应采用环氧砂浆进行修补，为避免修补过程中砂浆流淌或脱落，涂抹时宜分层进行，每层的厚度以 0.5~1.5 cm 为宜。

④ 当破损面积很大时，宜采用环氧混凝土进行修补，其施工工艺与普通混凝土基本相同。

(3) 环氧材料的养护

① 环氧材料养护期间最重要的是控制好温度,一般养护温度以 15~25 ℃为宜,养护温度不宜低于 5 ℃。

② 养护时间为夏季 2 天,冬季 7 天,在养护期的前 3 天,不应有水浸泡或其他冲击。

(4) 施工注意事项

① 环氧材料的配制应尽量做到随配随用。

② 环氧材料配制时宜采用易于散热的器皿,并不断搅拌,环氧材料配制好后不得集中堆放,以免提前固化。

③ 在温差变化较大的季节涂抹、浇筑和养护环氧材料时,必须进行严格的温度控制,以免温度变化对环氧材料的施工质量产生不良影响。

④ 环氧材料易于挥发,且存在有害气体,因此施工现场必须注意通风,同时要严格注意防火和劳动保护。

⑤ 施工过程中所用到的器具及残液应妥善处理,以免对环境造成污染。

(5) 外露钢筋的处理

① 凿除松脆的表面结构,剥离已损坏的部分混凝土;

② 利用人工除锈的方式对锈蚀钢筋进行除锈,对钢筋进行阻锈处理;

③ 清除老混凝土表面上的灰尘以使其保持清洁;

④ 在损坏的混凝土表面涂上环氧胶液等黏结剂;

⑤ 利用环氧砂浆或环氧混凝土对混凝土缺陷部位进行修补;

⑥ 对新喷涂或浇筑的混凝土表面进行表面处理。

15.5.2.3 斜拉索

1) 拉索 PE 护套老化开裂、锚头浸水

对于小面积局部 PE 护套老化开裂可采用在索体 PE 外覆一层 HM106 密封胶,同时在胶体外均匀缠绕玻璃布,布外再覆 HM106 密封胶,该措施可保证 PE 护套处于完全密封状态;若大面积整体的 PE 护套老化开裂,则须考虑更换拉索。对于锚头浸水,则可在拉索 PE 护套与锚头交接处加装不锈钢防护罩,防止雨水渗入锚头。

2) 拉索钢丝锈蚀、断裂

拉索若出现较为严重的锈蚀或断丝则须更换拉索,更换拉索须委托有相关专业资质和工程业绩的设计、施工单位实施。

更换拉索需要注意的事项有:

(1) 更换拉索时必须保证桥梁结构安全,不能因为更换拉索而损坏桥梁结构构件;更换拉索后桥梁仍满足设计要求和今后的运营要求;在整个施工阶段,要保持原桥结构的受力状态在安全许可范围内变化,尽可能减少施工引起的内力和线形偏差。

(2) 仿真模拟计算拉索更换的全部过程,确定逐级加载和卸载的控制张拉值,详细精确规划各施工工况,确保结构安全。

（3）始终都要跟踪监测拉索力和主梁线形标高。

（4）换索施工应选择气温相对稳定的时段进行，需对实测的拉索力和主梁挠度进行温度修正，以尽可能减弱温差对索力和挠度测量的不利影响。

（5）更换拉索期间须最大限度地降低对桥面交通的影响，故要求施工工序少、施工方便、工期短。

15.5.2.4 索塔

1）混凝土裂缝处理

处理方法同主梁混凝土裂缝的封闭。

2）混凝土缺陷修复

（1）表面处理

利用人工凿除的方法将缺陷周围的松散混凝土清除，露出新鲜混凝土，并将混凝土表面清理干净，要求做到无水迹、无污渍及灰尘。

（2）缺陷修补

① 为了使新增部分的混凝土（或砂浆）能与老混凝土良好地结合，在修补之前应首先在待修补混凝土缺陷表面涂一层环氧基液，其涂层厚度以不超过1mm为宜，且应涂刷均匀，涂刷时可采用人工涂刷或喷枪喷射，为了便于涂匀，可在基液中加入少量的丙酮（一般为3%～5%）。对于已涂刷基液的表面应注意防护，严禁杂物、灰尘落入其上。

② 基液涂刷完成后，须间隔一定时间，等基液中的气泡消除后方可涂抹环氧砂浆或浇筑环氧混凝土，时间间隔一般为30～60 min。

③ 当破损面积较小时应采用环氧砂浆进行修补，为避免修补过程中砂浆流淌或脱落，涂抹时宜分层进行，每层的厚度以0.5～1.5 cm为宜。

④ 当破损面积很大时，宜采用环氧混凝土进行修补，其施工工艺与普通混凝土基本相同。

15.5.2.5 支座

（1）支座如有缺陷或产生故障不能正常工作时，应及时予以修整或更换。

调整、更换支座时可采用如下方法：在支座旁边的梁底设置千斤顶，将梁适当顶起，使支座脱空不受力，然后进行调整或更换。调整完毕或新支座就位正确后，落梁到使用位置。

① 支座座板翘起、变形、断裂时应予更换，焊缝开裂应予整修。

② 支座出现脱空或不均匀压缩变形时应进行调整。

（2）需要抬高支座时，可根据抬高量的大小选用下列几种方法。

① 垫入钢板（50 mm以内）或铸钢板（50～100 mm）；

② 就地浇筑钢筋混凝土支座垫石，垫石高度按需要设置，一般应大于100 mm。

（3）支座除锈。支座除锈主要方法为动力工具（电动钢丝刷等）配合手动工具除锈（用榔头、铲刀及钢丝刷）。除锈施工流程如下：

① 用榔头除掉钢材表面的厚锈及焊接飞溅物。

② 用钢丝刷、铲刀、电动钢丝刷等工具刷、刮或磨,除掉金属表面上松动的氧化皮、疏松的锈和旧涂层。

③ 除锈后的支座应尽快涂刷防锈漆。

15.5.2.6 墩台基础

1) 圬工砌体墩台表面风化剥落

圬工砌体墩台如表面风化剥落,深度在 3 cm 以内的,可用 M10 以上的水泥砂浆修补;如损坏面积较大,深度超过 3 cm 的,应浇注混凝土层予以裹覆。

2) 墩台变形

当墩台出现变形,应查明原因,采取下列针对性措施:

(1) 由于桥台台背填土遇水膨胀而变形,应挖去膨胀土,检修排水设施,填以沙砾土,修好损坏部位。

(2) 若由于冻胀原因使墩台产生缺陷,应及时挖去冻土,填以矿渣、砂砾等,并封闭表面,使其不渗水,修好损坏部位。

(3) 由于砌筑不良而发生变形,应凿去或拆除变形部分,重新砌筑或浇注。

(4) 由于砌筑填缝不实,墩台有空洞的,可择空洞部位附近,开凿通眼,以压浆机压注水泥砂浆或环氧树脂修补。

3) 墩台裂纹

当墩台由于混凝土冷热收缩、局部应力集中以及施工质量不良等原因而产生的裂纹,应视裂缝大小,分别采取下列措施:

(1) 裂缝小于限值时,应进行封闭处理;

(2) 裂缝大于限值时,应采用压力灌浆法灌注环氧树脂胶,确保裂缝不再延长;

(3) 由于活动支座失灵而造成墩台拉裂,应修复或更换支座,并处理裂缝;

(4) 由于基础不均匀沉降而产生的自下而上的裂缝,应先加固基础,再视裂缝发展程度确定灌缝还是加固墩台;

(5) 裂缝已贯通墩台,可用钢筋混凝土围带或钢箍进行加固。

4) 墩台位移

墩台发生水平位移或倾斜时,应分析原因,按照具体情况确定加固方案。

若是梁式桥台背土压力过大,造成桥台向桥孔方向倾斜,可采取下列方法加固:首先是挖去台背填土,然后加厚桥台胸墙,更换内摩阻角大的填料,减小土压力。

5) 桩式墩台强度不足或折断等损坏

桩式墩台,如结构强度不足或桩柱有被碰撞折断等损坏,在基桩承载力许可条件下,可采用下列方法修理加固:对于桩柱式墩台结构的整体稳定性不足时,可采用加固整个桩柱式墩台的方法,即在桩或柱间用槽钢或角钢作横、斜撑连接,以增强整体性和稳定性。钢板箍和横夹板(用槽钢或角钢)用螺栓拧紧,斜夹板可用电焊连接。盖梁如强度不足,也可在盖梁下加横向夹梁,用螺栓拧紧,予以加强。

15.5.2.7 伸缩缝

(1) 修补前应查明原因,采用行之有效的、与之相适应的修补方法。修补工作要依据缺陷的程度,或部分修补,或全部更换。

(2) 当铺装层破坏时,要凿除重新铺装。凿除破损部位要划线切割,清扫旧料后再铺装新面层,当采用混凝土浇筑时,要采用快速水泥,并注意新旧接缝保持平整。

(3) 处理混凝土面层的裂缝一般使用快封一号胶做喷涂封闭处理,用刷子调匀胶涂于裂缝表面。

(4) 为防止螺杆与螺母松动,螺纹上可以涂防松胶水,螺杆与螺母面少量点焊固定,最好螺孔内灌注防水和防松环氧树脂。伸缩装置为钢结构,在使用一定时期后可能出现锈蚀现象,一旦发现立即进行防腐处理。

15.6 常见问题及预养护措施

15.6.1 大量使用融雪剂造成的耐久问题

1) 概况

2005 年冬末春初,北京八个城区曾出现大批草木枯死的状况。据北京市园林局的不完全统计,共有 11 000 余株行道树、149 万余株绿篱、色块等灌木、近 20 万 m^2 草坪遭受严重盐害或死亡,直接经济损失在 3 000 万元以上。园林专家曾对北四环路边的残雪及周边土壤进行了取样,发现含盐浓度比正常值高 392 倍,氯离子、钠离子等的浓度也大大超标。

融雪剂是冬季常用的除雪方法,国内外常见的融雪剂按主要成分一般分为醋酸钾(有机融雪剂)和氯盐两类。氯盐类融雪剂因其价格便宜、效果明显而被广泛使用。但其中含有的氯化物,如氯化钠、氯化钙等物质极易对环境造成破坏。过度依赖氯盐类融雪剂除雪,因此导致的融雪剂滥用已经成为腐蚀中国城市土壤的一大隐患。

目前普遍使用的融雪剂主要成分都是含有氯离子的盐类,即便是市面上号称的环保融雪剂,也只是减少了其中氯化钠的含量,增加了腐蚀性相对较弱的氯化钙、氯化镁的含量。使用融雪剂融化后的雪水一旦渗入到土壤中,会使土壤盐碱化,导致植物枯萎死亡。融雪剂中的盐分在土壤中的降解时间最长可达 15 年,补种的植物也难以存活,必须进行大规模的深层换土。

氯盐融雪剂又称除冰盐、道路防冻剂,主要用于冬季机场、公路、广场、停车场、铁路、城市街道等起到除雪及防冻作用,其成分以氯化钠、氯化钙、氯化镁等盐类为主。由于融雪剂具有使用方便,价格适中等优点,除了大城市广泛使用,诸多中小型城市也越来越多使用。但是,由于过度使用融雪剂,导致绿化植被大量死亡,公路、桥梁混凝土路面严重腐蚀破坏。

氯盐类融雪剂中的氯化钠就是我们日常生活中的盐,氯化钠呈中性,其化学性质相对稳定,自身无腐蚀性,正常情况下对环境无污染,对金属铁的腐蚀主要是其溶液与铁能够电化学反应而形成,但这种反应非常弱。

氯盐渗透到混凝土中,会使混凝土保护层发生顺钢筋开裂、脱落的状况,导致结构承载力下降或丧失。中国北方地区高速公路、桥梁等,均有氯盐融雪剂破坏的现象。

氯盐类融雪剂逐步被淘汰是大势所趋,在不得不用的情况下,为完成任务一味图快而不负责任、不讲科学地滥用,腐蚀的是城市环境和未来。有效减少冰雪危害不能只靠事后弥补,合理规划、科学设计城市设施方能从根本上预防此类问题的发生。

2)预防性养护措施

(1)推荐使用有机融雪剂消融积雪。

(2)控制用量、撒布严要求、积雪谨慎处理。

氯盐类融雪剂在用量上务必严格控制,确保溶液浓度保持在一个较低的水平;撒布要求是将道路积雪控制在假融状态,即雪还没有完全融化,保持松散状态,便于清理。这样可以有效控制含有融雪剂的雪水对路面的渗透,减少对路面和桥梁的腐蚀。

此外,清理后的积雪堆放在指定的地点,运输过程中要进行覆盖,倾卸场地选择需要慎重,建立密闭的堆放积雪的场地如雪池等,确保积雪中的盐类物质不外流,对其进行集中处理,导入污水处理厂无害化处理后排入污水管道。对绿地的防护进行严格的规定并建立监督机制,可以有效地减少融雪剂对绿地、土壤和水体的污染。

(3)专用管道收集盐(雪)水

为防止融雪后的盐水渗入地下或污染地表水,采取"汇集盐水"的方法。在城市路桥旁,铺设专用管道,收集融雪后的盐水,最终引流到污水处理厂。

(4)建立积雪处理池等

市区内建立积雪处理池,就近将积雪融化,导入污水处理厂。

如:俄罗斯莫斯科市政府在市区内建立了多个积雪处理厂,就近将积雪融化、过滤,无害化处理后再排入污水管道。对于撒过融雪剂的"盐雪",日本环卫工人则会将其压成方砖的形状,装车运到专门的工厂池子里处理,避免污染环境。

结论:推荐使用有机融雪剂等新型环保材料进行积雪的清理。现阶段可在融雪剂用量、用法方面进行控制,加速建设融雪后液体以及积雪的后处理,确保对环境无害后,可进入常规污水处理渠道。

15.6.2 钢结构的防腐问题

1)概况

大气环境下的钢结构受阳光、风沙、雨雪、霜露及一年四季的温度和湿度变化作用,其中大气中的氧和水分是造成桥梁钢结构腐蚀的重要因素,引起钢结构腐蚀的工业气体含有SO_2、CO_2、NO_2、Cl_2、H_2S及NH_3等,这些成分虽然含量很小,但对钢铁的腐蚀危害都是不可忽视的,其中SO_2影响最大,Cl_2可使金属表面钝化膜遭到破坏。这些气体溶于水中呈酸性,形成酸雨,腐蚀金属设施。

2) 预防性养护措施

(1) 电弧喷涂层

电弧喷涂防腐原理是利用电弧喷涂设备,对两根带电的金属丝(如锌、铝等)进行加热、熔融、雾化、喷涂形成防腐涂层,外加有机封闭涂层的长效防腐复合涂层。

该涂层的显著特点是:具有较长久的耐腐蚀寿命,其防腐寿命可达到50年以上,同时该防腐涂层在30年使用期内无须其他任何防腐维护;30年以后的维护,仅需在电弧喷涂层上刷封闭涂料,无须重新喷涂,实现一次防腐,涂层经久有效。电弧喷涂层与金属基体具有优良的涂层结合力,金属喷涂层以机械镶嵌和微冶金与基体金属相结合,在轻微的弯曲、冲击或碰撞下也能确保防腐涂层不脱落、不起皮,结合牢固、防腐长久有效,这一点是其他任何表面防腐涂层无法达到的。电弧喷涂锌、铝涂层防腐原理为阴极保护,在腐蚀环境下,即使防腐涂层局部破损,仍具有牺牲自己保护钢铁基体之效果。涂层(阳极)与钢铁基体(阴极)的面积比$\geqslant 1$;而富锌涂料的阳极与阴极比都<1,其保护效果和结合力也远远低于电弧喷涂防腐涂层。

实际验证:美国LAQUE腐蚀技术中心在海洋大气34年防腐涂层性能试验报告证实,热喷涂锌、铝涂层在各种有害环境中长期有效,美国在此基础上并结合19年报告,制定了AWSC2 18-93热喷涂操作指南,作为热喷涂施工企业质量控制手册,用以指导生产。

美国海军土木工程实验室对$75\mu m$厚的喷锌、铝涂层进行10年的耐海洋气候和海水试验,未发现红锈出现,证明涂层防腐有效。

法国地下铁道公司对喷锌、铝涂层进行10年的暴露试验,结果表明防腐有效。

苏联第比利斯地下矿井水试验指出:喷锌防腐至少提供30年的耐腐蚀性。

电弧喷涂长效防腐技术于20世纪90年代起,先后在煤矿、铁道、水利、港口码头、冶金、机械、广播电视、医疗、电力、消防等领域得到广泛应用,如宝山钢铁集团马迹山港码头钢桩、上海磁悬浮快速列车轨道功能件、长江三峡水利枢纽工程、武汉军山长江大桥钢箱梁及桥面等国家重点建设项目,以及淳安千岛湖南浦大桥、长江黄柏河大桥、下牢溪大桥、广州机场三元里立交桥、徐连高速公路邳州运河大桥等钢结构桥梁均采用了电弧喷涂长效防腐技术,并取得很好的防腐效果。

(2) 重防腐涂装

油漆防腐具有美丽的外观,简单的涂装工艺,多年来一直被广泛采用。随着涂装工艺的发展,重防腐涂装成为钢桥防腐的主流。在重防腐涂料中,无论是国外名牌油漆,还是国内品牌油漆,其防腐涂装工艺和涂料品种都非常相似,即涂装工艺由底漆、中间漆和面漆组成的多层涂装体系;油漆品种均为环氧(无机)富锌底漆、环氧云母氧化铁中间漆和环氧聚氨酯或环氧各色面漆或氯化橡胶面漆等组成。

其作用机理为:① 屏蔽作用。油漆涂层将钢铁与腐蚀环境机械隔离开。② 钝化缓蚀作用。油漆涂装体系中,第一道车间底漆对钢铁有钝化缓蚀作用,增加油漆层附着力,防腐作用很微弱。③ 阴极保护作用。防腐底漆中如添加锌粉(如富锌底漆),对钢铁提供阴极保护。

随着防腐技术的发展,人类生存环境的不断恶化,涂料对环境的污染性逐渐被人们认识,国外已不再在钢桥上大面积使用重防腐涂料,目前发达国家将其销售市场直接转向发展中国家和经济不发达的国家。如果我们在新建钢桥中继续使用有机重防腐涂料进行防腐,那么10年后我们将会步发达国家后尘,面对的是庞大的钢桥防腐维护费用,严重时甚至会影响桥梁的安全性。采用重防腐涂料防腐的钢桥,最多在建设后10年就需要进行例行维护,除去浮锈和旧油漆,这不仅影响交通正常进行,同时维护的效果也不可能达到建设初期水平,还消耗大量涂料,旧油漆重金属颜料也会污染周围环境,甚至还要专门成立一支钢桥防腐养护队伍。因此每座钢桥梁都不得不为此支付一笔相当数量的维护费用,这种开支还不是一次性的,而是以后每隔3~5年就得进行一次。

结论:从长效经济性考虑,喷铝涂层最为经济,但一次性投入大,施工良好的涂层可在10年内无需维修。从短期效益看,环氧富锌底漆+环氧云等氧化铁中间漆及丙烯酸聚氨酯长效防护系统具有较佳的经济性。

15.6.3 伸缩缝锚固区混凝土破损问题

近年来城市桥梁伸缩缝养护维修中存在以下突出问题:锚固区混凝土破损病害的普遍多发和维修后的反复多发,甚至返修、复发率达到1次/4月,必须针对该问题采取预防性养护措施。

1) 原因分析

伸缩缝外部工作环境桥面伸缩缝由于设置在梁端构造薄弱部位,随着交通量的增加和汽车载重量的增大,直接承受车轮荷载的反复冲击作用,而且长期暴露在大自然中,所处环境比较恶劣,因材料的磨损和疲劳,以及混凝土面板或梁的结合强度不够,是桥梁结构最易遭到破坏而又较难修复的部位。

伸缩缝锚固区混凝土结构的特点是横桥向狭长矩形混凝土结构,与其他结构存在3处连接:底面与梁板通过预埋钢筋固结;侧面与伸缩缝型钢固结;另一侧面与沥青面层部分连接。

钢筋混凝土、型钢、沥青混合料,三者之间的模量差异太大,常规的混凝土难以适应,包括纤维混凝土。伸缩装置的先天结构已决定在温湿度变化大时伸缩装置变形和应力的不均衡,在设计阶段伸缩缝选型和伸缩量的确定就成为关键。

(1) 设计原因

伸缩缝的选型不合理,主要原因是最高温度取值不合理。

(2) 施工原因

① 安装开槽预留伸长量不足,橡胶条拉断缺损渗漏砾石砂土,梁端与台背间隙渗漏杂物嵌挤阻塞膨胀伸长。

② 安装闭口预留压缩量不足,梁端间隙(或与桥台)不足,伸缩缝挤死,高温膨胀压裂伸缩缝体锚固区混凝土。

③ 台背和梁端预埋钢筋缺损,或施工时预留锚固筋未妥善防护发生破坏,造成伸缩装置钢筋与梁端预埋钢筋连接不良,成型后伸缩缝整体刚度不足,在超速和重载的长期作用下,混凝土出现剪、压破坏。

④ 伸缩缝出厂时安装温度时间不确定,故暂标定预留量按照该型号缝的 1/2 标定出厂。现场安装施工人员若未规范计算调整,若伸缩缝在高温、低温季节安装,预留的伸缩量就明显不足。

⑤ 伸缩缝安装后浇注的混凝土强度不够,或浇混凝土后养生不到位,使浇缝混凝土早期破坏。

(3) 维修施工不当

① 锚固区维修凿除碎裂部分时,因布筋阻碍振捣,施工人员拆除原有变形钢筋后未重新植筋,致使浇筑后抗拉、折能力减弱,不具备维修效果。

② 为保证快速开放交通,伸缩缝维修使用各种水泥基速凝材料,部分速凝材料无法避免 96 天后的强度倒缩,除设计和施工质量因素外,强度不足和未重新植筋是碎裂病害复发的主要原因。

③ 预养护或病害初期维修不足,后期局部维修时新旧混凝土始终存在结合性差和强度、刚度不同,易造成接茬处的原混凝土破损。

2) 预防性养护措施及前期处理

(1) 锚固区出现开裂时应及时灌注结构胶或同等材料,封闭开裂恢复砼整体性,同时可预防裂缝受水侵蚀造成钢筋锈蚀。

(2) 局部开裂未形成活动碎块时应及时修补,可凿除开裂碎块。使用环氧树脂修补,避免延迟维修使病害扩展。

(3) 锚固区与顺接段沥青铺装如果不平顺,应及时铣刨铺装平顺,避免动力冲击加速锚固区破损。

(4) 锚固区与顺接段沥青铺装开裂剥离,应及时采用乳化沥青灌注,避免雨期受水侵蚀加速破损。

结论:伸缩缝锚固区混凝土病害的维修应在病害初期采用开裂灌胶、碎块重铸、保持行车平顺等诸多预养护手段,这样就避免后期扩大维修规模、成本和难度。

15.6.4 T梁横隔板破损、开裂问题

T梁通过横隔板和湿接缝连接成整体共同受力,整体性是所有桥梁所追求的最基本也是最重要的要求。整体性通过横向联系实现,这就要求横向联系自身也有强烈的整体性要求。横隔板或湿接缝将梁联成整体,共同受力,并起到分配荷载的作用。

横隔板的破坏会导致单梁受力,降低了桥梁的承载能力,受力不均匀,形成桥梁结构的安全隐患,缩短了桥梁的使用寿命。

1) 原因分析

(1) 设计原因

在T梁横隔板设计中,设计人员对横隔板的认知不足,比如认为跨中横隔板的抗扭刚度应该小于端横隔板,认为跨中横隔板如果涉及数量和尺寸较大时,自重会增加桥梁荷载,从而影响桥梁的整体受力,因此设计横隔板数量较小、尺寸较小,导致横向联系刚度不够,在车辆荷载的作用下,极易发生横隔板的破损或开裂。

(2)施工不当

在施工中,T梁的方法一般是:预制、吊装,然后借助横隔板的力量对各片主梁进行连接形成整体受力。

在实际施工过程中,施工不当很可能造成病害的形成,如:底模板过早的脱模;吊装时,横隔板存在错位,导致连接钢筋及钢板焊接质量不过关等。

(3)超载

在桥梁运营中,车辆超限或超载对桥梁结构的危害性影响是巨大的,通常相当于普通车辆的7~20倍,桥梁长期超负载,会导致横隔板受到的损害加剧。

2)预防性养护措施及前期处理

(1)加强桥梁管理

桥梁投入运营后,需要加强管理。加强交通管制,禁止重型超重车辆的经过,同时根据桥梁情况,对车速进行限制,从而有效提升其使用寿命。加强后期养护,对于已建的桥梁,要加强后期养护,并且定期对其进行检查,及时发现问题,并采取措施予以解决,避免病害的不断恶化。

(2)加强横向联系

根据上述T梁横隔板的病害分析可以发现,横向联系不足是导致单梁受力的主要原因。因此,在病害处理的过程中,需要有针对性地增加T梁横向联系,从而大大增强桥梁的整体刚度。结合目前常见事例,增强T梁整体刚度的方法主要有:加固横隔板、加固桥面铺装等。在实际的工程应用中,大多采用加固横隔板结合加固桥面铺装的方法。

在横隔板的加固方式中,目前的方法比较多,比如增设横隔板、加大横隔板的尺寸、增设钢横系梁、设置横向预应力构件、增焊连接钢筋、钢板补强等。在选择的过程中,需要结合桥梁的实际情况,比如对于横向联系很弱的桥梁,可以选择增设横隔板、增设钢横系梁。设置横向预应力构件由于施工难度比较大,且对原结构的损伤比较大,所以比较少用。增焊连接钢筋、钢板补强的原理是凿除横隔板破损区域混凝土,然后对原连接钢筋、钢板进行焊接,再用环氧砂浆修补,从而达到增强横隔板刚度的目的。

建议:在首发公路养护工程公司管养的高速公路桥梁中,在尽可能减少对交通影响的前提下,结合其病害情况,采用以下方案:① 采用增焊连接钢筋补强方式对横隔板进行处理,在处理的过程中,对桥上的交通进行管制,严禁重型车辆通过,并且严格控制过往车辆的车速,当砂浆强度达到要求时,将其完全开放。② 对于混凝土桥面的纵向裂缝,则运用壁可法注浆修补,且在此基础上对桥面整体加铺环氧覆层,从而有效提高桥梁的耐久性、防滑性和抗裂性。

16 应急管理

16.1 突发事件应急预案

为了加强高速公路桥梁交通安全管理,及时有效地应对和处置突发事件,建立安全第一、预防为主的突发事件应急工作体系和科学、依法、有效处置突发事件的工作机制,充分发挥高速公路的经济效益与社会效益,保证高速公路桥梁安全、畅通地运行,减少高速公路桥梁突发事件,根据交通运输部、国家安监局有关法规的要求,特制定桥梁安全管理应急预案。

应急处置预案遵循"安全第一、预防为主、快速反应、以人为本"的原则,以快速有效处置桥梁交通事故引发的结构安全损伤为重点,及时采取有效措施保障人员生命安全、减少国家财产损失,使结构安全灾害降到最低。

16.1.1 编制依据

针对管辖区域内可能发生的重点结构损伤,建立统一、规范、科学、高效的应急响应及诊治体系;针对重点结构损伤等进行及时、科学、有效的处置,最大限度地保障桥梁结构安全、保障桥面交通的高效运营。

16.1.2 损伤分级

按照桥梁结构损伤的性质、对运营及交通影响的严重程度、可控性和影响范围等因素,将桥梁重点结构损伤分为3级。

(1) 重大结构损伤(Ⅰ级预案):桥梁垮塌;结构损伤造成或可能造成通行中断,24小时以上无法恢复通车。

(2) 较大结构损伤(Ⅱ级预案):承载能力严重下降,可能造成桥梁垮塌;结构损伤造成或可能造成通行中断,12小时以上、24小时以下无法恢复通车。

(3) 一般结构损伤(Ⅲ级预案):承载能力下降,结构损伤危及行车安全;结构损伤造成或可能造成通行中断,6小时以上、12小时以下无法恢复通车。

桥梁一旦发生较大(Ⅱ级)及以上重点结构损伤,应立即将有关信息报告桥隧办公室,必要时由桥隧办公室报告公司领导,通报集团并上报北京市市政府。如损伤级别达到较大事件(Ⅱ级预案)或重大事件(Ⅰ级预案),由桥隧办公室确定事件性质上报公司领导,立即将有关信息报告市政府,通报相关部门。

16.1.3 协调指挥

建立桥梁专家组及技术支持组等非常设机构,确定人员,应急响应发生后视情况快速到位,提供技术支持。

桥梁结构损伤发生后,应急指挥部视情况启动相应应急预案,视情况要求桥梁专家组和技术支持组(设计、施工、检测)到场并开展后续工作。

技术支持组(设计、施工、检测)应听从应急指挥部的统一调度、指挥,及时对桥梁结构及构件受力状态进行评估和处置,及时汇报各阶段成果,不得保密或推卸责任。

16.1.4 应急预案的类型

(1) 交通事故;
(2) 机电系统及供电系统重大故障;
(3) 火灾事故;
(4) 危险化学品事故;
(5) 地震事故;
(6) 恶劣天气引发事故;
(7) 桥梁坍塌事故;
(8) 冬季除雪防滑工作;
(9) 大风天气;
(10) 其他突发事件。

16.1.5 事件处理的一般流程

(1) 接收信息:通过监控设备主动发现和通过电话、对讲系统等被动方式获得信息。应急指挥部办公室(日常设置为公司桥隧办公室)应多途径收集事件相关信息。依托政府、社会信息资源,收集可能影响桥梁结构安全的相关信息,及时受理重点结构损伤预警信息。

(2) 登记核实:详细询问信息来源和记录有关情况,确认事件的真实性,了解事件的具体起因和目前进程。为确保能够准确判断,应记录以下几点:事故地点、事故情况、人员伤亡情况、对桥梁结构安全的影响程度。

(3) 分类分级上报:根据影响桥梁结构的安全程度,各中心桥梁工程师判断桥梁结构安全损伤的分级,通知公司相关部门领导,请示处理意见。

(4) 下达指令:根据请示的结果通知有关部门(各养护中心)及现场人员。

(5) 相关责任部门在规定时间到达现场进行处理。

(6) 跟踪处理过程:桥隧办公室应主动通过视频图像、电话等途径持续向现场人员、事件处理人员及其他知情人员了解事件的进展情况。

现场事件处理人员或事件知情人员(包括公司监控人员、公司养护人员等)应主动向指挥调度中心通报事件处理进程的相关信息(包括现场人员处理事件的各种要求、事态进展及事件发展预估等)。

(7) 信息反馈:指挥调度中心及时将以下信息通知现场、有关责任部门和相关领导。

① 发生事故的单位及事故发生的时间、地点;

② 事故类型、事故的影响程度;

③ 事故的简要经过、伤亡人数;

④ 事故处置的情况和采取的措施;

⑤ 需要有关部门和单位协助事故抢救和处理的有关事宜;

⑥ 事故的报告单位、签发人和报告时间。

(8) 在相应表格中记录事件处理的全过程,注意若事件发生在摄像头可监控位置,进程中应全程控制摄像头的角度和远近位置,确保录像能够完整清晰地记录事件的全过程,事后人员对能反映事件情况的相关位置及事件内容的录像资料及记录日志等资料按照命名原则、存放位置进行备份。

16.1.6 突发事件处理方法

16.1.6.1 交通事故

(1) 各中心桥梁工程师职责。当各中心管辖区域内某处桥梁发生交通事故时,应及时通知报备桥隧办公室以及其他相关部门和人员,与现场保持密切联系,并做好桥梁结构安全工作。

① 通过监控图像切换至相应的位置,确认现场情况,并对事故现场进行录像,为日后确保桥梁结构安全保留宝贵的视频材料。

② 立即启动应急预案,确定发生事故的地点、情况,事故靠近桥梁的哪个车行通道。

③ 如需暂时封闭某位置以确保桥梁结构不发生更大的结构损伤,可上报领导后由信息中心通知管辖本路段的高速交警事故发生的地点、简况以及需要紧急封闭桥梁或采取其他的临时措施。

④ 利用对应事故路段的有线广播进行呼叫。引导驾驶员向后续车辆发出警告信号并开启报警灯,如在夜间桥梁内应及时开启示宽灯和尾灯;引导驾驶员和乘车人必须迅速转移到右侧的路肩上或者紧急停车带内;引导驾驶员在肇事车的来车方向的后方 150 m 处设置"故障车警告标志牌",以引起后续车辆的注意;引导驾驶员通过紧急电话向高速公路的桥梁管理部门求援或利用通信工具向高速公路交警报警。

⑤ 更改来车方向的交通信号灯、可变情报板、可变限速标志,诱导指挥事故路段的交通状况。

⑥ 根据当班班长反馈的事故现场信息、指令作进一步的处理(如开关桥上照明灯),并及时将事故现场的反馈信息通知信息中心,有伤员则联系急救医院(简要说明伤情),有路产

损失则联系路政值班人员,有抛撒物则联系养护公司或相关部门,若有火灾或危险品渗漏则联系消防队。同时及时告知当班班长相关业务单位、部门的处置情况。

⑦ 监控好其他路段的通行状况。

⑧ 详细做好相关记录,包括事故状况、处置措施、相关联系情况等。

(2) 接到事故报告后,各中心桥梁工程师团队应迅速组织人员成立应急小分队。在确保自身安全的情况下,赶赴事故现场。如事故重大,视情况上报公司桥隧办公室并转公司级桥梁工程师,由公司级桥梁工程师统一指挥事故处置工作。

(3) 到达事故现场路线。根据桥梁实际情况规划好行驶路线,要求安全及时到达事故现场。

(4) 事故现场处置。

① 通过视频监控发现桥梁结构受到损伤,若事故现场已不能通行,则在进入事故桥梁前,先在桥梁外实施封道,清除应急通道(硬路肩)的路障,确保施救车辆和交警快速赶赴现场。

② 事故现场预警按预警方案执行。

③ 桥梁工程师了解事故的具体情况,并及时对现场涉及桥梁进行勘察(现场信息),发出处置指令。

④ 现场交通处置指令:

a) 若事故较轻,对桥梁结构影响较小(如护栏破坏等),且车辆能行驶,则要求事故车立即开出桥梁等待交警处理或事故双方协商解决,并对桥梁内被堵车辆放行,应急小分队也随之撤出,并通知桥梁外放行车辆。

b) 若事故较重或事故车坚决不肯开走,则做好被堵车辆的疏通和预警工作(摆放安全标志牌、反光隔离筒等),等待交警处理。并根据现场桥梁技术勘察状况,要求桥梁外放行车辆或继续实施封道。

⑤ 仔细检查现场状况,确定有无燃油泄漏扩散,若有则应立即用水冲洗将其排入边沟。严格禁止现场明火,以防起火燃烧,待泄漏物完全冲洗干净方可放行。

⑥ 若发现是火灾或危险品车事故则转入相关预案处理。

(5) 待高速交警到达后,将现场移交给高速交警,并根据具体情况继续协助交警处理。

① 告知交警、路政等专业处理部门所掌握的事故情况(内容要真实,不能是推测内容)以及已采取的处理措施。

② 若事故较轻未造成桥梁设施损失的,交警已能独立处理,则撤离现场并告知交警。

③ 若造成桥梁设施损失的,则继续留在现场协助交警、路政取证,并确定损失情况和确定是否影响桥梁通行。

④ 若现场还需协助的,则继续配合交警、路政等专业处理部门工作,如人员、车辆的疏散、伤员的运输等,由交警统一指挥。待处理好后再撤离。

16.1.6.2 机电系统及供电系统重大故障

(1) 机电系统及供电系统出现重大故障情况(如整个站机电系统瘫痪、非预期停电后站发电机未能正常供电、设备重大异常)时,供电室应立即通知运行指挥中心。

(2) 监控人员应在第一时间通知机电维护负责人,由其及时安排相应人员进行应急处理。

(3) 监控人员将故障发生的时间、地点、报告人的姓名、故障现象、故障发生时的环境条件和操作过程、故障的频度等情况记录在监控日志和机电设备故障交接表中。

(4) 机电系统维护员到现场对机电系统设备进行检查和抢修(应在收到运行指挥中心通知后 10 min 之内出发);同时,故障现场负责人应对该故障现场的情况实时上报运行指挥中心。机电系统维护人员应将故障原因和预计影响范围及时反馈给运行指挥中心,由运行指挥中心及时将情况反映给相关领导。

(5) 运行指挥调度中心和相关人员(包括现场人员、电工、机电系统维护单位)按照《事件处理一般流程》中第六和第七条的要求,做好事件的动态跟踪和信息反馈工作。

(6) 故障排除后,运行指挥中心及时通知相关领导,监控员将事件全过程(发生时间、地点、报告人、通知时间、维护人员到达现场时间、系统正常或恢复供电时间、最终处理结果等信息)详细记录在监控日志中。

16.1.6.3　火灾事故

(1) 桥梁所监控员职责。当监控人员接到火灾报警或发现火灾后应及时通知信息中心以及相关单位、部门和人员,与其保持密切联系,并做好相关工作:

① 迅速将监控图像切换至相应的位置,确认火灾情况,并对火灾现场进行录像。

② 启动应急方案,根据火灾情况立即通知执勤队长发生火灾的地点、状况等,靠近桥梁哪个车行通道。

③ 立即通知当地消防队发生火灾的地点、状况等。

④ 通知高速交警发生火灾的地点、状况等,并迅速实施封道。

⑤ 通知高速路政发生火灾的地点、状况等。

⑥ 通知相关收费所火灾状况。

⑦ 利用对应事故路段的有线广播进行呼叫。引导驾驶员利用附近的消防器材进行现场自救,引导司乘人员迅速转移到右侧的路肩上或者紧急停车带内;引导驾驶员在事故车的来车方向的后方 150 m 处设置"故障车警告标志牌",以引起后续车辆的注意;引导驾驶员通过紧急电话向高速公路的桥梁管理部门求援或利用通信工具向高速公路交警报警。

⑧ 更改来车方向的交通信号灯、可变情报板、可变限速标志等,诱导指挥着火路段交通状况。

⑨ 根据当班班长事故现场反馈的信息、指令,安排下一步的处理措施;并及时告知当班班长相关业务单位、部门的处置措施。

⑩ 及时将事故现场反馈信息通知相关业务单位、部门,有伤员则联系急救医院(简要说明伤情),有抛撒物则联系养护公司或相关部门。

a) 监控好其他路段的通行状况;

b) 服从当班班长安排,做好随时出勤准备;

c) 详细做好相关记录,包括事故状况、处置措施、相关联系情况等。

(2) 接到火灾报告后,当班班长应迅速组织人员成立应急小分队,在确保自身安全的前提下,投入到扑救火灾的行动之中,由当班班长统一指挥。

① 当班班长职责

a) 向上级汇报。当班班长向中心领导汇报火灾详细情况。

b) 当班班长全面负责火灾现场的安全管理,确保应急小分队的人身安全,协调灭火工作,观察火情要由当班班长进行,便于及时作出决策。

c) 当班班长亲自或指定专人了解火情,准确掌握起火物质、起火部位、被困人员、车辆情况等,并及时向监控员反馈现场信息,向站长或管理处上级部门汇报火灾具体情况,并发出处置指令。

d) 根据火情决定灭火方案,人员分工。

e) 根据火情发展情况,如桥梁相关用电设施已开始燃烧则指挥切断相关电源,开启应急照明系统,切断电源前需向上级汇报,并保证桥梁内事故现场人员能安全疏散。

f) 根据火情发展情况,如火情已无法扑救或有爆炸等危及抢险人员自身安全的情况,当班班长有权作出撤离火场的决定,但尽可能要先向上级汇报。

g) 与现场其他抢险单位共同协调抢险救灾工作。

② 中心领导职责

a) 要及时向上级领导及相关部门汇报火情。

b) 根据现场反馈情况,如有必要及时向外部求援。

(3) 到达现场方法:根据桥梁实际情况规划好行驶路线,要求安全及时到达事故现场。

(4) 现场灭火救灾

① 在消防队到达之前,安排一名监控员负责接应消防队和消除道路交通障碍,确保消防队及时到达现场,并及时向消防队报告灾情。

② 在进入事故桥梁前,要先在桥梁外实施封道,并留一人维持秩序,清除应急通道(硬路肩)的路障,确保施救车辆和交警快速赶赴现场。

③ 到达现场后首先要侦察火情,询问知情人(以事故车的司乘人员为主),准确掌握起火物质(是否为易爆、有毒的危险品,若是则立即进入化学危险品事故应急预案)、起火部位、被困人员、车辆情况等,以确定灭火抢险方案。

④ 事故现场预警按预警方案执行。

⑤ 根据火情确定是否打开风机并加开事故路段的全部基本灯。

a) 若火未烧到顶部照明桥架的,则加开事故路段的全部基本灯。

b) 开启风机要求保证火势不扩大、蔓延,且事故前方人员已疏散,此时可打开风机以及时排出烟雾。

⑥ 疏散围观群众、车辆,自己车辆应车头向外停放(发动机不熄火),设立警戒线(要离

着火点至少 50 m 处),做好警戒工作,并安排一名队员(驾驶员)负责维持现场秩序。

⑦ 组织解救被困和伤亡人员,"救人第一"是我们灭火救援的指导思想,有伤员则按现场伤员处置方案组织抢救。

⑧ 根据火情实际情况,对人员进行分工,组织人员开展灭火抢险工作。

a) 分工。以安保队员和一名电工为主拿消防器材灭火,另一名电工做辅助工作,执勤队长则负责指挥和观察火情。

b) 若是一般物品着火可采用消防水灭火,若是遇水燃烧或各种不能用水扑灭的火灾,则采用干粉灭火器灭火。

⑨ 灭火注意事项:

a) 抢险人员必须站在上风向,拿消防器材灭火的队员必须穿消防服。

b) 靠近火场或现场浓烟弥漫时,抢险人员必须带上空气呼吸器。

⑩ 在灭火过程中如发现载有化学危险物品的车辆因事故造成泄漏,可能对人体造成伤害或可能出现爆炸,执勤队长应及时向所长或上级部门汇报并作出撤离火场的决定,组织人员在一定的范围内设立警戒线。

a) 若接到全面疏散通知,则立即组织人员按疏散方案执行。

b) 在灭火后要注意观察,防止复燃。

(5) 专业处理人员(消防队、交警等)到达后,将现场移交给他们,并继续协助其工作。

① 告知专业处理人员事故情况(内容要真实,不能是推测内容)、现场所具有的消防设施以及我们的处理措施。

② 协助交警等组建现场抢险指挥部,统一指挥抢险和人员、车辆疏散工作,并与现场各抢险单位保持密切联系。

③ 按照交警要求协助对事故现场进行预警和疏散工作。

④ 配合消防队进行灭火,为其提供力所能及的支持。

⑤ 在灭火结束后,协同路政查看及取证桥梁、路面和设施的损失情况,并确定是否影响桥梁通行。

⑥ 待完全处理好后再撤离。

16.1.6.4　危险化学品事故

(1) 化学危险物品,包括爆炸品、压缩气体和液化气体、易燃液体、易燃固体、自燃物品和遇湿易燃物品、氧化剂和有机过氧化物、有毒品和腐蚀品等。

(2) 当桥梁内某处因运载危险化学品车辆发生事故而引发泄漏或火灾时,接到报警或发现险情后,作为信息中枢,应及时通知相关单位、部门和人员,与其保持密切联系,并做好相关工作。

① 接到报警后,首先应问清发生事故的物品、理化特性以及周围的人员状况等。

② 有监控摄像头的路段,迅速将监控图像切换至相应的位置,初步确认现场情况,并对事故现场进行录像。

③ 立即启动应急预案,通知桥隧办公室及各中心桥梁工程师团队发生险情的地点、情况、危险品名或火灾状况等,指明靠近桥梁哪个车行通道。

④ 立即通知当地消防队发生险情的地点、情况、危险品名或火灾状况等。

⑤ 通知交警发生险情的地点、情况、危险品名或火灾状况等,并迅速实施封道。

⑥ 通知路政发生险情的地点、情况、危险品名或火灾状况等。

⑦ 通知相关收费所险情状况。

⑧ 利用对应事故路段的有线广播进行呼叫。引导驾驶员利用附近的消防器材进行现场自救,引导司乘人员迅速转移到右侧的路肩上或者紧急停车带内;引导驾驶员在事故车的来车方向的后方 150 m 处设置"故障车警告标志牌",以引起后续车辆的注意;引导驾驶员通过紧急电话向高速公路的桥梁管理部门求援或利用通信工具向高速公路交警报警。

⑨ 更改来车方向的交通信号灯、可变情报板、可变限速标志等,诱导指挥事故路段交通状况。

⑩ 根据执勤队长反馈的事故现场信息、指令,作进一步处理;及时告知执勤队长相关业务单位、部门的处置措施。

a) 及时将现场反馈信息通知相关业务单位、部门,有伤员则联系急救医院(简要说明伤情)。

b) 监控好其他路段的通行状况。

c) 服从执勤队长安排,做好随时出勤准备。

d) 详细做好相关记录,包括事故状况、处置措施、相关联系情况等。

(3) 接到险情报告后,当班班长应迅速组织人员成立应急小分队,在确保自身安全的前提下,投入到抢救险情的行动之中,由当班班长统一指挥。

① 当班班长职责:

a) 向上级汇报。当班班长向中心领导汇报险情详细情况。

b) 当班班长全面负责事故现场的安全管理,确保应急小分队的人身安全,协调抢险工作,观察险情要由当班班长进行,便于及时作出决策。

c) 当班班长亲自或指定专人了解化学品泄漏的具体情况(如可能发生的燃烧、爆炸、毒性等)、泄漏部位、被困人员、车辆情况等,并及时向中控员反馈现场信息,向站长或管理处上级部门汇报险情具体情况,并发出处置指令。

d) 根据险情决定抢险方案,组织人员进行抢险工作。

e) 与现场其他抢险单位共同协调抢险救灾工作。

f) 根据险情发展情况,如桥梁相关用电设施已开始燃烧,则指挥切断相关电源,开启应急照明系统,切断电源前需向上级汇报,并能保证桥梁内事故现场人员安全疏散。

g) 根据险情发展情况,若是易爆、剧毒气体等物品泄漏、险情已无法控制或有爆炸等危及自身安全的情况,当班班长有权作出撤离现场的决定,并立即进行疏散。

② 中心领导职责：

a）要及时向上级领导及相关部门汇报险情与求援。根据现场反馈的信息，如为有毒和腐蚀化学品泄漏，负责落实与安全生产监督管理部门或环境保护部门联系，请求他们到达现场做好对有毒和腐蚀化学品泄漏的监测和处理。

b）根据现场反馈情况，如有必要及时向外部求援。

c）做好与消防、安全生产监督管理、环境保护、交警、路政、卫生等部门的联系与协调工作。

（4）到达现场方法。根据桥梁实际情况规划好行驶路线，要求安全、及时到达事故现场。

（5）现场抢险救灾

① 要安排一名监控员负责接应消防队和相关专业处理部门，消除道路交通障碍，确保消防队等及时到达现场，并及时向其报告灾情。

② 施救车辆与人员应坚持从上风口进入，绝对禁止逆风向进入桥梁施救。在进入事故桥梁前，先在桥梁外实施封道，并留一人维持秩序，清除应急通道（硬路肩）的路障，确保各专业处理部门和交警快速赶赴现场。

③ 进入现场人员应配备、使用防毒面具。到达现场后首先要了解事故情况，询问知情人（以事故车的司乘人员为主），准确掌握泄漏的物品和理化特性（是否易爆物品、剧毒气体等，若是则要立即进行人员疏散）、泄漏部位、被困人员、车辆情况等，以确定抢险方案。

④ 若无法确定是何种危险源，则要立即进行疏散，确保人身安全。

⑤ 事故现场预警按预警方案执行。

⑥ 根据现场风向及险情确定是否打开风机并加开事故路段的全部基本灯。

a）若是易燃、易爆气体的物品则现场严格禁止一切电气开关操作。

b）若非易燃、易爆物品，则加开事故路段的全部基本灯。

c）若事故前方人员已疏散，则打开风机保持现场空气流通。

⑦ 疏散围观群众、车辆，自己车辆应车头向外停放，设立警戒线（离现场至少 50 m 处），做好警戒工作，并安排一名队员（驾驶员）负责维持现场秩序，阻止一切人员使用明火。

⑧ 组织解救被困和伤亡人员

a）按现场伤员处置方案组织抢救。迅速将中毒患者移至空气新鲜处，松解衣扣和腰带，摘下假牙和清除口腔异物。保证其呼吸道通畅，注意保暖。如果已有骨折或外伤，则要注意包扎和固定。

b）污染的衣着要立即脱掉，皮肤污染时，要及早用清水或解毒液（根据毒物性质选择中和解毒的溶液）冲洗，强酸（如浓硫酸）或黏滞性较大的毒物（如油漆）污染皮肤时，应先用棉絮、干布擦去毒物，然后再用水、中和液或溶剂反复冲洗。化学物质进入眼内，首先应用大量清洁水或生理盐水冲洗，至少 15 min，把眼结膜囊内的化学物质全部冲洗掉，冲洗时要转动眼球。

c）充分重视个体防护。既要抢救别人，又要保护自己，个体防护是十分重要的。首先要搞清毒物的种类、性质,如果是气体,一定要选择合适的防毒面具,如佩带供氧式防毒面具或压缩空气呼吸器。遇有酸碱时,要穿戴防护衣、手套和胶靴。若现场情况不明则一定要先佩带供氧式防毒面具或压缩空气呼吸器再接近。

⑨ 若现场已起火,尽可能及时扑灭火灾。

a) 灭火方法。灭火剂的选择和使用方法,受各种特定情况的影响,如火灾规模和类型,可燃物质的化学性质和物理性质。

b) 气体火灾。当逸散的气体燃烧时,通常最好的办法是切断气源,而不是直接灭火。先灭火,而气源未切断,气体继续外漏会形成爆炸性气氛,遇火星会发生爆炸,其损失要比没有形成爆炸性气氛之前大得多。所以,当气体发生火灾时,应立即切断气源,喷水冷却容器或装置,可能的话,将容器转移到空旷处。

c) 液体和固体灭火:液体和固体化学物质的灭火比较复杂,这要根据物质本身的化学和物理性质来确定具体的灭火方法。

⑩ 根据现场的实际情况,一般宜以人员疏散及警戒为主,若具备防护条件,则组织人员抢险。

(6) 专业处理人员(消防队、交警等)到达后,将现场移交给他们,并继续协助其工作。

① 告知专业处理人员,我们所掌握的事故情况(内容要真实,不能是推测内容)、现场消防设施以及我们的处理措施。

② 协助交警等组建现场抢险指挥部,统一指挥抢险和人员、车辆疏散工作。并与现场各抢险单位保持密切联系。

③ 按照交警要求协助对事故现场进行预警和疏散工作。

④ 配合专业处理人员进行处理,为其提供力所能及的支持。

⑤ 在抢险结束后,协同路政查看及取证桥梁、路面及设施的损失并确定是否影响桥梁通行。

⑥ 待完全处理好后再撤离。

16.1.6.5 地震

(1) 应急指挥部(桥隧办公室及各中心养护队伍)成员平时应处于待命状态,加强对管辖区段重要部位(主要线路、大桥、涵洞通道等)的维修养护和日常值班巡查,及时将重要部位的当前状况做好记录,以便能及时、准确做好预测和决策,遇突发情况能果断实施有效的应急抢险措施。

(2) 地震发生后,应急指挥部要迅速了解震情、灾情,确定应急抢险工作规模,并立即向交通厅和高管局抗震抢险指挥部报告,由交通厅和高管局指挥部宣布灾区进入震后应急期。领导小组按照本预案及时落实组织、物资、人员、车辆等项工作的调度,负责部署、指挥、协调所辖区域公路的抗震应急抢险工作,并随时向上级报告组织落实情况。

(3) 应急指挥部一旦接到上级下达抢险救灾命令,应立即组织赶赴震区现场,全力以赴投入应急抢险救灾工作。震区现场抢险指挥由现场最高级别党政领导担任,现场指挥根据地震级别、破坏程度采取架设钢桥、迂回、绕道行驶、抢修恢复等应急方案组织实施。

（4）抢险救灾在现场按公路抢险组、物资供应组、伤员救护组、现场警戒组、后勤保障组、生产恢复组等相应的工作机构分头工作,确保抗震抢险工作有序进行,尽快修复被毁公路、桥梁、隧道、涵洞等,恢复公路畅通。必要时还必须在主要路口设置醒目的指示标志或派专人值勤、疏导交通,尽力将地震破坏的损失降到最低。

16.1.6.6 恶劣天气引发事故

（1）首发养护公司突发事件应急指挥部应当预防恶劣天气引发事故的发生,并主要负责紧急事故发生时有条不紊地进行抢救或处理。

（2）应急指挥部应负责信息收集及后勤保障工作,密切关注恶劣天气情况,及时收集信息,加强与政府、气象局、公安局等领导机关和有关部门的联系,做好预警通报和协调工作。根据北京市政府、气象局、公安局的指令和预案调集力量,及时发布有关桥梁路况信息。

（3）发生恶劣天气引发事故时,应急指挥部根据现场形势,组织相关的救援与措施。若有人员伤亡报告,应拨打120急救电话进行求援。若遇大风、大雨、大雪等恶劣天气,造成道路堵塞、能见度低等不利救援的情况,应急小组应迅速联系公安、消防部门,进行交通疏导或封闭,确保救援队伍能够第一时间进入现场。应急小组应积极配合公安、交警、消防、医疗等部门进行处理。救援的同时,应急指挥部应与气象部门随时沟通,及时了解天气的变化情况,以制定合理的应急方针。

（4）气候条件得到好转,事故现场得以控制,经现场应急救援指挥部确认和批准,现场应急处置工作结束,应急救援队伍撤离现场。恶劣气候引发事故灾难善后处置工作完成后,现场应急救援指挥部组织完成应急救援总结报告,并上报有关部门。

16.1.6.7 桥梁坍塌事故

（1）桥隧办公室接到桥梁垮塌报警后,迅速记录桥梁垮塌发生的时间、位置等信息。

（2）桥隧办公室将监控系统切换并放大显示损伤发生地点图像,同时启动录像功能,对损伤发生后的现场进行监控和记录。

（3）桥隧办公室立即通知公司、交警、路政、养护、排障、医疗等人员赶赴现场,并报告应急指挥部。

根据应急指挥部指令,桥隧办公室立即发布应急预案启动信息。

（4）应急预案启动后,公司立即组织医疗人员,交警对伤亡人员的救治。依据对事故现场情况、附近地区医疗机构的设置和救治能力等确定：

① 伤亡人员的转移方法、路线。

② 受伤人员现场处置措施。

③ 受伤人员进入医院前的抢救措施。

④ 选定受伤人员救治医院。

⑤ 提供受伤人员的致伤信息。

（5）应急救援处置的原则必须坚持以人为本、环境优先,尽量减少设备和财产的损失。

参加事故应急救援的所有工作人员,应在专业人员的指导下采取个人防护措施,当事故状态有新的危害出现,应及时进行个人防护措施的调整。

(6) 医疗组织机构进行伤亡人员抢救的同时,公司召开"桥梁垮塌应急处置技术会议"。

(7) 应急处置技术方案会议应讨论以下内容:

① 分析桥梁垮塌的原因;

② 评估桥梁损伤的严重程度;

③ 落实应急处置的设计、施工及检测单位;

④ 确定桥梁维修的总体方案;

⑤ 桥梁维修施工的交通组织方案等。

(8) 应急处置技术会议结束后,方案设计组联合专家组、原设计和原施工单位,立即编制详细的桥梁维修方案,并报首发集团公司及北京市相关管理单位审批,方案通过后方可进行维修作业。

(9) 维修方案经过审批通过后,公司安排相关材料采购和施工单位的进场,并协同交警、路政等单位做好施工材料、机具及设备的运输工作。

(10) 施工单位按照通过审批的维修方案,在专家指导下进行施工。

(11) 事故后处理工作。

① 查明事故原因及责任人。

② 以书面形式向甲方写出报告,包括发生事故时间、地点和受伤死亡人员姓名、性别、年龄、工种、伤害程度、受伤部位。

③ 制定有效的预防措施,防止此类事故再次发生。

④ 组织所有人员进行事故教育。

⑤ 向所有人员宣读事故结果,及对责任人的处理意见。

16.1.6.8 冬季除雪防滑

(1) 物资储备:防滑沙。冬季应储备防滑沙,放置于桥面两侧。防滑沙随消耗随补充。

(2) 根据天气预报情况,如预报下雪,单位领导及养护部人员一律值班待命,无特殊情况不准请假。所有与除雪防滑有关的人员手机保持24小时开机,随时了解降雪信息、接受除雪指令、上报除雪情况。

(3) 养护人员密切关注桥面状况,把桥面积雪结冰情况及时汇报:白天下雪,16:00前报各养护中心工程部;夜间下雪,第二天早上8:00前报各养护中心工程部。公司及时与各养护中心工程部沟通积雪的具体情况以及撒融雪剂后的情况。

(4) 负责防滑沙的撒布及桥面状况巡查工作,积极开展冬季除雪防滑工作,并落实好除雪防滑队伍,除正常的养护员外,配备8~10人的除雪队伍,必要时启动应急预案。

(5) 在除雪工作中严格按照规范组织作业施工,作业人员要穿着安全标志服,在人员设备集中作业的除雪路段设立警示标志及摆放安全帽等,确保除雪设备、除雪人员及通行车辆的安全。

（6）完善后期工作。冰雪天气结束后，养护部要立即组织人员，做好桥梁设施维护工作。对因冰雪造成的桥梁病害进行全面调查，积极采取相关措施，及时进行处置。对消耗的应急物资及时补充，对丢失破坏的标志、标牌等附属设施，要抓紧添置补齐。重点做好冰雪期间中的安全盲区、险情易发路段的安全防护工作，消除安全隐患。

（7）根据相关文件要求，及时做好资料搜集工作，积累除雪档案资料，认真做好除雪防滑工作的总结，及时补充和完善冰雪灾害应急预案。全面总结工作中的不足及需改进的方面，形成书面总结报告，及时上报集团。

16.1.6.9　其他情况

近年来，北京市的交通情况随着车辆的增多越发拥堵，首发管养的高速公路桥梁的安全畅通直接影响到整个北京市高速公路网的正常运行。桥梁路段一旦发生停电、台风、暴雨及大雾天气等非正常情况时，桥梁内发生交通事故的概率远大于普通路段，同时也容易导致重大恶性交通事故的发生。为确保桥梁路段的安全畅通，最大限度地保障司乘人员的生命与财产安全，防止非正常情况下意外事故的发生，除了以上突发事件中，桥梁结构在运营期间还会遇到多种突发事件。为了能够充分应对各种可能情形，应急指挥部应做到如下几点：

（1）确定其他可能发生在桥梁结构上的突发事件及危险源；

（2）明确应急指挥部的组织结构及相应职责；

（3）在桥梁正常运营期间做好预防与预警工作，各类应急物资储备齐全；

（4）发生其他突发事件时，积极做好应急响应，确保与各有关部门密切协作，第一时间了解现场情况并及时反馈处理；

（5）突发事件结束后，总结应急过程中的经验与不足；

（6）应急保障措施齐全，要求具有专业的应急队伍、充足的应急资金、先进的应急设备以及良好的信息通道保障；

（7）应进行相关的应急预案培训与演练。

16.2　应急检查

应急检查是指桥梁遭遇自然灾害、发生交通事故或桥梁周围区域大型施工等外力作用后，对遭受影响的桥梁结构立即进行详细勘察、检查，及时掌握结构受损情况，为下一步采取针对性对策提供依据。应急检查难以判明破损原因和程度时可作专门检查。

应通过应急检查，及时掌握结构受损情况，并应符合下列规定：

（1）应根据受异常事件影响的结构，决定采取的检查方法、工具和设备。

（2）应急检查的内容和方法原则上应与定期检查相同，但应针对发生异常情况或者受异常事件影响的结构或结构部位做重点检查，以掌握其受损情况。

（3）检查的评定标准，应与定期检查相同。当难以判明缺损的原因、程度等情况时，应做专门检查。

（4）检查结果的记录，应与定期检查相同。检查完成后，应编制应急检查报告，总结检查内容和结果,评估异常事件的影响,确定合理的对策措施。

许多事件都可激发应急检查。最常见的事件包括:机动车的撞击、火灾、地震、人为的灾难(包括爆炸)。

16.2.1 定义及目的

对于桥梁来说,在整个桥梁的运营管理期内将可能遭遇洪水(暴雨)、大雾、雷电、火警、车撞、地震、维修不当和人为破坏等情况。此类事件不但影响桥梁正常运营,而且可能危及行车安全,对人的生命构成严重威胁;甚至威胁桥梁结构局部或者整体的安全。因此,必须根据特殊事件的特点,制定针对性的应对策略,包括预防措施以及交通管制、事件后应急检查、养护措施等。

应急检查对应着中国规范中的特殊检查之应急检查和国外的特殊巡检(Special Inspection)。

在全线桥梁经历特殊事件的事前、事中和事后应做相应的各阶段管理和检查工作。

16.2.2 检查方法

根据不同的应急事件对应不同的检查措施。

16.2.3 检查内容及要求

16.2.3.1 震灾后的检查

1) 测算地震响应和加速度谱

(1) 每接到即将有地震发生的预报,应连续记录地震加速度、结构幅值等结构响应。

(2) 地震过后,应立即对记录设备进行检查,将记录到的地震反应(如加速度或位移)时程曲线送至专业机构进行分析。分析出桥址处的最大地震加速度和持续时间。根据记录分析得到的最大加速度对结构进行地震响应分析,得出各关键部位(梁端、塔顶等)的最大响应,如位移、内力等。分析应考虑几何非线性和材料弹塑性的影响。

(3) 根据实测时程曲线进行频谱分析,得出加速度谱,即不同频率对应的加速度。

2) 地震后的外观检查

地震,特别是烈度在6级及其以上的地震,会导致斜拉桥拉索大幅度摆动和主塔振动,斜拉桥的塔、索、梁各部位处在一个强烈的耦合振动过程,常常会使斜拉桥的有些部位损坏。因此,每当地震过后,一定要认真全面查看大桥各部位的完好性,检查的主要内容有:

(1) 梁段之间的接缝是否完好;

(2) 根据地震过程中位移监测值,分析梁端的纵、横向位移是否超过限值;

(3) 地震过后需依据线形监测值对主梁线形进行分析,判断有无异常;

(4) 斜拉索各锚固点是否偏离原位或遭到损坏;

(5) 地震过后对支座的位移进行检查,分析各支座是否偏离原位,并检查其是否遭到

损坏;

(6) 伸缩缝是否断裂;

(7) 斜拉索索身及其和索塔、主梁的连接是否完好;测量斜拉索索力值,分析拉索索力是否异常;

(8) 索塔身有无损坏,塔顶纵、横向位移是否超过限值;

(9) 桥墩和桥塔有无裂缝或脆性剪切破坏;

(10) 基础有无损坏,地基是否完好。尤其是索塔的基础;

(11) 防震设施的检查,地震过后应立即对防震设施进行检查,看其是否已经破坏。如已破坏,则应及时进行修复或更换。

3) 检查完后应立即对损坏的构件进行维护

4) 检查完后,提交检查报告

16.2.3.2 风灾后的检查

大风过后,必须对桥梁各结构进行详细检查,主要检查内容如下:

(1) 斜拉索护套有无损坏,拉索有无扭曲、变形。

(2) 拱上结构有无变形。

(3) 必须检查桥梁的各支座是否处于正常位置和完好状态。

(4) 应仔细察看主梁关键部位是否有损伤或较大的变形。

(5) 仔细观察桥面、伸缩缝、栏杆、护栏等桥面系构件是否完好,是否存在不可恢复的变形。

检查完后应立即对损坏的构件进行维护。若损坏严重,应委托其他养护单位或施工单位进行维护。每项检查都应详细记录并提交检查报告。

16.2.3.3 火灾后的检查

(1) 若因行驶在桥上的油车或其他运载易燃物品的车辆发生意外等原因引起火灾,火灾后,一定要做仔细检查。查清火灾原因,确定受火灾影响的范围和部位。检查的主要内容有:

① 火灾影响范围内的桥面铺装是否有严重损坏。

② 详细检查伸缩缝是否受损,尤其是伸缩缝的橡胶构件。

③ 检查火灾影响范围内的主梁是否完好。

④ 火灾影响范围内的各根斜拉索及其有关连接件是否受损。

⑤ 如果火灾发生处的斜拉索系统损坏严重,还要进一步查看斜拉索的钢丝是否也受到损伤,并分析索力有无变化。

(2) 对损伤部位须尽快处理。

桥面或主梁若有损坏应及时修补。伸缩缝若有损伤,应予以更换或修复。斜拉索及其有关连接件防护烧脱者应做防腐处理。如有断丝和损坏的零部件应予以更换。对火灾影响范围内的各斜拉索索力监测值与前次定期检查时的监测结果相比较,看是否有较大变化,并分析变化的原因,再进一步考虑是否更换或调整拉索。

有害化学液体污染桥面时应及时检查处理。首先查清其化学成分,并经研究用合适的清洗剂及时清洁,以免损坏桥面和对主梁造成腐蚀。

检查完后,提交检查报告。

16.2.3.4 车辆撞击后的检查

(1) 发生碰撞事故后必须立即进行检查,检查工作如下:

① 首先调查肇事车辆的自重、撞击速度、方向和高度,估算撞击力的大小。根据估算的撞击力对桥梁墩台及防撞设施结构进行空间分析,判断结构有无功能降低的迹象。检查范围从被撞部位逐渐扩散至整体。

② 应急检查时应首先作出判断:是否有桥梁结构脱落、损坏;桥墩表面是否有损伤。

③ 用肉眼观察桥梁受撞部位的损伤状况。混凝土表层有无破碎和开裂,是否有构造钢筋或受力钢筋暴露出来。如有破碎,应对破碎范围大小、程度及所在位置作出描述。如有开裂,应对裂缝的数量、分布情况及所在位置作出描述。

④ 用无损探伤仪器对被撞区域进行超声波无损探伤,判断混凝土内部是否产生损伤。

⑤ 此项检查技术复杂,需要有较多经验,应由专门机构承担并给出报告。

⑥ 应急检查后或破坏部位修复后,都应进行一次全面的检查,检查内容不应少于定期检查的内容。

⑦ 检查结束后,提交详细检查报告。

(2) 桥梁结构物撞损后的维护

① 遭受撞击后若桥梁使用功能没有受到影响,被撞部位为表面损伤时应立即修复。

② 遭受撞击后若桥梁使用功能受到了影响,则应立即停止使用,联系设计单位,邀请相关专家对桥梁进行评判,并提出维修意见,制订维修计划,并立即实施。

16.2.4 应急预警分级及管理

对于暴雨气象灾害和地震等地质灾害,按危害程度和规模大小,其预警级别共分为4级:Ⅰ级(特别严重)、Ⅱ级(严重)、Ⅲ级(较重)和Ⅳ级(一般),依次用红色、橙色、黄色和蓝色表示。

对部分表现为偶然事件的情况,例如火警、车撞等,其预警级别仅设一级,用黄色表示。

桥梁运营出现安全隐患时,相关交通运输主管部门、公路管理机构、收费公路经营管理单位及养管单位应按权限及时发布预警信息。

预警信息包括预警级别、起始时间、可能影响范围、警示事项、应采取的措施和发布机关等。预警信息可利用可变情报板、路侧广播、警报器、宣传车、电台、电视、报刊、网络等方式进行发布、调整和解除。

进入预警期后,交通运输主管部门、公路管理机构、管理单位(北京首发公路养护工程有限公司)和应急联动部门,应根据应急预案的规定立即实施相应的响应措施。

根据大桥安全隐患的发展态势和应急处置进展情况，预警信息的发布机构或被授权机构可对预警级别作出调整。

根据安全隐患的具体情况，管理单位和养护单位应根据本章的要求对可能产生安全隐患的桥梁结构物进行特殊事件后巡检，经确认无安全隐患后，预警信息的发布机构或被授权机构应当及时解除预警，迅速恢复正常运营秩序。

16.2.5 记录方法及表格

应急检查记录应以应急检查表的形式进行记录，见附件5应急检查表。

17 安全管理

安全管理(Safety Management)是管理科学的一个重要分支,它是为实现安全目标而进行的有关决策、计划、组织和控制等方面的活动;主要运用现代安全管理原理、方法和手段,分析和研究各种不安全因素,从技术上、组织上和管理上采取有力的措施,解决和消除各种不安全因素,防止事故的发生。

17.1 安全规程

17.1.1 一般规定

(1) 桥梁养护、维修活动的安全管理应贯彻"安全第一,预防为主"方针,坚持"管生产必须管安全"的原则;
(2) 建立并落实安全生产岗位责任制及相关制度,提高全员安全生产意识;
(3) 科学、合理地调度和控制桥梁设备设施,确保桥梁全天候的安全运营;
(4) 作业人员应具备与其工作相适合的健康条件,方可上岗;
(5) 在安全管理中,除按本标准规定执行外,还应符合国家、行业和地方有关法律、法规的规定。

17.1.2 安全管理

(1) 养护作业现场尽量少占空间,防止运营车辆对作业现场造成刮擦,如留下空间太小,也会影响作业安全;
(2) 养护作业的交通组织方式分为占道施工、封闭施工、通行(单道双道)、绕行等;
(3) 养护作业中的照明要满足施工作业要求,同时使得施工路段更加醒目,又不能对过往车辆产生眩光,造成安全隐患;
(4) 养护单位应及时掌握桥梁信息,作出预测,采取必要的预防性安全措施;
(5) 养护作业应选择在交通量较小时段进行,作业现场应设置明显交通标志,并采取有效安全措施,确保桥梁的行车安全和作业人员的生命安全;
(6) 从事养护作业的人员,应经过相关知识培训,并获得相应证书,严格遵守相应的安全操作规程;

(7) 桥梁养护单位应定期进行预案演习。

17.1.3 突发事件处置

(1) 桥梁突发事件一般有:交通事故、火灾、重要设备故障、化学品泄漏、灾害性气候、地震等;

(2) 对于桥梁突发事件,应事先建立相适应的防灾抢险预案,并建立防灾抢险专用仓库,储备抢险及疏导交通的各类物资;

(3) 桥梁发生车辆故障抛锚、货物散落等事故时,应及时通知交通安全管理部门到现场处理,并安排牵引车及工程抢险车清理现场,恢复交通及修复损坏的设施、设备;

(4) 桥梁发生火灾时,应立即按消防预案通知相关部门,并进行救助;

(5) 桥梁发生化学品泄漏时,应立即按抢险预案通知相关部门,并进行救助;

(6) 发生突发事故后,应及时在情报板上发布信息,开启广播并采取必要措施;

(7) 桥梁发生事故后,应分析事故原因及检测相应受损设施,恢复或改善桥梁的防灾能力;

(8) 应制定突发事件的应急预案,并进行实地演习。

17.2 养护作业安全管理

17.2.1 组织分工

桥梁管理中心在紧急情况下成立应急小分队全面负责事故的抢险救灾工作,以保证桥梁事故的及时有效处置。

(1) 人员组成。当班班长为应急小分队长,成员为桥梁巡检员、机电队员、驾驶员、行政班人员等,其中以男性员工为主。

(2) 应急小分队职责。

① 队长职责。在所领导不在场时,担任桥梁事故应急处置指挥,负责全所人员的调配。了解事故现场的基本情况(如有无人员伤亡、路产损失、是否有危险品等),亲自或指定专人将现场信息及时反馈给监控员,告知现场处理措施,并督促监控员通知相关单位及时处置;根据事故分级报告制度及时向上级领导汇报事故情况。全面负责事故现场的安全管理、抢险救灾,统一调配应急小分队队员;在专业处理部门到达后,协助其工作。

② 队员职责。服从指挥,听从队长的统一调度,互相配合,负责现场的预警、封道、交通疏导、伤员抢救、灭火救灾,在抢险过程中,要及时向队长提供建议,但以服从队长决定为原则。应急小分队队员在共同协作的基础上,也要兼顾专业分工。消防、伤员急救方面的问题以安保队员为主,机电方面的问题以机电队员为主,车辆方面的问题以驾驶员为主。

a) 机电队员职责:配合队长和其他队员做好事故处理工作,负责封道,并处理各类与机电设施相关的工作,随身带配电柜钥匙。

b) 巡检队员职责:配合队长和其他队员做好事故处理工作,确保事故现场安全与畅通,负责伤员急救与消防设施的使用与指导,随身携带消防箱钥匙。

c) 驾驶员职责:平时注意做好车辆例行保养工作,发现损坏和故障及时修复与排除,保持车容和车况良好。交接班时必须对车辆进行检查(包括车况、油量),确保车辆状况良好以保证应急工作需要。发生事故时,主要负责驾驶,并协助队长检查事故车的车况。

17.2.2 事故分级报告制度

(1) 轻微交通事件(如抛锚等短时间就能处理的)由监控人员→信息中心汇报。

(2) 简易事故和一般交通事故(如车辆追尾、碰撞、翻车等无人员伤亡或无长时间封道可能性的)由监控人员→信息中心→中心领导逐级汇报。

(3) 重大交通事故、一般火灾事故等(须长时间封道或有人员伤亡的)由监控人员→信息中心→中心领导→处领导逐级汇报。

(4) 特大交通事故、重大火灾事故及化学危险品泄漏事故由监控人员→信息中心→中心领导→处领导→地方政府逐级汇报。

17.2.3 事故分级标准

1) 交通事故分类

(1) Ⅳ级事故(蓝色,一般):

① 仅造成事故车辆损失(预计损失 30 万元以内),无人员伤亡,事故车辆可移动。

② 造成道路设施损坏较少,无人员伤亡,事故车辆可移动。

③ 在前两项基础上,虽有人员受伤,但明显轻微的。

(2) Ⅲ级事故(黄色,较重):

① 造成事故车辆损坏,无人员伤亡,车辆无法移动。

② 造成道路设施损坏,无人员伤亡,车辆无法移动。

③ 造成事故车辆损坏,预计损失 30 万元以上,无人员伤亡。

④ 造成道路设施损坏较大,无人员伤亡。

⑤ 造成人员 5 人(不含)以下受伤事故。

⑥ 大客车发生事故,人员受伤明显轻微的。

(3) Ⅱ级事故(橙色,严重):

① 造成 2 人(含)以下死亡事故。

② 造成 5 人(含)以上受伤事故。

③ 大客车发生事故,有人员受伤或死亡的。

④ 涉及车辆起火事故,无人员死亡的。

(4) Ⅰ级事故(红色,特别严重):

① 造成 3 人(含)以上死亡事故。

② 造成 10 人(含)以上受伤。

③ 涉及车辆起火事故,有人员死亡的。

④ 涉及化学危险品泄漏事故。

2) 火灾事故分类

(1) 具有下列情形之一的火灾为特大火灾:死亡 10 人以上(含本数,下同);重伤 20 人以上;死亡、重伤 20 人以上;直接财产损失 100 万元以上。

(2) 具有下列情形之一的火灾为重大火灾:死亡 3 人以上;重伤 10 人以上;死亡、重伤 10 人以上;直接财产损失 30 万元以上。

(3) 不具有以上两项情形的火灾为一般火灾。

17.2.4 施工交通管制

在施工过程中,可能会对桥面进行交通控制。交通控制的目的是为了车辆顺利通过作业区,保障作业的安全。作业交通控制区一般分为下列 6 个部分:警告区;上游过渡区;缓冲区;作业区;下游过渡区;终止区。如图 17.1 所示:

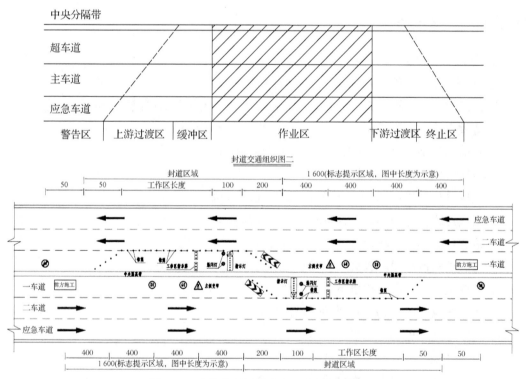

图 17.1 交通控制区域分布示意图(单位:m)

警告区:长度不小于 600 m。警告区内每隔一定距离应设置有关标志,第一个警告标志到下一个标志的间距不得超过 300 m,最后一个标志离上游过渡区的第一个渠化装置的间距不得小于 150 m,其余各标志的间距在 100~300 m 之间。警告区内应设置限速标志、前方施工标志等。

过渡区:一般分为上游过渡区和下游过渡区。当车辆行驶至上游过渡区时,车速应小于40 km/h。该区长度约为300 m。在上游过渡区前应设置车道变窄标志、导向标志、限速标志等。下游过渡区的长度应该大于30 m。

缓冲区:缓冲区的长度约为80～100 m。与上游过渡区之间应设置导向标志、可变信息牌等路障。

作业区:作业区是作业人员工作的地方。其长度根据不同作业的要求而定,车道与作业区之间须设置隔离装置。作业区布置还应为工程作业车辆提供安全的进、出口。

终止区:终止区的长度应不小于30 m,在终止区的末端,应解除所有设限标志。

17.2.4.1 标志的摆放与管理

(1) 对封道区域的交通分流成立专门的维护管理小组,配足交通维护人员,在封道路段起始及终止处各安排2位交通维护人员,并注意瞭望,对通过的车辆进行挥旗示警,同时对中间路段安排工作巡查人员,对该路段的车辆行驶和交通维护设施进行检查,发现情况及时上报或改进,加强与各有关部门的联系,提高管理水平。

① 对现场交通管理小组配备通信设备,保持信息畅通,时刻和交警保持良好联系,如在施工路段发生交通堵塞、车辆抛锚等意外事故,能在第一时间内通知安全小组和有关部门,快速处理事故,尽量减少对交通的影响;

② 落实专人对作业区24小时的巡查,现场如需照明则采用高杆LED灯照明,为车辆提供足够照明。

(2) 严格按照《中华人民共和国道路交通安全法》《公路养护安全作业规程》的相关规定进行妥善实施。并结合现场实际情况,服从交警路政等部门的要求,结合该路段车流量的特点进行综合考虑,尽力做好道路作业的交通安全标志和交通组织管理工作,加强巡查、管理、协调,得到各有关部门的支持及配合,确保施工顺利进行,交通顺畅安全。

(3) 施工后方示警采用频闪箭头导向灯及标志标牌示警及照明。

(4) 恢复交通管理撤除标志、标牌的方法为"顺放逆收"。

17.2.4.2 控制区内设置交通标志的位置

交通标志设在应急车道靠路边的一侧和作业区远离路边的一侧。在上游过渡区内应设置标志车,车尾朝着车流来向,车尾必须挂有导向性标志和限速牌;车身颜色为醒目的橘黄色,车本身必须安装黄色频闪灯和防冲撞装置。

17.2.4.3 交通渠化装置

(1) 锥形路标:是组成渠化渐变区域的主要渠化装置,用作分隔车道。锥形路标必须从上游过渡区开始顺车流方向布置,间距为10～20 m。作业完成后,逆着车流方向拆除。

(2) 导向标:设置在车流方向改变的地方。

(3) 路栏:设置在需要隔离车流的地方。

17.3 突发事件安全管理

17.3.1 交通事故

1) 防止发生大面积堵车，限制辖区路段车辆

监控中心在接到领导小组下达的指示后，及时在高速公路主线显示屏上和相关收费站进行信息发布，提示过往车辆。调度中心管理处监控中心通知相关收费站，在入口协调交警；对相关收费站入口实施关闭，并设立专人指挥交通，保障救援车辆顺利进入。路政在接到指示后，立即协同交警，在相应收费站进行分流。

2) 迅速到达现场并组织救援队伍，执行救援计划

路政同交警到达现场后，根据情况联系清障、救援、医疗、养护、修理厂等相关部门，让救援车辆在相应收费站入口处集结，收费站接到监控分中心通知后立即执行并迅速采取措施，按照事故处理预案要求，协助交警进行交通管制，并指挥救援车辆迅速进入高速公路。路政协同交警在相关收费站进行分流及交通管制。在路政车辆带领下，让救援等车辆顺利到达事故现场。各救援车辆按照职责，统一思想，根据情况立即开展救援工作。

3) 实施借道行驶方案

养护部门将需要借道行驶的安全锥、警示标志摆放规范，设专人进行维护，并进行交通疏导，避免在桥面发生堵车现象。路政交警通知监控中心开始实施借道行驶。为保护大桥，避免大桥桥面长时间受重压，应合理规划借道行驶方案。

4) 勘察及清理工作

在救援完毕后，路政进行现场勘查，并指挥快速清障。养护部门对现场清理完毕后，由桥管所出示对事故中桥梁损坏的评估，在大桥不受影响的前提下，可恢复正常通行，并上报监控中心。

17.3.2 火灾事故

（1）突发事件应急指挥部应预防火灾事故的发生，并主要负责紧急事故发生时有条不紊地进行抢救或处理。

（2）判断火情，若火势可控制，应就近取用灭火器实施灭火，同时呼叫相关人员向应急小组进行报告；若火势不可控制，应首先疏散临近人员，并立即向应急指挥部报告，拨打火警电话"119"。电话描述如下内容：单位名称、所在区域、周围显著标志性建筑物、主要路线、候车人姓名、主要特征、等候地址、火源、着火部位、火势情况及程度。随后到路口引导消防车辆。

（3）应急指挥部根据火情，组织义务消防队实施灭火，同时组织其他人员疏散撤离。若有人员伤亡报告，应拨打120急救电话进行求援。若火势造成道路堵塞，应小组应迅速联系相关部门疏导、封闭交通，确保消防车、急救车能够第一时间进入现场。应急小组也应配

合消防队和救援队,参与现场指挥工作。

(4) 火灾事故后,保护现场,组织抢救人员和财产;防止事故扩大,必须以最快的方式逐级上报,如实汇报,不得隐瞒。

(5) 写出书面报告,内容包括:

① 发生的时间、地点、企业名称;

② 事故发生简要经过、伤亡人数和经济损失的初步估计;

③ 事故的原因判断。

(6) 事故发生后采取的措施及控制情况。找出负责人,制定防止火灾发生的预防措施。

17.3.3 危险化学品事故

(1) 突发事件应急指挥部应当预防危险化学品事故发生,并主要负责紧急事故发生时有条有理地进行抢救或处理。

(2) 为有效处置危险化学品道路运输事故,依据其可能造成的危害程度、波及范围、影响力大小等情况,由高到低划分为特别重大(Ⅰ级)、重大(Ⅱ级)、较大(Ⅲ级)、一般(Ⅳ级)4个级别。并依次采用红色、橙色、黄色、蓝色表示。

(3) 当事故符合Ⅰ、Ⅱ级时,由市危险化学品道路运输事故应急救援领导小组启动预案。当事故符合Ⅲ、Ⅳ级时,由事故现场所在市、区县危险化学品道路运输事故应急救援机构启动应急预案。事故现场所在市、区县应急救援力量无法有效控制事态发展可能导致重大社会灾害的,或事故影响范围跨市、区县的,可提请市危险化学品道路运输事故应急救援领导小组启动应急预案。

(4) 应急指挥部根据现场形式,按照化学危险品处理措施进行一定程度的处理,防止危险范围扩大,同时组织其他人员疏散撤离。若有人员伤亡报告,应拨打120急救电话进行求援。若事故造成道路堵塞,应急小组应迅速联系相关部门疏导、封闭交通,确保消防车、急救车能够第一时间进入现场。应急小组应积极配合公安、交警、消防、医疗等部门进行处理。

(5) 事故现场得以控制,环境符合有关标准,导致次生、衍生事故隐患消除后,经现场应急救援指挥部确认和批准,现场应急处置工作结束,应急救援队伍撤离现场。危险化学品事故灾难善后处置工作完成后,现场应急救援指挥部组织完成应急救援总结报告,并上报有关部门。

17.3.4 恶劣天气引发事故

(1) 突发事件应急指挥部应当预防恶劣天气引发事故的发生,并主要负责紧急事故发生时有条有理地进行抢救或处理。

(2) 应急指挥部应负责信息收集及后勤保障工作,密切关注恶劣天气情况,及时收集信息,加强与政府、气象局、公安局等领导机关和有关部门的联系,做好预警通报和协调工作。根据政府、气象局、公安局的指令和预案调集力量,及时发布有关桥梁路况信息。

(3) 发生恶劣天气引发事故时,应急指挥部根据现场形式,组织相关的救援与措施。若有人员伤亡报告,应拨打120急救电话进行求援。若遇大风、大雨、大雪等恶劣天气,造成道路堵塞、能见度低等不利救援的情况,应急小组应迅速联系公安、消防部门,进行交通疏导或封闭,确保救援队伍能够第一时间进入现场。应急小组应积极配合公安、交警、消防、医疗等部门进行处理。救援的同时,应急指挥部应与气象部门随时沟通,及时了解天气的变化情况,以制定合理的应急方针。

(4) 气候条件好转,事故现场得以控制,经现场应急救援指挥部确认和批准,现场应急处置工作结束,应急救援队伍撤离现场。恶劣气候引发事故灾难善后处置工作完成后,现场应急救援指挥部组织完成应急救援总结报告,并上报有关部门。

附件1　全线桥梁卡片(单独成册)

附件1.1　六环路桥梁卡片(592座)

附件1.2　京藏高速桥梁卡片(141座)

附件1.3　大广高速桥梁卡片(250座)

附件1.4　京广线桥梁卡片(43座)

附件1.5　京港澳高速桥梁卡片(142座)

附件1.6　京昆高速桥梁卡片(128座)

附件1.7　机场第二高速桥梁卡片(25座)

附件1.8　京津高速桥梁卡片(122座)

附件1.9　京新高速桥梁卡片(163座)

附件1.10　京哈高速桥梁卡片(115座)

附件1.11　京昆联络线桥梁卡片(48座)

附件 1.12　五环路桥梁卡片(315 座)

附件 1.13　京密高速桥梁卡片(4 座)

附件 1.14　京平高速桥梁卡片(47 座)

附件 1.15　京哈线桥梁卡片(32 座)

附件 1.16　机场北线桥梁卡片(33 座)

附件 1.17　京承高速桥梁卡片(97 座)

附件 1.18　妫川路桥梁卡片(21 座)

附件 1.19　八达岭高速桥梁卡片(2 座)

附件 2　各线路重点桥梁结构解析表(单独成册)

附件 2.1　京哈高速

附件 2.2　京港澳高速

附件 2.3　京藏高速

附件 2.4　大广(京广)高速

附件 2.5　六环路

附件 2.6　京承高速

附件 2.7　京平高速

附件 2.8　五环路

附件 2.9　拱桥斜拉桥

附件 2.10　结构拆分桥梁明细表

附件3　重点桥梁历史病害(单独成册)

附件4 桥梁结构病害及其产生机理

1 混凝土材质

表1 常见病害概况一览表

序号	名称	描述	典型照片
1	裂缝	混凝土结构的线形破裂。分为结构性裂缝和非结构性裂缝。结构性裂缝主要包括弯曲裂缝、剪切裂缝、扭转裂缝。非结构性裂缝主要包括温度裂缝、收缩裂缝	
2	蜂窝	混凝土局部出现酥松,砂浆少,石子多,石子之间形成类似蜂窝状的窟窿	
3	麻面	混凝土局部表面出现缺浆和许多小凹坑、麻点,形成粗糙面	
4	起皮	也称作表层分离,是一种因水泥胶凝材料化学分解所引起的一定范围内混凝土表层砂浆和骨料持续渐进的损失现象。暴露于恶劣环境中会使构件起皮加剧	

续表 1

序号	名称	描述	典型照片
5	掉角	混凝土结构缺棱掉角、断裂破损现象。一般发生在矩形梁体或拱肋的下边角位置	
6	分层	构件外保护层混凝土局部脱层的现象	
7	剥落	剥落是混凝土构件一部分面层离析引起的坑洼现象。剥落的产生说明混凝土内部存在一片与表面大致平行的破裂面	
8	碳化	混凝土碳化指大气中的 CO_2 等酸性气体与混凝土中的液相碱性物质发生反应,造成混凝土碱性下降和混凝土中化学成分改变的过程,也称混凝土中性化	
9	泛碱	泛碱是指混凝土表面沉积一层白色物质的过程,它是水泥浆中析出的 $Ca(OH)_2$ 与空气中的 CO_2 反应后生成的碳酸钙结晶以及其他碳酸盐及氯化物的结晶的混合物	
10	化学腐蚀	化学腐蚀是指混凝土中的某些水化物与土壤、水等环境中的腐蚀性介质(如酸、碱、盐等)发生化学反应生成新的化学物质而引起混凝土结构的破坏	

续表1

序号	名称	描述	典型照片
11	氯盐侵蚀	氯盐侵蚀主要是指因氯离子存在引起钢筋锈蚀,从而降低混凝土构件耐久性的行为	
12	冻融破坏	混凝土处于饱水状态和冻融循环交替作用是发生混凝土冻融破坏的必要条件,因此,混凝土的冻融破坏一般发生于寒冷地区经常与水接触的混凝土构件	
13	碱骨料反应	混凝土碱骨料反应(AAR)是指混凝土中的碱与骨料中能与碱反应的活性成分在混凝土硬化后吸水逐渐发生膨胀性化学反应,导致混凝土工程产生开裂破坏的现象	
14	钙矾石反应	钙矾石在水分加入混凝土中时就开始形成,其反应早于混凝土自身的化学反应。但最初的反应并不会对混凝土造成损伤。在混凝土硬化后,第二阶段的钙矾石反应使混凝土承受巨大的膨胀力,并导致混凝土性能的退化	
15	磨耗	磨耗发生在桥面上,它是由于摩擦作用而导致表层砂浆的磨损。一旦磨耗露出骨料,在雨天可能会影响行车安全	
16	撞损	混凝土结构由于遭受撞击,而出现开裂、剥落,甚至损毁。部分情况下,伴随钢筋受损或断裂	

续表1

序号	名称	描述	典型照片
17	冲损	水流中泥砂、冰凌等冲击混凝土表面,导致混凝土表面磨损	
18	锈胀	钢筋锈蚀产物的体积可达到锈蚀前的7倍,这对混凝土施加了巨大的内部挤压力,最终会导致混凝土开裂、分层或剥落	
19	夹渣	混入垃圾的混凝土构件成型后,局部空隙率大,易引起混凝土开裂、钢筋锈蚀等病害	
20	热损伤	高温是造成混凝土材料损伤的重要因素之一。它不但会降低混凝土构件的强度和刚度,而且还会降低混凝土构件的耐久性能	
21	孔洞	混凝土结构内有空隙,局部没有混凝土	
22	空洞	混凝土表面出现空洞,常伴随钢筋外露	

续表1

序号	名称	描述	典型照片
23	渗水	混凝土结构表面有水渍或有漏水,常与泛碱现象同时出现	
24	保护层厚度不足	无论是在混凝土碳化条件下还是在氯盐侵蚀环境中,混凝土保护层厚度都是延缓钢筋锈蚀的最重要因素。保护层厚度小于规范要求会影响结构的耐久性	
25	截面损失	截面损失是指构件截面明显丧失的病害,它的发生将显著影响构件的承载能力	

2 钢材

表2 常见病害概况一览表

序号	名称	描述	典型照片
1	腐蚀	腐蚀是金属材料最常见的病害之一,导致钢构件的截面发生损失,影响整个结构的强度。其类型包括环境腐蚀、电流腐蚀、细菌腐蚀、应力腐蚀等	
2	疲劳	金属材料在低于屈服应力的应力水平的反复作用下发生开裂。疲劳裂纹在多种桥型中普遍存在,这种类型的开裂会导致某些桥梁发生突然的灾难性事故,因此要在开裂的早期引起重视	
3	开裂	应力超过钢材强度,导致钢材产生裂缝	

续表 2

序号	名称	描述
4	变形	钢材在外力作用下,产生偏离原状的形状改变
5	失稳	钢结构受力构件丧失保持稳定平衡的能力,比如指结构或构件长细比(如构件长度和截面边长之比)过大而在不大的作用力下突然发生作用力平面外的极大变形而不能保持平衡的现象
6	热损伤	钢构件暴露在极热的环境中发生损伤。除了下垂或金属的伸长外,强烈的热通常导致构件弯曲和扭曲;铆钉和螺栓可能在连接点失效。当构件处于压缩状态时,特别是在梁的腹板为薄截面时,很可能发生弯曲
7	涂层失效	钢构件的防护涂层粉化、剥落等,不能起到对钢材的防护作用

3 上部结构

3.1 混凝土箱梁

表 3 常见病害概况一览表

序号	名称	描述
1	顶板纵向裂缝	箱梁顶板纵向裂缝一般出现在跨中合拢段或接近支点的区域,顶部齿板内侧顶板区域,也有沿全跨出现纵向裂缝的情形

续表3

序号	名称	描述	典型照片
2	顶板横向裂缝	(1) 墩顶负弯矩区域抗裂不满足设计要求,在顶板产生横向裂缝; (2) 非结构性裂缝,主要出现在跨中部位,产生的主要原因是跨中合拢段混凝土配合比欠佳,为保证混凝土的流动性采用了较大的水灰比和水泥用量,进而导致后期的混凝土收缩较大	
3	底板纵向裂缝	(1) 箱梁的横向刚度不足,横向挠度过大会在底板引起纵向裂缝,这种情况往往出现在宽跨比较大的桥梁中; (2) 泊松比效应引起的底板纵向开裂。底板混凝土在纵向预应力作用下横向会产生膨胀,即产生横向拉应变,当此横向拉应变过大就会产生纵向裂缝	
4	底板横向裂缝	对于大跨度连续刚构桥等横向裂缝,原因有:预应力张拉不到位或者损失过大;施工荷载超重,混凝土模板变形;箱梁高度方向的日照温度梯度可能导致底板产生横向裂缝	
5	腹板斜裂缝	主跨1/4~3/4范围内主梁腹板产生较多斜裂纹	
6	横隔板开裂	横隔板倒角等位置处出现较多裂纹。横隔板是高应力区域,特别是位于墩顶与梁端的横隔板,荷载产生的应力更大。引起横隔板开裂的原因主要有:(1) 箱梁横隔板过人洞四周的辐射状裂缝,主要是因为孔洞四周应力集中产生的;(2) 当横隔板设置较薄时,施工时由于模板摩擦阻碍了混凝土的干缩,脱模后容易产生竖向收缩裂缝和表面干缩裂缝	

3.2 空心板梁

表4 常见病害概况一览表

序号	名称	描述	典型照片
1	纵向裂缝	主梁底板在荷载作用下产生较多纵向裂纹。空心板施工中,使用内芯模的混凝土浇筑施工不当导致底板存在薄弱截面	
2	底板横向裂缝	空心板主梁底板在荷载作用下产生横桥向裂纹。(1)空心板预加力不足,造成混凝土空心板抗裂不满足要求;(2)空心板铰缝的失效或破坏,造成单板受力过大,在车辆荷载作用下,单块空心板承受的弯矩超过按上部结构整体受力并考虑荷载向分布系数的设计计算值	
3	腹板竖向裂缝	(1)混凝土空心板受到外界冷空气温度影响,混凝土表面剧烈降温,而空心板内部混凝土温度还比较高,表面混凝土的收缩受到内部混凝土约束,产生混凝土拉应力而可能开裂,混凝土空心板的这种裂缝称为表面温度裂缝,是构件表面与内部混凝土温差过大而引起的;(2)空心板在弯矩作用下,梁底产生横向裂缝,向腹板发展,形成竖向裂缝	
4	腹板斜裂缝	支点区域主梁腹板在荷载作用产生斜向裂缝	
5	铰缝破损	空心板梁铰缝间的后浇混凝土发生破损。铰缝受剪面较小,湿接缝的剥落主要是由于混凝土裹力不足,在车辆长期重复作用下产生剥落,剥落处钢筋与空气中化学物质作用,在剥落处产生腐蚀,腐蚀后混凝土裹力进一步降低,如此反复	

续表 4

序号	名称	描述	典型照片
6	铰缝失效、单板受力	(1) 空心板梁间的后浇混凝土发生严重破损,甚至脱离,存在单块板纵向露筋严重,并且梁板有下挠趋势; (2) 铰缝受剪面较小,湿接缝的剥落主要是由于混凝土裹力不足,在车辆长期重复作用下产生剥落,剥落处钢筋与空气中化学物质作用,在剥落处产生腐蚀,腐蚀后混凝土裹力进一步降低,如此反复,最终铰缝失效,导致单板受力	
7	混凝土破损	铰缝边缘的混凝土发生掉块、剥落现象。其原因主要包括:(1) 施工期吊装梁板碰撞,导致梁板破损;(2) 运营期间梁板互相挤压发生破损	
8	铰缝处渗水	(1) 忽视桥面系排水、防水的日常检查和及时维修; (2) 超载(长期冲击,疲劳作用)加速了桥面保护层破坏速度	
9	铰缝处泛碱	铰缝附近的混凝土表面出现盐雾似的晶体,长年不褪,并伴有起皮、脱落等现象。该病害可能是由于桥面铺装防水层失效,水通过桥面铺装从铰缝处渗出,并引起混凝土泛碱现象	

3.3 T梁

表 5 常见病害概况一览表

序号	名称	描述	典型照片
1	腹板斜裂缝	T梁支点区域腹板出现斜向裂纹。 (1) T梁支点区域斜截面抗裂不满足要求; (2) T梁预应力钢束在端部的预加力过大或人为失效段不成功,且端部区段T梁顶面部位纵向非预应力钢筋配置不足而产生的	

续表5

序号	名称	描述	典型照片
2	腹板竖向裂缝	裂纹形态为两头小中间大的枣核形短裂缝属于收缩裂缝,往往在脱模后就已经出现,为非结构性裂缝,若为裂缝形态较长,各处宽度变化不大属于受力裂缝	
3	腹板纵向裂缝	(1) 预应力混凝土T梁,预应力筋定位不准确,或保护层厚度过薄,在张拉预应力后,沿预应力管道方向出现纵向裂缝; (2) 由于混凝土收缩导致产生纵桥向裂缝; (3) 预应力马蹄与腹板交界位置,由于截面变化,形成应力集中,且施工中保护层厚度不容易保证,出现纵向裂缝	
4	底面纵向裂缝	预应力混凝土T梁,预应力筋定位不准确,或保护层厚度过薄,在张拉预应力后,沿预应力管道方向出现纵向裂缝	
5	底面横向裂缝	(1) T梁预加力不足,造成混凝土空心板抗裂不满足要求; (2) T梁横隔板的失效或破坏,造成单板受力过大,在车辆荷载作用下,单块T梁承受的弯矩超过按上部结构整体受力并考虑荷载向分布系数的设计计算值	
6	横隔板破损露筋	(1) 早期,T梁横隔板采用钢板连接,连接强度较低,容易在使用过程中出现损坏; (2) T梁湿接缝为现场后浇,施工质量难以保证。同时,为减少材料重量和恒载,常在横隔板上留有较大空洞,更削弱了横隔板刚度	
7	横隔板湿接缝处开裂	横隔板在湿接缝处出现多处裂纹。该病害的主要成因是车辆超载严重,横向连接薄弱导致出现受剪裂缝	

3.4 小箱梁

表6 常见病害概况一览表

序号	名称	描述	典型照片
1	底板横向裂缝	该病害为荷载作用效应,即为使用阶段正弯矩作用产生的,另外也可能为箱梁混凝土温度收缩变形受到约束而施工对策不当引起的	
2	腹板竖向裂缝	小箱梁跨中区域腹板有较多竖向裂纹。该病害主要是箱梁混凝土的收缩造成的	
3	腹板斜裂缝	(1) 梁端区域,剪力较大,同时还存在着箱梁截面弯矩作用区,剪应力与弯曲应力共同作用,导致主拉应力超标,梁体斜截面抗裂不满足要求; (2) 在初始干裂(表现为弯曲竖向裂缝)后,腹板上的表面竖向弯曲裂缝会继续斜向发展,形成弯—剪斜裂缝	腹板斜向开裂
4	底板网裂	底板网状开裂通常是由于施工期养护条件不到位,混凝土收缩和温差作用所致	
5	底板纵向裂缝	(1) 底板曲线形的预应力束作用将对底板混凝土作用由上向下的径向荷载; (2) 混凝土底板的恒载向下的径向荷载以及混凝土的纵向压应力在底板内产生向上的径向荷载都会产生底板横向应力,导致纵向裂缝; (3) 当箱梁底板的预应力钢束数量大孔道实际偏位而造成预应力钢束的局部尖弯,就可能由于曲线形底板预应力钢束作用而引起底板的纵向裂缝,同时也可能引起底板与腹板的角隅处腹板的水平纵向裂缝	

3.5 拱桥承重结构

表7 常见病害概况一览表

序号	名称	描述	典型图片
1	板拱桥主拱圈变形	主拱圈凹陷或凸起。可能的原因为： (1) 桥台水平变化，引起主拱圈矢高减小； (2) 桥台抗水平推力不足和稳定性差； (3) 墩台不均匀沉降，引起桥面永久性变形； (4) 桥台后倾转动，引起无铰拱拱轴马鞍形变形：跨中区下挠，四分点区上拱	
2	板拱桥主拱圈裂缝	侧面竖向裂缝、底面纵向或横向裂缝。主拱圈横向开裂，表明拱圈底部出现拉应力。为了确切地分析病害成因，可以利用实测的拱轴线，计算拱圈内力，进而分析裂缝成因	
3	板拱桥侧墙与主拱圈脱离	拱上建筑侧墙与主拱圈连接部位脱离，行车裂缝。可能的原因为：主拱圈的线形发生变化导致	
4	板拱桥拱上结构开裂	拱上结构出现裂缝。可能的原因为：承载能力不足或超载引起	
5	钢管拱桥拱圈局部锈蚀	主拱圈钢管防腐层剥落，局部变色锈蚀。可能的原因为：环境条件恶劣，涂装受侵蚀破坏，导致钢构件防腐性能下降	

3.6 盆式橡胶支座

表8 常见病害概况一览表

序号	名称	描述	典型照片
1	锈蚀	盆式橡胶支座钢构件包括上座板、下座板等,这些钢构件采用涂装防护。涂装破坏后,钢构件会发生程度不同的锈蚀现象	
2	未解锁	盆式橡胶支座出厂时,带有锁定装置。运输至现场,安装完成后,由于施工单位疏忽,未解除锁定装置	
3	滑板磨损	支座与不锈钢板之间的滑板变薄,常伴随有白色薄膜状物质(四氟板)挤出	
4	滑板脱落	盆式橡胶支座四氟滑板长期承受压力和摩擦力,特别是在支座滑板摩阻系数不满足要求的情况下,容易产生脱落现象	
5	防尘罩破损	由于老化或遭破坏,盆式橡胶支座防尘罩破损(或脱落),失去对支座的防护作用	

续表 8

序号	名称	描述	典型照片
6	支座橡胶磨损	盆式橡胶支座滑板磨损严重,橡胶遭受磨损。支座与不锈钢板之间有黑色薄膜挤出;病害较严重时磨损橡胶呈块状挤出,附着在支座表面	
7	卡死	多向或单向活动盆式橡胶支座构件相互咬合,造成支座位移受阻,致使卡死	
8	挡板脱落	单向滑动支座只能提供纵桥向滑移。但由于梁体横向移动或梁体发生上下游不均匀伸缩,导致侧向限位挡板遭受较大挤压力发生脱落	
9	转角超限	盆式橡胶支座转角超过设计。设计过程中未考虑桥梁横、纵坡的影响,支座转角量程不足,施工过程中出现定位或结构尺寸误差都可能导致转角超限现象	
10	四角翘起	盆式橡胶支座盆底四角不密贴、翘起	
11	螺栓松动	支座地脚螺栓螺母松动,甚至脱落。容易伴随螺栓剪切变形或剪断	

续表8

序号	名称	描述	典型照片
12	螺栓剪断	盆式橡胶支座地脚螺栓由于剪切发生断裂。原因主要包括： (1) 支座卡死,导致滑动支座螺栓剪断； (2) 支座失去滑动能力,导致支座受力过大,引起螺栓剪断	

3.7 板式橡胶支座

表9 常见病害概况一览表

序号	名称	描述	典型照片
1	开裂	板式橡胶支座橡胶开裂指支座表面产生规则或不规则的裂纹	
2	外鼓	外鼓变形由垂直于支座顶面的压力作用引起,分均匀外鼓变形和不均匀外鼓变形两种	
3	剪切变形	剪切变形是由于外力使梁底与垫石发生相对位移,两者对支座上、下两面产生大小相等、方向相反的摩擦力,使支座截面变成有一定角度的平行四边形	
4	脱空	支座与梁底或垫石之间不密贴,发生局部或完全脱空	

续表 9

序号	名称	描述	典型照片
5	串动	支座位置串动均是由于梁体在位移过程中，带动支座移位造成的，主要原因包括：(1) 支座承受偏压，加大了支座与梁体间摩阻力，引起支座串动。(2) 支座表面不平，加大了支座与梁体间摩阻力，引起支座串动	
6	偏压	支座承受偏载，造成支座发生不均匀竖向变形	
7	老化	支座橡胶体由于老化导致承载能力下降	
8	垫板锈蚀	垫板涂层老化，钢材锈蚀	

4　下部结构

4.1　桥墩

表 10　常见病害概况一览表

序号	名称	描述	典型照片
1	桥墩破损露筋	主要表现为墩身混凝土的局部缺失以及钢筋外露。可能的原因为：钢筋锈蚀体积膨胀导致混凝土保护层大体积剥落或者人为导致的外力致使桥墩发生磨损，最终导致钢筋外露	

续表 10

序号	名称	描述	典型照片
2	桥墩冲刷	主要表现为墩身混凝土轻微冲刷,桩基外露或者桥墩自由段长度明显增长。桥墩冲刷分为一般冲刷和局部冲刷,一般冲刷指由于桥梁墩台压缩水流,导致桥下流速增大而引起桥下河床断面的冲刷;局部冲刷指由于桥墩的阻碍作用,水流在桥墩周围产生强烈涡流而引起的冲刷	
3	下沉倾斜	主要表现为桥墩的墩柱或者基础出现下沉、倾斜,桥面出现明显的不平整,严重影响桥梁的使用安全	桥墩下沉
4	墩身网状开裂	主要表现为桥墩墩身出现较大面积的网状裂纹,裂缝的宽度和深度一般不大,宽度约 0.1~1 mm,深度约 1 mm。可能的原因为:(1) 由于集材的碱性反应、干燥收缩等原因造成;(2) 混凝土内部水化热和外部气温的温差,或受气温变化影响和日照影响产生的温度拉应力,导致混凝土收缩徐变;(3) 基础沉降造成	
5	水平裂缝	主要表现为桥墩墩身出现少量的水平裂纹,该类裂缝大多出现在桥墩底部位置。可能的原因为:地震或整体温度改变引起的温度应力过大导致墩身撕裂	
6	竖向裂缝	主要表现为桥墩墩身出现少量的竖直裂纹,该类裂缝在平面上大多数呈现放射状。可能的原因为:(1) 钢筋锈蚀体积膨胀导致墩身竖向裂缝;(2) 局部荷载过大而柱头内防裂钢筋配置不足导致的劈裂;(3) 因地震或整体温度改变引起的水平力过大而导致撕裂	

4.2 桥台

表 11 常见病害概况一览表

序号	名称	描述	典型照片
1	水平裂缝	主要表现为台身出现水平裂纹,有时伴有漏水、石灰质析出现象。 主要的原因为:(1)施工时新老混凝土界面未能妥当处理;(2)后期混凝土收缩徐变引起	
2	竖向裂缝	主要表现为台身出现竖向裂纹,裂缝接近于等间距。 主要的原因为:(1)温差或者混凝土徐变干缩导致;(2)拱桥桥台裂缝可能是由于拱脚巨大的推力引起的;(3)竖向裂纹自支座位置开始贯穿台身,可能的原因为支座损伤、变位功能受限以及台帽配筋不足等,导致混凝土承受的局部压力过大	
3	网状裂缝	主要表现为台身龟裂现象。 主要的原因为:配筋较少或集料碱性反应所致	
4	耳墙、翼墙变形、松动、倒塌	主要表现为耳墙、翼墙的墙体向外倾斜,墙体砌块松动,甚至出现倒塌。 主要的原因为:(1)由于设计或施工原因,桥头路基土压力较大,导致地基失稳;(2)基地冲刷或人为破坏导致;(3)台后填土膨胀导致墙体出现变形	翼墙下沉并最终倒塌
5	锥坡、护坡隆起	主要表现为锥坡、护坡的斜坡面向上鼓起,通常伴随有斜坡面的开裂现象。 主要的原因为:台后土压力过大,挤压桥台,导致桥台向跨中滑移,并挤压坡体,导致坡面隆起开裂	

续表 11

序号	名称	描述	典型照片
6	锥坡、护坡凹陷坍塌	主要表现为锥坡、护坡的坡面大面积凹陷,甚至出现坍塌。主要的原因为基础填土塌陷,地基失稳	
7	锥坡、护坡坡脚损坏	主要表现为锥坡、护坡的砌面下滑、坡脚损坏。主要的原因为基础或者坡面受到较为严重的水流冲刷	
8	承台、基础沉降	主要表现为承台、基础相对于初始位置发生较为明显的下沉。主要的原因为基础地质条件比较薄弱或者桩基的设计不合理	

5 桥面系

5.1 模数式伸缩缝

表 12 常见病害概况一览表

序号	名称	描述	典型照片
1	防水胶条脱落	模数式伸缩缝(包括格梁式伸缩缝、直梁式伸缩缝、斜梁式伸缩缝)都有同样构造形式的防水胶条。防水胶条是伸缩缝最易损坏的构件之一。可能因为杂物堆积后遭受车辆碾压、自然老化、伸缩缝位移产生的拉扯作用等原因出现脱落。防水胶条脱落后,雨水直接从脱落处流下,严重影响伸缩缝的耐久性和相应墩顶支座、梁体等构件的耐久性,需要及时补设	

续表 12

序号	名称	描述	典型照片
2	防水胶条破损	伸缩缝内杂物堆积后,在车辆碾压作用下,会导致防水胶条破损。自然老化导致胶条强度降低也是破损原因之一。防水胶条破损后,雨水直接从脱落处流下,严重影响伸缩缝的耐久性和相应墩顶支座、梁体等构件的耐久性,需要及时补设	
3	型钢断裂	模数式伸缩缝(包括格梁式伸缩缝、直梁式伸缩缝、斜梁式伸缩缝)都通过设置多道型钢来提供位移。型钢断裂是较为常见的病害之一。出现型钢断裂的情况往往意味着伸缩缝的使用寿命已接近尾声。发生型钢断裂的主要原因包括:(1) 伸缩缝长期承受车辆冲击荷载;(2) 伸缩缝钢材在轮载作用下产生疲劳问题;(3) 支撑滑块发生松动或脱落,导致型钢局部脱空	
4	锚固区混凝土破损	(1) 砼强度不够,浇筑不密实; (2) 砼表面不平整,与桥面铺装及型钢表面存在严重的错台现象,在行车冲击荷载的作用下产生拉应力裂缝破坏,尤其在纵坡较大的桥梁上,此种破坏更为明显; (3) 伸缩缝砼在浇砼时型钢底部不密实或梁端部位封闭不严,存在漏浆现象和出现狗洞现象,在行车荷载的作用下引起断裂	
5	阻塞	平时对在伸缩装置上的砂土、杂物未能及时认真地清扫,导致杂物长期积累在缝隙内。伸缩缝内杂物堆积,在车辆碾压作用下,容易导致伸缩缝防水胶条破损或脱落	
6	螺栓松动	在运营过程中,由于伸缩缝振动,导致螺栓松动,未能及时发现。有时导致螺栓脱落,构件脱离	

续表 12

序号	名称	描述	典型照片
7	钢结构锈蚀	(1) 模数式伸缩缝上表面锈蚀主要是因为防腐涂装失效,在雨水作用下发生锈蚀; (2) 模数式伸缩缝下表面锈蚀则主要是因为止水带破损、脱落导致雨水进入伸缩缝,进而引起锈蚀	
8	锚固区混凝土破损	模数式伸缩缝锚固区混凝土发生剥落、碎裂、露筋等现象	

5.2 梳齿板伸缩缝

表 13 常见病害概况一览表

序号	名称	描述	典型照片
1	锚固区混凝土破损	伸缩缝锚固区混凝土发生剥落、碎裂、露筋等现象	
2	锚栓脱落	伸缩缝承受冲击作用,致使螺栓松动,未能及时拧紧,导致螺栓脱落	
3	梳齿板伸缩缝位移超限	(1) 伸缩量计算不准确,没有考虑到伸缩装置安装时的实际温度对伸缩装置的影响等,在伸缩装置本身不具备或很难具备调整初始位移量,以适应安装温度对位移的要求时,选型不当是造成伸缩装置位移超限的重要原因之一; (2) 平时对在伸缩装置上的砂土、杂物未能及时认真地清扫,使原设计的伸缩量得不到保证	

续表 13

序号	名称	描述	典型照片
4	堵塞	平时对在伸缩装置上的砂土、杂物未能及时认真地清扫导致杂物长期积累在缝隙内	
5	齿板脱落	(1) 施工原因造成,伸缩缝下的混凝土不平整,或存在浇筑质量问题,导致部分位置空鼓,在车辆碾压下发生断裂; (2) 梳齿板伸缩缝在重车冲击交变荷载作用下,引起梳齿板断裂	
6	伸缩缝翘齿	(1) 施工原因造成,伸缩缝下的混凝土不平整,或存在浇筑质量问题,导致部分位置空鼓。在车辆碾压下发生翘齿; (2) 梳齿板伸缩缝在重车冲击交变荷载作用下,引起梳齿板翘起	

5.3 桥面铺装

表 14 常见病害概况一览表

序号	名称	描述	典型照片
1	车辙	车辙是铺装层在车辆轮载重复行驶下逐渐形成的永久变形;外观主要表现为铺装层表面在行车道的轮迹带上出现纵向沉陷。可能的原因有:(1) 由于沥青面层在行车荷载反复作用下进一步压密而产生; (2) 沥青混合料在高温时的强度不足以抵抗重轮荷载的反复作用,轮下部分沥青混合料产生剪切变形逐渐被压挤到两侧,使两侧的沥青面层鼓起,产生侧向流动	

续表14

序号	名称	描述	典型照片
2	拥包	主要表现为铺装表面的局部隆起。造成桥面铺装拥包的主要原因是:(1) 车辆荷载引起的垂直力和水平力的综合作用,使得结构层内产生的剪应力超过材料的抗剪强度,同时也与车辆的冲击、振动等动力作用有关;(2) 另外,挖验显示部分拥包是由于水分渗入沥青混凝土与防水混凝土之间,冬季发生冻胀所致	
3	泛油	主要表现为沥青铺装表面渗出沥青。主要原因为:(1) 由于沥青用量过多、沥青稠度太低、塑性变形、混合料级配不良造成的;(2) 由于低温季节施工,表面嵌缝料散失过多,气温回升时,行车作用导致矿料下挤,沥青上浮	
4	破损坑洞	主要表现为桥面铺装局部破损,局部区域出现坑洞。路面产生坑洞破损的主要原因是龟裂、网裂未得到及时养护	
5	网裂、龟裂	主要表现为桥面铺装表面呈网状裂缝。主要原因是沥青性能不好,油层老化,路面使用疲劳、衰减,反复多次微裂,继而形成较大面积的网裂,严重时形成龟裂	
6	纵向裂缝	主要表现为桥面铺装沿纵桥向开裂。桥面铺装纵向开裂一般主要出现在板梁结构和装配式干接头的T梁桥中。当铰缝本身质量欠佳,横向传递能力不足,使部分荷载只能通过桥面铺装来传递,若铺装层强度不足以承担,便导致沿铰缝的混凝土剪坏,反映为桥面沥青层纵向开裂	
7	横向裂缝	主要表现为桥面铺装沿横桥向开裂。病害主要原因为:(1) 气温降低时,沥青混凝土收缩易产生横向裂缝;(2) 主梁(尤其钢桥)过大的负弯矩变形也容易引起桥面铺装层的横向裂缝;(3) 桥面连续位置,由于车辆碾压、梁体错位、梁体转角等原因,特别容易出现横向裂缝	

5.4 附属设施

表 15　常见病害概况一览表

序号	名称	描述	典型照片
1	泄水管道漏水	管道漏水病害主要可以分为两种。第一种是由于泄水管道损坏引起,包括管道开裂、管道破洞等。第二种主要是由于管道间的连接出现问题。包括管道固定不牢导致的管道相对移动引起的连接失效,黏合剂质量不合格引起的连接失效以及施工质量问题	
2	泄水管道老化	管道老化是指管道在使用一定年限后产生大面积的损坏的现象,主要可分金属管道锈蚀和塑料管道老化。金属管道锈蚀主要是由金属同空气中氧气、水反应发生氧化反应引起。塑料老化主要是管道受到阳光直射造成	
3	泄水管道缺失	排水管道构件整体性缺失主要由管道的固定安装不到位导致的管道脱落,以及在强风、撞击、震动等外力因素影响下导致的管道整体松动脱落	
4	标志标牌松动剥落	表现为标志牌松动或脱落。可能原因有:由于施工质量、大风、腐蚀、撞击等因素导致	
5	标志标牌污损不清	表现为标志、标牌上提示语不清晰。可能原因:标牌表面涂装掉落,标牌锈蚀,或人为污染	

续表 15

序号	名称	描述	典型照片
6	灯柱地脚螺栓锈蚀、缺失	表现为灯柱地脚螺栓锈蚀、缺失。可能原因有：螺栓涂装剥落，养护不足	
7	照明失效	表现为照明灯光变暗或失效。可能原因有：照明设施年久失修或人为破坏	
8	灯柱变形	外观表现为支架倾斜。支架倾斜主要原因是外力撞击导致支架损坏或螺栓松动脱落导致的支撑能力不足；路灯使用时间较长，固定装置损坏	
9	灯柱锈蚀	支架锈蚀主要是由于支架外部防锈油漆自然脱落以及外力接触后脱落从而导致内部金属直接与空气接触氧化生锈，使支架强度降低	
10	灯具污染	灯具污染主要是道路路面扬灰和空气中的粉尘以及其他杂质附着在灯具表面或者通过缝隙进入灯具内部，在雨水作用下形成顽固性污渍，降低玻璃灯具的透明度，影响照明效果	

续表 15

序号	名称	描述	典型照片
11	线路老化	表现为线路老损。电线线路的"老化"主要是指电线的绝缘层以及保护层在长时间的光照、温度变化形成的冷热冲击、腐蚀性气体、压力变化、振动等因素的作用下失去了绝缘及保护作用的情况。电线绝缘老化会导致电流泄漏甚至短路起火。导线和导线接头有严重氧化现象。接头氧化会增大接触电阻,导致接头发热,导线氧化或腐蚀也会影响导线上电流的通过能力而发热,接头和导线发热都可以引起火灾	
12	线缆外露	路灯支架下部盖子由于螺栓松动以及外力原因丢失,造成内部线缆露出	
13	灯罩脱落	灯罩脱落。灯罩位于灯泡外部,起着保护灯泡及内部线路作用。由于锈蚀作用、螺栓松动及其他外部因素,灯罩可能脱落。灯罩脱落后灯具失去保护,使用寿命降低	
14	护栏破损断裂	表现为护栏出现破损断裂。可能原因有:(1) 栏杆材质的防撞与耐久性较差,施工工艺较为单一;(2) 栏杆的断裂主要是车辆撞击造成的,控制超速、超载车辆;(3) 人为原因导致护栏受损	
15	防撞护栏剥落破损	表现为防撞护栏局部钢筋锈胀、混凝土剥落破损	

续表 15

序号	名称	描述	典型照片
16	防撞护栏开裂	(1) 超载(长期冲击,疲劳作用)加速了裂缝破坏速度;(2) 温度、混凝土收缩、约束变形等不可控的影响因素	
17	反光标志变形	表现为反光标志发生变形,功能失效。可能原因有:车辆剐蹭、撞击导致变形;日常养护不到位	

附件 5 桥梁日常养护记录表

1 《公路桥涵养护规范》(JTG H11—2004)桥梁经常检查记录表

管理单位：北京市首都公路发展集团有限公司　　编号：SFYH-JL-12-06

路线编码		路线名称		桥位桩号	
桥梁编码		桥梁名称		养护单位	

部件名称	缺损类型	缺损范围	保养措施、意见
翼墙			
锥坡、护坡			
桥台及基础			
桥墩及基础			
地基冲刷			
支座			
上部机构异常变形			
桥与路连接			
伸缩缝			
桥面铺装			
人行道、缘石			
栏杆、护栏			
标志、标线			
排水设施			
照明系统			
桥面清洁			
调治构造物			
（其他）			

负责人		记录人		检查日期	年　月　日

2 《公路桥涵养护规范》(JTG H11—2004)桥梁定期检查记录表

(县级公路管理机制)							
1. 路线编码		2. 路线名称			3. 桥位桩号		
4. 桥梁编码		5. 桥梁名称			6. 下穿通道名		
7. 桥长(m)		8. 主跨结构			9. 最大跨径(m)		
10. 管养单位		11. 建成年月			12. 上次大中修日期		
13. 上次检查日期		14. 本次检查日期			15. 气候		
16. 部件号	17. 部件名称	18. 评分(0~5)	19. 特别检查	20. 维修范围	21. 维修方式	22. 维修时间	23. 费用(元)
1	翼墙、耳墙						
2	锥坡、护坡						
3	桥台及基础						
4	桥墩及基础						
5	地基冲刷						
6	支座						
7	上部主要承重构件						
8	上部一般承重结构						
9	桥面铺装						
10	桥头跳车						
11	伸缩缝						
12	人行道						
13	栏杆、护栏						
14	照明、标志						
15	排水设施						
16	调治构造物						
17	其他						
24. 总体状况评定等级		25. 全桥清洁状况评分			26. 保养、小修状况评分		
27. 经常性养护建议							

续表

| 28. 记录人 | | 29. 负责人 | | 30. 下次检查时间 | |

31. 缺损说明

部件号	部件名称	缺损位置	缺损状况 （类型、性质、范围、程度）	照片或图片 （编号/年）
1	翼墙、耳墙			
2	锥坡、护坡			
3	桥台及基础			
4	桥墩及基础			
5	地基冲刷			
6	支座			
7	上部主要承重构件			
8	上部一般承重结构			
9	桥面铺装			
10	桥头跳车			
11	伸缩缝			
12	人行道			
13	栏杆、护栏			
14	照明、标志			
15	排水设施			
16	调治构造物			
17	其他			

3 《公路桥涵养护规范》(JTG H11—2004)桥梁基本状况卡片

A. 行政识别数据					
1	路线编号	2	路线名称	3	路线等级
4	桥梁编号	5	桥梁名称	6	桥位桩号
7	功能类型	8	下穿通道名	9	下穿通道桩号
10	设计荷载	11	通行限重	12	弯斜坡度
13	桥面铺装	14	管养单位	15	建成年限
B. 结构技术数据					
16	桥长(m)	17	桥面总宽(m)	18	行车道宽(m)
19	桥面标高(m)	20	桥下净高(m)	21	桥上净高(m)
22	引道总宽(m)	23	引道路面宽(m)	24	引道线性
上部结构	25 孔号			下部结构	29 墩台	
	26 形式				30 形式	
	27 跨径(m)				31 材料	
	28 材料				32 基础形式	
33	伸缩缝类型	34	支座类型	35	地震动峰值加速度系数
36	桥台护坡	37	护墩体	38	调治构造物
39	常水位	40	设计水位	41	历史洪水位
C. 档案资料(全、不全或无)					
42	设计图纸	43	设计文件	44	施工文件
45	竣工图纸	46	验收文件	47	行政文件
48	定期检查报告	49	特殊检查报告	50	历次维修资料
51	档案号	52	存档案	53	建档年/月
D. 最近技术状况评定									
---	---	---	---	---	---	---	---	---	---
54	55	56	57	58	59	60	61	62	63	64
检查年月	定期或特殊检查	全桥评定等级	桥台与基础	桥墩与基础	地基冲刷	上部结构	支座	经常保养小修	处置对策	下次检查年份

续表

E. 修建工程记录

65	66	67	68	69	70	71	72	73	74	75
开工日期	竣工日期	修建类别	修建原因	工程范围	工程费用（万元）	经费来源	质量评定	建设单位	设计单位	施工单位	监理单位

备注：

76

F.	桥梁照片	77	立面照		78	桥面正面照	

| 79 | 主要负责人 | | 80 | 填卡人 | | 81 | 填卡日期 | |

4　日巡查记录表（斜拉桥）

日巡查记录表

线路名称：　　　　　　　桥位桩号：　　　　　　　桥名：

检查时间：　年　月　日　时至　时 温度：　℃　天气：				
序号	检查项目	病害部位	病害类型	病害描述
1	斜拉索/全桥异常振动			
2	索塔			
3	斜拉索			
4	主梁			
5	桥面铺装			
6	伸缩缝			
7	桥面排水系统			
8	桥面照明			
9	钢护栏			
10	混凝土防撞护栏			
11	交通标志			
12	交通标线			
13	隔音障			
14	其他			

检查人：　　　　审核人：

5 经常检查记录表

经常检查记录表

管理单位	北京市首都公路发展集团有限公司					
路线编码		路线名称		桥位桩号		
桥梁编码		桥梁名称		养护中心		
部件名称	病害类型		病害范围		保养措施意见	
负责人		记录人		检查日期	年 月 日	

6 定期检查记录表

定期检查记录表

任务单编号		时间		年 月 日	天气	
序号	位置	病害类型		病害描述	照片编号	备注
1						
2						
3						
4						
5						
6						
7						
8						
9						
10						
11						
12						
13						
14						
15						
说明						

检查人：　　　　　　记录人：

填表说明：
1. 桩号以道路里程桩号为准，精确到 10 m。
2. 方向以小桩号到大桩号方向，注明右幅，左幅。
3. 本表仅填写新发现的病害。

7 专门检查记录表

专门检查记录表

路线名称：		桥位桩号：		桥梁名称：	
检查时间： 年 月 日 时至 时				温度： ℃	天气：
序号	检查项目	病害部位	病害类型	病害描述	
1					
2					
3					
4					
5					
6					
7					
8					
9					
10					
11					
12					
13					
14					
15					

检查人： 审核人：

8 应急检查记录表

应急检查记录表

桥梁名称			管理单位	北京市首都公路发展集团有限公司
所属中心			检查时间	
起始时间	年 月 日 时 分		结束时间	年 月 日 时 分
原因			灾害影响范围和部位	
天气情况	暴雨大雨中雨小雨阴晴多云雪		风力	级
灾害等级			灾害描述	
灾害期间检查、监测信息					
检查/监测项目	检查/监测状况描述			备注	
灾害过后检查信息					
检查项目	病害类型	病害位置	病害大小	病害程度	与灾害前状态对比	备注
总结建议						
检查人		记录人		负责人		

附件 6 桥梁结构检查措施库

1 回弹仪:检测混凝土强度

设备名称	混凝土强度回弹仪
适用构件	混凝土箱梁、板梁、T梁、横向联系、桥墩、桥台、索塔
应用材质	钢筋混凝土
可检测项目	根据回弹值检验混凝土匀质性; 依据混凝土强度回弹仪数值推定结构混凝土特征强度
检测方法	(1) 回弹测试时,应始终保持回弹仪的轴线垂直于混凝土测试面。宜首先选择混凝土浇筑方向的侧面进行水平方向测试。如不具备浇筑方向侧面水平测试的条件,可采用非水平状态测试,或测试混凝土浇筑的顶面或底面。 (2) 测量回弹值应在构件测区内选择 16 点,测点在测区范围内宜均匀布置,但不得布置在气孔或外露石子上。相邻两测点的间距不宜小于 30 mm;测点距构件边缘或外露钢筋、铁件的距离不应小于 50 mm,同一测点只允许弹击一次。 (3) 测区回弹代表值应从该测区的 16 个回弹值中剔除 3 个较大值和 3 个较小值,根据其余 10 个有效回弹值进行计算
检测原理	回弹仪是用一弹簧驱动的重锤,通过弹力杆,弹击混凝土表面,并测出重锤被反弹回来的距离,以反弹距离与弹簧的起始长度之比即回弹值作为与强度相关的指标,来推定混凝土强度。它属于表面硬度法的一种
操作流程	将弹击杆顶住混凝土的表面,轻压仪器,松开按钮,弹击杆徐徐伸出。使仪器对混凝土表面缓慢均匀施压,待弹击锤脱钩冲击弹击杆后即回弹,带动指针向后移动并停留在某一位置上,即为回弹值。继续顶住混凝土表明并读取回弹值后,逐渐对仪器减压,使弹击杆自仪器内伸出,重复进行上述操作,即可得到被测构件或结构的回弹值
数据处理	(1) 当回弹仪在水平侧面弹击时,测区的回弹值应从 16 个测点的测读值中分别剔除 3 个最大值和 3 个最小值,然后将余下 10 个测读值按下式计算测区平均回弹值: $$\overline{N} = \sum_{i=1}^{10} N_i/10$$ (2) 当回弹仪在非水平侧面弹击时,可按下式对回弹值进行修正: $$\overline{N}=\overline{N}_\alpha+\Delta N_\alpha$$ 式中:$\overline{N}_\alpha$——与水平方向成 α 角测试时的测区平均回弹值; ΔN_α——在《超声回弹综合法检测混凝土强度技术规程》中不同测试角 α 的回弹修订值表格查得

设备名称	混凝土强度回弹仪
数据处理	(3) 结构或构件第 i 个测区混凝土强度换算值,根据每一测区的回弹平均值及碳化深度值,查阅统一测强曲线或专业测强曲线换算得出。 (4) 结构或构件测区混凝土强度平均值可根据各测区混凝土强度换算值计算。当测区数为 10 个及以上时,应计算强度标准差。平均值及标准差应按下列公式计算: $$m_{f_{cu}^c} = \frac{\sum_{i=1}^{n} f_{cu,i}^c}{n}$$ $$s_{f_{cu}^c} = \sqrt{\frac{\sum (f_{cu,i}^c)^2 - n(mf_{cu}^c)^2}{n-1}}$$ 式中:$m_{f_{cu}^c}$——结构或构件测区混凝土强度换算值的平均值; $s_{f_{cu}^c}$——结构或构件测区混凝土强度换算值的标准差。 (5) 当结构或构件测区数不少于 10 个或按批量检测时,按下式计算混凝土构件强度推定值: $$f_{cu,e} = m_{f_{cu}^c} - 1.645 s_{f_{cu}^c}$$
结果分析与评定	应根据混凝土桥梁结构或构件实测强度推定值或测区平均换算强度值计算其推定强度匀质系数 K_{bt} 或平均强度匀质系数 K_{bm},计算公式如下: $$K_{bt} = \frac{R_{it}}{R}$$ 式中:R_{it}——混凝土实测强度推定值; R——混凝土设计强度等级。 $$K_{bm} = \frac{R_{im}}{R}$$ 式中:R_{im}——混凝土测区平均换算强度值。 根据《公路桥梁承载能力检测评定规程》中桥梁混凝土强度评定标准得到构件混凝土强度评定值
仪器图片与工程应用案例	

2 超声回弹检测仪:检测混凝土强度

设备名称	超声回弹检测仪
适用构件	T 梁、混凝土箱梁、板梁、横向联系、桥墩、桥台、索塔
应用材质	钢筋混凝土

续表

设备名称	超声回弹检测仪
可检测项目	超声回弹仪可进行混凝土强度检测
检测方法	(1) 回弹测试方法同回弹仪。 (2) 超声测点应布置在回弹测试的同一测区内,每一测区布置3个测点。超声测试宜优先采用对测或角测,当被测构件不具备对测或角测条件时,可采用单面平测。 (3) 超声测试时,换能器辐射面应通过耦合剂与混凝土测试面良好耦合。 (4) 声时测量应精确至 $0.1~\mu s$,超声测距测量应精确至 $1.0~mm$,且测量误差不应超过 $\pm 1\%$。声速计算应精确至 $0.01~km/s$
检测原理	(1) 混凝土的抗压强度与超声声速和回弹值有较好的相关性,但混凝土的骨料龄期、测试面等很多因素又会影响声速和回弹值。事实上超声仪回弹综合非破损检测从宏观上看,混凝土的抗压强度实质是以声速和回弹为主元,以其他因素为参变量的多元函数,即: $$抗压强度 = f(V, N, 骨料, 龄期, 测试面, \cdots\cdots)$$ 式中:V 是声速值,N 是回弹值。 本仪器的测强原理就是建立在这基础上的。 (2) 声速 V 和回弹值 N 综合处理后能消除原来影响 $R-v$ 与 $R-N$ 关系的许多因素。例如水泥品种的影响,试件含水量的影响及碳化影响等。这使得综合的 $R-N-V$ 关系有更广的适应性和更高的精度。而且使不同条件的修正大大简化了。 (3) 仪器电路由超声波产生接收以及数据处理等部分组成,仪器框图如下图所示: 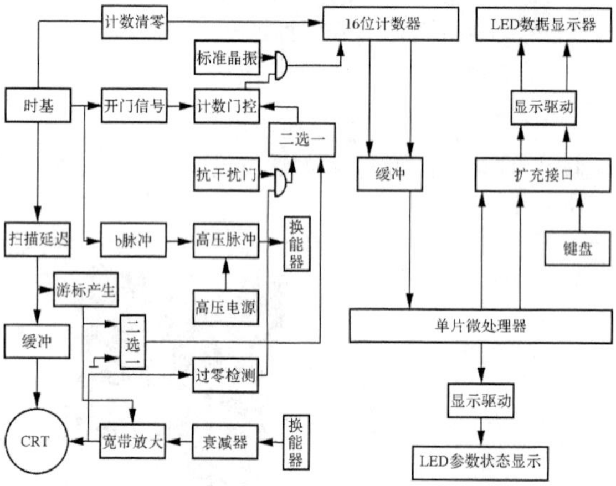
操作流程	(1) 超声仪器检验时应满足下列要求:a. 缓慢调节延时旋钮数字显示满足十进位递变的要求。b. 调节聚焦辉度和扫描延时旋钮扫描基线清晰稳定。c. 换能器与标准棒耦合良好,衰减器及发射电压正常。d. 超声波在空气中传播的计算声速与实测声速值相比相差小于 $\pm 0.5\%$。 (2) 超声仪器应按下列步骤进行操作:a. 操作前应仔细阅读仪器使用说明书。b. 仪器在接通电源前应检查电源电压,接上电源后仪器宜预热。c. 换能器与标准棒应耦合良好,调节首波幅度至后测读声时值有调零装置的仪器应调节调零电位器以扣除初读数。d. 在实测时接收信号的首波幅度均应调零后才能测读每个测点的声时值

续表

设备名称	超声回弹检测仪
数据处理	(1) 超声测试时,若采用混凝土浇筑方向的侧面对测,则测区混凝土中声速代表值应根据该测区中 3 个测点的混凝土中声速值,按下列公式计算: $$v = \frac{1}{3}\sum_{i=1}^{3}\frac{l_i}{t_i - t_0}$$ 式中:v——测区混凝土中声速代表值; l_i——第 i 个测点的声速测距; t_i——第 i 个测点的声时读数; t_0——声时初读数。 (2) 在混凝土浇筑的顶面或底面测试时,测区声速代表值应按下列公式修正: $$v_a = \beta \cdot v$$ (3) 结构或构件第 i 个测区混凝土强度换算值,求得修正后的测区回弹代表值及声速代表值后,优先专业测强曲线或统一测强曲线得出。 (4) 结构或构件测区混凝土强度平均值可根据各测区混凝土强度换算值计算。当测区数为 10 个及以上时,应计算强度标准差。平均值及标准差应按下列公式计算: $$m_{f_{cu}^c} = \frac{\sum_{i=1}^{n} f_{cu,i}^c}{n}$$ $$s_{f_{cu}^c} = \sqrt{\frac{\sum (f_{cu,i}^c)^2 - n(mf_{cu}^c)^2}{n-1}}$$ 式中:$m_{f_{cu}^c}$——结构或构件测区混凝土强度换算值的平均值; $s_{f_{cu}^c}$——结构或构件测区混凝土强度换算值标准差。 (5) 当结构或构件测区数不少于 10 个或按批量检测时,按下式计算混凝土构件强度推定值: $$f_{cu,e} = m_{f_{cu}^c} - 1.645 s_{f_{cu}^c}$$
结果分析与评定	应根据混凝土桥梁结构或构件实测强度推定值或测区平均换算强度值计算其推定强度匀质系数 K_{bt} 或平均强度匀质系数 K_{bm},计算公式如下: $$K_{bt} = \frac{R_{it}}{R}$$ 式中:R_{it}——混凝土实测强度推定值; R——混凝土设计强度等级。 $$K_{bm} = \frac{R_{im}}{R}$$ 式中:R_{im}——混凝土测区平均换算强度值。 根据《公路桥梁承载能力检测评定规程》中桥梁混凝土强度评定标准得到构件混凝土强度评定值
仪器图片与工程应用案例	

3 钢筋位置测定仪:检测钢筋位置

设备名称	钢筋位置测定仪
适用构件	混凝土箱梁、板梁、横向联系、桥墩、桥台、索塔、T 梁
应用材质	钢筋混凝土
可检测项目	钢筋保护层厚度;钢筋直径;钢筋位置
检测方法	(1) 钢筋保护层厚度检验的结构部位根据结构构件的重要性共同选定; (2) 对梁类、板类构件,应各抽取构件数量的 2% 且不少于 5 个构件进行检验
检测原理	目前市面上出售的钢筋位置测试仪都一般属于电磁感应型,主要由探头和主机组成。当钢筋位置测定仪探头位于钢筋正上方,即探头与钢筋的距离最小时,电动势具有极大值。因此可以通过对扫描信号峰值的判断来准确判定钢筋位置,钢筋位置确定后即可定出钢筋间距
操作流程	(1) 将仪器从机箱内取出,在厚度测试和直径测试时,连接好探头和主机,在钢筋扫描时要将主机连上探头和扫描小车,之后开机。 (2) 进入功能选择界面,选择相应的功能进行操作。 (3) 钢筋保护层厚度检测时,输入钢筋直径后将传感器平行于钢筋走向,匀速扫过钢筋正上方,仪器发出一声鸣叫,提示传感器越过一条钢筋,此时保护层显示值自动更新为该处的保护层厚度值
数据处理	(1) 检测构件或部位的钢筋保护层厚度平均值可按下式计算: $$\overline{D}_n = \frac{\sum_{i=1}^{n} D_i}{n}$$ 式中:D_i——钢筋保护层厚度实测值; 　　　n——检测构件或部位的测点数。 (2) 检测构件或部位的钢筋保护层厚度特征值可按下式计算: $$D_{ne} = \overline{D}_n - K_p S_D$$ 式中:S_D——钢筋保护层厚度实测值标准差。 $$S_D = \sqrt{\frac{\sum_{i=1}^{n}(D_i)^2 - n(\overline{D}_n)^2}{n-1}}$$ 式中:K_p——判定系数,按《桥梁承载能力评定规程》中数值取用
结果分析与评定	构件或部位的钢筋保护层厚度特征值 D_{ne} 与设计值 D_{nd} 应根据《公路桥梁承载能力检测评定规程》中桥梁钢筋保护层厚度评定标准得到钢筋保护层厚度
仪器图片与工程应用案例	

4 碳化深度尺:检测混凝土碳化深度

设备名称	碳化深度尺
适用构件	混凝土箱梁、板梁、横向联系、桥墩、桥台、索塔、T梁
应用材质	钢筋混凝土
可检测项目	混凝土构件碳化深度
检测方法	(1) 测区包括锈蚀电位测量结果有代表性的区域,也能反映不同条件及不同混凝土质量的部位,结构外侧面应布置测区; (2) 测区数不少于3个,测区应均匀布置; (3) 每一测区布置3个测孔,3个测孔呈"品"字排列,孔距根据构件尺寸大小确定,但应大于2倍孔径; (4) 测孔距构件边角的距离应大于2.5倍保护层厚度; (5) 测点数不应少于测区数的30%,取其平均值为该构件每测区的碳化深度值; (6) 碳化深度值的极差大于2.0 mm时,应在每一测区测量碳化深度; (7) 每一测孔测量值不少于3个,取其平均值,每次读数精确至0.25 mm
检测原理	混凝土中水泥沙浆的自然碱性环境,使钢筋表面形成一层氧化保护层,防止钢筋进一步生锈腐蚀。当空气中的 CO_2 进入混凝土后,与水泥沙浆中的 $Ca(OH)_2$ 反应,产生 $CaCO_3$。这一过程称作碳化,造成水泥沙浆中的碱性降低,也就是pH会低于其正常值13。当pH低于9时,氧化保护层被破坏,在有水和氧气时钢筋会腐蚀。 酚酞试剂在酸性环境下为无色,在碱性环境下为紫红色,用碳化深度尺可以测出混凝土表面酚酞试剂无色范围,判定混凝土碳化深度
操作流程	采用适当的工具在测区表面形成直径约15 mm的孔洞,其深度应大于混凝土的碳化深度。测孔成形后,应用圆刷或皮老虎吹净孔洞中的粉末和碎屑,不得用水洗。 将酚酞指示剂喷到测孔壁上,待混凝土新茬变色后,已碳化与未碳化界线清楚时,用混凝土碳化深度仪测量已碳化与未碳化混凝土交界面到混凝土表面的垂直距离。混凝土变色成紫红色的为未碳化部分,不变色的混凝土为已碳化部分
数据处理	记录各测区的碳化深度数值,将测得的各测区碳化深度取平均值
结果分析与评定	《公路桥梁承载能力检测评定规程》(JTG/T J21—2011)第5.7.3条规定:应根据测区混凝土碳化深度平均值与实测保护层厚度平均值的比值 K_c,按下表的规定确定混凝土碳化评定标度。 | K_c	评定标度	K_c	评定标度
---	---	---	---
<0.5	1	[1.5,2.0)	4
[0.5,1.0)	2	≥2.0	5
[1.0,1.5)	3			
仪器图片与工程应用案例	

5 裂缝测深仪:检测裂缝深度

设备名称	裂缝测深仪
适用构件	混凝土箱梁、板梁、横向联系、桥墩、桥台、索塔、T梁
应用材质	钢筋混凝土
可检测项目	混凝土裂缝深度
检测方法	裂缝深度的检测需要对重要的结构裂缝进行。应根据现场实际情况,选取结构受力裂缝进行现场检测
检测原理	当超声波发射换能器和接受换能器的连线通过裂缝时,由于裂缝破坏了混凝土的连续性,声能在裂缝处产生很大衰变,穿过裂缝传播到接受换能器的首波信号很微弱,波形畸变,其波幅或频率与等测距的无缝混凝土比较,存在显著差异,据此可以判定裂缝深度及其在水平方向是否贯通
操作流程	(1) 裂缝深度检测通常采用单面平测法,示意图如下: **单面平测法示意图** 采用平测法要注意避免钢筋的影响。如上图所示:$a \geq 1.5d$。 (2) 当结构物的裂缝部位具有两个互相平行的测试表面时,可以采用斜测法。此法直观、可靠,条件具备时优先选用。分别在两个平行的侧面上对应布置跨缝和不跨缝测点,检测时,将探头沿构件侧面逐点移动,进行声时测量,平测法及斜测法测点布置原理图如下图所示: (a)平面图　　(b)立面图 **斜测法测试裂缝深度示意图**
数据处理	被检测部位混凝土声速C的计算: $$C_i = \frac{l_i}{t_i}; \quad C = \frac{\sum_{i=1}^{4} C_i}{4}$$ 式中:C_i——不跨缝第i点的声速; 　　　t_i——不跨缝第i点声时; 　　　l_i——不跨缝第i点测距。 被测部位裂缝深度h的计算: $$h = \frac{1}{2}\sqrt{(Ct_1)^2 - l_1^2}$$ 式中:C——被检测部位混凝土声速; 　　　t_1——跨缝第1点声时; 　　　l_1——跨缝第1点测距

续表

设备名称	裂缝测深仪
仪器图片与工程应用案例	

6 钢筋锈蚀仪：检测钢筋锈蚀情况

设备名称	钢筋锈蚀仪
适用构件	混凝土箱梁、板梁、横向联系、桥墩、桥台、索塔、T梁
应用材质	钢筋混凝土
可检测项目	钢筋锈蚀
检测方法	(1) 钢筋锈蚀状况检测范围为主要承重构件或承重构件的主要受力部位，或根据外观检查有迹象表明钢筋可能存在锈蚀的部位； (2) 每个测区上布置测试网格，网格节点为测点，网格间距采用 20 cm×20 cm, 30 cm×30 cm, 30 cm×10 cm 等，测点位置距构件边缘大于 5 cm, 一个测区不少于 20 个测点； (3) 当一个测区内存在相邻测点的读数超过 150 mV, 通常应减小测点间距； (4) 测区统一编号，注明位置，并描述外观情况
检测原理	钢筋锈蚀仪原理是半电池电位法。半电池电位法是利用"$Cu+CuSO_4$"饱和溶液形成的半电池与"钢筋+混凝土"形成的半电池构成一个全电池系统。由于"$Cu+CuSO_4$ 饱和溶液"的电位值相对恒定，而混凝土中钢筋因锈蚀产生的化学反应将引起全电池的变化。因此，电位值可以评定钢筋锈蚀状态
操作流程	(1) 选择测区，对被测表面进行湿润；(2) 用钢丝筛、砂纸打磨测区混凝土表面，去除涂料、浮浆、污迹、尘土等；(3) 在测区布置测试网格，网格节点为测点，一般不宜少于 20 个测点；(4) 检查硫酸铜是否饱和，饱和硫酸铜溶液由硫酸铜晶体溶解在蒸馏水中制成，当有多余的未溶解硫酸铜晶体积于溶液底部时，可认为溶液是饱和的。电极铜棒应清洁，无明显缺陷，否则需用稀释盐酸溶液清洁铜棒。硫酸铜溶液应每月更换，长时间不用，再用应更换新溶液，以保持溶液清洁。溶液应充满电极，以保证连接；(5) 连接好仪器，并将仪表的负输入端接钢筋，若在远离钢筋连接点的测区进行测量，必须用万用表检查内部钢筋的连续性，如不连续，应重新进行钢筋的连接；(6) 测前将电极前端多孔塞浸湿，再次用喷雾器将混凝土表面润湿；(7) 试测，检查测试系统的连接情况，测点读数变动不超过 2 mV, 可视为稳定。在同一测点，同一支参考电极，重复测读的差异不超过 10 mV, 不同的电极重复测读的差异不超过 20 mV, 若不符合稳定要求，应检查测试系统的各个环节；(8) 开始测试，并做好记录
数据处理	依据不同测区位置，准确记录钢筋锈蚀仪显示数据

续表

设备名称	钢筋锈蚀仪		
结果分析与评定	序号	电位水平	钢筋状态
	1	0～-200	无锈蚀活动性或锈蚀活动性不确定
	2	-200～-300	有锈蚀活动性,但锈蚀状态不明确,可能坑蚀
	3	-300～-400	有锈蚀活动性,发生锈蚀概率大于90%
	4	-400～-500	有锈蚀活动性,严重锈蚀可能性极大
	5	<-500	构件存在锈蚀开裂区域
仪器图片与工程应用案例			

7 氯离子含量检测仪:检测氯离子含量

设备名称	氯离子含量检测仪
适用构件	混凝土箱梁、板梁、横向联系、桥墩、桥台、索塔、T梁
应用材质	钢筋混凝土
可检测项目	氯离子含量
检测方法	(1) 对钢筋锈蚀电位评定标度值为3、4、5的主要构件或主要受理部位,应布置测区测定混凝土中氯离子含量及其分布,每一被测构件测区数量不宜少于3个。 (2) 混凝土中的氯离子含量,可采用在结构构件上钻取不同深度的混凝土粉末样品的方法通过化学分析进行测定。混凝土样品的取样方法如下图: 混凝土取样方法
检测原理	用氯离子选择电极和甘汞电极置于液相中,测得的电极电位 E,与液相中氯离子浓度 C 的对数,呈线性关系,即 $E=K-0.059 \lg C$。因此,可根据测得的电极电位值,来推算出氯离子浓度

续表

设备名称	氯离子含量检测仪
操作流程	(1) 粉状试样烘干,称重,备好待测; (2) 取定量试样用蒸馏水自然浸泡,用磁力搅拌器搅拌均匀; (3) 连接电极,主机和电脑,打开操作软件; (4) 通过软件,用标定溶液标定电极; (5) 试样溶液中加入电极稳定液,用标定完的电极测量,单个试样测试时间为 2~3 min; (6) 通过软件打印测量数据,导出或储存试验数据
数据处理	选取测区最高氯离子含量值,确定混凝土氯离子含量评定标度
结果分析与评定	氯离子含量评定标度如下表所示: **混凝土氯离子含量评定标准** | 氯离子含量 (占水泥含量百分比)	诱发钢筋锈蚀可能性	评定标度
---	---	---
<0.15	很小	1
[0.15,0.40)	不确定	2
[0.40,0.70)	有可能诱发钢筋锈蚀	3
[0.70,1.00)	会诱发钢筋锈蚀	4
≥1.00	钢筋锈蚀活化	5	
仪器图片与工程应用案例	

8 混凝土电阻率测试仪:检测混凝土电阻率

设备名称	混凝土电阻率测试仪
适用构件	混凝土箱梁、板梁、横向联系、桥墩、桥台、索塔、T梁
应用材质	钢筋混凝土
可检测项目	混凝土电阻率
检测方法	对钢筋锈蚀电位评定标度值 3、4、5 的主要构件或主要受力部位,应进行混凝土电阻率的测量。被测构件或部位大的测区数量不宜少于 30 个

续表

设备名称	混凝土电阻率测试仪
检测原理	混凝土电阻率采用四电极阻抗测量法测定,即在混凝土表面等间距接触四支电极,两外侧电极为电流电极,两内侧电极为电压电极,如图所示。通过检测两电压电极间的混凝土阻抗获得混凝土电阻率ρ。 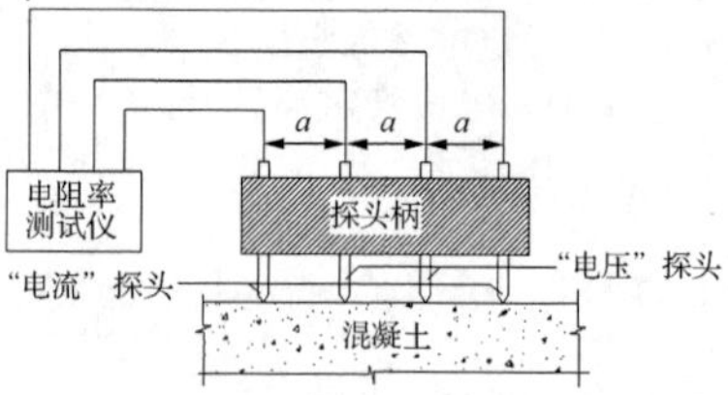
操作流程	(1) 将传感器连接到主机上。先将电缆一头连接到传感器,然后将另一头连接到主机上。在连接电缆之前不要开主机,连接后再打开主机,否则可能会导致主机损坏。 (2) 检查混凝土表面。如果混凝土表面太干或太湿,可能会导致很大的误差。当混凝土表面脏污时,也无法进行测量,可能导致很大的误差。因此,尽可能保持混凝土表面条件良好。如果混凝土表面涂有油漆,则无法测量电阻率。同样,如果混凝土表面涂有水性涂料,测量也会不准确。在这些情况下,应该在混凝土表面钻2~3 mm的孔,在混凝土内部进行测量,以获得最佳的结果
数据处理	按照测区电阻率最小值确定混凝土的电阻率评定标度
结果分析与评定	下表给出了混凝土电阻率与钢筋锈蚀速率的对应关系,并以此判定混凝土电阻率的评定标度。 **混凝土电阻率评定标度** | 电阻率	可能的锈蚀速率	评定标度
---	---	---
≥20 000	很慢	1
[15 000, 20 000)	慢	2
[10 000, 15 000)	一般	3
[5 000, 10 000)	快	4
<5 000	很快	5	
仪器图片与工程应用案例	

9 激光测距仪：测距定位

设备名称	激光测距仪
适用构件	沥青桥面铺装、防排水系统、照明系统、护栏、伸缩缝、混凝土箱梁、横向联系、盆式橡胶支座、桥墩、桥台、钢箱梁、斜拉索、支座、桥塔
应用材质	所有材质
可检测项目	测量距离
检测方法	对较长距离或者难以接近部位的距离可以用激光测距仪测量
检测原理	激光测距仪一般采用两种方式来测量距离：脉冲法和相位法，还有在此基础上发展出来的手持式激光测距仪。 (1) 脉冲法测距的过程是这样的：测距仪发射出的激光经被测量物体的反射后又被测距仪接收，测距仪同时记录激光往返的时间。光速和往返时间的乘积的一半，就是测距仪和被测量物体之间的距离。脉冲法测量距离的精度一般是在±1 m左右。另外，此类测距仪的测量盲区一般是15 m左右。 激光测距是光波测距中的一种测距方式，如果光以速度 c 在空气中传播，A、B 两点间往返一次所需时间为 t，则 A、B 两点间距离 D 可用下式表示。 $$D=ct/2$$ 由上式可知，要测量 A、B 距离实际上是要测量光传播的时间 t，根据测量时间方法的不同，激光测距仪通常可分为脉冲式和相位式两种测量形式。 (2) 相位式激光测距仪 相位式激光测距仪是用无线电波段的频率，对激光束进行幅度调制并测定调制光往返测线一次所产生的相位延迟，再根据调制光的波长，换算此相位延迟所代表的距离。即用间接方法测定出光经往返测线所需的时间，如图所示。 相位式激光测距仪一般应用在精密测距中。由于其精度高，一般为毫米级，为了有效地反射信号，并使测定的目标限制在与仪器精度相称的某一特定点上，对这种测距仪都配置了被称为合作目标的反射镜。 若调制光角频率为 ω，在待测量距离 D 上往返一次产生的相位延迟为 φ，则对应时间 t 可表示为： $$t=\varphi/\omega$$ 将此关系代入式距离 D 可表示为 $$D=1/2ct=1/2c \cdot \varphi/\omega=c/(4\pi f)(N\pi+\Delta\varphi)=c/4f(N+\Delta N)=U(N+\Delta N)$$ 式中：φ——信号往返测线一次产生的总的相位延迟； ω——调制信号的角频率，$\omega=2\pi f$； U——单位长度，数值等于1/4调制波长； N——测线所包含调制半波长个数； $\Delta\varphi$——信号往返测线一次产生相位延迟不足 π 部分； ΔN——测线所包含调制波不足半波长的小数部分； $\Delta N=\varphi/\omega$。

设备名称	激光测距仪
检测原理	在给定调制和标准大气条件下,频率$c/(4\pi f)$是一个常数,此时距离的测量变成了测线所包含半波长个数的测量和不足半波长的小数部分的测量即测N或φ,由于近代精密机械加工技术和无线电测相技术的发展,已使φ的测量达到很高的精度。 为了测得不足π的相角φ,可以通过不同的方法来进行测量,通常应用最多的是延迟测相和数字测相,目前短程激光测距仪均采用数字测相原理来求得φ。 由上所述一般情况下相位式激光测距仪使用连续发射带调制信号的激光束,为了获得测距高精度还需配置合作目标。 (3) 目前推出的手持式激光测距仪是脉冲式激光测距仪中又一新型测距仪,它不仅体积小、重量轻,还采用数字测相脉冲展宽细分技术,无需合作目标即可达到毫米级精度,测程已经超过100 m,且能快速准确地直接显示距离。是短程精度精密工程测量、房屋建筑面积测量中最新型的长度计量标准器具
操作流程	手持式激光测距仪是现阶段使用比较多的激光测距仪类型,测量时需手握机器放置在准备测量的起点,按设备上打开激光的按键,将激光瞄准想要测量的目标,再按一下按键就可以得到测量结果
数据处理	激光测距仪显示屏上会显示测量数值,仔细记录并形成结果汇总表格
结果分析与评定	依据不同工程测量评定要求对距离测量结果进行评定
仪器图片与工程应用案例	

10 水准仪:高程测量

设备名称	水准仪
适用构件	混凝土箱梁、板梁、T梁、钢箱梁、拱上结构、主拱圈
应用材质	所有材质
可检测项目	测量高程
检测方法	水准仪的高程测量方法如下: 水准测量是利用一条水平视线,并借助水准尺,来测定地面两点间的高差,这样就可由已知点的高程推算出未知点的高程。测定待测点高程的方法有高差法和仪高法两种。 (1) 高差法 如图1所示,若已知A点的高程H_A,欲测定B点的高程H_B。在A、B两点上竖立两根尺子,并在A、B两点之间安置一架可以得到水平视线的仪器。假设水准仪的水平视线在尺子上的位置读数分别为A尺(后视)读数为a,B尺(前视)读数为b,则A、B两点之间的高程差(简称高差h_{AB})为 $$h_{AB}=a-b \tag{1}$$

设备名称	水准仪
检测方法	于是 B 点的高程 H_B 为 $$H_B = H_A + h_{AB} \quad (2)$$ $$H_B = H_A + h_{AB} = H_A + a - b \quad (3)$$ 这种利用高差计算待测点高程的方法,称高差法。这种尺子称为水准尺,所用的仪器称为水准仪。 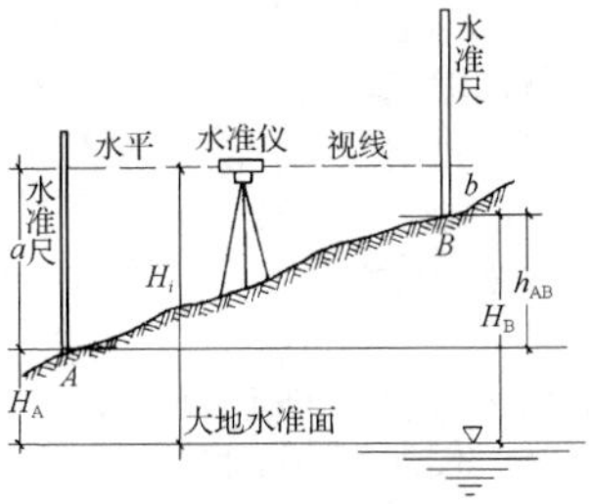 图 1　水准测量原理 (2) 仪高法 由式(3)可以写为 $$H_B = (H_A + a) - b \quad (4)$$ 如图 2 所示,即 $$H_B = H_i - b \quad (5)$$ 上式中 H_i 是仪器水平视线的高程,常称为仪器高程或视线高程。仪高法是,计算一次仪高,就可以测算出几个前视点的高程。即放置一次仪器,可以测出数个前视点的高程。 综上所述,高差法和仪高法都是利用水准仪提供的水平视线测定地面点高程。必须注意: ① 前视与后视的概念一定要清楚,不能误解为往前看或往后看所得的水准尺读数。 ② 两点间高差 h_{AB} 是有正负的,计算高程时,高差应连其符号一并运算。在书写 h_{AB} 时,注意 h 的下标,h_{AB} 是表示 B 点相对于 A 点的高差;h_{BA} 则表示是 A 点相对于 B 点的高差。h_{AB} 与 h_{BA} 的绝对值相等,但符号相反。 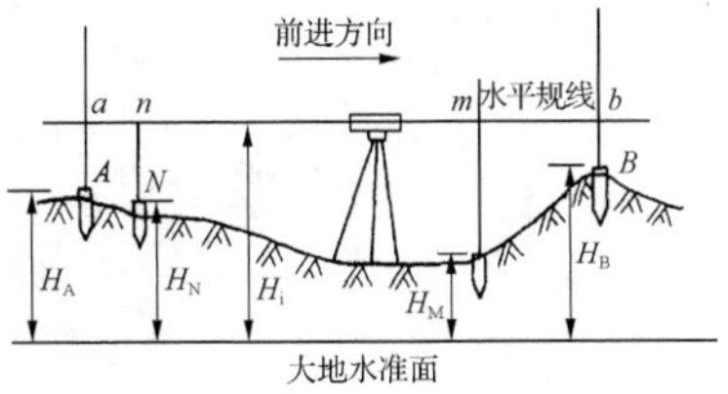 图 2　仪高法水准测量

续表

设备名称	水准仪
检测原理	水准仪的结构可分望远镜、托板和基座三大部分。望远镜部分主要有望远镜和水准管两大部件(自动补偿水准仪在望远镜与托板之间增加补偿结构连为一体)。托板部分包括竖轴微倾结构装置和微动螺旋,基座部分有竖轴套,制动机构(自动安平仪器省略了这部分)和脚螺旋等部件。细分为物镜、调焦透镜、调焦螺旋、十字丝分划板、目镜圆水准器、竖轴、脚螺旋、基座、微动螺旋、水准管轴、视准轴、对准器等。 光学水准仪核心就是望远镜与水准管,而这两部分是固连在一起的。经过校正的水准仪只要使水准管气泡居中,望远镜中的视线就是一条水平视线。望远镜由物镜、调焦透镜、十字丝分划板和目镜等组成。十字丝交点和物镜光心的连线称为望远镜的视准轴也称为视线。它的成像原理是根据几何光学原理,光线通过透镜有下列3条规律: (1)平行光轴的光线经过透镜后光线通过像方焦点。(2)经过透镜物方焦点的光线再通过透镜后光线平行于光轴。(3)经过透镜光心(可以近似地认为与透镜中心重合)的光线不改变方向。 目前常用水准仪多为自动安平补偿,而我们测量人员只要将圆水准器聚中(竖轴基本垂直)达到补偿范围,仪器就自动将视准轴补偿呈水平
操作流程	(1)水准器粗略整平。整平时,先用左、右手以相反方向匀速旋转3个脚螺旋中的两个,接着再转动另外一脚螺旋,使气泡居中。 (2)根据观测者的视力,将望远镜对向白色背景,旋转目镜对光螺旋,进行目镜对光,使十字丝清晰。 (3)松开制动螺旋,水平旋转望远镜,用望远镜筒上的照门(缺口)和准星,瞄准水准尺,当在望远镜视场内水准尺后,拧紧制动螺旋。 (4)转动对光螺旋,使尺子的镜像十分清晰并消除视差,用微动螺旋转动水准仪,使十字丝、竖丝照准尺面中央。 (5)读数前旋转微倾螺旋,使水准管气泡居中,然后立即根据十字丝、横丝在水准尺上读数。估读到毫米。 (6)读完后视读数后,仪器立即转向前视方向,符合气泡完全符合后,再读取前视尺读数
数据处理	仔细记录测量数值,根据水准测量等级进行相应数据处理
结果分析与评定	汇总测量数据,得到水准测量结果表格
仪器图片与工程应用案例	

11 全站仪:变位测量

设备名称	全站仪
适用构件	引桥及接线桥梁:混凝土箱梁、板梁、横向联系、桥墩、桥台 主桥:钢箱梁、索塔、桥墩
应用材质	所有材质
可检测项目	桥梁变位测量
检测方法	桥梁变位的测量,特别是静力荷载作用下的变形,要求用高精度全站仪。这里的高精度是指测距精度达到毫米级,测角精度不大于"1"类的全站仪。 全站仪在测量桥梁变位时一般需要目标点安装棱镜。但也有免棱镜全站仪,免棱镜全站仪可以用来测量斜拉桥主塔等无法安装棱镜的场合。 全站仪在测量桥梁变形的应用方面,桥梁跨径越大其优势越明显。对于某些中小桥绝对位移只有几毫米的情况,即使选用再高精度的全站仪,其测量精度还是存在问题
检测原理	全站仪的工作原理分测角原理和测距原理。 全站仪测角部分采用"角度度盘+角度传感器"获得角度的数字化数据。与光学经纬仪比较电子经纬仪将光学度盘换为光电扫描度盘,将人工光学测微读数代之以自动记录和显示读数,使测角操作简单化,可避免读数误差的产生。 测距部分与光电测距仪完全相同,采用电磁波测相技术实现
操作流程	全站仪类型较多,其操作流程相差明显,可参照各类全站仪操作说明书
数据处理	全站仪可自动记录测量数据
结果分析与评定	在桥梁静力试验中可将各工况全站仪测得的桥梁变位数据与理论计算值比较,判断桥梁状态。 利用桥梁变位测量数据,绘制桥梁变形曲线
仪器图片与工程应用案例	

12　振弦式应变计：应变测量

设备名称	振弦式应变计
适用构件	混凝土箱梁、板梁、横向联系、桥墩、桥台、钢箱梁、索塔、T梁
应用材质	所有材质
可检测项目	桥梁应变测量
检测方法	振弦式应变计一般用于大跨度桥梁的施工监控和营运期的长期监测。应变计需安装结构监测关键部位
检测原理	振弦式应变计是利用弦振频率与弦的拉力的变化关系来测量应变计所在点的应变。应变计在制作出厂后，其中钢弦具有一定的初始拉力 T_0，因而具有初始频率 f_0，当应变计被埋入混凝土中后，应变筒随混凝土变形而变形，筒中弦的拉力随变形变化而变化，利用弦的拉力变化可以测出应变筒的应变大小。现假定应变计两端承受压力，则弦的张力减少，此时弦的自振频率也减少，设弦的张力为 T，自振频率为 f，张力与频率关系可用式(1)表示： $$T = Kf^2 \quad (1)$$ 式中：K 与弦的长度、单位长质量有关。很显然，有 $$\Delta T = T - T_0 = K(f^2 - f_0^2) \quad (2)$$ 应变计的应变筒与其中钢弦变形协调，应变增量相同，设应变筒的应变增量为 ε_h，弦的应变增量为 ε_g，则有 $$\varepsilon_h = \frac{K}{EA}(f^2 - f_0^2) = k_h(f^2 - f_0^2) \quad (3)$$ 式中：EA 指的是抗拉压刚度（其中 E 为弹性模量，A 为截面面积） 在应变计出厂前，通过压力机标定，给出频率—应变数据点。在计算读数应变前，常常将数据点按式(3)拟合成 $\varepsilon_h - f^2$ 直线表达式，进而求得各读数频率下的应变值 ε_h
操作流程	在结构表面安装应变计，采用模具安装块定位。焊接固定模具时应采用厂家提供的标准芯棒，将应变计安装架在设计点定位可靠后再行焊接。待焊接处冷却至常温后，方可安装应变计。埋入混凝土内的应变计应加保护罩
数据处理	读取应变计数据并记录
结果分析与评定	分析数据结果与理论计算值比较
仪器图片与工程应用案例	

13　磁粉探伤仪:钢结构无损检测

设备名称	磁粉探伤仪
适用构件	钢箱梁
应用材质	钢材
可检测项目	钢结构表面微裂纹
检测方法	磁粉探伤仪用于钢结构表面微裂缝及其他病害的测量
检测原理	在待检测部位表面上均匀喷撒细微粒磁粉(平均粒度为 5～10 μm),如果不存在裂纹,由于磁导率均匀无变化,磁粉是均匀分布的。若存在裂纹,则会产生磁阻变化,使裂纹处产生漏磁场,并形成一个小小的 N—S 磁极,使磁粉在裂纹处形成堆积现象,见下图。 **磁粉探伤原理**
操作流程	(1) 电磁轭磁粉探伤仪使用前应根据被探伤工件选择适应的探头。先将输出电缆探头连接旋紧,再将输出电缆的另一端插入面板上的"输出"插座中并旋紧。 (2) 将电源电缆与探头插入面板上"输入"电源插座中,另一端插入单相 220 V 的电源插座中(带有 220 V 的电源配电板,必须接地良好),打开面板上的电源开关,此时电源指示灯亮,说明控制电路中已接通电源。 (3) 手持探头将探头与被测工件接触好,在被探工件上喷撒磁粉或磁悬液,这时按下探头手把上的充磁开关,"磁化指示"灯亮,工作呈磁化状态;松开按钮开关,观察工件是否有磁粉,工件上如有裂纹,在磁化过程中,有裂纹的地方聚结磁粉,形成磁痕。 (4) 该磁粉探伤仪具有交、直流电流选择,当需要直流探伤时将转换开关扳向直流位置,此时探头工作电流为直流输出。 (5) 如有需要调节磁极间距,松开可调关节的蝶形螺母来改变探头的磁极间距,调整好后需拧紧螺母方可工作。 (6) 在工件被磁化时,即按下探头手把上的充磁开关,所按下的时间不宜太长,一般只需 3～5 秒即可,时间长会引起不必要的升温和能耗
数据处理	观察被测结构上是否形成磁痕
结果分析与评定	若工件上形成磁痕则说明工件上存在裂纹
仪器图片与工程应用案例	

14 钢结构涂层厚度检测仪:钢结构涂层厚度

设备名称	钢结构涂层厚度检测仪
适用构件	钢箱梁
应用材质	钢材
可检测项目	钢结构表面涂层厚度
检测方法	按构件数抽查10%,且同类构件不应少于3件
检测原理	钢结构涂层厚度检测仪依据检测原理不同主要分为两类: (1) 磁感应测量钢结构涂层厚度 采用磁感应原理测量涂层时,利用从测头经过非铁磁覆层而流入铁磁基体的磁通的大小,来测定涂层覆层厚度。也可以测定与之对应的磁阻的大小,来表示其涂层覆层厚度。涂层覆层越厚,则磁阻越大,磁通越小。利用磁感应原理的涂层测厚仪,原则上可以有导磁基体上的非导磁涂层覆层厚度。一般要求基材磁导率在500以上。如果涂层覆层材料也有磁性,则要求与基材的磁导率之差足够大(如钢上镀镍)。当软芯上绕着线圈的测头放在被测样本上时,涂层测厚仪器自动输出测试电流或测试信号。近年来的电路设计引入稳频、锁相、温度补偿等新技术,利用磁阻来调制测量信号。还采用专利设计的集成电路,引入微机,使测量精度和重现性有了大幅度的提高(几乎达一个数量级)。现代的磁感应涂层测厚仪,分辨率达到0.1 μm,允许误差达1%,量程达10 mm。磁性原理涂层测量方法可应用于精确测量钢铁表面的油漆层,瓷、搪瓷防护层,塑料、橡胶覆层,包括镍铬在内的各种有色金属电镀层,以及化工石油工业的各种防腐涂层厚度。 (2) 电涡流原理测量钢结构涂层厚度 高频交流信号在测头线圈中产生电磁场,测头靠近导体时,就在其中形成涡流。测头离导电基体愈近,则涡流愈大,反射阻抗也愈大。这个反馈作用量表征了测头与导电基体之间距离的大小,也就是导电基体上非导电覆层厚度的大小。由于这类涂层测厚仪测头专门测量非铁磁金属基材上的涂层覆层厚度,所以通常称之为非磁性测头。非磁性测头采用高频材料做线圈铁芯,例如铂镍合金或其他新材料。与磁感应原理比较,主要区别是涂层测厚仪测头不同,信号的频率不同,信号的大小、标度关系不同。与磁感应涂层测厚仪一样,涡流测厚仪也达到了分辨率0.1 μm,允许误差1%,量程10 mm的高水平
操作流程	(1) 进行校准。依据表面涂层厚度检测仪说明书中提及方式进行校准。 (2) 开始测量:测量时须握住测头上套管,将探头置于要测量的涂层上,保持测头轴线与被测面垂直,"滴"声后提起探头,读取读数。 (3) 测量完毕后,关闭电源
数据处理	每个构件检测5处,每处的数值为3个相距50 mm测点涂层干漆膜厚度的平均值
结果分析与评定	当设计对涂层厚度无要求时,涂层干漆膜总厚度:室外应为150 μm,室内应为125 μm,其允许偏差为−25 μm。每遍涂层干漆膜厚度的允许偏差为−5 μm
仪器图片与工程应用案例	

15 漏磁法拉索检测设备:拉索探伤

设备名称	漏磁法拉索检测设备
适用构件	斜拉索
应用材质	钢材
可检测项目	斜拉索
检测方法	—
检测原理	涡流检测适用于导电材料探伤,常见的金属材料可分为两大类:非铁磁性材料和铁磁性材料。前者为铜、铝、钛及其合金和奥氏体不锈钢;后者为钢、铁及其合金。它们的本质差别是材质磁导率 μ 约为1或远大于1。常规涡流探伤应用于非铁磁性管子,已是非常成熟的技术,它不单能探测出缺陷,并可以利用阻抗平面技术分析出缺陷所在的位置与深度。然而,将它简单地应用于铁磁性材料的钢管(钢绞线),却得不到预期的结果,这是由于铁磁性材料 $\mu \gg 1$,导致涡流只能集中在表面,无法渗透到材料的内部。除此以外,铁磁性材料的磁畴结构,将对涡流检测信号产生极大的干扰,足以把缺陷信号完全淹没,而无法得到有用的信息
技术指标	以南京润奇检测仪器有限公司生产的GTS钢丝绳无损探伤仪为例。 该仪器可实时显示钢丝绳内外部的断丝、锈蚀、磨损、金属截面积变化的定量数值,按现行标准和规程提出诊断报告和解决方案,实现了对钢丝绳损伤的快速诊断,使钢丝绳检测时间成倍减少,检测时不影响正常生产,解决了人工检绳效率低、无法检验内部损伤及人为因素影响等问题。仪器携带方便,操作简单,操作人员经过简单的培训即可操作使用,检测精度高,重复性好,损伤定位准确。 相关技术指标如下: (1) 检测钢丝绳直径范围:Φ1.5～300 mm (2) 传感器与钢丝绳相对速度:0.0～6.0 m/s　最佳:1.0 m/s。 (3) 断丝缺陷(LF)检测能力: 定性　单处集中断丝定性检测准确率99.99%。 定量　单处集中断丝根数允许有一根或一当量根误判,单处集中断丝根数无误差定量检测100次以上准确率≥95%。 (4) 金属截面积变化(LMA)检测定量变化检测能力: 检测灵敏度重复性允许误差为±0.05%。 检测精度示值允许误差为±0.2%。 (5) 位置(L)检测能力: 检测长度示值百分比误差为±0.3%。 (6) 电源:电池供电。 (7) 环境温度:−10～40 ℃。 (8) 大气压力:86～106 kPa。 (9) 相对湿度:≤85%
仪器图片与工程应用案例	

16 光电挠度仪：挠曲度、变形测量

设备名称	光电挠度仪
适用构件	混凝土箱梁、板梁、钢箱梁、T梁、主拱圈
应用材质	钢材
可检测项目	用于各种桥梁静态、动态挠曲度的测量，或大型结构建筑物的变形及震动位移的检测
检测原理	桥梁挠度检测仪将专用光电靶标固定于待测桥梁被测点，使桥梁与被测结构钢性连接，将桥梁振动转换成特定波长的光源震动，通过光学成像系统将待测光信号传导至专用高精工业CCD，检测靶标在CCD上成像的中心坐标的变化即可精确测量被测桥梁在载荷作用下产生的纵向和横向位移及其对时间的响应曲线
操作流程	—
数据处理	—
结果分析与评定	—
技术指标	检测方式：光电图像法。 检测距离：10～500 m。 分辨率：测量范围的1‰。 测量精度：±0.02 mm(10 m距离动态测量)。 测量点数：动挠度检测一个点两个方向(两维)。静挠度检测不少于20个点(两维)。 测量方式：动态单点，静态多点自动跟踪。 标定靶标：采用高亮度强光，外加光学透镜结构小巧，且可全方位旋转。 采样频率：300 Hz。 角度精度：2 s。 角度测量范围：0°～360°(全范围)。 工作温度：−20～50 ℃。 相对湿度：≤80%。 抗震性能：在三级公路运输试验16 h后，正常工作。 电池功能：大容量锂电池供电，充足电，可连续工作12 h以上。 软件功能：可求挠度最大值、最小值、冲击系数、区间频率及功率谱等数据
仪器图片与工程应用案例	

17　缆索机器人：拉索检查

设备名称	缆索机器人
适用构件	斜拉索
应用材质	钢材
可检测项目	沿索爬升功能。机器人可沿任意倾斜度的缆索爬升，可爬升的缆索标高为160 m，缆索倾斜度0~90°，可适应的缆索直径为90~200 mm，机器人爬升速度为8 m/s。 缆索检测功能。机器人上装有钢丝绳检测系统，可沿缆索检测钢丝是否有断丝，以便及时更换缆索。 缆索清洗功能。在机器人本体上配备有各种形状的清洗刷和特定的水基清洗液，可完成缆索去尘、脱脂和去聚乙烯表面静电等工作。 具有一定智能。机器人具有良好的人机交互功能，在高空可以判断是否到顶、风力大小等一些环境情况，并实施相应的动作
检测方法	—
检测原理	—
操作流程	缆索机器人可视为一种模块化的综合系统。可以根据目标任务的不同在爬升装置上添加诸如缆索清洗、检测、涂装等设备，以完成不同的任务。以上海交通大学机器人研究所于1997年与上海黄浦江大桥工程建设处合作研制的斜拉桥缆索涂装维护机器人样机为例，该机器人系统由两部分组成，一部分是机器人本体，一部分是机器人小车。机器人本体可以沿各种倾斜度的缆索爬升，在高空缆索上自动完成检查、打磨、清洗、去静电、底涂和面涂及一系列的维护工作。机器人本体上装有CCD摄像机，可随时监视工作情况。另一部分地面小车，用于安装机器人本体并向机器人本体供应水、涂料，同时监控机器人的高空工作情况

18　连通管：挠度测量

设备名称	连通管
适用构件	混凝土箱梁、板梁、钢箱梁、T梁、主拱圈
应用材质	所有材质
可检测项目	桥梁挠度测量
检测方法	连通管临时用在桥上测挠度，可用Φ10~15 mm的白塑料软管和三通，配普通钢卷尺，人工可测读到1 mm精度，十分方便
检测原理	利用物理学上"连通器中处于水平面上的静止液体的压强相同"的原理
操作流程	使用前先沿桥梁跨度方向布置管子，然后在每个测点位置剪断管子，接上三通，把三通开口的一端管子竖起来绑在支架上，最后灌水至标尺位置。桥梁试验加、卸载会引起桥梁结构下挠，此时水管中的水平液面仍需持平，但每个测点的相对水位会发生变化，读取这个变化值，经简单计算就可以得到桥梁挠度

续表

设备名称	连通管
数据处理	用连通管来测量桥梁挠度的优点是可靠、易行,当挠度的绝对值大于 20 mm 时,其中 1 mm 的最小读数至少可有 5%的相对精度
结果分析与评定	在桥梁静力试验中可将各工况连通管测得的桥梁变位数据与理论计算值比较,判断桥梁状态。 利用桥梁变位测量数据,绘制桥梁变形曲线

附件7　桥梁维修加固工艺

1　混凝土结构维修加固工艺

1.1　结构腐蚀破坏

影响混凝土结构耐久性的主要因素是环境因素,而混凝土结构自身的薄弱环节成为影响其病害速度进程的先天原因。所处环境夏季气候高温、潮湿,大气环境中的气体、液体侵入如 CO_2、Cl^-、冻融等,混凝土本身因素如保护层不足、密实度差及裂缝、预应力钢筋管道压浆质量差等,使得自身抵抗环境影响的能力差。混凝土结构破坏主要是钢筋锈蚀发展的结果,而钢筋钝化模的破坏是钢筋锈蚀的开始。

混凝土的腐蚀是由于混凝土的碳化、氯离子的侵蚀等引起的。混凝土结构腐蚀破坏,即钢筋的腐蚀可分为3个阶段:

(1) 碳化深度已经达到钢筋表面或侵蚀介质在混凝土与钢筋表面达到临界值,但钢筋钝化膜尚未发生破裂。这一阶段主要是腐蚀介质在混凝土中渗透和扩散以及在钢筋与混凝土界面积聚。

(2) 腐蚀介质超过临界值,钢筋钝化膜破裂而发生局部腐蚀,腐蚀产物累积导致混凝土局部胀裂。

(3) 钢筋大面积腐蚀,混凝土保护层大面积胀裂和破坏,钢筋加速腐蚀,有效截面迅速减小,致使结构安全度降低至允许范围之下。

结构承载能力极限状态一般应该在保护层大面积脱落及钢筋截面迅速减小的第三阶段某一点,该点对应着结构寿命。混凝土的寿命应对应着混凝土功能的丧失,即保护层由于腐蚀发生局部胀裂,在第一阶段末或第二阶段初。因此混凝土的寿命为简单准确起见,一般定为第一阶段末。

1.2　混凝土裂缝限值

影响混凝土结构耐久性的主要因素是裂缝,从裂缝侵入的水汽和腐蚀介质会引起钢筋锈蚀和混凝土剥落。

根据《公路桥涵养护规范》(JTG H11—2004)中对桥梁结构中混凝土的各项规定,裂缝宽度应不大于表1值。

表 1　裂缝限值表

结构类型	裂缝种类		允许最大裂缝(mm)	其他要求
钢筋混凝土梁	主筋附近竖向裂缝		0.25	0
	腹板斜向裂缝		0.30	0
	组合梁结合面		0.50	不允许贯通结合面
	横隔板与梁体端部		0.30	0
	支座垫石		0.50	0
预应力混凝土梁	梁体竖向裂缝		不允许	0
	梁体纵向裂缝		0.20	0
砖、石、混凝土拱	拱圈横向		0.30	裂缝高度小于截面高度一半
	拱圈纵向		0.50	裂缝长度小于跨径的1/8
	拱波与拱肋结合处		0.20	0
墩台	墩台帽		0.30	
	墩台身	经常受侵蚀性水影响 有筋	0.20	不允许贯通墩身截面一半
		经常受侵蚀性水影响 无筋	0.30	
		常年有水,但无侵蚀性水影响 有筋	0.25	
		常年有水,但无侵蚀性水影响 无筋	0.35	
	干沟或者季节性有水河流		0.40	
	有冻结作用部分		0.20	

1.3 混凝土表观缺陷处置

混凝土结构表观缺陷病害(非裂缝)分类及其对应处置措施见表 2。

表 2　混凝土结构表观缺陷病害维修养护措施表

病害	病害等级	处置措施	注意事项
蜂窝麻面	2	人工凿除后采用涂抹环氧砂浆修复	凿除厚度一般不超过混凝土保护层,如病害厚度过大,应按空洞、孔洞处理,凿除时应避免伤害结构钢筋
	3	可采用高压射水法清除病害位置后涂抹环氧砂浆修复	
剥落掉角	2	凿毛并表面清理后采用涂抹环氧砂浆法修复	对于病害等级为 4 的,应着重检查裸露钢筋是否有断裂或变形情况,对于主要构件如出现主筋变形较大或断裂的情况,应对结构安全进行评估后制定专项加固方案;如出现预应力管道外露的按空洞、孔洞处理
	3	凿毛并表面清理后处理钢筋锈蚀,最后采用涂抹环氧砂浆修复	
	4	面积较大时可采用高压射水清理表面并凿毛,检查钢筋变形、断裂情况,无异常后采用涂抹环氧砂浆修复	

续表2

病害	病害等级	处置措施	注意事项
空洞孔洞	2	人工或机械凿除后,采用环氧混凝土现浇修复	空洞、孔洞病害在进行处理时,应着重关注是否有预应力管道裸露,对于主要构件如存在管道裸露或主筋断裂变形,应进行安全评估后制定专项加固方案
	3	机械凿除后,垫钢筋网片并采用环氧混凝土现浇修复	
	4	机械凿除清理后,检查病害深度,如无钢筋或预应力管道裸露,或者裸露钢筋无变形、断裂,垫钢筋网片并采用环氧混凝土现浇修复	
露筋锈蚀	2、3	人工凿除后进行除锈,涂抹阻锈剂后采用环氧砂浆涂抹修复	对于主要构件出现等级为5的露筋锈蚀,不应立即处理,而应进行安全评估,制定专项加固方案
	4	人工凿除后进行除锈,并在锈蚀钢筋附近补设加强钢筋,之后涂抹阻锈剂后采用环氧砂浆涂抹修复	
	5	对于次要构件、附属构件的该类病害,可采用等级4的处置方式;对于重要构件的应当进行安全评估,制定专项加固方案	

(1) 混凝土蜂窝麻面人工涂抹水泥砂浆工艺流程如图1所示:

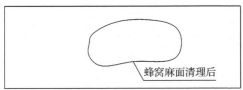

第一步:凿除蜂窝麻面表面疏松层,露出新鲜混凝土,凿毛,用工业酒精刷洗至表面无浮渣、粉尘、油污

第二步:在混凝土表面涂抹环氧浆液,提高黏结力

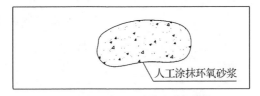

第三步:采用环氧砂浆人工涂抹法进行修补

图1 蜂窝麻面人工涂抹水泥砂浆工艺流程图

(2) 混凝土蜂窝麻面涂抹环氧砂浆工艺流程如图2所示:

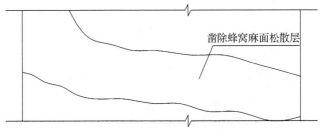

第一步:机械凿除或高压射水清除蜂窝麻面表面疏松层,露出新鲜混凝土,凿毛,用工业酒精刷洗至表面无浮渣、粉尘、油污。对露出钢筋进行除锈、防锈处理,锈蚀严重的须在原钢筋上绑扎同样直径的补强钢筋

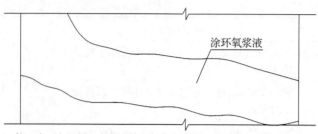

第二步：在混凝土表面涂抹环氧浆液，使旧混凝土表面充分浸润，提高黏结力

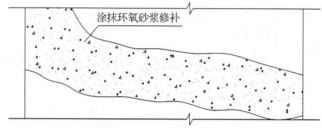

第三步：采用涂抹环氧砂浆的方式进行修补

图 2　蜂窝麻面涂抹环氧砂浆工艺流程图

（3）混凝土剥落、掉角修复工艺流程如图 3 所示：

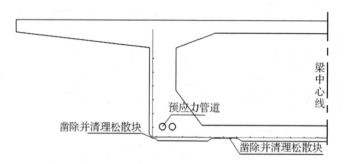

第一步：凿除剥落、掉角附近混凝土松散块，露出坚实混凝土并凿毛，用工业酒精刷新至表面无浮渣、粉尘、油污

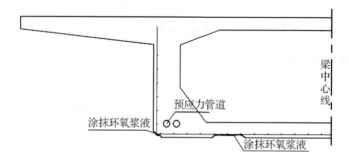

第二步：在混凝土表面涂抹环氧浆液，使旧混凝土表面充分浸润，提高黏结力

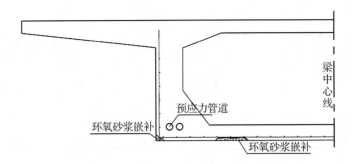

第三步:采用环氧砂浆涂抹嵌补病害部位

图3 剥落掉角修复工艺流程图

(4)混凝土空洞、孔洞修复工艺流程如图4所示:

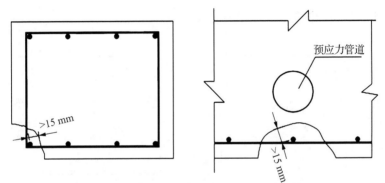

第一步:清理脱落掉块和松散混凝土块,至露出钢筋,钢筋与混凝土距离大于15 mm

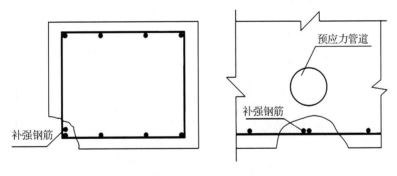

第二步:对露出钢筋进行除锈、防锈处理,锈蚀严重的须在原钢筋上绑扎同样直径的补强钢筋

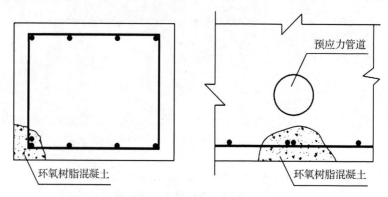

第三步：在清理好的钢筋与混凝土上均匀涂上环氧胶液，之后安装模板并浇注新的环氧砂浆

图 4　空洞、孔洞修复工艺流程图

（5）混凝土露筋锈蚀修复工艺流程如图 5 所示：

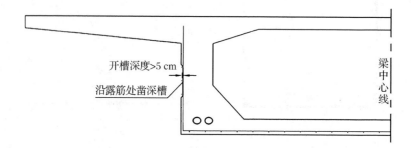

第一步：采用人工凿除的方法清除桥梁表面因钢筋锈蚀而损坏的混凝土，使钢筋锈蚀段完全露出

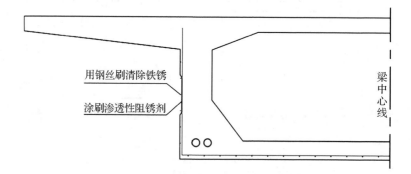

第二步：用钢丝刷等工具清除掉钢筋上的铁锈，对凿除面进行清理并用工业酒精清洗，之后在修补范围及其周边涂刷渗透性阻锈剂

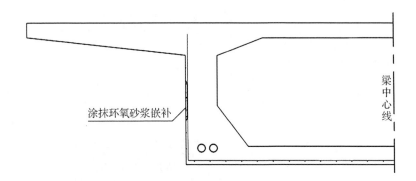

第三步：采用环氧砂浆涂抹嵌补病害部位

图 5　露筋锈蚀修复工艺流程图

1.4　混凝土结构裂缝处置

混凝土结构裂缝病害及其对应处置措施见表 3。

表 3　混凝土裂缝病害维修养护措施表

病害	病害等级	处置措施	注意事项
裂缝	2	缝宽 $w<0.15$ mm：进行表面封闭处理 缝宽 $w\geqslant 0.15$ mm：进行压力灌胶处理	混凝土桥梁主要构件或次要构件发生的裂缝，裂缝病害等级 3 级以上的应当加强观测，或进行必要的安全评估，并制定专项加固措施。这类裂缝往往是结构裂缝，仅采用常规处理会对裂缝病害原因的判断起到干扰，也无法产生加固效果
	3	主要构件：裂缝深度小于 1/10 结构深度时，可按病害等级 2 进行维修；裂缝深度过大时，应加强裂缝观测，不处置。 次要构件、附属构件：按病害等级 2 进行维修处置	
	4、5	主要构件、次要构件：不应进行简单的封闭灌浆处置，应对结构进行安全评估，制定专项加固措施。 附属构件：按病害等级 2 进行维修处置或进行附属构件更换	

（1）裂缝灌浆施工工艺流程如图 6 所示：

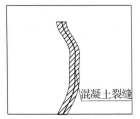

第一步：
　　裂缝混凝土表面处理，用钢丝刷反复刷裂缝表面左右 3~4 cm 的混凝土直至表面浮浆脱落，用无油压缩空气除尘，用工业酒精擦洗表面

第二步：
　　黏贴压浆嘴，首尾各一个，中间缝宽则疏，缝窄则密，压浆嘴最大间距 30~50 cm 布置，在一条缝上必须有进浆嘴、排气嘴和出浆嘴

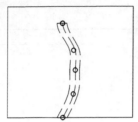
第三步：
裂缝表面封闭，用密封胶封闭裂缝表面，胶泥厚不小于1 mm，宽度2~3 cm

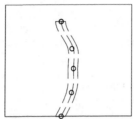
第四步：
密封检查，从最下或左的压浆嘴输入0.4 MPa无油压缩空气，相邻或右嘴排气时逐个关闭所有阀门，再沿缝附近涂刷肥皂水检漏，若有气泡冒出说明该处漏气，做好标记，用裂缝表面封闭胶对漏气的区域进行封闭，待达到强度后再气检，如此反复，直至不漏气为止

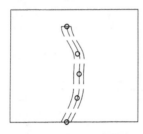
第五步：
配制裂缝灌注胶，将灌注胶按照供应商提供的产品说明书要求的比例配制准确，称量，将主剂与固化剂倒在容器中，用低速搅拌器搅拌均匀

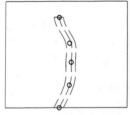
第六步：
裂缝灌浆，用0.1~0.4 MPa无油压缩空气为动力，缓慢起灌，当相邻嘴不夹气冒胶时关闭该阀，逐一排气冒胶关阀，直至最后一个阀。连通缝的裂缝灌浆在内侧灌胶，外侧观测出胶情况，在灌胶时外侧压浆嘴出胶后由低到高逐个关闭阀门

图6　裂缝灌浆修复工艺流程图

（2）裂缝封闭施工工艺流程如图7所示：

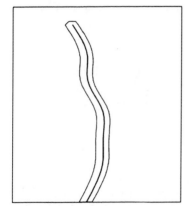
第一步：在裂缝上口凿一V形槽，宽1~2 cm，深约0.5 cm，槽面应尽量平整

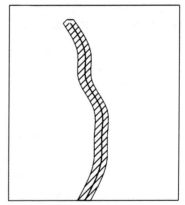
第二步：钢丝刷清理缝口，吹清缝内灰砂，烘干混凝土表面，然后再用毛刷蘸上工业酒精，把沿裂缝两侧20~30 mm处擦洗干净并保持干燥

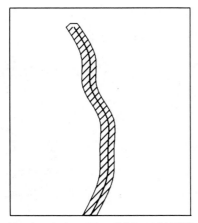 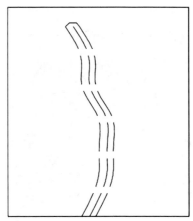

| 第三步：在清理后的V形槽表面用漆刷刷一层封闭底胶 | 第四步：封闭底胶固化后，用封闭胶将V形槽密封修平 |

图7　裂缝封闭修复工艺流程图

2　钢结构的维修加固工艺

1）钢结构防腐涂层修复

修复方法的选择应考虑涂层的退化状况、使用年数和环境等。根据涂层检查结果进行综合评定，对于需要修复的涂层，在修复之前要查明其退化原因，并判断是由外部还是内部因素引起的。以便在修复时确定底层的处理程度、新旧涂层的适应性、涂料种类等，同时还要兼顾现场作业的可行性，制订有效的修复计划。

修复可分为维修涂装和重新涂装两种方法。维修涂装是指在桥梁运营全过程中对涂层进行的维修涂装；重新涂装是指彻底的除去旧涂层，重新表面处理后，按照完整的涂装规格进行的涂装（图8）。

图8　局部维修（左）和完全重涂（右）后的钢结构涂装

2）钢结构疲劳开裂的修补

钢桥的疲劳裂纹可以采用断裂力学的分析方法来判定裂纹是否可以忍受或应该加以修补，但在实际工程中，一旦发现裂纹就应立即进行处置。常见的修补措施有：

（1）在某些情况下,可以通过在裂纹端部钻孔来阻止其进一步扩展。然而,空洞必须有足够大的直径,而不是重新引起新的裂纹,一般孔径不小于板厚(图9)。

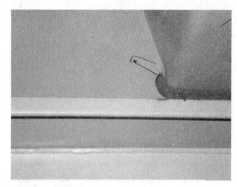

图9　横隔板上疲劳裂纹的止焊孔

（2）加螺栓盖板可以用来恢复开裂截面的截面积,以及减少活荷载应力。

（3）开裂也可由重新焊接加以修补。但应在咨询专家意见之后进行。通常在现场结构上实施,完成起来比支座新焊缝要困难得多。采取锤击和烘烤技术虽然消除不了应力,但是,低劣的重焊可能诱发再次开裂(图10)。

图10　采用重新焊接的方法加固疲劳裂纹

3）钢结构异常变形的处置

异常变形的处置方法有冷矫正法、热矫正法、更换或加固。

（1）冷矫正法是用人力或机械力矫正变形,适用于尺寸较小或变形较小的构件。

（2）热矫正法在我国目前较常见的是采用乙炔气和氧气混合燃烧火焰为热源,对变形结构构件加热使其产生新的变形,来抵消原有的变形。

（3）屈曲、撞击造成损伤、开裂或退化以及验算证明不满足有关要求的构件应该加以更换。承载能力不足的构件可以通过增贴钢板或型钢予以加强。附加钢板或型钢可以拴接或焊接到原构件上。

4）螺栓的更换

检查到螺栓松动,或有其他不良状况时,应及时予以更换。步骤如下：

（1）设置保障操作安全的工作台和栅栏，并尽量减少活荷载。

（2）铲除螺栓。可采用直径 3~4 mm 的钻头先由钉头中心钻除，然后轻轻铲除钉头剩余部分，或使用保证不烧伤钢料的、配有平口的、特制的焰割工具割除钉头（不能使用普通焰割工具），再用手捶轻轻取出钉杆，操作中应避免烧及钢板。

（3）用相同规格的螺栓更换。

（4）螺栓更换后，应检查是否符合要求，同时还要检查相邻的不更换的锚栓是否受影响而松动；如发现松动，也应拆除更换。

（5）对修复范围进行与全桥相同的涂装防护。

3　基础的维修加固

1）补打桩基

大桥基础若由于不均匀沉降、冲刷、侧向土压力过大等造成倾斜或承载能力不足，常采用补打桩基的方法进行加固。该类方法曾在我国某座跨海大桥上得到了成功的应用（图11）。

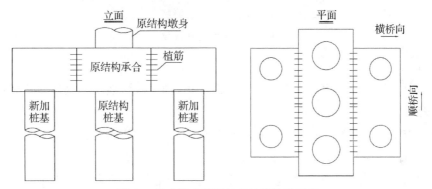

图 11　某座海上桥梁补打桩基构造示意

2）基础冲刷防治措施

一旦基础冲刷达到了警戒线，就需要采取防治措施，比较适用的两种防治措施是消能减冲和护底抗冲。

消能减冲的措施之一在基础上下游设置防护桩群，可以有效折减流速，将冲刷坑位置前移，从而减小基础范围内的冲刷深度。目前，消能减冲措施在国内、外尚处于研究阶段，工程实践尚缺乏经验，特别是在工程水文、地质条件十分复杂时，应谨慎采用。

护底抗冲措施是利用抛石、沙枕、沙袋、软体排等结构对桥墩基础及周围进行防护，以有效抵抗桥墩前冲击水流产生的底部向下漩辊，将墩侧流产生的最大流速区调整到防护区外围，并达到明显折减最大冲刷深度的效果。

无论采取哪种方式，必须经过仔细的计算和试验模拟，并制定详细的设计方案后，方可实施。

4　斜拉索维修加固

1）斜拉索 PE 修补

如 PE 护层有裂缝、老化、剥落等现象，则先检查是否露丝，露丝的钢丝是否锈蚀。如钢丝有锈蚀，则先将钢丝除锈，然后清理护层，将老化剥落的 PE 层除掉，再用同样的 PE 材料，采用热补法进行修补，修补后的 PE 层表面应光滑、平整、无裂痕。PE 修补用焊枪如图 12 所示。

图 12　PE 修补用焊枪

2）斜拉索缠绕聚氟乙烯带

当外层 PE 出现大面积破损时，可以考虑将外层 PE 清除，然后缠绕聚氟乙烯（PVF）缠包带的维修方式。

PVF 缠包带，具有优良的抗腐蚀性、抗变质作用，缠包得当具有优良的效果及较长的使用寿命。它可以长期暴露于紫外线下，能保持原有色彩。在较大温度范围内，对聚乙烯和钢材有较强的附着性，包缠结实无褶皱，使其完全附着于管面。PVF 缠包带采用半自动的缠包设备施工，能够快速简便地包缠（图 13）。

图 13　清除外层护套（左）和缠包 PVF 的斜拉索（右）

3）斜拉索锈蚀钢丝的修复

钢丝锈蚀一旦经过评估认为可继续使用时应采取以下修复步骤：

（1）首先切除部分护套，露出钢丝锈蚀较严重的部分；

(2) 用钢丝刷清除钢丝表面浮锈,并涂刷环氧富锌底漆两道;

(3) 用防锈油脂填充钢丝空隙;

(4) 最后修复护套,将索体密封。

4) 斜拉索换索

拉索的更换施工分三大步骤进行:(1) 拉索张力的放松;(2) 拉索的拆除、回收;(3) 新换拉索的安装。在换索前应做好计算分析工作。换索应由经验丰富的施工单位承担。如图14所示。

图 14　某斜拉桥的换索施工

5　桥面铺装

1) 裂缝修补

对于环氧沥青裂缝主要采用灌缝法。国内较为常见的环氧沥青裂缝密封处理材料有以下几种:

(1) 采用类似聚苯乙烯(PS)的挥发残留物密封法;

(2) 采用柔性聚合物密封材料(延伸率较高);

(3) 采用刚性高强密封材料(拉伸强度较高)。

2) 鼓包修补

(1) 初期鼓包病害

初期鼓包是铺装层刚摊铺完成时所表现出的主要病害,最简单的修补方法是在气温较高的正午对铺装层进行检查,对发现的鼓包及时采用钢针刺穿将水汽排出后再将铺装层击实,另外还可以选择低黏度材料进行简单密封处理。也可将鼓包挖除,重新填充新的混合料,具体措施根据现场病害面积、严重程度等情况确定。

(2) 使用期早期鼓包

使用期早期出现的鼓包病害主要是由施工时的少量水分引起的。由于初期鼓包程度较轻,且已投入使用,环氧沥青强度等均已达到最终要求值。经济可行的方法是选取低黏度材料对鼓包开裂病害进行处理。对早期的鼓包开裂进行处理所选用的材料必须能够达到修复裂缝并增强缺陷处的功效。

(3) 中期鼓包

如果不及时对环氧沥青铺装进行检查,某些早期的鼓包开裂现象可能会较难以察觉,中期将恶化。对恶化后的铺装层中期鼓包病害可以根据鼓包范围中部的裂缝闭合情况确定中期鼓包病害的严重程度,再根据不同的严重程度选择灌缝密封处理或开挖回填处理。

(4) 晚期鼓包坑洞

出现晚期鼓包坑洞病害的铺装层已经基本丧失承载力,丧失铺装层使用功能,是鼓包病害发展过程中最严重的阶段。这个阶段会影响其他完好铺装的使用寿命,甚至影响钢箱梁顶板的使用寿命。因此,必须对晚期鼓包坑洞及时处理,适宜的处理方法是将坑洞破损处的残缺铺装层开挖后,再重新回填。

3) 大面积破损处理

对于由特殊原因(主要是车祸、火灾导致的大面积损伤等)导致的大面积破损可以考虑采用原环氧沥青进行修复,但需考虑混合料拌制完成的保温措施等与混合料性能相关的关键技术。如果修复区域面积较大,可以考虑采用拌合楼进行拌制,然后运输到施工现场进行施工操作。为了达到预定压实度,需要采用规定的碾压设备。另外为了使环氧沥青获得一定的初期强度,可以考虑采用环氧沥青黏结料作为结合料拌制混凝土。

4) 外伤(凹坑)修复

凹坑病害的出现使得行车荷载对该区域的铺装层形成冲击荷载,导致凹坑病害不断扩展恶化。因此,需要在环氧沥青混凝土铺装层使用期间定期检查铺装层使用情况,对所发现的凹坑病害进行及时处理。

处理凹坑所采用的修复材料与修复方法应该根据凹坑的面积深度尺寸选取。对于尺寸较小的凹坑病害,可以先利用钢丝刷与集毛刷将凹坑内的浮动颗粒与灰尘清除干净,然后预埋细质集料(如4#料),与邻近铺装层表面齐平,再将YBL86黏结剂灌入凹坑内,待黏结剂完全固化后即可开放交通。

对于破损面积较大的凹坑,应该根据实际情况将凹坑的尺寸与深度扩展到能够回填与原环氧沥青混凝土类似级配的混合料为准。尺寸扩展可以利用手持式切割机进行,在切割时应根据回填混合料对铺装深度的要求来确定切割深度。破损面积较大的凹坑回填时可以采用现场拌制的LSQ47高强混凝土。

5) 燃油与化学污染处置

由于固化后的沥青材料被分散到环氧大分子胶链体系中,故而基本不会出现普通沥青混凝土那种高温流动迁移、遇溶剂溶解的性能。化学污染主要是由于某些化学品运输车滴漏等原因而残留在铺装表层的。虽然环氧沥青混凝土对汽车燃油以及化学品等有较好的抵抗能力,但是为了避免存在的燃油等对行车安全造成影响以及潜在的隐患(火灾等)对铺装层的损坏,必须适时地将铺装层表面的燃油污染物清除。

清洗化学品或汽车燃油时,可以按照以下几个步骤进行:
(1) 在污染面积内撒布大量的砂、木屑或矿粉填料等,以充分吸附污染物质;
(2) 待污染物基本被吸附后,清扫表面的砂或其他吸附材料;
(3) 利用清洗剂擦洗污染区域;
(4) 再用大量的清水冲洗,冲洗时以目测表面基本无污染物为准。

6) 火灾影响处理

这里所指的火灾是指由于过往于桥面上的交通车辆事故而导致的燃烧。虽然环氧沥青混凝土能够抵抗一定的高温影响,但是由于这种火灾的发生一般持续较长的时间,且温度要较使用条件下高得多。为此,必须在火灾发生后对铺装层进行适当的处理,以防止火灾对铺装层使用性能产生影响。对于由火灾而导致的铺装层修复,需要根据火灾的持续时间和火灾的严重程度而定。短时间的小范围火灾可能只是影响铺装层的表面,但长时间持续的火灾会导致较大面积范围的破损。因此,对不同程度的火灾影响的铺装层的修复需要采取不同的方法。在此规定,对于铺装层影响深度小于 5 mm 的火灾成为小范围火灾,影响深度大于 5 mm 的火灾称为严重火灾。

对于影响深度小于 5 mm 的小范围火灾而言,修复可以分为两个步骤:
(1) 将表面受火灾影响而松动的混合料挖除;
(2) 采用与鼓包开挖修复的相同材料(不含集料)进行回填修复。

对于影响深度大于 5 mm 的严重火灾,可以按照如下步骤进行处理:
(1) 沿破损区域向外加宽至少 50 mm 切割;
(2) 将破损区域内的混合料凿除,注意必须再沿深度方向上加深至少 25 mm;
(3) 采用鼓包修复混合料类型进行回填修复。

5.1 工艺流程

1) 铣刨

(1) 铣刨面层

铣刨一层即铣掉表面层 4 cm。铣刨机按之前确定桩号开始铣刨。铣刨时倒场车辆在铣刨机前行驶,设专门人员指挥其行进速度,防止废料外撒,并将车辆装满。此时还应及时清理外撒废料。在铣刨过程中,工程质控人员随时控制铣刨深度。应当注意在铣刨起始位置两刀错茬控制在 10 cm 以内,两刀纵向接茬处避免出现纵梗,两刀铣刨深度应完全一样。在整个铣刨过程中应及时观察是否有夹层出现或其他病害,如发现应立即联系监理业主,寻求解决方案。

(2) 铣刨基层

当病害较严重时,要将3层油面铣掉,并铣掉基层15 cm或12 cm。油面分层铣,每层两侧各留25 cm台阶,起始位置各留1.5 m台阶。基层可一次铣掉。

(3) 铣刨机在铣刨时合理控制刀头降温用水,避免槽底出现大量泥浆。

(4) 倒场车需要调头时,安全员必须现场指挥。

2) 施工放样

在沥青路面铺筑宽度两边标出路面设计标高水平线,水平线高出路面层设计标高10 cm,对标高控制点、弯坡点等特殊性点作出明显的标识,沥青混凝土面层采用浮动基准梁控制摊铺,在路段每10 m设一基准线立柱,弯道处每5 m按施工标高悬挂基准线,确保基准线立柱牢固不松动。在局部路面横坡变化处,平曲线较大的特殊地段,视具体情况,将基准线立柱间距加密到5 m。浮动基准线悬挂后,由专职测量人员对基准线标高进行监测,确保在施工过程中基准线标高符合设计要求。上面层摊铺前测量人员应准确画出摊铺机行走标线。在摊铺沥青面层的沥青混合料时,按其厚度和横坡控制摊铺,即在摊铺机上安装浮动基准梁控制高程和厚度。浮动基准梁长6～12 m为定型产品,有已经铺筑完成的下承层作为基准面,采用多点均衡原理,可以纠正下承层平整度不足的地方,以提高面层平整度。

3) 沥青混合料拌合

拌合站采用连续式拌合设备,具有可以自动调节材料比例的控制系统。拌合机使用的集料必须稳定不变。沥青混合料的生产温度应符合设计要求。烘干集料的残余含水量不得大于1‰。沥青混合料运输到现场温度,不低于145 ℃。沥青混凝土随伴随用,因生产或其他原因需要短时间贮存时,贮存时间不超过6 h。

4) 沥青混合料运输

混合料采用自卸汽车运输,车辆数量与摊铺能力、运输距离相适应,在摊铺机前形成一个不间断的供料车流。运料车不得超载运输,或急刹车、急弯掉头,以免使透层、封层造成损伤。运料车每次使用前后必须清扫干净。从拌合机上装料时,应多次挪动汽车位置,平衡装料,以减少混合料的离析。运料车运输混合料宜用苫布覆盖保温、防雨、防污染。运输车进入摊铺现场时,轮胎上若沾有泥土等可能污染路面的赃物,必须清除干净后才能进入施工现场。沥青混合料在摊铺地点凭运料单接收,若混合料不符合施工温度要求,或已经结成团块、已遭雨淋的不得铺筑。

5) 沥青混合料摊铺

热拌沥青混合料的摊铺选取带有自动找平装置和自动调节摊铺厚度摊铺机。摊铺机的摊铺量与拌合机的生产能力及运输量相匹配,以确保混合料的连续摊铺。摊铺时前进速度缓慢、均匀、连续不断地摊铺,中途不得变换速度或者停顿,以提高平整度,减少混合料的离析。摊铺速度控制在2～4 m/min。摊铺机的螺旋布料器应相对于摊铺速度调整到保持一个稳定的速度均衡地转动,摊铺机两侧料槽内应保持有不少于螺旋送料器2/3高度的混合料,以减少在摊铺过程中混合料的离析。摊铺机料槽前挡板下加装挡料胶皮以避免上下离析。

摊铺过程中随时检查摊铺厚度及路拱、横坡。在铺筑沥青路面时,应加强与气象台的联系,已摊铺的沥青层因遇雨未行压实的应予铲除。

6) 碾压成型

沥青混合料的压实要按初压、复压、终压(包括成形)3个阶段进行,压路机要以慢而均匀的速度碾压。

(1) 初压

初压在混合料摊铺后较高温度下进行,碾压时不能产生推移、开裂,压实温度一般控制在 110~130 ℃为宜。压路机要从外侧向中心碾压。相邻碾压带要重叠 1/3~1/2 轮宽,最后碾压路中心部分,压完全幅为一遍。采用轻型钢筒式压路机或关闭振动装置的振动压路机碾压 2 遍,其压力不宜小于 350 N/cm。初压时要特别注意检查平整度、路拱,必要时予以适当调整。

碾压时要将驱动轮面向摊铺机,碾压路线及碾压方向不能突然改变而导致混合料移位。压路机起动、停止必须减速缓慢进行。碾压速度控制在 1.5~3 km/h。

(2) 复压

复压必须与初压紧密衔接。复压时驱动轮混合料的温度控制在 90~110 ℃。复压采用重型的双钢轮振动压路机振动碾压(驱动轮面向摊铺机)。碾压遍数不少于 4~6 遍,达到要求的压实度,并无显著轮迹。

(3) 终压

终压要紧跟在复压后进行,其混合料的温度宜为 70~90 ℃。终压可选用 6~8 t 的双轮钢筒式压路机或 6~8 t 关闭振动装置的振动压路机碾压,压实遍数为 2~4 遍,并无轮迹。

(4) 保证面层质量措施

① 施工中,要求在摊铺完毕后及时进行碾压。沥青混合料的最佳压实温度控制在 110~120 ℃之间。

② 压路机的碾压段长度以与摊铺速度平稳为原则选定,并保持大体稳定。在摊铺机连续摊铺的过程中,压路机不得随意停顿,以保持正常的碾压温度范围。若碾压时混合料温度过高,会引起压路机两旁混合料隆起,碾轮后的摊铺层出现裂纹,碾轮上黏起沥青混合料及前轮推料等问题。而碾压温度过低时(50~0 ℃),由于混合料的黏性增大,导致压实无效。施工中要在沥青混合料温度较高时进行碾压,有利于缩短碾压时间,加快施工速度。

③ 压实质量与压实温度有直接关系,而摊铺后混合料温度是在不断变化的,特别是摊铺后 4~15 min 内,温度损失最大,必须掌握好有效压实时间,适时碾压。

④ 选择合理的压实速度与遍数

合理的压实速度,对减少碾压时间,提高作业效率有十分重要的意义。在施工中,保持适当的恒定碾压速度。碾压速度一般控制在 2~4 km/h,轮胎压路机可适当提高,但不超过 5 km/h。速度过低会使摊铺与压实工序间断,影响压实质量,从而可能需要增加压实遍数来提高压实度。碾压速度过快,则会产生摊移、横向裂纹等。

⑤ 选择合理的振频和振幅

振频主要影响沥青面层的表面压实质量。对于沥青混合料的碾压,其振频在 42～50 Hz 的范围内选择。振幅主要影响沥青混合料的压实深度,当碾压层较薄时,选用高振频、低振幅;当碾压层较厚时,则可在较低振频下,选取较大的振幅,以达到压实的目的。对沥青路面,通常振幅可在 0.4～0.8 mm 内进行选择。

⑥ 压路机作业中,在平缓路段,驱动轮靠近摊铺机,以减少波纹或热裂缝(单轮驱动压路机)。当压路机碾压过程中有沥青混合料黏轮现象时,向碾压轮洒少量清水或加洗衣粉的水,严禁洒柴油。轮胎压路机在连续碾压一段时间轮胎发热后停止向轮胎洒水。压路机每碾压一遍的末尾,稍微转向可将摊铺机后面的压痕减至最小。压路机不得在未碾压成形并冷却的路段上转向、调头或停车等候;振动压路机在已成形的路面上行驶时应关闭振动装置。

⑦ 对压路机无法压实的拐弯死角、加宽部分及某些路边缘等局部地区,采用振动夯板压实。在当天碾压的尚未冷却的沥青混合料上,不得停放任何机械设备或车辆,不得撒落矿料、油料等杂物。

7) 接缝处理

施工安排时将力争使接缝的数量减到最少,横向施工接缝均采用垂直的平接缝,并使各层之间的横缝错开。在施工结束时,摊铺机在接近端部前 10 cm 处将熨平板稍稍抬起驶离现场,用切割机垂直切除端部层厚不足部分,使下次施工时成直角连接,在下次施工前,对横缝处刷乳化沥青,并用摊铺机熨平板对预留横缝端部预热,对横缝处筛细料进行人工修整,再进行摊铺。用钢轮压路机对横缝进行横向和纵向静压后,即用 3 m 直尺检查接缝平整度,如果不满足要求,进行人工修补,对多余的料由人工铲除,对不足部分,由人工筛细料进行修补,直至接缝平顺合格。

8) 养护

沥青混凝土面层施工完成,让其自然冷却后,再开放交通,但仍应设置路障,禁止与路面施工无关的车辆行驶,以避免污染路面。

9) 质量检测

压实质量的检测根据合同及规范规定要求进行,主要检测项目有压实度、厚度、平整度、粗糙度。表观要密实均匀。对一些大缺陷,如厚度不足,平整度太差,表层松散、泛油等要及时返工。厚度和压实度可通过钻取芯样的办法检测,核子密度仪作为辅助检测手段。

5.2 技术要求

(1) 严格按照安全施工交通管制要求设立相关标志牌,建立工作区。相关人员、设备必须在保护区内作业,确保施工安全。

(2) 认真测量,科学确定铣刨范围及铣刨深度。原则上在满足设计要求标高路段不实施铣刨,对于属于设计需铣刨路段根据实测高程划定铣刨区间,确定各铣刨区间的平均铣刨深度。

(3) 根据计算的铣刨深度,先进行靠近中央分隔带部位的铣刨拉毛。要求铣刨拉毛作业前根据基准点准确调整铣刨机基准面、横坡、铣刨深度,找平仪始终保持正常的工作状态。

当一个铣刨段中包括几个连续铣刨区间(即区间连续,各区间的铣刨深度不同),可以实施连续铣刨拉毛,在铣刨中调整铣刨深度,保证路面纵向平顺。在铣刨过程中一定要控制好3个关键阶段以确保铣刨拉毛效果;第一阶段是开始铣刨过渡段,铣刨机铣刨深度要从零缓慢调整到计算的铣刨深度;第二阶段是铣刨过程中铣刨深度调整段,在进入连续的下一个铣刨区间时,无论是增大还是减小铣刨深度,都要从原铣刨深度逐渐调整到新的铣刨深度,严禁突变,这就要求在划定铣刨区间时标定好调整过渡段的位置;第三阶段是结束铣刨过渡段,铣刨机也要将原铣刨深度缓慢降低到零。

(4) 进行铣刨拉毛面的清扫工作。采用清扫车或人工进行遗留铣刨料的清扫,防止影响后续铣刨拉毛工作。

(5) 检查各铣刨拉毛面,当发生相邻两铣刨面产生大于 5 mm 错台时,要再进行铣刨拉毛修理。

(6) 对铣刨拉毛面的缺陷进行及时处理,如松散部位的清除与修复,裂缝处及时灌缝等。

(7) 彻底清扫铣刨拉毛面,用高压气将表面浮灰吹净,确保铣刨裸露面洁净、干燥。

(8) 采用黏层油对铣刨拉毛面进行喷涂,每平方米用量不超过 0.6 kg,要求表面不露白。

6 支座的维修及更换

1) 支座的调节

进行支座调节时,如果有必要应封闭交通。

支座调节步骤:

(1) 确定承重基础 根据各桥墩(台)处的地质情况考虑临时受力结构。

(2) 设置顶梁 在梁底设置横梁,上下横梁之间安装千斤顶。

(3) 试顶 横梁、千斤顶安装完毕,待临时承重基础强度满足要求后,即可开始试顶。试顶主要是为了消除支承本身的非弹性变形或沉降,在主梁还没有正式顶起时即可停止,并停放数小时,观察无任何变化后即可开始整体顶升。

(4) 整体顶升 试顶完成后,在专业人员的指挥下所有千斤顶慢慢顶升整体梁体,直至支座脱空不受力,顶升过程中须保持同一位置不同千斤顶之间的行程误差小于最大容许行程误差。

(5) 支座调节

① 如果支座下沉需垫高,可根据垫高量大小选用下列两种方法:

垫入钢板(50 mm 以内)或铸钢板(50～300 mm);就地灌注高强度混凝土垫石,厚度不小于 20 mm。

② 如果支座倾斜,用合适厚度的钢板来将其调至水平。

(6) 调节施工完毕后,落梁至使用位置。

2) 支座更换

(1) 确定承重基础　根据各桥墩(台)处的地质情况考虑临时受力结构。

(2) 设置顶梁　在梁底设置横梁,上下横梁之间安装千斤顶。

(3) 试顶　横梁、千斤顶安装完毕,待临时承重基础强度满足要求后,即可开始试顶。试顶主要是为了消除支承本身的非弹性变形或沉降,在主梁还没有正式顶起时即可停止,并停放数小时,观察无任何变化后即可开始整体顶升。

(4) 整体顶升　试顶完成后,在专业人员的指挥下所有千斤顶慢慢顶升整体梁体,直至支座脱空不受力,顶升过程中须保持同一位置不同千斤顶之间的行程误差小于最大容许行程误差。

(5) 支座更换　去除原有支座,支座下方用高标号环氧树脂砂浆找平,精确计算出需增加的高度,用合适厚度的钢板来调节,调节施工完毕,重新安装新的支座。

(6) 更换新支座就位后,落梁至使用位置。

3) 支座调节更换注意事项

支座调节或更换是一个对结构有很大影响的过程,因此,必须采取一些预防措施来避免其对结构造成破坏。应按以下主要说明来保证安全性:

(1) 严格按照每个施工图纸确定千斤顶的位置;

(2) 千斤顶的锁定系统应有 800 t 的承载力;

(3) 由于风力原因,横向荷载应受到限制,最大风速 5 m/s 并且注意风向,当待换抗风支座处于迎风侧时,暂停施工;

(4) 温度应力和交通荷载引起的纵向荷载应有限制,推荐在交通流量小时或在夜间进行支座更换;

(5) 顶升过程中,如荷载超过理论计算荷载的 25%,应停止顶升,并向设计人员咨询专门的应对措施;

(6) 根据弹性支座的变形可测得其上的水平荷载,荷载有可能会突然释放,因此应采取一切措施以避免支座突然变形而产生的不良后果;

(7) 新支座应与原支座结构相同,如有必要,在特殊情况下可预先使支座有一定的变形以便更换螺栓。

7　伸缩缝的维修及更换

如果伸缩装置有严重损伤以至不能正常工作,应予以更换。更换伸缩缝后,整理所有图纸和文件,并移交管理部门。

伸缩缝更换步骤如下：

1）检查

对桥面系和附属工程逐一进行全面检查,然后再对伸缩装置进行仔细的检查。

2）方案设计

根据现有桥梁规范,原伸缩装置设计和结构现状,制定相应的方案和安装工艺流程。

3）伸缩装置的更换

（1）封锁交通；

（2）将伸缩装置两边各宽约40 cm铺装凿除后,拆除原有的伸缩装置；

（3）按照设计核对预留槽尺寸,预埋锚固筋若不符合设计要求,必须首先处理,满足设计要求后方可安装伸缩装置；

（4）伸缩装置安装之前,应按照安装时的气温调整安装时的定位值,用专用卡具将其固定；

（5）安装时,伸缩装置的中心线与桥梁中心线重合,并使其顶面标高与设计标高相吻合,按桥面横坡定位、焊接；

（6）浇筑铺装前将间隙填塞,防止浇筑混凝土把间隙堵死,并防止沥青渗入模数式伸缩装置位移控制箱内。不允许将杂物溅填在密封橡胶带缝中及表面上,如果发生上述现象,应立即清除,然后进行正常的养护；

（7）待伸缩装置两侧沥青强度满足设计要求后,方可开放交通。

8 防撞护栏的维修

（1）作业人员到达作业区域后必须进行安全作业区域的隔离围护。

（2）安全作业区域隔离围护的设置,必须顺交通流方向进行。

（3）作业人员拆下被损坏的部件,其步骤如下：

① 作业人员先拆下横梁。拆时,先用绳子把栏杆和柱子扎牢（两头两个点）,再用扳手卸下连接螺柱,先上后下地用人力套牢绳子轻轻卸下,随后用同样的方法顺次拆下面几根。

② 拆除损坏立柱,先用绳子扎牢损坏的柱子,连接于桥面固定点,防止向海中倒落,再用专用扳手拆除连接螺母,人工抗住,慢慢卸下。

（4）安装新配件步骤如下：

① 安装新立柱时,用绳子扎牢立柱,人力抗住,使用专用扳手扭紧螺母,注意轻放,防止将螺柱撞坏。

② 安装栏杆,栏杆有短管连接件,预先安装好,先安装最上面一根,固定好后以上面一根为吊杆,用绳子拉吊下面几根,安全就位后用扳手螺柱紧固。

③ 检查是否装配合理,在装配过程中,如有碰伤镀锌部位需补锌,直至合格。

④ 安全作业区域隔离围护拆除时,必须逆交通流方向进行。

第2部分

隧道篇
(Tunnel Part)

1 总则

1.1 简介

本手册作为首发养护辖区内公路隧道的巡检养护手册,其编制的基本目标是通过制定恰当的巡检养护方案,确保隧道土建结构完整,始终维持隧道设计使用年限内优良的服务水平,使其不因结构提前老化而失效或对公众安全造成威胁,同时,通过制定合理的预防性养护和条件养护措施,保证常规保养能够以最低的经济成本达到合格的养护标准。具体目标如下:

(1) 提供完成巡检任务的各种必要信息;
(2) 指导隧道管理人员规范开展隧道巡检和维修工作;
(3) 实现隧道巡检、养护和维修的量化管理;
(4) 有效利用养护资金;
(5) 辅助实施养护决策;
(6) 在保证安全运营的同时,最大限度地实现和延长隧道的设计使用寿命。

本手册适用于首发集团养护段内隧道的巡检工作。巡检的范围包括:

(1) 洞口;
(2) 洞门;
(3) 衬砌(含明洞段);
(4) 路面;
(5) 检修道;
(6) 排水系统;
(7) 吊顶及各种预埋件;
(8) 内装饰。

1.2 安全规程

1.2.1 一般规定

(1) 隧道养护、维修活动的安全管理应贯彻"安全第一,预防为主,综合治理"方针,坚持

"管生产必须管安全"的原则;

(2) 建立并落实安全生产岗位责任制及相关制度,提高全员安全生产意识;

(3) 科学、合理地调度和控制隧道设备设施,确保隧道全天候的安全运营;

(4) 作业人员应具备与其工作相适合的健康条件,方可上岗;

(5) 在隧道安全管理中,除按本标准规定执行外,还应符合国家、行业和地方有关法律、法规的规定。

1.2.2 安全管理

(1) 养护作业应选择在交通量较小的时段进行,应少占道,尽量减少对行车的影响。

(2) 养护作业应保护隧道设备不受损坏。

(3) 养护作业应制定交通组织方案,影响车辆通行时,应按相关规定向社会公告。

(4) 隧道内养护作业,应执行现行《公路养护安全作业规程》(JTG H30—2004)的相关规定。

(5) 养护作业应保证养护作业人员和机械设备的安全。

(6) 养护作业前,应做好下列工作:

a) 制定周密的施工组织设计,确定合理的养护作业控制区;

b) 作业人员应接受专门的安全教育和作业规程训练;

c) 观察隧道结构状况是否会影响作业安全,如有危险,应先处理后作业;

d) 检查信号灯是否准确、明显,施工标志设置是否规范;

e) 对养护机械、台架进行全面的安全检查,并在机械上设置醒目的反光标志,在台架周围设置防眩灯,显示作业现场的轮廓。

1.2.3 突发事件处置

(1) 隧道突发事件一般有:山体滑坡、雪灾、暴雨、交通事故、火灾、重要设备故障、危险化学品泄漏、环境污染事件、灾害性气候、地震等;

(2) 对于隧道内突发事件,应事先建立相适应的防灾抢险预案,并建立防灾抢险专用仓库,储备抢险及疏导交通的各类物资;

(3) 隧道内发生车辆故障抛锚、货物散落等事故时,应及时通知交通安全管理部门到现场处理,并安排牵引车及工程抢险车清理现场,恢复交通及修复损坏的设施、设备;

(4) 隧道内发生火灾时,应立即按消防预案通知相关部门,并进行救助;

(5) 隧道内发生化学品泄漏时,应立即按抢险预案通知相关部门,并进行救助;

(6) 隧道内发生重要设备故障时,应立即按防灾抢险预案通知相关部门,并及时广播,通知隧道内车辆快速通过,隧道口作业人员应及时引导车辆,及时组织进行故障排除;

(7) 发生突发事故后,应及时在情报板上发布信息,开启广播并采取必要措施;

(8) 隧道发生事故后,应分析事故原因及检测相应受损设施,恢复或改善隧道的防灾能力；

（9）应制定突发事件的应急预案，并进行实地演习。

1.3 参考标准

巡检手册的编制参考了现行国家和北京市相关规范、规章制度等，主要依据如下：

（1）《公路隧道养护技术规范》(JTG H12—2015)；

（2）《公路养护技术规范》(JTG H10—2009)；

（3）《公路技术状况评定标准》(JTG H20—2007)；

（4）《公路沥青路面养护技术规范》(JTJ 073.2—2001)；

（5）《公路水泥路面养护技术规范》(JTJ 073.1—2001)；

（6）《公路养护安全作业规程》(JTG H30—2004)；

（7）《公路工程质量检验评定标准》(JTG F80—2004)；

（8）《公路养护工程预算编制导则》；

（9）《运营隧道管养指南》；

（10）《中华人民共和国交通法》；

（11）《中华人民共和国公路管理条例》；

（12）《公路安全保护条例》；

（13）《中华人民共和国公路管理条例实施细则》；

（14）《高速公路交通应急管理程序规定》；

（15）《北京市城市道路管理办法》；

（16）《北京市公路条例》；

（17）《北京市突发公共事故总体应急预案》；

（18）《中华人民共和国公路法》，全国人民代表大会常务委员会，2004年8月28日；

（19）《公路养护工程管理办法》，中华人民共和国交通部，2001年6月22日；

（20）《更好地为公众服务——"十一五""十三五"公路养护管理事业发展纲要》，中华人民共和国交通运输部，2016年6月；

（21）《全国公路网管理与应急处置平台建设指导意见》，中华人民共和国交通运输部，2009年11月23日；

（22）《国家公路交通突发事件应急预案》，中华人民共和国交通运输部，2009年5月12日；

（23）《公路长大桥隧安全运营管理办法》（征求意见稿），中华人民共和国交通运输部，2009年9月。

1.4 更新规定

由于隧道在运营期外界环境、围岩及地下水情况以及自身耐久性等处在不断变化中,可能会导致本手册不符合隧道的实际情况,从而导致手册部分内容失去可操作性。因此,本手册在使用过程中,必须依据隧道工作状态的变化及时更新,以保证手册时刻能够适应隧道的实际情况。

本手册应根据实际情况,建议每4年修编一次,当出现以下情况时,管养单位也应及时更新本手册。

(1) 当国家、行业或地方法律法规和相关规范发生变化后,本手册部分内容与其发生冲突时;

(2) 随着管养单位养护技术水平的提高,发现本手册不满足新的养护管理需要时;

(3) 每次检查完成后,养护工程师认为有必要更新时;

(4) 隧道完成重大的维修或改建后,养护工程师认为有必要更新时。

1.5 附件说明

手册的附件是对部分章节内容的补充说明,附件主要有以下内容:

(1) A. 附件A——隧道信息卡片

  A.1 大广高速

  A.2 京藏高速

  A.3 六环路

  A.4 京新高速

  A.5 五环路

(2) B. 附件B——土建结构技术现状

  B.1 大广高速

  B.2 京藏高速

  B.3 六环路

  B.4 京新高速

  B.5 五环路

(3) C. 附件C——隧道土建结构病害类型库

  C.1 概述

  C.2 隧道通用病害

  C.3 连拱式隧道特殊病害

  C.4 下沉式隧道特殊病害

(4) D. 附件D——隧道病害处置

    D.1 路面维修

    D.2 衬砌裂缝处置

    D.3 衬砌渗漏水处置

    D.4 衬砌加固

    D.5 注浆加固

    D.6 洞口工程加固

    D.7 附属设施维修

    D.8 火灾病害加固

    D.9 冻害加固

(5) E. 附件E——结构检查方法和基本设备

    E.1 定期检查方法及设备

    E.2 专项检查方法及设备

(6) F. 附件F——各类标准表格

    F.1 隧道日常巡查记录表

    F.2 清洁工作记录表

    F.3 经常检查记录表

    F.4 定期检查记录表

    F.3 隧道展开图

2 术语

2.1 通用术语

2.1.1 分离式隧道(Separated tunnel)

并行双洞之间的距离较大,在隧道设计施工中不必考虑双洞相互影响的隧道设置形式。

2.1.2 连拱式隧道(Multi-arch tunnel)

两洞拱部衬砌结构通过中柱相连接的隧道结构。

2.1.3 小净距隧道(Neighbourhood tunnel)

指上下行双洞洞壁净距较小,不能按独立双洞考虑的隧道结构。

2.1.4 下沉式隧道(Subsidence-style tunnel)

指设置在下沉式交叉路口的明挖法隧道结构形式。

2.1.5 单元结构解析(Object breakdown structure)

单元结构解析(Object breakdown structure 简称 OBS):按结构类型、功能、材料、层次或从属关系进行分解的框架体系,用于将复杂结构体系分解为更简单、易于管理的单元。

2.1.6 经常检查(Regular inspection)

主要指对结构设施、主体结构及附属构造物的技术状况进行的外观检查。为编制小修保养计划提供依据。

2.1.7 定期检查(Periodic inspection)

指对主体结构及其附属构造物的技术状况进行的全面检查及等级评定。

2.1.8 应急检查(Emergency inspection)

当结构受到灾害性损伤后,为了查明破损状况,采取应急措施并组织恢复交通,对结构进行的详细检查和鉴定工作。

2.1.9 专项检查(Special inspection)

根据经常检查、定期检查以及应急检查的结果,对需要进一步判明损坏原因、缺损程度或使用能力的构件,针对病害进行专项的现场试验检测、验算与分析等鉴定工作。查清结构的病害原因、鉴定结构材料缺损状况、承载能力、评价结构技术状况。

2.1.10 改建工程(Alteration improvement)

对隧道及其附属构造物因不适应交通量、荷载要求而提高技术等级或通过对设施进行改善而显著提高通行能力的较大工程项目。

2.1.11 报警(Alarm)

向接收者(隧道管理人员)传递事故发生信息的行为。注:他可能是人员(使用紧急电话的人)或者初始触发设备或系统(一氧化碳水平报警器,自动探测报警器)。

2.1.12 警报(Alarm)

紧急需要时建议采取行动的行为。

2.1.13 应急预案(Emergency plan)

(1)在紧急情况发生时,应遵循的包括指定的岗位职责、行动和程序的方案文件。
(2)针对某一可能发生的事件制定的具体应急办法。
(3)在具体系统失效或者操作系统崩溃时,针对某一隐蔽实体或者业务单元使用的应急计划。一个紧急预案可以使用任何数量和形式的资源。

2.1.14 紧急情况(Emergency)

对健康、安全、环境或者财产产生潜在的威胁,要求立即行动的突然、非预期状况。

2.1.15 小修保养工程(Routine maintenance)

对隧道及其附属构造物进行预防性保养和修补轻微损坏部分,使其保持完好状态的工程项目。

2.1.16 中修工程(Minor maintenance)

对隧道及其附属构造物一般性磨损和局部损坏进行定期的修理加固,以恢复原状况的工程项目。

2.1.17 大修工程(Major maintenance)

对隧道及其附属构造物的较大损坏进行综合修理,以全面恢复到原设计标准的技术状况,或在原技术等级范围内进行局部改善和个别增建,以逐步提高其通行能力的工程项目。

2.2 专业术语

2.2.1 土建结构(Tunnel structure)

主要是指隧道的各类土木工程结构物,如洞口边仰坡、洞门、衬砌、路面、防排水设施、斜(竖)井、检修道及风道等结构物。

2.2.2 边坡(Side-slope)

边坡是指明洞段路面两侧做成的具有一定坡度的坡面。

2.2.3 仰坡(Heading-slope)

仰坡是指从隧道顶(明暗交界里程)沿掘进方向按照一定坡度开始直至地面线的坡面。

2.2.4 洞门(Portal)

位于隧道洞口部位,为挡土、坡面防护等而设置的隧道结构物。

2.2.5 明洞(Open cut tunnel)

在隧道口部或路堑地段,用明挖法修建隧道结构,然后进行覆盖的隧道。

2.2.6 衬砌(Lining)

为控制和防止围岩的变形和坍落,确保围岩的稳定,或为处理涌水或漏水,或为隧道的内空整齐或美观等目的,将隧道的周边围岩被覆起来的结构体。

2.2.7 紧急停车带(Emergency parking area)

紧急停车带指隧道内供故障车辆检修或等待救援的停车区域。

2.2.8 仰拱(Invert)

为改善隧道上部支护结构受力条件而设置在隧道底部的反向拱形结构。

2.2.9 车行横洞(Transverse traffic tube)

车行横通道指紧急情况下供救援车辆或人员出入的通道。

2.2.10 人行横洞(Pedestrian Crosswalk)

人行横通道指紧急情况下供人员逃生或救援人员出入的通道。

2.2.11 巡检(Patrol)

为掌握结构现在实际状态,确认结构劣化和性能的行为。巡检分为经常检查、定期检查和特殊检查。

2.2.12 公路隧道养护(Maintenance for highway tunnel)

为保持隧道土建结构、机电设施及其他工程设施的正常使用而进行的日常巡查、清洁维护、检查评定、保养维修等工作。

2.2.13 养护等级(Maintenance grade)

根据公路等级、交通量、隧道规模、技术状况、地质和气候条件等因素,对公路隧道划分不同等级,实施差异化的养护标准和养护频率等。

2.2.14 预防性养护(Preventive maintenance)

为了更好地保持隧道的运营状态,在隧道没有发生结构破性坏以前,针对隧道已出现的病害或病害迹象,在适当的时机,采取主动性的、有计划的养护措施。

2.2.15 隧道加固(Strengthening of existing tunnel)

对产生病害的隧道的主要结构、构件及相关附属设施采取结构补强、局部更换或调整其内力等措施,使其恢复设计使用功能。

2.2.16 隧道病害(Tunnel disease)

由于外力、施工、材料劣化、火灾、洪水、地震等造成的影响隧道使用功能的损伤及劣化状态,统称隧道病害。

2.2.17 病害处置(Disease treatment)

通过采取加固、结构补强、局部变更等措施对隧道土建结构的病害进行处理或加固,回复其使用功能。

2.2.18 衬砌裂缝(Lining crack)

隧道衬砌在外荷载的作用下,其表面或内部发生开裂的情况。衬砌裂缝按其走向可分为环向裂缝、纵向裂缝、斜向裂缝,按其受力状态可分为弯张裂缝、剪切裂缝、扭弯裂缝、压剪裂缝。

2.2.19 渗漏水(Leaking water)

围岩或土体内通过衬砌裂缝或间隙渗透到衬砌内表面的水体。

2.2.20 衬砌剥落(Lining spalling)

由于外荷载或材料劣化的作用,隧道衬砌表面发生的局部片块脱落。

2.2.21 冻害(Frost damage)

渗漏水在低温状态下产生的影响隧道行车安全的衬砌掉块、开裂,拱部挂冰,侧墙冰柱,路面结冰等灾害。

2.2.22 衬砌背后空洞(Cavities behind the lining)

由于隧道超挖或围岩在地下水作用下流失等原因造成的隧道围岩与衬砌之间形成空洞。

2.2.23 衬砌变形(Lining deformation)

隧道衬砌在外荷载作用下,其轮廓形状发生改变的情况。

2.2.24 衬砌劣化(Lining degradation)

由于施工因素、环境侵蚀、灾害和人为因素等造成的隧道衬砌质量逐渐降低的过程。

2.2.25 错台(Staggered platform)

在接缝或裂缝处,相邻构件存在高差的现象。

2.2.26 路面裂缝(Pavement crack)

路面在外荷载作用下,其表面或内部发生开裂的情况。路面裂缝按其走向可分为横向裂缝、纵向裂缝和斜向裂缝。

2.2.27 路面隆起(Road hump)

隧道路面在外荷载作用下发生向上变形的现象。

2.2.28 侵限(Beyond limit)

隧道衬砌结构轮廓向内变形或者隧道内设施侵入到建筑界限内的现象。

2.2.29 车辙(Rutting)

车辆长期作用形成的一种隧道路面病害,是车辆在路面上行驶后留下的车辆永久压痕。

2.2.30 坑槽(Pit slot)

路面材料缺失后形成的凹坑。

2.2.31 磨光(Burnish)

水泥混凝土路面在车辆长期作用下,表面磨耗进而导致路面抗滑系数降低的现象。

2.2.32 套拱(Umbrella arch)

为阻止既有衬砌进一步裂损变形并防止渗漏,在原衬砌外面加敷结构层,使其与原有衬砌形成共同承载体的方法。

2.2.33 加热法(Heating methods)

加热法是采用电热器或者在衬砌表面设置发热体,使衬砌表面的温度保持在冰点以上,从而防止冻害发生的方法。

2.2.34 防冻隔温系统(Thermal insulation system)

由保温层、保护层和固定材料(胶黏剂、锚固件等)构成,且安装在隧道衬砌表面的非承重保温构造总称。

2.2.35 洞口安全影响区(The affected area of security)

洞口安全影响区一般指隧道洞口上方和两侧开挖线外至山顶可能危及洞口安全的全部区域。

3 工程简介

3.1 概况

首发集团辖区高速公路的隧道共 36 座,分布于大广高速、京藏高速、五环线、六环线、京新高速等 5 条线路上,其中大广高速分布 20 座,京藏高速分布 10 座,五环路和六环路及京新高速各分布 2 座(图 3.1)。按隧道长度划分有特长隧道 2 座,长隧道 6 座,中隧道 1 座,短隧道 27 座,见图 3.2。36 座隧道共包含 5 种类型的结构形式,分别为分离式隧道、连拱隧道、单洞隧道、分离式小净距隧道及下沉式隧道,各类型隧道数量情况见表 3.1,图 3.3。

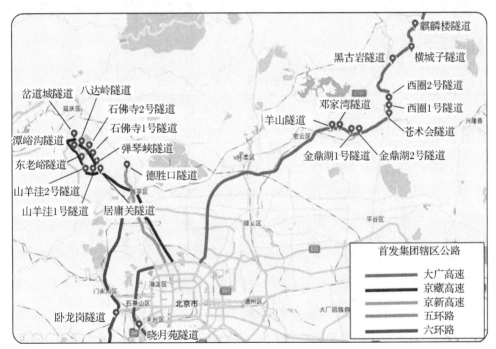

图 3.1 首发养护辖区内各隧道隧址分布图

首发养护公司共有 4 个养护中心,分管不同路段的养护工作(表 3.2,图 3.4)。

第一养护中心负责大广高速 20 座隧道的养护;

第二养护中心养护范围内无隧道;

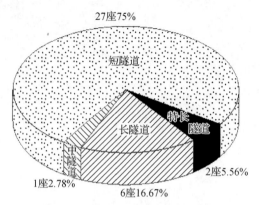

图 3.2　养护段内隧道划分示意图

第三养护中心负责五环及六环路上各 2 座隧道的养护；

第四养护中心负责京藏高速 10 座隧道及京新线 2 座隧道的养护。

从隧道类型来看：

第一养护中心养护范围内的 20 座隧道,16 座为短隧道,4 座为长隧道。

第三养护中心养护的 4 座隧道均为短隧道。

第四养护中心养护的 12 座隧道有 2 座为特长隧道,2 座长隧道,1 座中隧道,7 座短隧道。

隧道概况一览表见表 3.3。

表 3.1　养护段内隧道类型统计表

隧道类型	分离式隧道	连拱隧道	单洞隧道	小净距隧道	下沉式隧道
数量	20	2	10	2	2

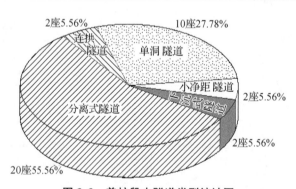

图 3.3　养护段内隧道类型统计图

表 3.2　养护段内隧道分布概况表

线路名称	大广高速	京藏高速	京新高速	五环路	六环路
隧道分布	20	10	2	2	2

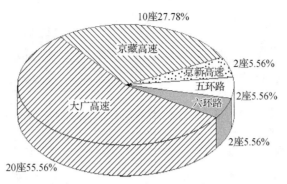

图 3.4　养护段内隧道分布概况图

表 3.3　隧道概况一览表

序号	隧道名称	路线编号	隧道长度（m）	2016年技术状况评定等级
1	麒麟楼隧道（进京、北京段）	G45	1 200.00	2
	麒麟楼隧道（出京、北京段）	H45	1 200.00	2
2	横城子隧道（进京）	G45	369.00	1
	横城子隧道（出京）	H45	398.00	1
3	黑古沿隧道（进京）	G45	116.50	2
	黑古沿隧道（出京）	H45	116.50	2
4	西圈2号隧道（进京）	G45	280.00	1
	西圈2号隧道（出京）	H45	201.00	1
5	西圈1号隧道（进京）	G45	461.00	1
	西圈1号隧道（出京）	H45	410.00	2
6	苍术会隧道（进京）	G45	237.00	1
	苍术会隧道（出京）	H45	211.00	1
7	金鼎湖2号隧道（进京）	G45	1 124.00	1
	金鼎湖2号隧道（出京）	H45	1 130.80	1
8	金鼎湖1号隧道（进京）	G45	327.00	1
	金鼎湖1号隧道（出京）	H45	245.00	1
9	邓家湾隧道（进京）	G45	335.00	2
	邓家湾隧道（出京）	H45	383.00	1
10	羊山隧道（进京）	G45	225.00	2
	羊山隧道（出京）	H45	197.00	1
11	弹琴峡隧道	G6	77.00	2
12	石佛寺1号隧道	G6	45.00	2

续表 3.3

序号	隧道名称	路线编号	隧道长度（m）	2016年技术状况评定等级
13	石佛寺2号隧道	G6	233.00	2
14	八达岭隧道	G6	1 085.00	2
15	岔道城隧道	G6	200.00	2
16	居庸关隧道	H6	600.00	2
17	山羊洼1号隧道	H6	240.00	2
18	山羊洼2号隧道	H6	81.00	2
19	东老峪隧道	H6	98.00	2
20	潭峪沟隧道	H6	3 445.00	3
21	卧龙岗隧道(外环)	G4501	420.00	1
21	卧龙岗隧道(内环)	G4501	416.00	1
22	德胜口隧道(出京)	G7	3 003.00	1
22	德胜口隧道(进京)	H7	2 975.00	2
23	晓月苑隧道(内环)	S50	226.00	1
23	晓月苑隧道(外环)	S50	226.00	1

3.2 技术设计

不同结构形式隧道设计标准和参数会存在差异，本节按照隧道结构形式进行分类，分为分离式隧道、连拱隧道、单洞隧道、小净距隧道及下沉式隧道，对各类型隧道的设计标准及参数举例进行说明，方便后续巡检人员对隧道情况进行整体把握，其余各隧道详细设计资料另见附件 A。

3.2.1 分离式隧道

分离式隧道共有 20 座，隧道明细详见表 3.4，以金鼎湖 2 号隧道为例，其工程设计标准及参数见表 3.5（其余隧道详细技术设计信息另见附件 A.1）。

表 3.4 分离式隧道明细表

序号	隧道名称	所在线路	所属养护中心
1	麒麟楼隧道(进京)	大广高速	第一养护中心
2	麒麟楼隧道(出京)	大广高速	第一养护中心
3	横城子隧道(进京)	大广高速	第一养护中心
4	横城子隧道(出京)	大广高速	第一养护中心

续表 3.4

序号	隧道名称	所在线路	所属养护中心
5	西圈 2 号隧道(进京)	大广高速	第一养护中心
6	西圈 2 号隧道(出京)		
7	西圈 1 号隧道(进京)		
8	西圈 1 号隧道(出京)		
9	苍术会隧道(进京)		
10	苍术会隧道(出京)		
11	金鼎湖 2 号隧道(进京)		
12	金鼎湖 2 号隧道(出京)		
13	金鼎湖 1 号隧道(进京)		
14	金鼎湖 1 号隧道(出京)		
15	邓家湾隧道(进京)		
16	邓家湾隧道(出京)		
17	羊山隧道(进京)		
18	羊山隧道(出京)		
19	德胜口隧道(进京)	京新高速	第四养护中心
20	德胜口隧道(进出京)		

表 3.5 分离式隧道(金鼎湖 2 号隧道)部分设计标准及参数

1	隧道名称	金鼎湖 2 号隧道	2	路线名称	大广线	3	中心桩号	进京:1 181.700 出京:1 181.700
4	隧道全长(m)	进京:1 124 出京:1 130	5	衬砌类型	复合式衬砌	6	洞门类型	北京端:端墙式 承德端:削竹式
7	路面类型	沥青混凝土	8	排水方式	路侧排水沟	9	最大净高(m)	5.0
10	断面形式	多心圆拱	11	车道数	3	12	最大净宽(m)	12.5
13	路面等级	高级路面	14	人行道宽度(或检修道)(m)	进京:1.35 出京:1.30	15	通风方式	射流风机
16	有无照明设施	有	17	有无消防设施	有	18	有无通信设施	有
19	有无横洞	有	20	有无竖井	无	21	建成年限	2009 年
22	上次定期检查时间	2016.12	23	上次定期检查分类	进京方向 1 类,出京方向 1 类			

3.2.2 连拱式隧道

养护范围内连拱隧道仅有大广线上黑古沿隧道一处(表3.6),表3.7为黑古沿隧道部分设计标准及参数。

表3.6 连拱式隧道明细表

序号	隧道名称	所在线路	所属养护中心
1	黑古沿隧道(进京)	大广高速	第一养护中心
2	黑古沿隧道(出京)	大广高速	第一养护中心

表3.7 连拱隧道(黑古沿隧道)部分设计标准及参数

1	隧道名称	黑古沿隧道	2	路线名称	大广线	3	中心桩号	进京:1148.280 出京:1148.280
4	隧道全长(m)	进京:164 出京:164	5	衬砌类型	复合式衬砌	6	洞门类型	北京端:削竹式 承德端:端墙式
7	路面类型	沥青混凝土	8	排水方式	路侧排水沟	9	最大净高(m)	5.0
10	断面形式	多心圆拱	11	车道数	3	12	最大净宽(m)	12.5
13	路面等级	高级路面	14	人行道宽度(或检修道)(m)	进京:1.145 出京:1.000	15	通风方式	自然通风
16	有无照明设施	有	17	有无消防设施	有	18	有无通信设施	无
19	有无横洞	无	20	有无竖井	无	21	建成年限	2009年
22	上次定期检查时间	2016.12	23	上次定期检查分类	进京方向:2类;出京方向2类			

3.2.3 单洞隧道

养护段内单洞隧道共有10座,隧道明细详见表3.8,以潭峪沟隧道为例,潭峪沟隧道工程设计标准及参数见表3.9(其余隧道详细技术设计信息另见附件A.3)。

表3.8 单洞隧道明细表

序号	隧道名称	所在线路	所属养护中心
1	弹琴峡隧道	京藏高速	第四养护中心
2	石佛寺1号隧道		
3	石佛寺2号隧道		
4	八达岭隧道		

续表 3.8

序号	隧道名称	所在线路	所属养护中心
5	岔道城隧道	京藏高速	第四养护中心
6	居庸关隧道		
7	山羊洼1号隧道		
8	山羊洼2号隧道		
9	东老岭隧道		
10	潭峪沟隧道		

表 3.9　单洞隧道(潭峪沟隧道)部分设计标准及参数

1	隧道名称	潭峪沟隧道	2	路线名称	京藏线	3	中心桩号	58.167
4	隧道全长(m)	进京:3 445	5	衬砌类型	复合式衬砌	6	洞门类型	北京端:翼墙式 西藏端:翼墙式
7	路面类型	沥青混凝土	8	排水方式	路侧排水沟	9	最大净高(m)	5.0
10	断面形式	多心圆拱	11	车道数	3	12	最大净宽(m)	12.5
13	路面等级	高级路面	14	人行道宽度(或检修道)(m)	0.95	15	通风方式	射流风机
16	有无照明设施	有	17	有无消防设施	有	18	有无通信设施	有
19	有无横洞	有	20	有无竖井	无	21	建成年限	1998年
22	上次定期检查时间	2016.12	23	上次定期检查分类	3 类			

3.2.4　小净距隧道

养护段内小净距隧道仅有六环路上卧龙岗隧道一处(表 3.10),表 3.11 为卧龙岗隧道部分设计标准及参数。

表 3.10　小净距隧道明细表

序号	隧道名称	所在线路	所属养护中心
1	卧龙岗隧道(内环)	六环路	第三养护中心
2	卧龙岗隧道(外环)	六环路	第三养护中心

表 3.11 小净距隧道(卧龙岗隧道)部分设计标准及参数

1	隧道名称	卧龙岗隧道	2	路线名称	六环路	3	隧道桩号	外环:k126+168～k125+748 内环:k125+735L～k126+151
4	隧道全长(m)	外环:420 内环:416	5	衬砌类型	复合式衬砌	6	洞门类型	端墙式
7	路面类型	沥青混凝土	8	排水方式	路侧排水沟	9	最大净高(m)	5
10	断面形式	多心圆拱	11	车道数	3	12	最大净宽(m)	12.5
13	路面等级	高级路面	14	人行道宽度(或检修道)(m)	0.75	15	通风方式	自然通风
16	有无照明设施	有	17	有无消防设施	无	18	有无通信设施	无
19	有无横洞	无	20	有无竖井	无	21	建成年限	2009 年
22	上次定期检查时间	2016.12	23	上次定期检查分类	外环方向 1 类,内环方向 1 类			

3.2.5 下沉式隧道

养护段内下沉式隧道仅有五环路上晓月苑隧道一处(表 3.12),表 3.13 为晓月苑隧道部分设计标准及参数。

表 3.12 下沉式隧道明细表

序号	隧道名称	所在线路	所属养护中心
1	晓月苑隧道(内环)	五环路	第三养护中心
2	晓月苑隧道(外环)	五环路	第三养护中心

表 3.13 下沉式隧道(晓月苑隧道)部分设计标准及参数

1	隧道名称	晓月苑隧道	2	路线名称	五环路	3	隧道桩号	外环:K61+336～K61+562 内环:K61+336～K61+562
4	隧道全长(m)	外环:226 内环:226	5	衬砌类型	整体式衬砌	6	洞门类型	0
7	路面类型	沥青混凝土	8	排水方式	排水沟	9	最大净高(m)	0
10	断面形式	矩形	11	车道数	3	12	最大净宽(m)	0

续表3.13

13	路面等级	高级公路	14	人行道宽度（或检修道）(m)	0.95	15	通风方式	自然通风
16	有无照明设施	有	17	有无消防设施	无	18	有无通信设施	无
19	有无横洞	有	20	有无竖井	无	21	建成年限	2004年
22	上次定期检查时间	2016.12	23	上次定期检查分类	外环方向1类,内环方向1类			

3.3 土建结构技术状况

3.3.1 总体检查结果

2016年隧道定期检查共包含首发养护公司管辖范围内36座隧道。

根据《公路隧道养护技术规范》(JTG H12—2015),以隧道单洞为单位,土建结构技术状况和使用功能评价结果为:1类单洞18个,2类单洞17个,3类单洞1个。各隧道详细检查结果见附件B——土建结构现状。

3.3.2 隧道典型病害

3.3.2.1 洞口、洞门

养护段内各隧道洞口边仰坡稳定,未见山体滑坡、岩石崩塌等病害征兆。洞门结构基本完好,未见较大裂缝和破损情况。

3.3.2.2 衬砌裂缝

养护段内隧道主要病害为衬砌裂缝,主要表现为:

(1)大部分隧道衬砌存在较多裂缝,部分隧道衬砌裂缝有分布密集,延伸长,宽度大,环向、纵向、斜向均有分布,部分裂缝处于施工缝位置,开裂较整齐等特点。裂缝分布形态主要为环向裂缝和纵向裂缝,个别隧道存在较多的网状裂缝。

(2)部分隧道还存在已修补裂缝再次开裂现象。

隧道衬砌裂缝统计见表3.14。典型隧道裂缝图见3.5~3.8所示。

图 3.5　麒麟楼隧道(出京方向)纵向裂缝

图 3.6　八达岭隧道横向裂缝

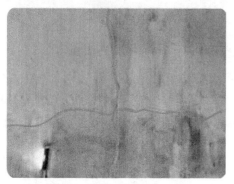

图 3.7　八达岭隧道衬砌裂缝

图 3.8　潭峪沟隧道衬砌裂缝

表 3.14　衬砌裂缝统计

线路名称	序号	隧道名称		裂缝条数	统计范围
大广高速	1	麒麟楼隧道	进京方向	520	全隧
	2		出京方向	339	全隧
	3	横城子隧道	进京方向	2	全隧
	4		出京方向	1	全隧
	5	黑古沿隧道	进京方向	2	全隧
	6		出京方向	1	全隧
	7	西圈 2 号隧道	进京方向	1	全隧
	8		出京方向	1	全隧
	9	西圈 1 号隧道	进京方向	4	全隧
	10		出京方向	8	全隧
	11	苍术会隧道	进京方向	0	全隧
	12		出京方向	8	全隧
	13	金鼎湖 2 号隧道	进京方向	11	全隧
	14		出京方向	26	全隧

续表3.14

线路名称	序号	隧道名称		裂缝条数	统计范围
大广高速	15	金鼎湖1号隧道	进京方向	2	全隧
	16		出京方向	2	全隧
	17	邓家湾隧道	进京方向	1	全隧
	18		出京方向	0	全隧
	19	羊山隧道	进京方向	9	全隧
	20		出京方向	4	全隧
京藏高速	1	弹琴峡隧道	出京方向	27	全隧
	2	石佛寺1号隧道	出京方向	2	全隧
	3	石佛寺2号隧道	出京方向	41	全隧
	4	八达岭隧道	出京方向	531	全隧
	5	岔道城隧道	出京方向	37	全隧
	6	居庸关隧道	进京方向	167	全隧
	7	山羊洼1号隧道	进京方向	59	全隧
	8	山羊洼2号隧道	进京方向	28	全隧
	9	东老峪隧道	进京方向	48	全隧
	10	潭峪沟隧道	出京方向	1 899	全隧
六环路	31	卧龙岗隧道	外环方向	1	全隧
	32		内环方向	2	全隧
五环路	33	晓月苑隧道	外环方向	11	全隧
	34		内环方向	26	全隧
京新高速	35	德胜口隧道	进京方向	1	全隧
	36		出京方向	73	全隧

3.3.2.3 渗漏水

渗漏水较为严重的隧道有黑古沿隧道、西圈1号隧道、金鼎湖2号隧道、八达岭隧道及潭峪沟隧道等。典型隧道渗漏水见图3.9、3.10。各隧道渗漏水统计见表3.15。

图3.9 黑古沿隧道渗漏水

图3.10 金鼎湖2号隧道衬砌渗漏

表 3.15 衬砌裂缝统计

线路名称	序号	隧道名称		裂缝条数	统计范围
大广高速	1	麒麟楼隧道	进京方向	2 处渗漏(干)	全隧
	2		出京方向	2 处渗漏(干)	全隧
	3	横城子隧道	进京方向	6 处渗漏(干)	全隧
	4		出京方向	26 处渗漏(干)	全隧
	5	黑古沿隧道	进京方向	15 处渗漏(干) 4 处滴漏(湿)	全隧
	6		出京方向	40 处渗漏(干) 1 处渗漏(湿)	全隧
	7	西圈 2 号隧道	进京方向	8 处渗漏(干)	全隧
	8		出京方向	10 处渗漏(干)	全隧
	9	西圈 1 号隧道	进京方向	11 处渗漏(干) 2 处渗漏(湿)	全隧
	10		出京方向	12 处渗漏(干)	全隧
	11	苍术会隧道	进京方向	5 处渗漏(干)	全隧
	12		出京方向	15 处渗漏(干)	全隧
	13	金鼎湖 2 号隧道	进京方向	43 处渗漏(干)	全隧
	14		出京方向	12 处渗漏(干) 1 处渗漏(湿)	全隧
	15	金鼎湖 1 号隧道	进京方向	2 处渗漏(干)	全隧
	16		出京方向	4 处渗漏(干)	全隧
	17	邓家湾隧道	进京方向	7 处渗漏(干)	全隧
	18		出京方向	7 处渗漏(干)	全隧
	19	羊山隧道	进京方向	3 处渗漏(干)	全隧
	20		出京方向	1 处渗漏(干)	全隧
京藏高速	21	弹琴峡隧道	出京方向	14 处渗漏(干)	全隧
	22	石佛寺 1 号隧道	出京方向	1 处渗漏(干)	全隧
	23	石佛寺 2 号隧道	出京方向	4 处渗漏(干)	全隧
	24	八达岭隧道	出京方向	34 处渗漏(干) 2 处渗漏(湿)	全隧
	25	岔道城隧道	出京方向	3 处渗漏(干)	全隧
	26	居庸关隧道	进京方向	2 处渗漏(干)	全隧
	27	山羊洼 1 号隧道	进京方向	2 处渗漏(干)	全隧
	28	山羊洼 2 号隧道	进京方向	1 处渗漏(干)	全隧
	29	东老峪隧道	进京方向	2 处渗漏(干)	全隧
	30	潭峪沟隧道	出京方向	172 处渗漏(干) 7 处渗漏(湿)	全隧

续表 3.15

线路名称	序号	隧道名称	裂缝条数	统计范围
六环路	31	卧龙岗隧道	外环方向 8 处渗漏(干)	全隧
	32		内环方向 4 处渗漏(干)	全隧
五环路	33	晓月苑隧道	外环方向 48 处渗漏(干)	全隧
	34		内环方向 17 处渗漏(干) 1 处渗漏(湿)	全隧
京新高速	35	德胜口隧道	进京方向 15 处渗漏(干)	全隧
	36		出京方向 59 处渗漏(干)	全隧

3.3.2.4 路面病害

养护段内隧道路面病害主要表现为坑槽、开裂、凸起、破损等。典型路面病害见图 3.11、3.12。

图 3.11 麒麟楼隧道路面坑槽

图 3.12 麒麟楼隧道路面裂缝

3.3.2.5 检修道

检修道主要病害为盖板破损、盖板位移、侧壁破损、积水结冰等。典型检修道病害见图 3.13~3.16。

图 3.13 麒麟楼隧道检修道破损

图 3.14 横城子隧道检修道侧壁开裂

图 3.15　黑古沿隧道盖板位移　　　　　图 3.16　黑古沿隧道检修道积水结冰

3.3.2.6　排水系统

部分隧道排水边沟在检修道改造、路面加铺工程中被掩埋。其余隧道排水系统主要病害为排水边沟破损、缺失、淤积等。典型病害见图 3.17、3.18。

图 3.17　羊山隧道排水边沟盖板破损　　　图 3.18　金鼎湖 2 号隧道排水边沟缺失

3.3.2.7　内装饰

内装饰主要病害为瓷砖破损、剥落、防火涂层起层、破损等。典型病害见图 3.19、3.20。

图 3.19　卧龙岗隧道瓷砖剥落　　　　　图 3.20　岔道城隧道防火涂层起层

4 结构单元解析

巡检养护手册—隧道篇(以下简称"本手册")中所有的检查和维护活动、要求、归档等都是基于工程单元分解结构(Object breakdown structure,简称OBS)实现,OBS包含隧道所有需要进行检查和维护的单元,其中各构件具有单元唯一性,同时OBS也是运营期文件及管理系统的框架结构。

为达到这一目的,本手册通过OBS将所巡检的对象进行精准定义。基于此,本手册对隧道结构进行多级单元分解结构创建,并将隧道的结构分解技术文档录入电子数据库作为管理系统的框架性结构文件。

不同结构形式隧道所包含的构部件会有存在差异,本手册按照辖区内隧道的结构类型(分离式、连拱、单洞、小净距及下沉式)分类进行OBS划分。

4.1 解析原则

隧道结构物的各种构件分别是由不同材料所组成的,构件材料的性质直接影响构件的使用性能(图4.1)。另外,由于构件的结构形式、受力形式以及损坏方式的不同,其巡检方法也会大不相同。

同时,由于隧道评估是按照病害、构件、部件、部位、隧道整体逐层进行的,所以在进行单元划分时,还必须要与评估方法相适应。

综合考虑后,提出隧道结构单元划分原则如下:
(1)要适应结构评估技术状况评估的需要;
(2)要适应不同检测和养护方法的要求;
(3)结构形式一致;
(4)材料一致;
(5)环境条件基本一致;
(6)构件要合理编号,以便定位和识别。

辖区内隧道结构类型多样,以分离式隧道为例,分部位、部件、构件3个层级,分别说明如下:
(1)部位包含洞口、洞门、主体结构及附属结构及联络通道;
(2)洞口包含洞口边坡及洞口仰坡;

(3) 主体结构包含衬砌及明洞；

(4) 附属结构包含：检修道、排水系统、路面铺装及内装饰等；

(5) 衬砌构件依据衬砌类型不同分区段划分。

为对构件位置进行准确描述，便于统一检查记录，对隧道构件编号规则做以下统一规定：

(1) 隧道进出口说明　按照行车方向区分隧道进出口，车辆进洞时洞口为隧道进口，出洞时为隧道出口。

(2) 左右侧说明　以每个单洞行车方向入口为相对桩号 0 点，即 K0+000(YK0+000)，洞内以相对桩号增大方向为正方向，区分前后左右；划分隧道内轮廓为左、右边墙及左、右拱部；区别左、右侧检修道、排水系统等。

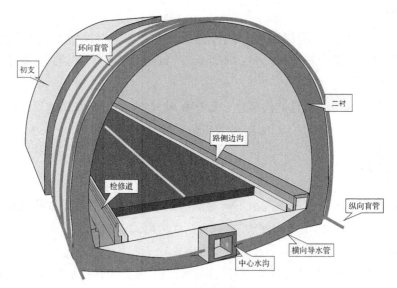

图 4.1　隧道构件分布示意图

4.2　分离式隧道

以金鼎湖 2 号隧道为例，根据衬砌类型划分区段见表 4.1，OBS 划分表见表 4.2。

表 4.1　衬砌类型划分区段表

序号	区段编号	里程桩号		结构类型
1	Z1	进京方向隧道	K82+440～K82+512	Ⅴ级复合式衬砌
2	Z2		K82+512～K82+675	Ⅳ级复合式衬砌
3	Z3		K82+675～K82+912	Ⅴ级复合式衬砌
4	Z4		K82+912～K83+080	Ⅳ级复合式衬砌
5	Z5		K83+080～K83+101	Ⅲ级复合式衬砌
6	Z6		K83+101～K83+375	Ⅳ级复合式衬砌
7	Z7		K83+375～K83+495	Ⅴ级复合式衬砌
8	Z8		K82+331～K82+400	北京端明洞
9	Z9		K83+495～K83+525	承德端明洞
10	Y1	出京方向隧道	K82+460～K82+547	Ⅴ级复合式衬砌
11	Y2		K82+547～K82+690	Ⅳ级复合式衬砌
12	Y3		K82+690～K82+891	Ⅴ级复合式衬砌
13	Y4		K82+891～K83+176	Ⅳ级复合式衬砌
14	Y5		K83+176～K83+548	Ⅴ级复合式衬砌
15	Y6		K82+444～K82+460	北京端明洞
16	Y7		K83+548～K83+578	承德端明洞

表 4.2　金鼎湖 2 号隧道 OBS 表

部位	部件	构件	说明
进京方向	洞口		
		洞口边坡	
			北京端边坡
			承德端边坡
		洞口仰坡	
			北京端仰坡
			北京端仰坡截水沟
			承德端仰坡
			承德端仰坡截水沟
	洞门		
		洞门	

续表 4.2

部位	部件	构件	说明
进京方向		北京端洞门	
		承德端洞门	
	主体结构		
	衬砌		
		Z1 区段衬砌	
		Z2 区段衬砌	
		Z3 区段衬砌	
		Z4 区段衬砌	
		Z5 区段衬砌	
		Z6 区段衬砌	
		Z7 区段衬砌	
	明洞		
		Z8 区段衬砌	北京端明洞
		Z9 区段衬砌	承德端明洞
	附属结构		
	路面铺装		
		路面 Z1~Z9 区段	
	检修道		
		左侧检修道 Z1~Z9 区段	
		右侧检修道 Z1~Z9 区段	
	排水系统		
		左侧排水边沟 Z1~Z9 区段	
		右侧排水边沟 Z1~Z9 区段	
		1~n 号沉砂池	
		中央排水沟	
	内装饰		
		防火涂层 Z1~Z9 区段	
出京方向	洞口		
	洞口边坡		
		北京端边坡	
		承德端边坡	

续表 4.2

部位		部件	构件	说明
出京方向		洞口仰坡		
			北京端仰坡	
			北京端仰坡截水沟	
			承德端仰坡	
			承德端仰坡截水沟	
		洞门		
			洞门	
			北京端洞门	
			承德端洞门	
	主体结构			
		衬砌		
			Y1 区段衬砌	V级复合式衬砌
			Y2 区段衬砌	Ⅳ级复合式衬砌
			Y3 区段衬砌	V级复合式衬砌
			Y4 区段衬砌	Ⅳ级复合式衬砌
			Y5 区段衬砌	V级复合式衬砌
		明洞		
			Y6 区段衬砌	北京端明洞
			Y7 区段衬砌	承德端明洞
	附属结构			
		路面铺装		
			路面 Y1~Y6 区段	
		检修道		
			左侧检修道 Y1~Y6 区段	
			右侧检修道 Y1~Y6 区段	
		排水系统		
			左侧排水沟 Y1~Y6 区段	
			右侧排水沟 Y1~Y6 区段	
			1~n 号沉砂池	
			中央排水沟	
		内装饰		
			防火涂层 Y1~Y6 区段	

续表 4.2

部位	部件	构件	说明
联络通道			
	人行横通道		
		K82+656 处横通道	
		K83+232 处横通道	
	车行横通道		
		K83+066 处车行横通道	

4.3 连拱隧道

连拱隧道按照进京方向和出京方向进行区分,进行 OBS 划分,表 4.3 为黑古沿隧道 OBS 划分表。

表 4.3 黑古沿隧道 OBS 表

部位	部件	构件	说明
洞口			
	洞口边坡		
		进京方向北京端边坡	
		出京方向北京端边坡	
		进京方向承德端边坡	
		出京方向承德端边坡	
	洞口仰坡		
		进京方向北京端仰坡	
		出京方向北京端仰坡	
		进京方向承德端仰坡	
		出京方向承德端仰坡	
		北京端仰坡截水沟	
		承德端仰坡截水沟	
洞门			
	洞门		
		进京方向北京端洞门	
		出京方向北京端洞门	
		进京方向承德端洞门	
		出京方向承德端洞门	

续表 4.3

部位	部件	构件	说明
主体结构			
	衬砌		
		V级复合式衬砌	按衬砌类型区段划分
		IV级复合式衬砌	
		III级复合式衬砌	
	明洞		
		北京端进京方向明洞	
		北京端出京方向明洞	
		承德端进京方向明洞	
		承德端出京方向明洞	
附属结构			
	路面铺装		
		进京方向路面	
		出京方向路面	
	检修道		
		出京方向侧墙检修道	
		出京方向中墙检修道	
		进京方向侧墙检修道	
		进京方向中墙检修道	
	排水系统		
		出京方向侧墙排水沟	
		出京方向中墙排水沟	
		出京方向中央排水沟	
		进京方向侧墙排水沟	
		进京方向中墙排水沟	
		进京方向中央排水沟	
	内装饰		
		出京方向侧墙瓷砖	
		出京方向中墙瓷砖	
		进京方向侧墙瓷砖	
		进京方向中墙瓷砖	
		进京方向防火涂层	
		出京方向防火涂层	

4.4 单洞隧道

单洞隧道以潭峪沟隧道为例进行 OBS 划分，OBS 解析见表 4.4。

表 4.4 潭峪沟隧道 OBS 表

部位	部件	构件	说明
洞口			
	洞口边坡		
		北京端边坡	
		西藏端边坡	
	洞口仰坡		
		北京端仰坡	
		北京端仰坡截水沟	
		西藏端仰坡	
		西藏端仰坡截水沟	
洞门			
	洞门		
		北京端洞门	
		西藏端洞门	
主体结构			
	衬砌		
		Ⅴ级复合式衬砌	按衬砌类型区段划分
		Ⅳ级复合式衬砌	
		Ⅲ级复合式衬砌	
	明洞		
		北京端明洞	
		西藏端明洞	
附属结构			
	路面铺装		按衬砌类型区段划
	排水系统		排水边沟在检修道改造、路面加铺工程中被掩埋
	检修道		
		左侧检修道	
		右侧检修道	
	内装饰		

续表 4.4

部位	部件	构件	说明
		左侧瓷砖	
		右侧瓷砖	
		防火涂层	按衬砌类型区段划分
	应急逃生洞室		
		1号人行洞室	
		2号人行洞室	
		3号人行洞室	
		4号人行洞室	
		1号车行洞室	
		2号车行洞室	
	人防隧道（通道）		人防工程

4.5 小净距隧道

小净距隧道 OBS 与分离式隧道基本相同，唯一的区别是小净距隧道未设置有横通道，其 OBS 的划分可参考 4.2 节分离式隧道 OBS。

4.6 下沉式隧道

下沉式隧道仅有晓月苑隧道一处，其 OBS 见表 4.5 所示。

表 4.5 晓月苑隧道 OBS 表

部位	部件	构件	说明
主体结构			
	混凝土结构		
附属结构			
	路面铺装		
		外环方向路面	按区段划分
		内环方向路面	按区段划分
	检修道		
		外环方向侧墙检修道	
		外环方向中墙检修道	
		内环方向侧墙检修道	
		内环方向中墙检修道	

续表 4.5

部位	部件	构件	说明
	排水系统		
		外环方向侧墙排水系统	
		内环方向中墙排水系统	
	内装饰		
		外环方向防火涂层	
		内环方向防火涂层	
	防撞护栏		

5 日常巡查与清洁

5.1 概述

日常巡查与清洁是工程中最基本与频率最高的维护与保养工作,可以在第一时间发现工程的突发性事故件、突出病害等异常情况,并且日常巡查可以帮助养护部门科学地安排工程的定期检查与维护工作。

5.2 日常巡查

5.2.1 基本要求

(1) 日常巡查是针对土建结构各部件是否处于正常工作状态、是否妨碍交通安全等进行的日常巡视检查。

(2) 主要检查各结构部件的功能是否完好、有效,运行是否正常,是否有影响车辆通行等情况。

(3) 巡查中发现结构缺陷与病害应及时上报管理单位,做好档案记录并及时处置。

(4) 同时需要检查工程的日常清洁养护状况,对清洁工作有监督和指导作用。

(5) 检查日常维修养护状况。

(6) 日常巡查采用人工与信息化手段相结合的方式,采用乘车辅以步行的方式对土建结构进行巡视检查;异常情况记录以文字记录为主,并配合照相或摄像手段辅助。

5.2.2 流程

日常巡查的基础流程如图 5.1 所示。

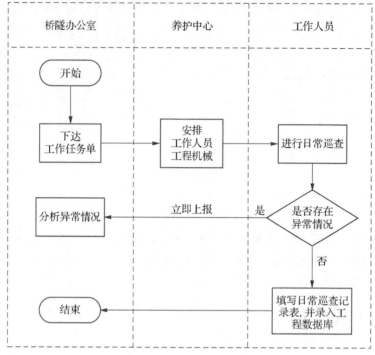

图 5.1 日常巡查流程图

5.2.3 频率和方法

本手册规定养护段内隧道日常巡查的频率为 1 次/天,在雨季或冰冻季节增加日常巡查的频率,建议隧道日常巡查与线路巡查一并进行。

日常巡查中,发现路面有妨碍通行的障碍物或其他异常情况时,应视情况予以清除或报告,并做好记录。

日常巡查以目测为主,只需配备简单工具如皮尺、钢卷尺、铁锤、手电筒和粉笔等,可视条件配备照相机和摄像机记录现场照片、影像。

5.2.4 巡查内容

隧道日常巡查应对隧道洞口、衬砌、路面是否处在正常工作状态,是否妨碍交通安全等进行检查,具体内容见表 5.1 和 5.2。

表 5.1 公路隧道日常巡查对象与内容

巡查对象	巡查内容
洞口	边仰坡是否存在边坡开裂滑动、落石等
洞门	是否存在大范围开裂、明显变形、衬砌掉块等
衬砌	是否存在大范围开裂、明显变形、衬砌掉块等

续表 5.1

巡查对象	巡查内容
路面	是否存在地下水大规模涌流、喷射,路面出现涌泥沙或大面积严重积水等威胁交通安全的现象; 是否存在散落物、严重隆起、错台、断裂等现象
检修道	是否存在结构破损,盖板缺损
排水设施	是否存在缺损、淤积、堵塞、结冰
吊顶	是否存在变形、破损、漏水(挂冰)
内装饰	有无剥落、破损
标志、标线、轮廓线	是否完好

表 5.2 下沉式隧道日常巡查对象与内容

巡查对象	巡查内容
混凝土结构	是否存在大范围开裂、明显变形、衬砌掉块等
路面	是否存在地下水大规模涌流、喷射,路面出现涌泥沙或大面积严重积水等威胁交通安全的现象; 是否存在散落物、严重隆起、错台、断裂等现象
检修道	是否存在结构破损,盖板缺损
排水设施	是否存在缺损、淤积、堵塞、结冰
内装饰	有无剥落、破损
标志、标线、轮廓线	是否完好

5.2.5 日常巡查工作任务单(表5.3)

表 5.3 日常巡查工作任务单

工作任务单编号: 　　　　　　　　优先程度:

检查项目	工作描述	位置
隧道洞口	检查洞口边(仰)坡有无危石、积水、积雪;洞口有无淤塞	边仰坡、洞口
隧道洞门	检查结构是否存在开裂、倾斜、沉陷、错台、起层、剥落;渗漏水(挂冰)	洞门
衬砌	检查衬砌结构是否存在裂缝、错台、起层、剥落现象	整个隧道
	检查衬砌是否存在渗漏水	
	冬季检查衬砌是否存在挂冰、冰柱	
明洞	检查明洞是否存在裂缝	明洞
路面	检查路面是否存在落物、油污;滞水结冰	整个隧道
	检查路面有无拱起、坑洞、开裂、错台等	
检修道	检查检修道盖板是否缺损、移位;栏杆有无变形、损坏	整个隧道

续表 5.3

检查项目	工作描述	位置
排水系统	检查排水沟有无破损、堵塞、积水、结冰	整个隧道
内装饰	检查装饰瓷砖是否存在剥落、破损； 检查防火涂料有无剥落	整个隧道

计划工时：　　　　　　　　　　　　　完成日期：
维护人员：　　　　　　　　　　　　　技术监管人：

5.3 清洁

5.3.1 基本要求

清洁工作是针对工程各部件在使用过程中产生的垃圾、污迹、淤积等进行的清理工作。

清洁工作应制订详细的清洁计划、清洁周期和实施方案；因为每个清洁单元的清洁频率不相同，各个部件应根据不同的清洁频率制定不同的清洁时间与清洁路线。

日常巡查对清洁工作有一定的监督与指导作用，巡查中发现异常情况后，可以直接上报并对特定部件进行立即清理，包括飞扬物、机械清扫的残留物、交通事故造成的油污与堆积物、装饰张贴物、交通事故造成的墙体轮迹、排水设施中的淤积与堵塞等；如果情况不影响交通并且对隧道环境影响不大，可以将清洁放在本部件的下一个清洁周期中进行。

5.3.2 流程

清洁工作的基础流程如图 5.2 所示。

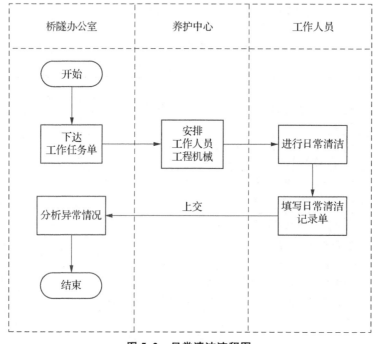

图 5.2　日常清洁流程图

5.3.3 清洁内容、频率及要求

1) 清洁内容及频率

隧道各部分清洁内容及频率见表5.4和5.5。

隧道清洁应综合考虑隧道养护等级、交通组成、结构物脏污程度、清洁方式和环境条件等因素确定清洁方案和频率。按照养护等级,隧道清洁频率不宜低于表5.4及5.5规定的频率。

表5.4 公路隧道清洁频率

清洁项目	清洁频率
路面	1次/d
内装饰	1次/月
检修道	1次/月
横通道	1次/月
排水设施	1次/季度
顶板	1次/半年
侧墙、洞门	1次/2月
洞口边坡	1次/半年
洞口仰坡	1次/半年

表5.5 下沉式隧道清洁频率

清洁项目	清洁频率
路面	1次/d
内装饰	1次/月
检修道	1次/月
排水设施	1次/季度
顶板	1次/半年
侧墙	1次/2月

2) 隧道路面清洁要求

(1) 应保持干净、整洁,两侧边沟不应有残留垃圾等物品;

(2) 清洁方式以机械清扫为主,清扫时应防止产生扬尘;

(3) 路面被油类物质或其他化学品污染时,应采取措施清除。

3) 隧道顶板、内装饰、侧墙和洞门清洁要求

(1) 应保持干净、整洁、无污垢、污染、油污和痕迹;

(2) 顶板、内装饰和侧墙的清洁宜以机械作业为主,以人工作业为辅;

(3) 采用湿法清洁,清洁时应防止路面积水,并应注意保护隧道内机电设施的安全,防止水渗入设施内。

4) 隧道排水设施清洁要求

(1) 应保持无淤积、排水通畅;

(2) 清洁时,应将沉砂池底部沉积物清除干净。

5) 隧道标志、标线和轮廓标清洁要求

(1) 应保持完整、清晰、醒目;

(2) 当标志、标线和轮廓标表面有污秽,影响其辨认性能时,应及时进行清洗,清洗时,应避免损伤其表面覆膜或涂层等。

6) 隧道横通道应定期清除杂物和积水

5.3.4 清洁管理要求

(1) 清洁以机械清洁为主,人工清洁、捡拾为辅,清洁时应注意防尘。机械清洁时,清洁车辆行驶速度应遵守交通相关要求。

(2) 在暴雨等灾害性天气到达前与离开后,需要针对排水设施的淤积与堵塞进行一次即时清理。

(3) 路面被油类物质或化学物质污染时应进行专项清污作业。

(4) 内装饰清洁时不能使用腐蚀性的化学制品,可根据黏附污物特性,选用中性洗涤剂、清洁剂或酒精。清洁采用软性毛刷或干净抹布。不允许用硬物、尖锐物刻划表面。

(5) 洞口边、仰坡清洁时应配备专业安全装备并保证清洁人员安全。

(6) 采用湿法清洁时,应防止路面积水,并注意保护隧道内机电设施的安全,防止水渗入机电设施内。对于不能去除的污垢,可用清洁剂进行局部的特别处理,可以根据实际清洁效果选择清洁剂,宜选用中性清洁剂。清洁剂最终应冲洗干净。

(7) 采用干法清洁时,应避免损伤防火涂层、瓷砖和侧墙以及隧道内的机电设施。清洁时应采取必要的降尘措施。

5.3.5 安全保障措施

作业人员应接受专业的安全教育与作业规程培训;清洁作业时工作人员应遵守《公路隧道养护技术规范》(JTG H12—2015)、《公路养护安全作业规程》(JTG H30—2015)。

(1) 清洁作业应制定严密的施工组织设计,选择交通量较少的时间段,确定合理的清洁作业控制区并确保清洁作业区内的施工安全。

(2) 清洁作业前应全面检查保洁机械,并在养护站中试用,确保机械正常工作;检查信号灯是否准确、明显,施工标志设置是否规范,清洁机械的反光标志是否醒目。

(3) 隧道清洁作业前应在隧道入口设置相应的提示、警告标志;车流量较大、交通组织较为困难的占道作业时,除应利用标志或可变情报板进行提示外,还应采取固定隔离、强制减速、防撞装置等安全保障设施。

(4) 清洁作业中不得随意变更作业控制区,作业人员不得在控制区外活动或者将机械设备、材料置于清洁作业控制区外,禁止在同一行车洞内的两侧同时进行清扫保洁工作。

(5) 清洁作业完成后,应及时清理作业现场,并逆车流方向拆除交通管制标志,恢复道路的正常使用状态。

6 经常检查

6.1 概述

公路隧道结构检查是为了掌握隧道的现状,发现对隧道安全和功能有影响的病害,为隧道进行合理的养护管理收集和积累资料,建立隧道养护维修的数据库,为决策提供基础数据,以便尽早采取防治病害的措施,确保隧道安全畅通。按照《公路隧道养护技术规范》(JTG H12—2015),结构检查包括经常检查、定期检查、应急检查和专项检查。

检查流程如图6.1所示。

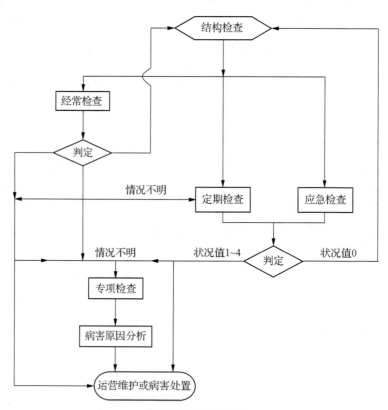

图6.1 检查流程图

6.2 经常检查

6.2.1 概述

经常检查是对土建结构的外观状况进行一般性定性检查,主要是为了发现隧道结构的早期破损、显著病害或其他异常情况,并提出相应的对策措施。

经常检查原则上使用简单的巡查工具进行目视巡查,以定性判断为主。经常检查破损状况判定分 3 种情况:情况正常(S)、一般异常(B)、严重异常(A)。

6.2.2 检查频率

不同隧道养护等级检查频率不同,根据《公路隧道养护技术规范》(JTG H12—2015)及首发集团现有养护制度,经常检查频率不低于 1 次/月,在雨季、冰冻季节或极端天气情况下,或发现严重异常情况时,需相应提高经常检查频率。

6.2.3 检查方法

经常检查宜采用人工与信息化手段相结合的方式,配以简单的检查工具(如皮尺、钢卷尺、铁锤、手电筒和粉笔等)进行。应当场填写"公路隧道经常检查记录表"(见附件 F),翔实记述检查项目的缺损类型,估计缺损范围和程度以及养护工作量,对异常情况作出缺损状况判定分类,并提出相应的养护措施。

6.2.4 检查内容及要求(表 6.1)

表 6.1 隧道经常检查内容

项目名称	检查内容	判定	
		一般异常	严重异常
洞口	边(仰)坡有无危石、积水、积雪;洞口有无挂冰;边沟有无淤塞;构造物有无开裂、倾斜、沉陷等	存在落石、积水、积雪隐患;洞口局部挂冰;构造物局部开裂、倾斜、沉陷,有妨碍交通的可能	坡顶落石、积水漫流或积雪崩塌;洞口挂冰掉落路面;构造物因开裂、倾斜或沉陷而致剥落或失稳;边沟淤塞,已妨碍交通
洞门	结构开裂、倾斜、沉陷、错台、起层、剥落;渗漏水(挂冰)	侧墙出现起层、剥落;存在渗漏水或结冰,尚未妨碍交通	拱部及其附近部位出现剥落;存在喷水或挂冰等,已妨碍交通
衬砌	结构裂缝、错台、起层、剥落	衬砌起层,且侧壁出现剥落状况,尚未妨碍交通,将来可能构成危险	衬砌起层,且拱部出现剥落状况,已妨碍交通,并有继续恶化的可能
渗漏水	存在渗漏水,尚未妨碍交通	大面积渗漏水,已妨碍交通	
	挂冰、冰柱	存在结冰现象,尚未妨碍交通	拱部结冰,形成冰柱,已妨碍交通

续表 6.1

项目名称	检查内容	判定	
		一般异常	严重异常
路面	落物、油污;滞水或结冰;路面拱起、坑洞、开裂、错台等	存在落物、滞水、结冰、裂缝等,尚未妨碍交通	拱部落物,存在大面积路面滞水、结冰或裂缝,已妨碍交通
检修道	结构破损;盖板缺损	检修道盖板缺损;结构破损,尚未妨碍交通	盖板结构破损,已妨碍交通
排水设施	破损、堵塞、积水、结冰	存在破损、积水或结冰,尚未妨碍交通	沟管堵塞,积水漫流,结冰,设施破损严重,已妨碍交通
吊顶及各种预埋件	变形、缺损、漏水(挂冰)	存在缺损、漏水,尚未妨碍交通	缺损严重,或从吊顶板漏水严重,已妨碍交通
内装饰	脏污、变形、破损	存在破损,尚未妨碍交通	破损严重,已妨碍交通
标志、标线、轮廓标	是否完好	存在脏污、部分缺失,可能会影响交通安全	基本缺失或严重缺失,影响行车安全

当经常检查中发现隧道存在一般异常情况时,应进行监视、观测或做进一步检查。

当经常检查中发现隧道工程存在严重异常情况时,应采取措施进行处置;当对其产生原因及详细情况不明时,尚应做定期检查或专项检查。

现场记录基本要求:

(1)照片拍摄要求

拍摄照片应清晰,要求每处病害至少拍摄一张照片,严重病害应至少拍摄两张照片(一张局部照及一张整体照)。

(2)现场记录要求

依据《公路隧道养护技术规范》(JTG H12—2015),经常检查应当场填写隧道土建结构经常检查记录表,记录内容应准确、完整、表述清楚,字迹清晰、工整,并记录照片编号,以便录入电子文档时的查询与对照。

检查工作流程:

(1)制订检查计划

① 明确检查对象,相关的内业档案资料及经常检查记录表;

② 明确人员及详细分工;

③ 准备检查工具、装备及车辆;

④ 明确具体工作内容及时间计划。

(2)开展现场检查

① 检查的具体内容见表 6.1。

② 现场检查记录基本要求见"第 6.2.5 节检查要点及注意事项"。

(3)分析检查结果

① 检查发现的异常情况,可参照第 2 章中术语定义,确定病害类型。

② 当经常检查中发现隧道存在严重异常情况且其产生原因及详细情况不明时,应及时安排定期检查或专项检查。

(4)制定应对措施

① 对于隧道出现的严重异常情况,应采取措施进行处置,并采取相应交通管制措施,如限行、设置隔离带等。

② 对于隧道受突发自然灾害(地震、泥石流、冰雪等)、遭受意外撞击和火灾等。隧道养护人员应立即上报,并及时采取应急交通管制措施;建议主管部门委托相关具有资质的单位开展应急检查,并采取进一步措施。

6.2.5 检查要点及注意事项

为更好地指导各线路养护中心对隧道巡检工作的实施,本节对隧道的9项主要土建结构和10项其他工程设施的检查要点及注意事项进行简要的说明。

6.2.5.1 洞口

边(仰)坡危石检查具体见表6.2。

表6.2 边(仰)坡危石检查表

项目	边(仰)坡危石
记录内容	① 危石的位置、大小、照片编号等; ② 病害图片(如有); ③ 手绘病害图
病害成因	① 岩石风化; ② 雨水冲刷等
治理措施	可采用危石清除、加防落网等方法处置
病害典型图片	

注:边坡积水,洞口挂冰,山体滑坡、岩石崩塌等项目检查具体见附件E。

6.2.5.2 洞门

墙身开裂检查具体见表6.3。

表6.3 墙身开裂检查表

项目	墙身开裂
记录内容	① 裂缝的位置、长度、宽度、走向、照片编号等; ② 病害图片(如有); ③ 手绘病害图
病害成因	① 混凝土收缩开裂; ② 偏压; ③ 局部应力集中导致的受力开裂; ④ 钢筋锈蚀膨胀导致混凝土开裂等

续表 6.3

项目	墙身开裂
治理措施	裂缝形态、尺寸均已稳定的静止裂缝,根据结构的耐久性和使用功能要求,采取表面封闭法或注射法等方法进行处置。对尚在发展的裂缝,当裂缝宽度小于 0.2 mm 时,应加强观测;当裂缝宽度持续增大时,应采取其他合理的处置措施
病害典型图片	

注:混凝土起层剥落、混凝土露筋、结构倾斜、沉陷、断裂等项目检查具体见附件 E。

6.2.5.3 衬砌

纵向裂缝检查具体见表 6.4。

表 6.4 纵向裂缝检查表

项目	纵向裂缝
记录内容	① 里程桩号、隧道横断面处的位置、长度、宽度、走向、照片编号等; ② 病害图片(如有); ③ 手绘病害图
病害成因	① 偏压; ② 衬砌背后空洞; ③ 膨胀力或高地应力等外荷载作用; ④ 局部衬砌厚度不足等
治理措施	形态、尺寸和数量均已不再发展的静止裂缝,根据结构的耐久性和使用功能要求,采取表面封闭法或注射法等方法进行处置。对活动裂缝和尚在发展的裂缝,当裂缝宽度小于 0.2 mm 时,应加强观测;当裂缝宽度持续增大时,应根据裂缝成因及程度选取粘贴纤维布、粘贴钢板、嵌入钢拱架、喷射混凝土、套拱、换拱、围岩注浆、隧底加固等措施进行处置
病害典型图片	

注:环向裂缝、斜向裂缝、施工缝开裂、施工缝错台等项目检查具体见附件 E。

6.2.5.4 路面

路面横向裂缝检查具体见表 6.5。

表 6.5 路面横向裂缝检查表

项目	路面横向裂缝
记录内容	① 位置、长度、宽度、走向、照片编号等; ② 病害图片(如有); ③ 手绘病害图
病害成因	① 水泥混凝土早期干缩; ② 路面温度梯度应力; ③ 路面结构设计不合理; ④ 水泥混凝土路面切缝不及时; ⑤ 沥青混凝土路面基层或垫层开裂

续表6.5

项目	路面横向裂缝
治理措施	① 对水泥混凝土路面,当宽度小于3.0 mm,采取扩缝注浆; ② 对贯穿板厚的大于3.0 mm小于15.0 mm的裂缝,采用罩面进行补缝; ③ 对宽度大于15.0 mm的裂缝采用全深度补块; ④ 对沥青混凝土路面,采取灌封处理
病害典型图片	

注:纵向裂缝、斜向裂缝、水泥混凝土路面角隅断裂等项目检查具体见附件E。

6.2.5.5 检修道

检修道盖板缺损检查具体见表6.6。

表6.6 检修道盖板缺损检查表

项目	检修道盖板缺损
记录内容	① 位置、数量、照片编号等; ② 病害图片(如有); ③ 手绘病害图
病害成因	① 车辆撞击; ② 施工质量不良; ③ 日常运营中损坏
治理措施	及时修补缺损盖板
病害典型图片	

注:结构破损、检修道毁坏、栏杆损坏项目检查具体见附件E。

6.2.5.6 排水设施

边沟盖板缺失检查具体见表6.7。

表6.7 边沟盖板缺失检查表

项目	边沟盖板缺失
记录内容	① 位置、数量、范围、照片编号; ② 病害图片(如有); ③ 手绘病害图
病害成因	损毁等
治理措施	及时补全缺失盖板
病害典型图片	

注:溢水、排水沟淤积堵塞、排水沟结冰项目检查具体见附件E。

6.2.5.7 吊顶及预埋件

吊顶变形检查具体见表6.8。

表 6.8 吊顶变形检查表

项目	吊顶变形
记录内容	① 位置、范围、变形量、照片编号等; ② 病害图片(如有); ③ 手绘病害图
病害成因	① 车辆剐蹭、碰撞; ② 衬砌结构变形影响; ③ 施工缺陷等
治理措施	根据病害成因选取合适的处置措施。由衬砌结构变形引起的吊顶变形,要首先处置衬砌病害;如果不是外力因素引起,当变形较小时,应加强观测;当变形持续增大影响行车安全时,应采取交通管制、拆换等处置措施
病害典型图片	

注:吊顶缺损,预埋件锈蚀,预埋件松动与脱落项目检查具体见附件 E。

6.2.5.8 内装饰

内装饰表面脏污检查具体见表 6.9。

表 6.9 表面脏污检查表

项目	表面脏污
记录内容	① 位置、面积、照片编号等; ② 病害图片(如有); ③ 手绘病害图
病害成因	① 车辆撞击; ② 材料老化; ③ 有渗漏水情况下的冻融作用; ④ 施工缺陷等
治理措施	及时清除松动部分,防止发生二次事故
病害典型图片	

注:内装饰脱落缺损等项目检查具体见附件 E。

6.2.5.9 标志、标线及轮廓标

标志及轮廓标残缺、模糊及破损检查具体见表 6.10。

表 6.10 标志及轮廓标残缺、模糊及破损检查表

项目	标志及轮廓标残缺、模糊及破损
记录内容	① 标志类型、位置、范围、照片编号等; ② 病害图片(如有); ③ 手绘病害图

续表6.10

项目	标志及轮廓标残缺、模糊及破损
病害成因	① 超宽、超高车辆撞击； ② 材料老化、锈蚀； ③ 标志涂层老化，且管理维修不及时
治理措施	及时修整或更换
病害典型图片	

注：标志及轮廓标表面脏污、连接件松动等项目检查具体见附件E。

6.2.5.10 电缆沟

电缆沟破损检查具体见表6.11。

表6.11 电缆沟破损检查表

项目	电缆沟破损
记录内容	① 位置、范围、照片编号等； ② 病害图片（如有）； ③ 手绘病害图
病害成因	① 车辆撞击； ② 外荷载作用导致路面隆起； ③ 施工质量不良等
治理措施	电缆沟破损较少时，应及时修复；破损范围较大时，应针对成因采取增设仰拱、仰拱补强、注浆加固、锚杆加固等合理的处置措施
病害典型图片	

注：电缆沟积水、杂物等项目检查具体见附件E。

6.2.5.11 设备洞室

设备洞室破损检查具体见表6.12。

表6.12 设备洞室破损检查表

项目	设备洞室破损
记录内容	① 位置、范围、程度、照片编号等； ② 病害图片（如有）； ③ 手绘病害图
病害成因	① 膨胀力或高地应力等外荷载作用； ② 局部衬砌厚度不足； ③ 支护强度不足； ④ 施工缺陷等
治理措施	清除松动的混凝土块，根据病害成因及病害程度选取局部修补、围岩注浆、粘贴钢板加固、衬砌拆换等措施进行处置
病害典型图片	

注：设备洞室渗漏水、杂物积尘等项目检查具体见附件E。

6.2.5.12　洞口联络通道

隔离设施损坏检查具体见表6.13。

表6.13　隔离设施损坏检查表

项目	隔离设施损坏
记录内容	① 位置、照片编号等； ② 病害图片(如有)； ③ 手绘病害图
病害成因	① 车辆撞击； ② 设备老化且管理维修不及时等
治理措施	及时维修或更换
病害典型图片	

注：路面落物，路面隆起及路面积水等项目检查具体见附件E。

7 定期、应急及专项检查

7.1 定期检查

7.1.1 概述

定期检查是按规定周期对隧道结构的基本状况进行全面检查,检查的目的是系统掌握隧道的基本技术状况,为制订养护工作计划提供依据,检查宜采取徒步目视检查为主,配备必要的检查工具或设备,检查的内容除了上述提及的结构病害外,还应扩展到运营的通风、照明、噪音、环保、路面抗滑系数等,定期检查完成后应提交定期检查报告以及隧道展开图和其他有关检测记录资料。

7.1.2 检查周期

定期检查的周期应根据隧道技术状况确定,宜每年一次,最长不超过3年1次。当经常检查中发现重要结构分项技术状况评定值为3或4类时,应立即开展一次定期检查。定期检查宜安排在春季或秋季进行。

7.1.3 检查内容及要求

隧道定期检查内容见表7.1。

表7.1 隧道定期检查内容

项目名称	检查内容
洞口	山体滑坡、岩石崩塌的征兆及其发展趋势:边坡、碎落台、护坡道的缺口、冲沟、潜流涌水、沉陷、塌落等及其发展趋势
洞口	护坡、挡土墙的裂缝、断缝、倾斜、鼓肚、滑动、下沉的位置、范围及其程度,有无表面风化、泄水孔堵塞、墙后积水、地基错台、空隙等现象及其程度
洞门	墙身裂缝的位置、宽度、长度、范围或程度
洞门	结构倾斜、沉陷、断裂范围、变位量、发展趋势
洞门	洞门与洞身连接处环向裂缝开展情况、外倾趋势

续表 7.1

项目名称	检查内容
洞门	混凝土起层、剥落的范围和深度,钢筋有无外漏、锈蚀
	墙背流失范围和程度
衬砌	衬砌裂缝的位置、宽度、长度、范围或程度,墙身施工缝开裂宽度、错位量
	衬砌表面起层、剥落的范围或深度
	衬砌渗漏水的位置、水量、浑浊、冻结状况
路面	路面拱起、沉陷、错台、开裂、溜滑的范围和程度;路面积水、结冰等范围和程度
检修道	检修道毁坏、盖板缺损的位置和状况;栏杆变形、锈蚀、缺损等的位置和状况
排水系统	结构毁损程度。中央窨井盖、边沟盖板等完好程度,沟管开裂漏水状况;排水沟(管)、积水井等淤积堵塞、沉沙、滞水、结冰等状况
吊顶及各种预埋件	吊顶板变形、缺损的位置和程度;吊杆等预埋件是否完好,有无锈蚀、脱落等危及安全的现象及其程度;漏水(挂冰)范围及程度
内装饰	表面脏污、缺损的范围和程度;瓷砖或防火涂层变形、缺损的范围和程度等
标志、标线、轮廓标	外观缺损、表面脏污状况、连接件牢固状况、光度是否满足要求等

检查时,应尽量靠近结构,依次检查各个结构部位,注意发现异常情况和原有异常情况的发展变化;对有异常情况的结构,应在其适当位置做出标记,此外,检查结果记录宜量化。

检查结果应当场填入"定期检查记录表"(见附件F),将检查数据及病害绘入"隧道展开图"(见附件F),发现评定状况值为2以上的情况,应做影像记录,并详细、准确记录缺损或病害情况,分析成因,对结构物的技术状况进行评定。

定期检查中出现状况值为3或4的项目,且其产生原因及详细情况不明时,应做专项检查。

定期检查完成后,应编制土建结构定期检查报告,内容应包括:
（1）检查记录表、隧道展开图及相关调查资料等；
（2）对土建结构的技术状况评定；
（3）对土建结构的养护维修状况的评价及建议；
（4）需要实施专项检查的建议；
（5）需要采取初期支护措施的建议。

定期检查常用设备详见附件E。

7.2 应急检查

应急检查是指隧道遭遇自然灾害、发生交通事故或隧道周围区域大型施工等外力作用后,对遭受影响的隧道结构立即进行详细勘察、检查,及时掌握结构受损情况,为下一步采取针对性对策提供依据。应急检查难以判明破损原因和程度时应作专项检查。

应通过应急检查,及时掌握结构受损情况,并应符合下列规定:

(1) 应根据受异常事件影响的结构,决定采取的检查方法、工具和设备。

(2) 应急检查的内容和方法原则上应与定期检查相同,但应针对发生异常情况或者受异常事件影响的结构或结构部位做重点检查,以掌握其受损情况。

(3) 检查的评定标准,应与定期检查相同。当难以判明缺损的原因、程度等情况时,应做专项检查。

(4) 检查结果的记录,应与定期检查相同。检查完成后,应编制应急检查报告,总结检查内容和结果,评估异常事件的影响,确定合理的对策措施。

许多事件都可激发应急检查。最常见的事件包括:机动车的撞击、火灾、地震、人为的灾难(包括爆炸)。

7.3 专项检查

专项检查是根据经常检查、定期检查和应急检查结果,或者通过其他途径,并经过技术状态评估之后,判断需要进一步查明某些破损或病害的详细情况而进行的更深入的专门检测。通过专项检查,应完整掌握破损或病害的详细资料,为其是否实施处置以及采取何种处置措施等提供技术依据。

7.3.1 检查频率

专项检查是根据各隧道经常检查、定期检查和应急检查的结果,或者通过其他途径,判断需要进一步查明某些破损或病害的详细情况而进行的更深入的专门检测,检测频率根据需要进行。

7.3.2 检查内容及要求

隧道专项检查内容见表 7.2。

表 7.2 隧道专项检查内容

检查项目		检查内容
结构变形	公路线形、高程检查	道路中线位置、路面高度、缘石高度以及纵、横坡度等测量
	隧道横断面检查	隧道横断面测量,周壁位移测量(与相邻或完好断面比较)
	净空变化检查	隧道内壁间距测量(自身变化比较)
裂缝	裂缝调查	裂缝的位置、宽度、长度、开展范围或程度等
	裂缝检测	裂缝的发展变化趋势及其速度;裂缝的方向及深度等

续表 7.2

检查项目		检查内容
漏水	漏水调查	漏水的位置、水量、浑浊、冻结及原有防排水系统的状态拥堵、破坏情况等
	漏水检测	水温,pH 检查、电导度检测、水质化学分析
	排防水系统	拥堵、破坏情况
材质	衬砌强度检查	强度简易测定,钻孔取芯,各种强度试验等
	衬砌表面病害	起层、剥落、蜂窝、麻面、孔洞、露筋等
	混凝土碳化深度检测	混凝土碳化深度检测
	钢筋锈蚀检测	钢筋锈蚀检测
衬砌、围岩状况	无损检查	衬砌厚度、空洞、裂缝和渗漏水以及围岩状况
	钻孔检查	钻孔测定衬砌厚度等,内窥镜观测衬砌及围岩内部状况
荷载状况	衬砌应力及拱背压力检测	衬砌不同部位的应力及其变化;拱背压力的分布及其变化
	水压力检查	地下水丰富的隧道检查衬砌背后水压力大小,分布及变化规律

　　检查前,检查人员应对有关的技术资料、档案进行调查,并对隧道周围的地质及地表环境等展开实地调查。

　　对严重不良地质地段、重大结构病害或隐患处,宜开展运营期长期监测,对其结构变形、受力和地下水状态等进行长期观测。监测频率宜取经常检查的频率,当发现监测参数在快速发展变化时,观测频率应提高。

　　检查完成后,应编制专项检查报告,报告内容包括:

　　(1) 检查的主要经过,包括检查的组织实施、时间等;

　　(2) 所检查结构的技术状况,包括检查方法、试验和检测项目及内容、检测数据与结果分析以及缺损状态评价等;

　　(3) 对缺损或病害的成因、范围、程度等情况的分析,及其维修处置对策、技术以及所需工程量和费用等建议。

　　专项检查常用设备详见附件 E。

8 基础状况检查

8.1 概述

首发集团辖区内隧道较多,且部分隧道建成时间较早(1998年建成),可能存在隧道建成后各类数据资料未进行及时整理归档或资料管理存在不足,导致部分隧道基础资料缺失,需对隧道进行一次全方位的各项基础状况的检查。

基础状况检查与新建隧道的初始检查类似,但存在不同之处,本手册基础状况检查的目的是采集隧道结构目前状况下状态数据,建立技术档案,作为日后经常检查、定期检查、专项检查及隧道工程评估的基础;通过基础状况检查,可确定隧道结构各构件目前的技术状况,便于对后期发现的结构缺陷和病害做对比分析,确定病害或缺陷成因及发展程度,为进一步养护工作提供依据。

8.2 检查要求

(1)应尽量收集隧道相关资料,包含隧道的各项技术参数及数据资料,资料要求全面、准确,具有权威性和实用性。

(2)对于无法通过调查资料获取的相关数据,应通过专业的技术方法进行测试获得,所使用的方法应合理准确,使用的仪器符合精度要求。

(3)检查应安排专人进行,合理安排分工,制订检查计划,对收集到或者通过现场检查检测得到的数据应及时整理归档。

8.3 检查内容

8.3.1 资料收集

隧道在建设前期、建设期及运营期会产生各类数据,对以往相关资料应进行收集,其中,应尽量收集以下几个方面的数据资料:

(1)设计文件(包括隧道长度、洞门形式、断面形式、衬砌厚度、材料、埋置深度、支护、衬砌等)和地质调查报告;

(2) 施工方法(包括主要开挖方法、特殊施工方法、围岩变化记录、各种试验报告、测量报告等)及相关施工记录;

(3) 交竣工验收资料、施工过程中质量检测资料;

(4) 检查记录(包括断面净空检查报告等);

(5) 衬砌修复加固记录、漏水处置施工记录、路面变形记录(含维修记录)、气温及降雨记录、洞口明挖段遭受自然灾害记录等;

(6) 裂缝、剥落、错位、漏水等破损或病害的现场检查记录。

各隧道应收集表8.1～8.3相关隧道数据资料,并将相关资料进行归档。

表8.1 公路隧道相关信息

相关信息	内容
公路隧道基本信息	工程概况、水文地质、周围环境、设计和施工数据、损毁和维修记录
土建结构日常检查信息	常规检查信息、定期检查信息、特殊检查信息
土建结构病害调查信息	裂缝信息、渗漏水信息、错台信息、底板隆起冒浆信息、路面损坏信息、其他
土建结构专项检查信息	厚度检测信息、强度检测信息、衬砌内部质量检测信息、轮廓检测信息、其他

表8.2 隧道基本信息表

工程概况	工程背景信息	所在省份、市(县)乡镇名称、公路名称、公路等级、隧道名称、隧道等级、设计车道数、起始桩号、终止桩号、总长度、结构形式(单拱、连拱)、建造时间、改建时间、竣工时间、开发建设单位、设计单位、施工单位、监理单位、管养单位、设计变更时间、变更金额、地理位置图
	隧道概况信息	隧道名称、净宽、洞内纵坡坡度、最低点高程、砌体材料、洞口构造、路面铺设、洞内照明、洞内通风、电信设施、隧道进洞口彩照、出洞口彩照;进口洞门立面图、出口洞门立面图等。还有以下技术图纸: ① 隧道纵断面图,包括拱顶线、起拱线、路面线(表明坡度)、排水沟底线、辅助坑道的位置等。如有条件,应注明地质情况。 ② 隧道横断面图,包括直线、曲线、内轮廓有变化段落的隧道内轮廓和衬砌厚度示意图及辅助坑道的位置。 ③ 隧道平面图,线路和隧道的平面位置、曲线要素及隧道的方位等。 ④ 其他有关隧道的技术图纸
工程水文地质和周围环境信息	工程水文地质	隧道所在区间、设计围岩类别、施工(变更)围岩类别;岩层地质砂质岩、变质岩、风化页岩、土砂、膨胀性岩层(泥岩、千枚岩、泥质页岩、碳质页岩等);钻探勘测信息、成组节理的产状、土层物理力学参数、岩层直剪抗剪强度指标、变形指标、岩体承载力评价、主要断层的位置和产状;隧道纵剖面地层数据;地表地形及排水设备示意图。 地下水:常年地下水位、地下水流向、补给情况、含水层分布情况、水量以及水对围岩和结构影响、边沟地下水的化验描述、腐蚀地段钻孔描述、围岩裂隙水化验
	周围环境信息	气温、气候条件、风向、是否处于崩塌滑坡地带、山坡有无挖方、隧道是否与坡面平行、正上方有无坝或水池等、有无近接施工、有无采矿区

续表8.2

设计和施工信息	几何参数设计	对应区间、具体断面的绝对里程桩号、相对里程桩号、设计围岩类别（Ⅰ～Ⅳ）、边墙形状（直、曲）；有无仰拱。 隧道几何特征：高度、净宽、中墙厚度、平面线形等；进洞门型式、出洞门型式、洞身型式（S1，S2等）、对应的几何断面图
	设计依据	对应区间、断面绝对里程桩号、相对里程桩号、设计围岩类别、衬砌类型、上覆土层厚度；抗震设计资料、地震设防烈度、地表最大加速度、设计地表加速度、土壤液化概率、设计水平地震力、设计垂直地震力、水平加速度系数、设计抗震等级；围压强度比、承载力大小、围岩含水率、埋深、有无断层
	支护参数设计	1. 初期支护设计参数包括初期支护喷层厚度、初期支护水泥强度等级、初期支护设计混凝土强度等级、有无钢拱架、钢拱架间距、钢筋网布置、锚杆直径、锚杆长度、锚杆布置。 2. 二次衬砌支护设计参数包括边墙二次衬砌设计厚度、拱腰二次衬砌设计厚度、拱顶强度等级设计厚度、中墙衬砌厚度、二次衬砌水泥强度等级、二次衬砌设计混凝土强度等级、二次衬砌钢筋等级、二次衬砌配筋图。 3. 仰拱支护设计参数包括仰拱厚度、水泥标号、仰拱设计混凝土强度等级、仰拱钢筋等级、仰拱配筋图。
	隧道施工信息	所在区间、断面绝对里程桩号、断面相对里程桩号 开挖方法：矿山法、新奥法 开挖方式：全断面、台阶法、分步开挖、先拱后堵、先端后拱 锚杆数量和质量、注浆配比和注浆量、水泥生产厂家及质量、粗细集料质量、混凝土的配合比、混凝土强度、喷射混凝土厚度、模筑混凝土强度、有无回填压浆、有无隔热层、模板有无早期脱模
隧道损毁、维修信息	损毁情况	1. 隧道损毁情况：损毁区间、隧道施工过程中发生的情况描述（如塌方、突泥涌水）、处理措施描述（如变更方案）。 2. 损毁原因： (1) 不良地质情况记录岩溶、滑坡、崩塌与岩堆、泥石流、积雪、雪崩、风沙、采空区、水库坍岸、强震区、地震液化、涎流冰 (2) 特殊性岩土、黄土、冻土、膨胀性岩土、盐渍土、软土 (3) 施工工艺记录、施工质量问题记录 (4) 衬砌背后回填记录 (5) 行车荷载情况、交通量、设计荷载及目前运转荷载等资料
	维修情况	维修部位、维修时间、维修方法、维修数量、经济损失、维修费用

表8.3 现有土建结构病害信息

病害名称	病害具体信息
裂缝	绝对里程桩号、相对里程桩号、产生时间。 产生部位：拱顶、边墙、起拱线、道路中线等。 裂缝起始位置、终止位置、倾角（与水平向角度）。 水平距离、垂直距离、长度、宽度。 裂缝形态：连续性、交叉。 深度：贯通、深、浅、表层、不明。

续表 8.3

病害名称	病害具体信息
裂缝	裂缝表面的干湿度:干燥、湿润、有水。 裂缝内有无盐析、锈水、胶状物析出。 裂化程度:污染,无变化。 裂缝周围材料的风化剥离情况。 形态描述、裂缝二维展示图
渗漏水	绝对里程桩号、相对里程桩号。 产生部位:拱顶、边墙、起拱线、道路中线等。 长度、宽度、渗漏区域。 衬砌渗漏水状态:干燥、湿润、滴水、涌水、漏水。 出水形式:点漏、缝漏、线漏、片漏。 渗漏水量、析出物、水压、水质对衬砌的侵蚀性、pH、衬砌混凝土含水率、其他描述、渗漏水展示图(具体图例)
冻害	绝对里程桩号、相对里程桩号。 部位:拱顶、腰、边墙、起拱线。 冻害形式:冰柱、侧冰、挂冰、冰塞、冰湖、冰楔
衬砌剥离剥落	绝对里程桩号、相对里程桩号、部位、块体质量、周长。 剥落剥离砼的形状:规则(锥形、V形、层状等)、不规则。 特别注意由于冲击和钢筋锈蚀胀裂的剥落剥离形状
衬砌错台错缝	有无压溃的可能。 绝对里程桩号、相对里程桩号。 部位:拱顶、拱腰、边墙、起拱线。 错台方向:内错、外错。 起始位置、终止位置、与水平向的角度、纵向错台长度、横向错台长度、宽度、深度
断面变形侵限	绝对里程桩号、相对里程桩号。 部位:拱顶、拱腰、边墙、起拱线。 水平位移、垂直位移、断面轴有无移动回转、断面净空有无缩小
路面损坏	绝对里程桩号、相对里程桩号、路面开裂损坏描述、路面是否冒浆
底板隆起、基底冒浆	绝对里程桩号、相对里程桩号。 冒浆描述、基底有无下沉冒浆、有无底鼓;出水点的展示图
衬砌表观病害	绝对里程桩号、相对里程桩号。 部位:拱顶、拱腰、边墙、起拱线。 测定断面缺陷部分的尺寸:直径、长度、深度、面积、体积等。 表观病害形式: ① 蜂窝、麻面,测量麻面的面积、体积及长度; ② 孔洞、砼缺棱掉角、露筋(要检查是主筋还是箍筋); ③ 钢筋锈蚀、砼缝隙夹层
排水系统病害	绝对里程桩号,排水情况,排水设备有无缺损;排水沟流量流速检查观测记录

8.3.2 现场检测

对于部分隧道数据资料以往资料库缺失或未有记录,需通过现场检查的手段获取。

对隧道整体性的数据参数应通过表 8.4 中相关内容进行检查。

表 8.4 隧道总体检查内容

内容		数量	具体要求	检测方法
隧道结构完损检测	渗漏检测	全隧道	调查渗漏路径和渗漏量,对渗漏严重、存在漏泥现象的部位,检查其结构背后空洞情况,并绘制渗漏展开图	目测,辅以红外热成像仪
	裂缝观测		调查整个隧道主要结构构件裂损的形式、贯通情况、裂缝的宽度,长度,深度、部位和位置等信息,并绘制裂缝展开图	目测,辅以裂缝宽度检验
	锈蚀(面积损失)等		调查整个隧道的钢筋、连接螺栓、钢构件锈蚀情况包括锈蚀的范围和锈蚀的深度	目测,辅以卷尺、游标卡尺
隧道变形及位移测量	沉降测量		沿隧道内车道板两侧既有测点进行测量	水准仪、全站仪、GPS 等
	中线测量		沿隧道 50 m 布置一测点,测量中心偏差	
	断面形状收敛测量	>11	按国际隧协要求测量圆形(不少于 7 个)和矩形(不少于 4 个)隧道典型断面	激光测距仪

8.3.3 检测方法

各隧道养护中心应收集或现场检查、测量表 8.5 中各项技术参数。

表 8.5 检查方法

检测项目	检测方法	检测内容
混凝土强度	回弹法	绝对里程桩号、相对断面里程、测区部位、测点编号、测点回弹值、测点混凝土强度值(MPa)、测点布置图
	超声法	绝对里程桩号、相对断面里程、测区部位、测点编号、超声声时值、测距(cm)、测点声速值(cm/s)、修正后声速值(cm/s)、修正后测点强度值(MPa)、测点布置图

续表 8.5

检测项目	检测方法	检测内容
混凝土强度	超声回弹综合法	绝对里程桩号、相对里程桩号、衬砌断面图。测区布置:拱顶测线、拱腰测线、边墙测线等。测区回弹强度值(MPa)、测区平均碳化深度(mm)、测区混凝土推定强度值(MPa)
	拉拔法	绝对里程桩号、相对里程桩号、测区、换算系数、混凝土换算强度(MPa)、拉拔示意图
衬砌厚度	钻芯法	绝对里程桩号、相对断面里程、测区部位、测点编号、衬砌设计厚度(cm)、钻芯边墙实测厚度(cm)、钻芯拱腰实测厚度、钻芯拱顶实测厚度
	超声法	绝对里程桩号、相对断面里程、测区部位、测点编号、衬砌设计厚度(cm)、超声实测厚度(cm)、测点编号位置示意图、备注
	地质雷达法	绝对里程桩号、相对里程桩号、衬砌断面图;边墙测线等;初期支护和围岩接触是否密贴;超挖回填不密实;二次衬砌和初期支护密贴程度和回填情况、混凝土浇筑质量(不密实)、衬砌中锚杆和钢拱架的数量、地下水活动情况、围岩的工程类别、围岩中的破碎带、溶洞、曾有的坍塌冒顶等情况(施工时塌方位置及塌方处理情况)、隧道衬砌上有无空洞等
衬砌内部质量	超声法	声波在衬砌中的传播速度、在相应等级混凝土中的传播速度、衬砌波普
	红外线温度场照相技术	衬砌和围岩间水在不同温度下的流动情况;衬砌背面地质条件的变化情况;衬砌缺陷情况;空洞情况
断面轮廓	激光断面仪	断面绝对里程、相对里程衬砌阶段、标准面积、测量面积、超挖面积、欠挖面积、最大超挖量、最小超挖量、最大欠挖量,是否侵入相应界限

9 土建结构技术状况评定

9.1 概述

土建结构技术状况评定应根据定期检查资料,综合考虑洞门、结构、路面和附属设施等各方面的影响,确定隧道的技术状况等级。专项检查时宜按照本手册规定对所检项目进行技术状况评定。

首发集团辖区内隧道共有 5 种结构形式,分别为分离式、连拱式、单洞、小净距及下沉式,各类型隧道技术状况评定方法如下:

(1) 分离式隧道区分左右洞,二者独立进行评定;
(2) 连拱隧道不区分左右洞,整体进行技术状况评定;
(3) 单洞隧道逐段对各分项技术状况进行状况值评定,在此基础上确定各分项技术状况,再进行土建结构技术状况评定;
(4) 小净距隧道区分左右洞,二者独立进行技术状况评定;
(5) 下沉式隧道不区分左右洞,整体进行技术状况评定。

9.2 技术状况评定

9.2.1 评定技术路线

隧道各分段的技术状况评定采用单项控制指标法。

单个隧道评定时,对隧道各部位的分项进行技术状况值评定,可得到各部位的技术状况值,继而可得出单个隧道技术状况值,该技术状况值即单个隧道的总体技术状况评定结果。

隧道的总体技术状况评定应分为 1 类、2 类、3 类、4 类、5 类,评定类别描述及养护对策见表 9.1。

表 9.1　隧道总体技术状况评定类别

技术状况评定类别	土建结构评定类别描述	养护对策
1类	完好状态。无异常情况或异常情况轻微,对交通安全无影响	正常养护
2类	轻微破损。存在轻微破损,现阶段趋于稳定,对交通安全不会有影响	按需进行保养维修
3类	中等破损。存在破坏,发展缓慢,可能会影响行人、行车安全	对局部实施病害处置
4类	严重破损。存在较严重破坏,发展较快,已影响行人、行车安全	尽快实施病害处置
5类	危险状态。存在严重破坏,发展迅速,已危及行人、行车安全	实施病害处置

9.2.2　评定方法

(1) 隧道土建结构技术状况评定

隧道土建结构技术状况评分 $JGCI$ 按下式计算：

$$JGCI = 100 \cdot \left[1 - \frac{1}{4}\sum_{i=1}^{n}\left(JGCI_i \times \frac{w_i}{\sum_{i=1}^{n}w_i}\right)\right] \quad (9.1)$$

式中, w_i 为分项权重; $JGCI_i$ 为分项状况值,值域 0~4。

(2) 分项状况值评定

分项状况值按下式计算：

$$JGCI_i = \max(JGCI_{ij}) \quad (9.2)$$

式中, $JGCI_{ij}$ 为各分项检查段落状况值; j 为检查段落号,按实际分段数量取值。

土建结构技术状况评定分类界限值按表 9.2 取值,土建结构各分项权重按表 9.3 或 9.4 取值。

表 9.2　土建结构技术状况评定分类界限值

技术状况评分	土建结构技术状况评定分类				
	1类	2类	3类	4类	5类
JGCI	≥85	≥70,<85	≥55,<70	≥40,<55	<40

(3) 隧道土建结构技术状况评定时,当洞口、洞门、衬砌、路面和吊顶及预埋件项目的评定状况值达到 3 或 4 时,对应土建结构技术状况应直接评为 4 类或 5 类。

(4) 有下列情况之一时,隧道土建结构技术状况评定应评为 5 类：

① 隧道洞口边仰坡不稳定,出现严重的边坡滑动、落石等现象。

② 隧道洞门结构大范围开裂、砌体断裂、脱落现象严重,可能危及行车道内的通行安全。

③ 隧道拱部衬砌出现大范围开裂、结构性裂缝深度贯穿衬砌混凝土。

④ 隧道衬砌结构发生永久变形,且有危及结构安全和行车安全的趋势。

⑤ 地下水大规模涌流、喷射,路面出现涌泥沙或大面积严重积水等威胁交通安全的现象。

⑥ 隧道路面发生严重隆起,路面板严重错台、断裂,严重影响行车安全。

⑦ 隧道洞顶各种预埋件和悬吊件严重锈蚀或断裂,各种桥架和挂件出现严重变形或脱落。

9.2.3 分项及权重

表 9.3 公路隧道(分离式、连拱、单洞、小净距隧道)土建结构分项及权重表

分项		分项权重	分项	分项权重
洞口		13	检修道	2
洞门		5	排水系统	6
衬砌	结构破损	40	内装	2
	渗漏水		吊顶及预埋件	10
明洞		2	交通标志、标线	5
路面铺装		15		

表 9.4 下沉式隧道土建结构分项及权重表

分项	分项权重	分项	分项权重
混凝土结构	40	检修道	5
路面铺装	10	内装饰	20
排水系统	15	交通标志、标线	5
吊顶及预埋件	5		

9.3 分项技术标准

隧道洞口、洞门、衬砌结构、衬砌渗漏水、路面、检修道、排水设施、吊顶、内装饰、交通标志标线等各分项技术状况评定标准应按表 9.5 至 9.12 执行。

表 9.5 隧道洞口技术状况评定标准

状况值	技术状况描述
0	完好、无破坏现象
1	山体及岩体、挡土墙、护坡等有轻微裂缝产生,排水设施存在轻微破坏
2	山体及岩体裂缝发育,存在滑坡、崩塌的初步迹象,坡面树木或电线杆轻微倾斜,挡土墙、护坡等产生开裂、变形,土石零星掉落,排水设施存在一定裂损、阻塞
3	山体及岩体严重开裂,坡面树木或电线杆明显倾斜,挡土墙、护坡等产生严重开裂、明显的永久变形,墙角或坡面有土石堆积,排水设施完全堵塞、破坏,排水功能失效

续表9.5

状况值	技术状况描述
4	山体及岩体有明显而严重的滑动、崩塌现象,挡土墙、护坡断裂、外倾失稳、部分倒塌,坡面树木或电线杆倾倒等

表9.6 隧道洞门技术状况评定标准

状况值	技术状况描述
0	完好、无破坏现象
1	墙身存在轻微的开裂、起层、剥落
2	墙身结构局部开裂,墙身轻微倾斜、沉陷或错台,壁面轻微渗水,尚未妨害交通
3	墙身结构严重开裂、错台,边墙出现起层、剥落,混凝土块可能掉落或已有掉落;钢筋外露、受到锈蚀,墙身有明显的倾斜、沉陷或错台趋势,壁面严重渗水(挂冰),将会妨害交通
4	洞门结构大范围开裂、砌体断裂、混凝土块可能掉落或已有掉落;墙身出现部分倾倒、垮塌,存在喷水或大面积挂冰等,已妨碍交通

表9.7 衬砌破损技术状况评定标准

状况值	技术状况描述	
	外荷载作用所致	材料劣化所致
0	结构无破损、变形和背后空洞	材料无劣化
1	出现变形、位移、沉降和裂缝,但无发展或已停止发展	存在材料劣化,钢筋表面局部腐蚀,衬砌无起层、剥落,对断面强度几乎无影响
2	出现变形、位移、沉降和裂缝,发展缓慢,边墙衬砌背后存在空隙,有扩大的可能	材料劣化明显,钢筋表面全部生锈、腐蚀,断面强度有所下降,结构物功能可能受到损害
3	出现变形、位移、沉降和裂缝密集,出现剪切性裂缝; 边墙处衬砌压裂,导致起层、剥落,边墙混凝土有可能掉下; 拱部背面存在大的空洞,上部落石可能掉落甚至拱背; 衬砌结构侵入内轮廓界限	材料结构劣化严重,钢筋断面因腐蚀而明显减小,断面强度有相当程度的下降,结构物功能受到损害; 边墙混凝土起层、剥落,混凝土块可能掉落或已有掉落
4	衬砌结构发生明显的永久变形、裂缝明显,出现剪切性裂缝,裂缝深度贯穿衬砌混凝土,并且发展快速; 由于拱顶裂缝密集,衬砌开裂,导致起层、剥落,混凝土有可能掉下; 衬砌拱部背面存在大的空洞,且衬砌有效厚度很薄,空腔上部可能掉落至拱背; 衬砌结构侵入建筑界限	材料劣化非常严重。断面强度明显下降,结构物功能损害明显; 由于拱部结构劣化,导致混凝土起层、剥落,混凝土可能掉落或已有掉落

9 土建结构技术状况评定

表9.8 隧道路面技术状况评定标准

状况值	技术状况描述
0	路面完好
1	路面有浸湿、轻微裂缝、落物等,引起使用者轻微不舒适感
2	路面有局部的沉陷、隆起、坑洞、表面剥落、露骨、破损、裂缝、轻微积水,引起使用者明显的不舒适感,可能会影响行车安全
3	路面出现较大面积的沉陷、隆起、坑洞、表面剥落、露骨、破损、裂缝、积水严重等,影响行车安全;抗滑系数过低引起车辆打滑
4	路面出现大面积的明显沉陷、隆起、坑洞,路面板严重错台、断裂、表面剥落、露骨、破损、裂缝,出现漫水、结冰或堆冰,严重影响交通安全,可能会导致交通意外事故

表9.9 检修道技术状况评定标准

状况值	技术状况描述	
	定性描述	定量描述
0	路缘石及检修道面板均完好	—
1	路缘石或检修道面板少量缺角、缺损,尚未影响其使用功能	面板、路缘石损坏长度≤10%,缺失长度≤3%
2	部分路缘石或检修道面板缺损、开裂,部分功能丧失,可能会影响行人安全和交通安全	面板、路缘石损坏长度>10%且≤20%,缺失长度>3%且≤10%
3	路缘石或检修道面板缺损开裂或缺失严重,原有功能丧失,影响行人和交通安全	面板、路缘石缺失率>20%,缺失长度>10%

表9.10 洞内排水设施技术状况评定标准

状况值	技术状况描述
0	设施完好,排水功能正常
1	结构有轻微破损,但排水功能正常
2	轻微淤积,结构有破损,暴雨季节出现溢水,可能会影响交通安全
3	严重淤积,结构较严重破损,溢水造成路面局部积水、结冰,影响行车安全
4	完全阻塞,结构严重破损,溢水造成路面积水漫流、大面积结冰,严重影响行车安全

表9.11 内装饰技术状况评定标准

状况值	技术状况描述	
	定性描述	定量描述
0	内装饰完好	—
1	个别内装饰板或瓷砖变形、破损,防火涂层剥落、破损,不影响交通	损坏率≤10%

续表9.11

状况值	技术状况描述	
	定性描述	定量描述
2	部分内装饰板或瓷砖变形、破损、脱落,防火涂层剥落、破损,对交通安全有影响	损坏率>10%,且≤20%
3	大面积内装饰板或瓷砖变形、破损、脱落,防火涂层剥落、破损,严重影响行车安全	损坏率>20%

表9.12 衬砌渗漏水技术状况评定标准

状况值	技术状况描述
0	无渗漏水
1	衬砌表面存在浸渗,对行车无影响
2	衬砌拱部有滴漏,侧墙有小股涌流,路面存浸渗但无积水,拱部、边墙因渗水少量挂冰,边墙脚积冰,不久可能会影响行车安全
3	山体及岩体严重开裂,坡面树木或电线杆明显倾斜,挡土墙、护坡等产生严重开裂、明显的永久变形,墙角或坡面有土石堆积,排水设施完全堵塞、破坏,排水功能失效
4	拱部有喷射水流,侧墙存在严重影响行车安全的涌水,地下水从检查井涌出,路面积水严重,伴有严重的沙土流出和衬砌挂冰,严重影响行车安全

对于衬砌开裂、起层、剥落及渗漏水等也有定量判定标准:

(1)对衬砌开裂等破损进行评定时,应考虑根据裂缝有无发展情况等因素。对于衬砌开裂的定量评定标准见表9.13及9.14。表中的裂缝主要以水平方向的裂缝或剪断裂缝为对象,对于横向裂缝,将评定状况值相应降低1个等级即可。当宽为0.3~0.5 mm以上的裂缝分布密度大于200 cm/m² 时,可升高1个评定等级或者采用判定分类中较高的判定。此外,当裂缝众多时,宜将宽度最大的裂缝作为主要检查对象。

表9.13 当裂缝存在发展时的判定标准

结构	裂缝宽度 b(mm)		裂缝长度 l(mm)		判定
	$b>3$	$b\leq3$	$l>5$	$l\leq5$	
衬砌	✓		✓		3/4
	✓			✓	2/3
	✓	✓			2
	✓		✓		2

表9.14 当无法确定裂缝是否存在发展时的判定标准

结构	裂缝宽度 b(mm)			裂缝长度 l(mm)			判定
	b>5	3<b≤3	b≤3	l>10	5<l≤10	l≤5	
衬砌	√			√			3/4
	√				√		2/3
	√					√	2/3
	√		√		3		
	√				√		2/3
	√				√		2
	√	√	√	√			1/2

（2）衬砌破损的标准根据病害形式、部位、状态以及发展趋势等判定（表9.15）。

表9.15 衬砌起层、剥落的判定标准

结构	部位	掉落的可能性		判定
		有	无	
衬砌	拱部	√		4
			√	1
	侧墙	√		3
			√	1

对于混凝土衬砌的起层、剥落，如果可能落下，则在拱部评定为4，在侧墙评定为3；对于防水砂浆等材料的掉落，由于剥落层较薄，可降低1个评定状况值。

（3）对衬砌材质劣化等破损的检查，主要从结构物的功能和行车安全性的角度进行评定。因此，以衬砌混凝土的强度要求和混凝土剥落的有无作为评定因素。对于钢筋混凝土结构物等，还应从钢材腐蚀的角度进行附加评定。对于衬砌混凝土的起层、剥落，从确保行车安全的角度看，其评定标准与外荷载作用时的评定标准一致。对于衬砌劣化、起层和剥落的定性定量评定标准见表9.16。

表9.16 衬砌断面强度降低、起层和剥落的评定标准

结构	主要原因	起层和剥落的可能性		劣化程度	评定状况值
		有	无	有效厚度/设计厚度	
拱部	劣化、冻害、设计或施工不当等	√			4
			√		1
				√	3
				√	2
				√	1

续表 9.16

结构	主要原因	起层和剥落的可能性		劣化程度		评定状况值
		有	无	有效厚度/设计厚度		
侧墙	劣化、冻害、设计或施工不当等	√				3
			√			1
				√		3
					√	2
					√	1

根据渗漏水位置、程度以及是否影响行车，按表 9.17 对隧道渗漏水进行定性评定。

表 9.17 渗漏水的判定标准

结构	主要异况	漏水程度				是否影响行车		判定
		喷射	涌流	滴漏	浸渗	是	否	
拱部	漏水	√				√		4
			√			√		3
				√		√		2
					√		√	1
	挂冰					√		3
							√	1
侧墙	漏水	√				√		3
			√			√		2
				√		√		2
					√		√	1
	挂冰					√		2
							√	1
路面	砂土流出					√		3/4
							√	1
	积水					√		3/4
							√	1
	结冰					√		3/4
							√	1

9.4 结构技术状况评定

隧道结构技术状况评定按隧道类型分为公路隧道与下沉式隧道两类，各自技术状况评定表见表 9.18 与 9.19。

表 9.18 公路隧道技术状况评定表（适用于分离式、连拱、单洞及小净距隧道）

隧道情况	隧道名称		路线名称		隧道长度		建成时间	
	评定单位		管养单位		上次评定日期		本次评定日期	
洞门、洞口技术状况评定	分项名称	位置	上次评定等级	权重 w_i	检测项目	位置	状况值	权重 w_i
	洞门	进口			洞门	进口		
		出口				出口		
					状况值			
	里程	衬砌破损	渗漏水	路面铺装	检修道	排水系统	内装饰	标志标线	吊顶及预埋件
编号									
1									
2									
3									
4									
5									
6									
7									
$\max(JGCI_{ij})$									
权重 w_i									
$JGCI = 100 \cdot \left[1 - \frac{1}{4} \sum_{i=1}^{n} \left(JGCI_i \times \frac{w_i}{\sum_{i=1}^{n} w_i} \right) \right]$									
养护措施建议									
评定人							负责人		

表 9.19 下沉式隧道技术状况评定表

隧道情况	路线名称		隧道长度		建成时间	
评定单位	管养单位		上次评定日期		本次评定日期	
	分项名称	上次评定等级	权重 w_i	检测项目	位置	状况值
		状况值				
编号	里程	位置	混凝土结构	路面铺装	检修道	排水系统	内装饰	防撞护栏
			状况值					
1								
2								
3								
4								
5								
6								
7								
8								
9								
10								
$\max(JGCI_{ij})$								
权重 w_i								
$JGCI = 100 \cdot \left[1 - \frac{1}{4} \sum_{i=1}^{n} \left(JGCI_i \times \frac{w_i}{\sum_{i=1}^{n} w_i} \right) \right]$								
养护措施建议								
评定人						负责人		

10 管养体系

桥隧养护管理工作按照"统一指导、分级管理"方式进行。公司级桥隧养护工程师为隧道养护工作的总组织者,承担桥隧设施的总体养护组织管理和技术管理责任;桥隧办公室负责统筹领导,并具体实施隧道养护管理工作;公司隧道检测队主要负责3类以上隧道检查和抽查各中心隧道检查工作质量;各中心负责各自辖区内1、2类隧道的检查和隧道维养工作,按辖区内隧道数量、延米数等配备专职隧道检查员,落实隧道养护管理实名制,未来可根据需要建立多个中心级隧道养护工程师团队,细化隧道管理工作。

总体组织机构图如图10.1所示。

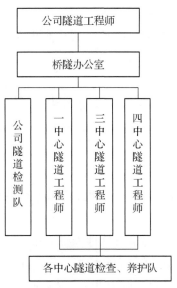

图10.1 总体组织机构图

10.1 隧道工程师团队体系职责

10.1.1 公司级隧道养护工程师

(1)接受政府部门、集团隧道养护工程师和公司下达的任务,对首发养护公司管养的隧道日常巡查、经常性检查、定检、特殊检查和应急抢险负总责。

（2）审核桥隧办公室制订的年度、月度计划。

（3）负责公司桥隧办公室、隧检队、各中心隧道主管（中心级隧道养护工程师）的日常工作监督及考核工作。

（4）参与制定隧道专项工程、大修和新建、改扩建工程技术方案和措施，参与工程的交（竣）工验收工作，与参加接养工作的部门、单位共同商定，提出验收意见。

（5）负责审批应急抢险工程方案，组织实施应急抢险工程，隧道安全应急预案及组织实施应急演练。

（6）负责组织各养护管理中心的隧道养护主管及有关技术人员技术业务培训。

10.1.2　桥隧办公室

（1）桥隧办公室由公司隧道养护工程师主管，编制年度月度工作计划，并下发到各生产单位、隧道检查队。

（2）按照考核办法对各中心及隧道检测队隧道主管（中心级隧道养护工程师）进行工作检查及考核。

（3）按照考核办法对各中心及隧检队隧道检查的外业和内业进行检查并综合考评。

（4）编制公司隧道年度养护工作总结报告。

（5）参与隧道专项工程、大修和新建、改扩建工程的交（竣）工验收工作，与参加接养工作的部门、单位共同商定，提出验收意见。

（6）管理隧道的技术档案工作。

（7）制订各生产单位、隧检队隧道资金使用计划。

（8）组织隧道安全应急预案及组织实施应急演练。

10.1.3　公司隧检队

（1）接受桥隧办公室管理，根据相关制度、技术规范规定，对所辖隧道进行相关数据统计。

（2）负责做好公司管辖内3类隧道日常性检查工作。

（3）负责公司管辖内1、2类隧道经常性检查抽查工作。

（4）如实规范填写《隧道经常检查记录表》等日常巡查记录资料存档备查，并及时录入外业巡检系统信息。

（5）注意对辖区内环境因素及危险源等因素的识别，对重大环境因素、危险源及时上报。

（6）监察隧道病害发展趋势，收集隧道维修相关记录资料并编制隧道相关报告。

（7）配合路巡工作。隧检途中发现道路有问题或情况应及时向相关单位汇报。

（8）配合每年隧道定检工作，主动掌握隧道定检技术。

（9）配合各养护管理中心桥检车工作。

(10) 配合完成应急抢险相关准备工作、防汛除雪应急抢险工作。

10.1.4 各养护中心隧检队隧道主管

(1) 接受公司隧道养护工程师和桥隧办公室管理,组织隧道的日常巡查和经常性检查,根据检查结果编制隧道养护维修方案和对策措施,并提出维修计划、工程立项等建议。

(2) 负责考核各中心内部隧道养护质量,掌握辖区内隧道受自然灾害和其他因素损坏的情况,及时上报、消除隧道各类安全隐患。

(3) 负责指挥中心或其他渠道反映的应急问题调查和隧道被车辆撞击等突发事件造成的应急抢险加固工程。

(4) 负责所管辖隧道技术档案的管理,建立完善隧道档案。

(5) 负责本养护中心技术人员的技术业务培训、考核工作。

(6) 组织实施隧道小修保养工作,监督安全文明施工、进度控制、质量控制,负责验收各类养护维修质量、跟踪评价处置效果。

(7) 参与隧道专项工程、大修和新建、改扩建工程的交(竣)工验收工作,与相关部门、单位共同商定,提出验收意见。

10.1.5 各中心隧检队

(1) 接受各中心、桥隧主管(中心级隧道养护工程师)的管理,根据相关制度、技术规范规定,对所辖隧道进行相关数据统计。

(2) 负责辖区内隧道日常性检查工作。

(3) 如实规范填写《隧道经常检查记录表》《隧道病害检查月度汇总表》等日常巡查记录资料存档备查,并及时录入外业巡检系统信息,收集归档电子版资料。

(4) 识别辖区内工作场所、施工现场环境因素及危险源等,及时上报、消除隧道各类安全隐患。

(5) 负责收集整理隧道病害数据并上报,联系沟通隧道病害处理工作。

(6) 监察隧道病害发展趋势,收集隧道维修相关记录资料并编制隧道相关报告。

(7) 配合路巡工作。途中发现道路有问题或情况应及时向相关单位汇报。

(8) 协助组织安排应急抢险相关准备工作、防汛除雪应急抢险工作。

10.2 管养制度要求

10.2.1 巡检养护原则

隧道的病害检查及维修养护应遵循以下原则:

1) 预防为主

预防维修管理是最好的维修管理方法。即在劣化发现之前进行详细的检查,并采取对策不让劣化发生是最经济的维修管理方法。因此建立一个完善的检查体系是十分重要的。

2）早期发现

隧道病害的发生一般都是有前兆的,早期发现这些前兆,并作出正确的判定,及时处理可能发生的病害,是当前各国进行隧道维修管理的基本前提。早期发现、正确诊断、推定病害发生的原因,应该成为进行维修管理的重要内容。

3）及时维护

拖延处理发生的病害,只会使病害继续发展,最后可能导致隧道各种事故的发生。实践证明,出现了病害就要及时处理,这样会收到事半功倍的效果。隧道是修筑在地下的线状结构物,围岩动态及环境条件是十分复杂的。因此,即使进行了详细的调查,有时也很难充分掌握隧道的病害状态。在病害有发展趋势的情况下,即病害发生的初期阶段,只要采取一些简单的措施就可解决问题。但如病害在发展过程中,就必须采取强有力的措施了。

4）对症下药

隧道的病害是各种各样的,整治的方法也是各有不同。因此,必须了解病害与各种整治对策的相互对应关系,以期获得最好的治理效果。

另外,还应考虑比例效应制订巡检计划,力求以最低的成本,高效完成隧道巡检工作,为养护管理工作提供切实依据。

对于特别容易损坏或老化的部位或构件,巡检频率应该相对高些,修补和更换也将成为常规养护的一部分,相应的备用构件的贮备也应列于养护计划内。

养护工作应在最短的反应时间内用适当的备用构件对破损元件进行替换,力求使交通中断时间降至最短。

对于每一种日常养护或特殊维修,都应有针对性的工序流程,包括:养护维修方法、相关材料的说明及试验条件、工艺标准、巡检程度及范围、包含测试标准、材料供应在内的巡检记录的标准和要求。

10.2.2 土建养护单位主要职责

（1）编制和上报本辖区隧道土建结构日常养护工程计划；
（2）负责辖区内隧道土建结构日常养护管理工作的组织实施；
（3）协助专项隧道土建结构养护工程施工企业、监理企业现场作业；
（4）协助4、5类隧道的复核、鉴定作业；
（5）参与辖区内专项隧道土建结构养护工程的竣工验收；
（6）组织隧道土建结构养护工程技术人员的培训；
（7）整理隧道土建结构日常养护数据,建立、完善辖区桥涵技术档案；
（8）制定辖区内具体的隧道安全应急预案,并组织实施。

10.2.3 隧道养护技术管理制度

隧道养护管理的技术工作由桥梁养护工程师代管,条件具备的单位可设专职隧道养护工程师。

土建养护单位的隧道土建结构工程师履行以下主要职责：

（1）主持隧道土建结构的日常检查，根据检查结果编制隧道土建结构养护维修方案和对策措施，并上报养护维修建议计划。

（2）主持隧道土建结构的小修保养和抗灾抢险工作，考核隧道土建结构养护质量，并及时上报辖区的隧道土建结构受自然灾害和其他因素损坏的情况。

（3）参与隧道养护大修、专项工程和改建工程实施和交工验收。

（4）负责所管辖隧道土建结构技术档案的补充、完善和保密工作，定期对辖区内隧道土建结构技术状况进行综合评价与分析。

（5）负责本养护单位技术人员的技术业务培训、考核工作。

11 预养护体系

11.1 概述

11.1.1 定义

为了更好地保持隧道的运营状态,在隧道没有发生结构性破坏以前,针对隧道已出现的病害或病害迹象,在适当的时机,采取主动、有针对地养护措施。

隧道预防性养护以隧道没有发生结构性破坏为前提,在隧道没有发生明显损害或仅有轻微病害、病害迹象,隧道状况尚满足功能要求的情况下对隧道进行有计划的主动性养护。

11.1.2 目的

(1) 维持良好的隧道使用功能,延缓隧道使用功能的衰减,防止隧道出现病害或阻止轻微病害、病害迹象的进一步扩展。

(2) 延长隧道使用寿命,减少或推迟隧道病害的中修及大修工作。

11.2 养护措施分类

对评定划分的隧道土建结构,应分别采取不同的养护措施:
(1) 1类隧道应进行正常养护;
(2) 2类隧道或存在评定状况值为1的分项时,应按需进行保养维修;
(3) 3类隧道或存在评定状况值为2的分项时,应对局部实施病害处置;
(4) 4类隧道应进行交通管制,尽快实施病害处置;
(5) 5类隧道应及时关闭,然后实施病害处置;
(6) 重要分项以外的其他分项评定状况值为3或4时,应尽快实施病害处置。

11.3 预防性养护的设计与实施方案

11.3.1 预防性养护设计

11.3.1.1 一般规定

（1）隧道预防性养护设计应进行方案比选和费用效益分析。

（2）预防性养护设计应参考历年来的隧道监测数据和近期隧道检测数据、检查报告、病害监测结果、养护历史。

（3）预防性养护设计包括短期预防性养护方案设计与中长期预防性养护规划设计。

11.3.1.2 设计流程（图11.1）

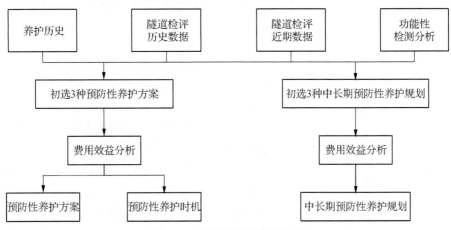

图 11.1　预防性养护设计流程

11.3.2 养护时机确定流程

隧道预防性养护最佳时机确定流程如图11.2所示。

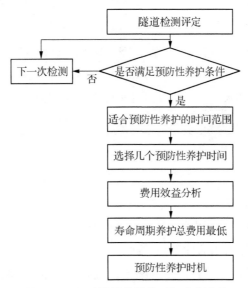

图 11.2　预防性养护最佳时机确定流程

预防性养护时机的确定采用技术状况触发法,当隧道的技术状况下降到一定程度时即为预防性养护最佳时机。

当隧道土建结构总体技术状况评定等级为2类隧道或存在分项技术状况评定等级为3类时,应当采取预防性养护措施。

11.3.3 方案实施条件

当隧道日常检查、定期检查及专项检查等检查报告结果符合表11.1的条件时,宜考虑制订具体的预防性养护方案。

表11.1 预防性养护条件

	检查、检测	预防性养护条件
结构外部检查结果	衬砌	衬砌轻微起层、侧壁轻微剥落;洞顶轻微渗水、挂冰;拱顶、拱腰开始出现较多裂缝;墙身施工缝轻微开裂、错位
	路面	路面有轻微拱起、沉陷、错台、开裂
	检修道	栏杆轻微变形、损坏、锈蚀;道板、盖板出现缺损;道路局部破损
	排水系统	中央窨井盖、边沟盖板开始出现破损;排水沟、积水井沉沙、积水
结构内部检测结果	外荷作用	衬砌变形、位移、沉降	初步出现缓慢的变形、位移、沉降
		衬砌裂缝	初步出现裂缝,正在发展
		衬砌起层、剥落	初步出现衬砌起层、剥落,正在发展
		衬砌空洞	衬砌侧面存在空隙、空洞,正在发展
	材料劣化	衬砌断面	衬砌断面强度有所下降,结构功能尚好
		衬砌起层、剥落	初步出现衬砌起层、剥落,正在发展
		钢材腐蚀	初步出现孔蚀现象或钢材表面开始生锈
	形态破损	渗漏水	初步出现从衬砌裂缝渗水,正在发展
		结冰、砂土流出	出现排水不良、铺砌层积水

11.3.4 养护方案选择

11.3.4.1 一般规定

预防性养护方案的选择应考虑隧道技术状况、通车年限、地质状况、交通组成、养护资金等,通过综合评定选择最佳的预防性养护方案。

预防性养护方案的选择应进行多种方案比选,选择经济效益最优的方案。

11.3.4.2 养护方案

高速公路隧道主要病害的预防性养护方案见表11.2。

表 11.2 主要病害预防性养护方案

病害	病害特征	预防性养护方案
洞口病害	洞口护坡局部出现轻微开裂、倾斜、沉陷	查明原因,采用护坡修整、锚杆加固等处置措施
洞门病害	洞门衬砌轻微起层、剥落	局部砌筑
	墙身开裂	表面封闭法注浆
衬砌裂缝	衬砌纵向、斜向、环向细小裂纹	衬砌表面处理法
		凿槽充填
衬砌剥落、剥离	衬砌表面轻微起层、侧壁剥离	涂抹聚合物砂浆进行修补
衬砌空洞	衬砌背后开始出现空隙、空洞	注浆处理
施工缝轻微错位	墙身施工缝开始出现错位现象	灌浆处理
路面病害	路面裂缝、坑槽、错台	扩缝注浆、修补
		机械磨平
检修道病害	检修道盖板破损、栏杆损坏	更换检修道盖板
		修复损坏栏杆
排水系统病害	排水边沟盖板破损、排水沟堵塞	更换盖板
		疏通排水沟
渗水、渗砂	衬砌裂缝、施工缝有轻微渗水、渗砂现象	排水止水、注浆
隧道边仰坡滑坡	衬砌轻微变形、开裂、剥落、掉块	滑坡治理加防落网、锚杆加固

11.3.4.3 养护方案实施

预防性养护方案的具体实施参照附录 D。

11.4 预防性养护工作重点

11.4.1 洞口

(1)常见病害

① 局部开裂、倾斜、沉陷;

② 山体滑坡、崩塌;

③ 边坡、碎落台、护坡道有缺口、冲沟、涌水、深陷、塌落;

④ 护坡有裂缝、断裂、倾斜、鼓肚、滑动、下沉、表面风化;

⑤ 泄水孔堵塞、墙后积水;

⑥ 周围地基错台、空隙。

(2)预防性养护工作重点

① 查明原因,处置洞口开裂、倾斜、沉陷病害;

② 治理山体滑坡、崩塌病害;

③ 治理边坡、碎落台、护坡道缺口、冲沟、涌水、深陷、塌落等病害;

④ 疏通边沟、泄水孔;排除墙后积水;

⑤ 处置地基错台、空隙病害。

11.4.2 洞门

(1) 常见病害

① 侧墙开裂、渗水;

② 墙身倾斜、沉陷、错台;

③ 衬砌起层、剥落;

④ 混凝土钢筋外露。

(2) 预防性养护工作重点

① 处置侧墙开裂、渗水;

② 查明墙身倾斜、沉陷、错台的原因,采取合理的处理方案;

③ 修复衬砌起层、剥落病害;

④ 处理锈蚀的混凝土钢筋,修复混凝土保护层。

11.4.3 衬砌

(1) 常见病害

① 衬砌表面起层、侧壁剥落;

② 洞顶渗水、挂冰;

③ 衬砌空隙、空洞;

④ 拱顶,拱腰裂缝;

⑤ 墙身施工缝开裂、错位。

(2) 预防性养护工作重点

① 处置衬砌表面起层、侧壁剥落、压碎病害;

② 对于洞顶渗水、挂冰病害,及时封闭灌浆,进行止水处理;

③ 注浆处理衬砌空隙、空洞;

④ 查明衬砌开裂的原因,采取合理的方案及时处理衬砌裂缝;

⑤ 墙身施工缝开裂、错位病害,查明病害原因,采取灌浆、更换衬砌、灌浆锚固等方案处理。

11.4.4 检修道

(1) 常见病害

① 栏杆变形、损坏、锈蚀;

② 道路、盖板缺损；
③ 道路局部缺损等。
（2）预防性养护工作重点
① 修复变形、损坏的栏杆；对锈蚀的栏杆除锈、涂防护漆；
② 修复破坏的道板、盖板，不能修复的及时更换；增补丢失的道板、盖板；
③ 修复受损的检修道路。

11.4.5 排水系统

（1）常见病害
① 中央窨井盖、边沟盖板破损；
② 沟管开裂、漏水；
③ 排水沟、积水井淤积、堵塞、沉沙、滞水、结冰等。
（2）预防性养护工作重点
① 及时修理洪水冲坏、自然灾害破坏的隧道外的截水沟、排水沟；
② 修复破坏的中央窨井盖、边沟盖板，不能修复的及时更换；增补丢失的中央窨井盖、边沟盖板；
③ 修复开裂、漏水的排水管；
④ 疏通淤积、堵塞的排水管、积水井；清除排水沟、积水井内的沉沙、滞水、结冰。

12 运营安全风险评估与解析

12.1 概述

公路隧道多处于国道干线上,是现代工业社会主要的高效可靠的交通基础设施,所以公路隧道必须具有高度的安全性和安全使用性,因此有必要对隧道运营期的安全风险进行评估。

隧道安全风险评估的步骤主要包括:风险识别、风险估计(对风险发生概率和损失的估计)、风险评价、风险控制等。

公路隧道运营安全风险评估应根据本地区工程区域气候环境、隧道所在路段的交通特性、隧道运营管理状况等情况,结合隧道使用者和管理者的行为因素,确定评估对象、目标和方法,对运营期可能出现的风险事故进行评估,计算隧道运营期间可能发生事故的频率和后果估算出隧道的风险,并通过风险评价判定该隧道风险是否满足风险可接受准则,制定切实可行的风险控制措施,有针对性地降低隧道运营风险,并修改和完善隧道应急救援方案。

12.2 运营事故分类、成因及特点

12.2.1 分类

公路隧道发生安全事故的影响、破坏性和危害性较大,通过对公路隧道运营时间统计,公路隧道可能发生的安全事故或与之相关的事件主要包括:火灾、交通事故、交通拥堵、车辆故障、货物散落、危险品泄漏、空气污染物浓度超标、自然灾害(地震、水淹、恶劣气候等)、养护维修、停电等,其中火灾事故对隧道运营安全威胁极大。公路隧道事件分类见表12.1。

表 12.1 公路隧道事件分类及分级

事件形态	严重等级			
	危险事件(A)	重大事件(B)	一般事件(C)	轻微事件(D)
火灾	☆			
交通事故	●	●	☆	

续表 12.1

事件形态	严重等级			
	危险事件(A)	重大事件(B)	一般事件(C)	轻微事件(D)
交通拥堵			●	☆
车辆故障			●	☆
货物散落		●	☆	
危险品泄漏	●	☆		
空气污染物浓度超标			●	
自然灾害	●	☆		
养护维修			●	☆
停电			●	☆

注：☆表示灾害发生时的等级；●表示事件可能演化成的等级。

隧道灾害按照表现形态可分为5大类：
(1) 交通事故（占比最高）；
(2) 火灾或爆炸事故；
(3) 自然灾害；
(4) 隐患（车辆发动机和轮毂过热、车辆故障、CO超标、Ⅳ超标、抛物、阻塞、土建结构出现深陷或严重开裂）；
(5) 有毒气体泄漏。

12.2.2 成因

公路隧道运营事故往往会造成严重的财产损失，或是导致人员伤亡，所以有必要对隧道的事故成因进行分析。

(1) 运营事故影响因素

就统计规律而言，交通环境中发生事故是随机性事件，正是由于运营事故发生的随机性，从而牵涉方方面面的因素，其中有人、车、环境的因素，也有隧道本身管理方面的因素。人是影响交通安全最关键的因素；车辆是保证安全行驶的前提，隧道环境是安全行车的重要基础。用公路隧道运营事故影响因素来构造公路隧道运营事故的概率模型。

$$P=f(p,v,t,m) \tag{12.1}$$

式中：P——公路隧道运营事故发生的概率；
p——人的因素；
v——车的因素；
t——隧道条件因素；
m——管理的因素。

(2) 运营事故原因分析

引起公路隧道火灾的原因是多种多样的,但概括起来主要集中在隧道电气线路或电器设备短路起火、汽车化油器燃烧起火、紧急刹车时制动器起火、汽车交通事故起火和车上装载的易燃物品爆炸起火等方面。

随着交通事业的发展,尤其是长大公路隧道数量的增加,隧道火灾事故的频率也呈现出不断上升的趋势,其原因主要如下:

① 长大隧道行车密度相对较大,隧道内载有各种可燃物质(油、化工原料等)的车辆数量较大,通过频率相对较高,增加了隧道火灾的可能性;

② 行车速度的提高及长大隧道线路维护困难,致使路面质量不断下降,容易造成隧道内交通事故而引发隧道火灾;

③ 长大隧道内电气设备增多,增加了电气起火的发生频率。

12.2.3 特点

(1) 火灾事故特点

① 隧道火灾一般可分为富氧型和燃料丰富型;

② 火灾蔓延速度快,不易控制;

③ 隧道纵深距离狭长、通道易堵塞;

④ 浓烟高温,扑救困难;

⑤ 供电中断,疏散困难;

⑥ 高温有毒烟雾积聚,不易排出;

⑦ 起火点附近的隧道承重混凝土容易崩落;

⑧ 成灾时间段,温度高,且产生浓烟。

(2) 事故时间分布特点

主要受视觉因素、行车速度因素的影响,隧道发生事故的特点如下:

① 白天发生的事故明显高于夜间。

主要是受视觉因素、行车速度因素的影响,白天进入隧道,由于"黑洞"效应,驾驶人员的眼睛会一度不适应,变得模糊和漆黑,加之高速行驶,易发生交通事故。

② 恶劣天气事故多。

严寒天气易使隧道渗漏水在路面结冰,露天会影响驾驶人员的视辨能力,大雨会使路面湿滑,还易导致洞口段发生滑坡、泥石流。据调查研究,刚开始下雨时几乎无事故发生,1 h后开始发生事故,雨后6~10 h形成事故高峰期,而后事故量逐渐下降,16 h后基本不再发生事故。

③ 冬、春季隧道交通事故较多

这主要是由于冬季寒冷地区路面结冰现象严重,而春季雨水较多,路面湿滑,道路附着系数下降而引起的。而且这两季多大雾天气,影响驾驶员视距。

(3) 事故发生的空间分布地点

隧道灾害既不是均匀分布也非随机分布。交通事故在隧道洞口附近发生的概率较高，主要集中在隧道入口处 200～400 m 路段范围内，出口也是隧道交通事故的多发区，事故发生的路段特点如下：

① 事故集中发生在长隧道内，1 000 m 以下的隧道少有事故发生；

② 车辆刚刚进入隧道时，由于路面工况的瞬间改变造成车辆侧滑，驾驶员此时受暗适应的影响尚处于弱视阶段；

③ 事故多集中发生在摩擦系数较低的水泥混凝土路面构造的隧道中，而摩擦系数较高的沥青路面构造的隧道内事故发生概率较低。

12.3 安全设防等级

12.3.1 影响因素

影响隧道运营安全的因素非常复杂，主要包括五方面内容：公路隧道重要度指标、运营环境指标、土建结构指标、机电系统指标以及运营管理指标。

(1) 公路隧道重要度指标

隧道重要度可以从用途（民用隧道、军民两用隧道）、功能（一般道路、国家主干线）和地理特征三方面来评价。一般来说，国家主干道、水下隧道、军民两用隧道比普通隧道的运营安全设防等级高。

(2) 运营环境指标

反映交通运营环境安全影响水平的指标有动态指标与静态指标。动态指标，主要包括交通组织、管制速度、交通量、大型车比例、运行速度、运行速度方差以及气候状况共 7 个指标，CO 浓度、照明亮度、可吸入颗粒物 PM10 浓度、等效声级等对安全影响相对较小且一般容易控制，可不予考虑。静态指标，主要包括道路与隧道洞口接线处运行速度差、道路与隧道洞口的运行速度行程内的线形一致性、道路与隧道洞口接线横断面的过渡、相邻隧道的间距共 4 个指标。

(3) 土建结构指标

土建结构指标主要有每一方向隧道孔数、隧道线形、坡度、横通道间距、紧急停车带间距、隧道长度、车道宽度、路面横向摩擦力系数以及路面纵向摩擦力系数共 9 个指标，隧道洞门形式、隧道内壁、防排水系统等指标影响较小且难以量化，可不予考虑。

(4) 机电系统指标

机电系统可分为应急救援系统与辅助系统两类，都可用无故障工作时间（MTBF）下的可靠度来反映。应急救援系统，包括通风及通风控制系统、照明及照明控制系统、供配电系统、消防系统、火灾检测与报警系统以及通信系统共 6 个指标。辅助系统包括闭路电视监视系统、交通与环境监测系统、交通控制与诱导系统、紧急电话系统、广播系统以及防雷接地系统共6个指标。总共可用12个指标来评价。

(5) 运营管理指标

可从安全防范措施、应急预案、危险品运输车辆管理、信息发布、救援设施与队伍、隧道管理人员培训、宣传教育7个方面来评价。

综合以上影响因素,还要考虑到安全等级与安全成本间的关系,即进行安全风险评估。因此,在进行公路隧道运营安全设防等级划分时,应重点处理好以下几种关系:

(1) 安全设防等级和隧道重要程度的关系。隧道在社会、军事、经济建设中发挥的作用越大,重要度越高,发生灾害后带来的经济损失也越大。因此,要求的安全设防等级也越高。

(2) 安全设防等级和隧道规模的关系。一般地,规模越大、车道数越多、长度越长,同时服务水平越低的隧道,隧道灾害(特别是火灾)对其危害性越大,因此对安全度的要求越高。

(3) 安全设防等级和隧道设计交通量、车速、交通组成以及服务水平的关系。隧道设计交通量越大,车速越高,货车比重越高,发生交通事故的概率就越大,其安全设防等级也就应该越高。

对于公路隧道的运营安全等级的划分,要考虑的因素和研究的内容很多。要全面考虑上述所有因素,非常困难,有非常多的不确定性。而且,隧道运营安全设防等级应该是在隧道设计、建设时就必须确定的,而不应该是一个动态的标准。

在综合考虑各分项指标情况下,建议公路隧道运营安全设防等级的划分应该重点考虑隧道重要度、长度和设计交通量。

12.3.2 隧道重要度分级标准

(1) 对于隧道重要度,参考我国现行规范,将隧道分成3个级别,见表12.2。

表12.2 隧道重要度划分

级别	内容
1级	国家主干道、水下隧道、军民两用隧道
2级	省级主干道、高等级隧道
3级	一般道路

(2) 对于隧道长度,根据我国公路隧道设计规范的特征长度分别为500 m、1 000 m、3 000 m,将隧道划分为3个等级。

(3) 公路隧道运营安全设防等级中考虑的设计交通量参考公路路线设计规范中公路等级、设计服务水平和设计交通量的关系。在此,设计交通量的界限按照高速公路的最低要求,采用对应设计时速80 km/h时,高速公路的一级服务水平下的最大服务交通量600 pcu/(h·ln)。

据此,将不同安全等级区域划分的函数F,定义为

$$F = C \times N \times L \tag{12.2}$$

式中：C——隧道重要度系数，对应 1、2、3 级，C 值分别取 1.5、1.2、1.0。C 值的选取主要考虑同样隧道运营环境条件下，服务水平提高一个等级，交通量的比值；

N——隧道断面设计单车道交通量[pcu/(h·ln)]；

L——隧道设计长度(km)。

根据专家调查的聚类分析，可以将公路隧道运营安全设防等级从高到低划分为Ⅰ、Ⅱ、Ⅲ、Ⅳ、Ⅵ 5 个等级。

12.3.3 基于运营安全度的隧道管理分类办法

隧道运营管理分类以传统隧道分类的指标隧道长度和交通量为基本分类指标，考虑隧道重要度、隧道土建特征、隧道交通特征、运营管理特征指标的安全修正系数，综合建立隧道管理分类判别函数。

(1) 特征指标权重系数与修正系数

隧道重要度、隧道土建特征、隧道交通特征、运营管理特征指标的权重系数确定与隧道重要度的确定方法相同，如通过专家评议法和层析分析法所得的权重系数。

w_i=[隧道重要度，土建特征，交通特征，运营管理特征]=[0.35, 0.25, 0.3, 0.1]。

单洞车道数、重型车比例、交通组织、运行速度、危险品车辆的通行方式、分类指标安全修正系数的确定参考挪威隧道风险管理中关于风险因素评价中的评估分数取值，并对评估分数进行层次分析，将风险比率与安全系数进行换算而得出的建议值见表 12.3～12.7。

表 12.3 公路隧道单洞车道安全修正系数

车道数类型	安全修正系数
单车道	1.00
2 车道	0.80
3 车道	0.30
4 车道	0.30

表 12.4 交通组织安全修正系数

交通形态	安全修正系数
双孔单向	1.67
单孔双向	1.40

表12.5 重型车比例安全修正系数

重型车比例(%)	安全修正系数
<20	1
≥80	0.25
20~<50	0.6
50~<80	0.3

表12.6 车速安全修正系数

平均车速(km/h)	安全修正系数
<50	0.67
50~<60	0.7
60~<80	1
80~<90	0.8
90~<100	0.5
≥100	0.3

表12.7 运营安全修正系数

危险品运输管理制度	安全修正系数
禁止	1
限时引导通行	0.7
无限制	0.3

(2) 隧道分类判定函数计算

$$F = L \times Q \times w_i \times [Z_j, f_n, (f_z \times f_d \times f_v), f_y]^T \times 10^{-8} \qquad (12.3)$$

式中：F——隧道分类判别函数；

Q——隧道断面交通量(辆/d)；

L——隧道长度(m)；

w_i——隧道重要度、土建特征、交通特征、运营管理特征的权重参数；

Z_j——第 j 种类型隧道的重要度；

f_n——隧道单洞车道数安全修正系数；

f_z——隧道交通组织安全修正系数；

f_d——重型车比例安全修正系数；

f_v——隧道车速安全修正系数；

f_y——运营管理安全修正系数。

(3) 隧道运营管理分类标准确定

通过对典型公路隧道的评估结果验算,从隧道运营管理角度将公路隧道分为3类,安全修正系数见表12.3～表12.7,建议的分类标准阈值见表12.8。

表12.8 隧道运营管理分类标准

隧道类别	判别函数阈值 F
第1类隧道	>0.5
第2类隧道	0.3～0.5
第3类隧道	<0.3

12.3.4 隧道运营环境评价

运营环境评价主要分4个阶段进行,通过对运营环境的11个评价指标分别打分,并加以计算进而对整个运营环境作出评价。具体过程如下:

(1) 风险潜势(SP)评价,包括交通量、大型车比例、运行速度、运行速度方差、气候状况、道路与隧道洞口接线处运行速度差的评价。

(2) 安全潜势(SP)评价,包括交通组织、管制速度、道路与隧道洞口、运行速度行程内的线形一致性、道路与隧道洞口接线横断面的过渡、相邻隧道间距的评价。

(3) 计算分级百分比 u。

$$u = \frac{SP}{RRF} \tag{12.4}$$

式中:RRF——风险比率因子,可根据风险分数与风险分级之间的关系换算;

SP——评价所得的安全总分与最高安全分数值比。

12.3.5 隧道运营环境等级划分

(1) 土建结构评价

采用安全检查表分析法与故障假设分析法相结合。评价过程可以分为以下三步:

① 建立合适的安全检查表;

② 将实际现场测得的评价指标数据值与隧道建设期间的相关设计资料、标准作比较,完成分析;

③ 编制分析结果文件。

故障假设分析法鼓励思考潜在的事故和可能导致的后果,可以弥补安全检查表编制时经验的不足;而检查表又可以使故障假设分析法更系统化,因此将两种方法相结合可以互相取长补短,最终得到更合理的评价结果。要求结论文件中列出土建结构中的不安全指标及相应的整改建议、隧道土建结构的安全等级等。

(2) 机电系统评价

公路隧道机电系统规模大而复杂,对该系统的评价是一个典型的多因素、多层次问题,通过层次分析法为机电系统的评价建立评价指标体系并为各指标分配权重,最后结合模糊综合评价方法得出机电系统的安全等级。

(3) 运营管理评价

鉴于运营管理的 7 个评价指标多数属于定性指标,采用专家评议法对隧道运营管理中的不安全因素进行分析、评价。要求专家组评议的结论中包括运营管理中的不安全指标及相应的整改建议,隧道运营管理的安全等级。

(4) 综合评价

基于以上对隧道重要度、运营环境、土建结构、机电系统、运营管理 5 个专项的评价,公路隧道综合安全等级评价可分为以下 4 个步骤:

① 运用德尔菲法为上述 5 个专项确定相对于隧道综合安全性能这一总体目标的权重;

② 计算公路隧道综合安全分数 H:

$$H = \sum_i (h_i \times \varepsilon_i) \tag{12.5}$$

③ 研究制定公路隧道安全等级评分标准;

④ 将隧道综合安全得分 H 与公路隧道安全等级评分标准对比,得出隧道的综合安全设防等级。

12.4 运营期安全风险评估

12.4.1 评估流程

公路隧道运营期应根据运营期典型事故场景进行分类评估,确定事故场景的风险等级,提出相应的控制措施。整个安全风险评估的主要工作包括:

(1) 选择运营期典型事故场景作为代表场景;

(2) 确定事故及关联时间发生的可能性,即发生概率,确定上述场景的后果,主要是人员损失、财产损失和环境损失;

(3) 考虑人员安全疏散的因素,分类评估单一风险事故,给出单一风险事故在有(无)危险品运输情况下的风险等级;

(4) 多个风险事故下评估隧道总体风险,给出隧道总体风险等级;

(5) 确定隧道防灾与救援体系,选择风险控制措施。

公路运营期安全风险评估流程见图 12.1。

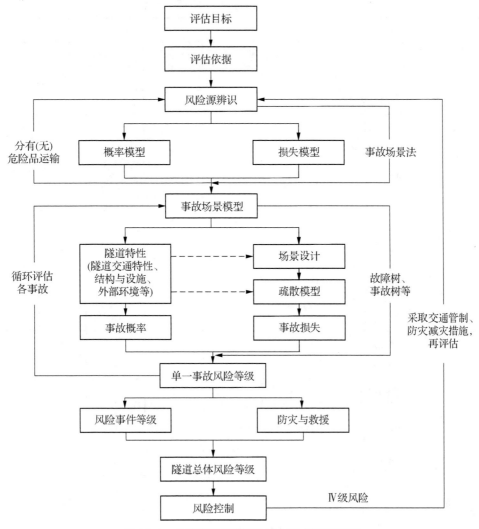

图 12.1 公路隧道运营期安全风险评估流程图

12.4.2 风险识别

风险识别主要是找出风险源,并判别风险的性质、发生的可能性以及对工程项目的影响程度。隧道运营期的风险源考虑隧道沿线工程地质与水文地质条件、周边环境、土建结构、通风系统、给排水及消防、供配电及照明、监控系统、交通安全设施和管理设施、防灾等情况。根据分析,隧道运营管理重大安全风险源辨识见表12.9。

表 12.9 公路隧道运营期风险源辨识表

风险源			风险事件					
			耐久性	结构损坏	渗漏水	交通事故	火灾	风险因子
运营阶段	隧道因素	不良地质水文条件	☆		☆			
		结构方案		★				
		材料性能	★	☆	☆	☆	★	
		施工质量	★	☆	★	☆		
		防排水方案	☆	☆	★			
		隧道线形				☆	☆	
		横通道		☆	★	☆	☆	
	运营条件	监控方案		★		★	★	★
	运营管理	通风方案				☆	★	
		防灾救援方案				★	★	
		照明方案				★		
		通信设施				★	★	
		交通流量控制				★	★	
		隧道维护	★	★	★			
	自然条件	地震		★		★		☆
		暴雨			☆			
	人为因素	违规驾驶				★		
		管理人员违规操作				☆	★	

注：★代表主要因素，☆代表次要因素。

12.4.3 风险估计

公路隧道运营安全风险估计包含隧道风险事故及其引起的损失两部分，一般可用风险事故发生概率及其损失的函数来表示，通用数学表达式为：

$$R = f(P, C) \tag{12.6}$$

式中：R——隧道运营安全风险；

P——风险事故发生的概率；

C——风险事故造成的损失，包括人员损失、经济损失及环境影响等。

风险事故发生概率估计是对系统风险出现不确定性的评估。常见的风险概率估计的方法有定性概率估计、基于可靠性的概率估计、基于故障树的估计以及基于事件树的估计等。

风险事故损失估计是估算系统风险带来的各种损失。隧道风险造成的损失可分为直接损失（包括结构损伤后的维修费用、人员伤亡、环境损失等）和间接损失（包括交通延误、运营商收入减少、名誉损失等),有时包括第三方损失等。

公路隧道风险事件损失后果的估计方法,可采用场景分析法、改进的层次分析法、故障树法等,通过结合统计及分析来获得风险的损失后果等。

12.4.4 风险评价

12.4.4.1 单一风险事件等级评价

采用专家调查法对国内外隧道单一风险事件进行调研,然后对公路隧道单一风险事件发生概率进行评价分析,结合国内外隧道单一风险事件发生概率调查资料和专家咨询等综合分析,从而确定公路隧道单一风险事件发生概率。

通过对隧道单一风险事件场景模拟,并采用专家咨询、事故调查和层次分析法等多种方法对隧道单一风险事件风险损失进行综合分析,从人员损失、经济损失、环境影响等三个方面得出隧道单一风险事件风险损失等级以及相应的权重。风险损失等级量化分值通过损失等级与权重乘积取和的形式得出。通过风险发生概率等级与风险损失等级(分值)相乘,最终得出单一风险事件风险等级分数值。

隧道运营期主要风险事件有自然灾害、隧道结构病害、运营设备事故、运营环境恶化事故、运营管理事故、交通事故、人为恐怖袭击等,详见表12.10。本手册重点关注主要风险事件在养护段内隧道养护管理与应急预案中的管控。

表 12.10 运营期风险事件等级评价表

风险事件		风险等级
自然灾害	地震灾害	Ⅰ
	气象灾害	Ⅱ
	滑坡、泥石流灾害	Ⅰ
隧道结构病害	衬砌裂缝	Ⅱ
	渗漏水	Ⅲ
	衬砌材质劣化	Ⅱ
	衬砌背后空洞	Ⅰ
	衬砌变形、沉降、移动	Ⅱ
	衬砌起层、剥落	Ⅱ
运营设备事故	运营基础设备事故	Ⅰ
	安全监控设备事故	Ⅱ
	应急救援设备事故	Ⅱ
运营环境恶化事故	路面状况恶化	Ⅲ
	空气质量恶化	Ⅲ
	可视条件恶化	Ⅱ

续表 12.10

风险事件		风险等级
运营管理事故	技术操作规程不完善	Ⅰ
	作业违规率过高	Ⅰ
	故障排除率过低	Ⅱ
	驾驶人安全意识不足	Ⅲ
交通事故	交通拥挤	Ⅱ
	追尾碰撞	Ⅱ
	撞隧道壁	Ⅱ
	翻车	Ⅱ
	失火	Ⅲ
人为恐怖袭击	常规手段	Ⅱ
	非常规手段	Ⅱ

对隧道运营期的主要风险事件进行了评估，评估综合考虑了风险事件发生的概率和风险事件产生的损失两个方面的影响。

(1) 隧道水害风险

隧道水害是隧道在运营过程中遇到水的干扰和危害。隧道的水害主要有隧道的漏水、涌水、衬砌周围积水、潜流冲刷。隧道水害对隧道稳定、洞内设施、行车安全、地面建筑和隧道周围水环境产生诸多不良影响甚至威胁。由于水害导致隧道工程危害的典型形式可以归纳为以下几个方面：

① 造成电力配线绝缘设施失效，发生短路、跳闸等事故，危及行车安全，影响安全运营；

② 隧道路面的积水，会导致行车环境恶化，降低轮胎和路面的附着力，给行车带来危险；

③ 使原来完好的围岩及围岩的结构面软弱，夹层因浸水而软化或泥化，失去承载力，对衬砌压力增大而导致衬砌破裂；

④ 衬砌基础下沉，边墙开裂或者仰拱下沉开裂；

⑤ 围岩滑移错动导致衬砌变形开裂。

在公路运营期间，应当密切注意隧道内水害风险，保证防水层和衬砌的完整性。

(2) 隧道内有害气体的危害

隧道在运营过程中，交通车辆、电器设备、抛弃的废弃物等释放出多种有害气体，运营隧道空气中的主要有害物质一般包括 NO_x、CO、CO_2、SO_2、瓦斯、H_2S、碳氢化合物和悬浮颗粒等几种。其中对隧道可能产生危害的腐蚀性气体主要有氧化合物、悬浮微粒和 CO 等。

(3) 隧道火灾危害

潭峪沟隧道和德胜口隧道(出京段)为特长隧道，隧道结构复杂、环境密闭，加上人员密集,一旦发生火灾,扑救相当困难,往往会造成重大的人员伤亡和经济损失。隧道火灾成因主要有:车辆自身故障引发火灾;车辆上的货物引起火灾;隧道内设备老化及故障导致火灾;交通事故引发火灾。隧道火灾风险需引起重视。

按照《公路桥梁和隧道工程设计安全风险评估指南》的规定,风险发生概率和风险损失各自分为5个等级,采用风险矩阵的方式,组合确定风险等级。风险概率和风险损失等级划分方法参照指南中的规定,风险矩阵如表12.11所示。

表 12.11 风险水平等级矩阵表

风险损失	风险概率				
	1	2	3	4	5
1	Ⅰ	Ⅰ	Ⅱ	Ⅱ	Ⅲ
2	Ⅰ	Ⅱ	Ⅱ	Ⅲ	Ⅲ
3	Ⅱ	Ⅱ	Ⅲ	Ⅲ	Ⅳ
4	Ⅱ	Ⅲ	Ⅲ	Ⅳ	Ⅳ
5	Ⅲ	Ⅲ	Ⅳ	Ⅳ	Ⅳ

12.4.4.2 总体风险等级评价

根据公路隧道不同,单一风险事件风险发生概率大小、风险后果损失程度等因素,采用国内外类似隧道工程案例调查、本隧道特点分析结合专家调查,得出隧道不同单一风险事件的权重值w_i,从而得出隧道的总体风险等级。隧道总体风险值按下式计算。

$$R = R_i \times w_i \tag{12.7}$$

式中:R——总体风险值;

R_i——单一风险事件风险值;

w_i——单一风险事件风险值对应的权重。

12.4.5 风险控制

12.4.5.1 风险接受准则

在进行隧道运营安全风险管理中,需要预先制定风险接受准则,以根据现有隧道的安全风险等级,判断是否在可接受水平及是否需采取控制措施。

按照《公路桥梁和隧道工程设计安全风险评估指南》的规定,对于养护段内隧道运营期的风险事件等级分为4类,Ⅰ级(低度风险)、Ⅱ级(中度风险)、Ⅲ级(高度风险)、Ⅳ级(极高风险)。Ⅰ、Ⅱ、Ⅲ、Ⅳ级分别以绿、黄、橙、红表示。隧道风险水平接受准则如表12.12所示。

表 12.12 风险水平接受准则

风险等级	要求
Ⅰ	风险水平可以接受,当前应对措施有效,不必采取额外技术、管理方面的预防措施
Ⅱ	风险水平有条件接受,工程有进一步实施预防措施以提升安全性的必要
Ⅲ	风险水平有条件接受,必须实施削减风险的应对措施,并需要准备应急计划
Ⅳ	风险水平不可接受,必须采取有效应对措施将风险等级降低到Ⅲ级及以下水平

12.4.5.2 风险控制措施

在运营阶段风险评价结果的基础上,应针对交通因素、隧道自身结构、隧道外部环境、人的因素和运营管理等方面的风险,相应制定合理的风险控制措施,尽可能地降低隧道运营期间潜在的风险损失和提高隧道运营安全风险管理水平。

(1) 隧道风险应对

风险应对的措施一般有风险减轻、风险转移、风险回避和风险自留或者这些策略的有机组合。对于隧道运行安全风险管理来说,主要考虑的是风险减轻,因为其他措施就风险本身来说是没有减少的,总体风险是不变的。按照在处理风险事件时作用时间的不同,风险减轻的措施可分为:风险预警监测、风险阻断、风险缓解 3 类。风险预警监测是风险事件发生前对风险的监控;风险阻断是风险事件发生时对各种危险和威胁的及时阻断;风险缓解是风险事件发生后对其影响结果的减轻。

本手册整理了一些具体的风险应对对策,具体见表 12.15。根据需应对风险水平的大小,将对策分为普通水平措施、中等水平措施和高水平措施三大类。普通水平措施,一般涉及一些结构措施和临时的操作方法,这些方法在花费上是比较适中的,也是最常用的措施;中等水平措施,只有在遇到较高水平威胁时才使用,所以一般来说,这些对策都是临时的,并且通常都是操作上的方法;高水平措施,一般是固定的或永久性的,包括所有能够增加隧道安全的结构和系统变更,一般需要很昂贵的费用和大量的时间去设计和建造。

表 12.15 风险应对对策

风险对策	普通水平	中等水平	高水平
风险预警监测	(1) 火灾监测系统 (2) 闭路电视系统或闭路录像设备 (3) 侵入监测系统	(1) 监视查看 (2) 嗅探犬 (3) 可移动的爆炸探测器 (4) 可移动的生、化、放射性物质探测器	(1) 固定的爆炸探测 (2) 固定的生、化、放射性物质探测器
风险阻断	(1) 巡逻 (2) 危险物质限制 (3) 资质审查 (4) 通道控制 (5) 反病毒软件 (6) 电脑防火墙 (7) 雇员辨识系统	(1) 入口守卫 (2) 岗位证明核查	0

续表12.15

风险对策	普通水平	中等水平	高水平
风险缓解	(1) 火灾防护系统 (2) 人员撤离草案 (3) 空气供应口 (4) 人工的后备控制系统 (5) 定期的数据备份 (6) 全面的紧急响应训练 (7) 安全教育训练	0	(1) 后备通风系统 (2) 增加或加厚钢板/混凝土内衬 (3) 增加后备墙或后备柱 (4) 柱的钢/混凝土外包

(2) 隧道风险安全设施建设

① 加强隧道警示标志、标牌的建设。行驶在公路上的驾驶员一般都是通过标志、标牌获取前方路面状况信息。因此，公路管理者要加强对隧道路段标志、标牌、标线的规范，为广大司乘人员提供良好的安全行车通行环境。尤其是隧道内的反光立柱、轮廓标等，要定时进行清洁，保证标志标牌的清晰度，使反光设施充分发挥其警示作用。此外，对于隧道内被损坏的设施，管理部门应及时安排修缮，保证隧道内标志标牌设施完好。

② 加强隧道信息化、数据化硬件的建设，提高公路隧道的通行能力。目前很多公路在隧道管理中都拥有实时图像监控和信息诱导系统，基本实现隧道区域无盲区监控。但是，对隧道通行车辆的通行速度，排气污染车辆等情形还没有明确的约束。改进隧道通行环境，更应该优化隧道内车辆的安全行驶，优化车辆行驶速度，管控进入隧道的车流量，达到提高道路通行质量，减少交通事故，缩短由于交通事故（包括车辆故障）所引起的延误。

③ 维护保养好隧道及机电设备设施。有效维持、保障甚至延长隧道、设备的正常使用寿命，是公路隧道长期有效运行的关键。预防和减少因为缺乏日常养护或养护不当而产生的公路病害、设备故障，是确保公路车辆通行畅通的基本所在。因此，日常工作中，隧道管理部门要定期保养，预防隧道病害，避免机电设备突发故障影响日常工作，使隧道硬件设施始终保持良好的运行状态，最大限度地优化有限的隧道养护预算并节约养护成本。

(3) 隧道火灾处置要点及要求

① 隧道发生火灾时，隧道管理部门要坚持"救人第一"的指导思想，正确处理救人与灭火的关系，一般情况下，救人与灭火同步实施。积极疏散、抢救被困人员，隔离或封洞灭火，有效地控制火势，消灭火灾。

② 火情侦察。率先抵达现场的人员，要查明火势发展情况及其危害程度，调查起火燃烧的物质、性质，起火部位，是车辆起火还是货物或油箱燃烧，有无爆炸可能。

③ 灭火措施。查明灭火路线方向和堵截阵地后，扑救人员要采取不同措施进行扑救。

直接灭火法。当隧道内失事汽车火势较小或处于阴燃状态，且隧道内无爆炸、倒塌危险时，灭火人员可在做好个人防护、照明、通信联络等各项准备工作后，携带灭火器材深入隧道内灭火。

转移处置法。当失事车辆位于隧道深处，灭火救援行动无法开展，且有爆炸、倒塌危险时,要采用机车、拖车等将正在燃烧或泄漏的车辆牵引出洞,置于安全地带后再采取灭火堵漏等措施。

封洞窒息法。当隧道内发生火灾时,内部人员已全部撤出,且无法采取进洞或牵引至洞外灭火时,即可采取封堵隧道进出口及其他相关孔洞,断绝空气,窒息灭火。

13 技术档案管理

13.1 概述

公路隧道在建设前期、建设期以及运营期，均拥有大量宝贵的技术资料，这些技术档案是各隧道全寿命期养护的重要依据和参考，首发养护应建立健全完善的公路隧道技术档案管理制度，公路隧道技术档案须由专有部门及专职人员负责保管。

首发集团应利用信息化电子化的档案管理技术，努力推广应用公路隧道信息管理系统，实现档案电子化管理，将各隧道的技术资料整理成电子文档并归档，既方便管理、调阅又避免丢失，也方便技术研究交流和巡检养护参考。特别重要的特大型隧道应建立专门的电子档案管理系统及养护系统。

同时，巡检养护的各类巡检记录表单以及巡检报告、评估结果等也是重要的技术档案资料，也纳入技术档案管理库中，及时更新隧道信息管理系统内的技术数据，并可通过隧道信息管理系统进行记录、查询，以报告报表形式输出。

每年公路隧道信息管理系统数据更新后，首发集团应将统计分析数据及时下发隧道养护单位及隧道所，为养护单位和隧道所制订下一阶段日常养护工作计划提供依据。

13.2 档案分类

本节主要介绍公路隧道技术存档文件（同时包括项目完工时移交的信息以及运营阶段的信息），提出文件存档结构和数据管理系统。技术存档文件需包括施工图设计的所有文件或隧道通车时所有变更过的设计文件、隧道使用全寿命期间所有检查维护、修复工程、改造工程等文件。这些技术文件是隧道运营及维护的关键。

13.2.1 建设期文档

公路隧道土建工程建设期技术档案应包括设计资料、建设前期调研所得的勘察资料、地形图、设计图纸（包括初步设计，详细设计，施工设计）、隧道施工资料、监测资料、隧道竣工验收资料等。以上资料均应按照运营期维修保养人员需要的方式进行归档，将隧道数据资料进行分析和分类。

设计施工过程中文件,应将其电子版(PDF)存入隧道技术文档,并可通过隧道信息管理系统的结构目录树进行查找,主要归档资料包括以下几类:

(1) 地勘资料;

(2) 竣工图纸;

(3) 施工组织方案;

(4) 施工质量验收记录;

(5) 施工监测报告;

(6) 文本、照片、视频及多媒体资料。

13.2.2 运营期文档

土建工程在运营期技术档案应包括隧道管理资料、检查资料、养护及维修资料、特殊情况资料等,相关管理人员应及时将其整理归档,应将其电子版文件(PDF)存入隧道技术文档,并可通过隧道信息管理系统的结构目录树进行查找。

隧道管理资料包括首发集团、隧道养护单位和隧道所,以及分管领导、隧道养护工程师等的基本资料,管理资料中对隧道养护工程师除归档个人基本资料外,还应归档其业务考核情况和年度主要工作情况。

隧道检查资料包括土建结构日常巡查、经常检查、定期检查结果、特别检查、养护对策建议、专项检查建议报告,以及检查的时间、实施人员等基本资料。其中土建结构专项检查还应包括检测(试验)方案、检测(试验)报告、照片及多媒体资料、检测(试验)方的资质证书(复印件)、业绩证明(复印件)及主要检测人员的资格证书(复印件)等。

隧道养护及维修资料应包括以下内容:

(1) 国家、地方、企业的维修养护技术标准和维修养护操作规程;

(2) 小修保养工程的实施技术资料和养护质量评定结果,以及工程实施的时间、组织实施人员等;

(3) 隧道的专项工程、大修、改建工程的设计图纸、竣工图纸、施工资料、监理资料、监测资料、质量事故处理报告、交(竣)工验收等技术资料,以及设计、施工、监理和监测等各方资质证书(复印件)、业绩证明(复印件)及主要检测人员的资格证书(复印件)等。

隧道特殊情况资料包括地质灾害、气象灾害、超限运输等特殊事件的具体情况、损害程度、处置方案等。

对基本资料存在缺失的隧道,应根据历年检查及养护资料,逐步建立及完善其技术档案。必要时,可专门安排针对性的检测、试验或特殊检查以补充完善隧道的基本资料。

公路隧道信息管理系统中应在隧道运营期文档内添加相应的工作任务单、工作记录等电子文档。其文档的要求如下:

(1) 工作任务单

工作任务单包括检查任务、维护和维修任务、事故及处理任务 3 类。

就检查和维护活动而言,工作任务单和工作记录是不可或缺的,用于提供需执行的活动信息并反馈活动的执行情况。

对于所有计划要做的维护及检查活动,需在公路隧道信息管理系统中创建工作任务单。工作任务单应提供需执行活动的所有信息。

(2) 工作记录

工作记录单主要包括检查记录、维护和维修记录、事故及处理记录 3 类。

就检查和维护活动而言,工作记录是不可或缺的,用于提供需执行活动的信息反馈情况。

① 检查记录

为便于存档,每次(维护)检查报告都应当使用标准文件记录。需要对照 OBS 编制检查记录模板表格文件,是一个总结性标准文件。所有与检查相关信息可归为此标准文件的附件。检查信息中需指明检查的里程位置(以 m 为单位),以便于维修人员寻找目标位置。

② 维护及维修记录

每次的维修及维护结果记录应使用与检查记录类似的标准文件,指向单元分解结构中的单元,以便在技术文件中查阅。相关文件可附于标准文件。

③ 事故及处理记录

事故及处理记录同维护及维修记录要求。

13.3 归档原则及流程

13.3.1 纸质档案归档要求

(1) 隧道技术文档资料应按规定的范围、内容、要求进行收集归档。

(2) 隧道技术档案资料归档应编号,编号方法一旦确定,不得随意更改。

(3) 隧道技术档案资料归档应按不同类别进行立卷,卷内的文档资料应真实可靠、完整齐全、风格统一。

(4) 卷内技术文档资料归档应编制页码及卷内目录。备考表应包含卷内文件情况说明、立卷人、时间、检查人等内容。

(5) 立卷封面应包含立卷部门、卷案全称、日期、页数、案卷号、保管期号、目录号等内容。

(6) 隧道技术文档资料涉及相关变更、修改、补充的文件应随时归档。

13.3.2 电子档案归档要求

(1) 首发集团应建立健全电子档案归档管理制度,明确电子档案的管理职责,建立与纸质档案管理相衔接的电子档案文件管理系统,设置归档整理及分类功能,实现电子档案自形成到归档、保管、利用的全过程管理。

(2) 隧道技术文档资料的电子档案应与纸质版原件在内容、相关说明及描述上保持一致。电子档案应存储在公路隧道信息管理系统中,系统应随时对电子档案进行备份,归档时同时保存隧道技术档案的纸质版与电子版。

(3) 隧道技术档案资料的电子版(PDF)生成后,档案管理人员应对电子档案内容进行检测,检测合格后方可归档。

(4) 隧道技术档案资料的电子版(PDF)应按规定的范围、内容、要求与格式进行收集归档。

(5) 隧道技术档案资料的电子版(PDF)归档编号与相应名称信息应与纸质档案原件保持一致。

13.3.3 归档流程(图13.1)

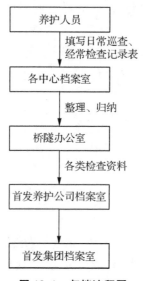

图13.1 归档流程图

13.4 管理流程

数据管理系统应由管养及时上传、更新、补充、保存资料及数据,上传动态的文件资料;系统管理人员负责设置数据的归类,对上传的数据与资料进行审查,并在系统中进行浏览人员的权限分配、数据的备份、数据恢复测试等工作。数据管理流程见表13.1。

13 技术档案管理

表 13.1 工程数据管理流程表

数据管理流程	流程编号：	版本号	备注
各单位	系统管理中心	系统管理领导小组	关键控制点说明
数据资料分类 / 数据管理	开始 → 提供数据信息 → 制定数据管理方案① → 审批 → 发布数据方案 → 建立数据平台② → 上传、补充、更新、保存数据 → 分配权限③ → 备份数据④ → 核对数据信息 → 保存备份⑤ → 数据测试⑥ → 核对数据(是/否) → 操作异常(是/否) → 制定数据测试故障恢复预案 → 恢复数据 → 结束		① 数据分类：对信息按照设计、勘察、施工、监理、检测、监测、维修养护等进行分类，并对其制定相应的安全保护措施 ② 使用与维护：系统管理中心确保系统和上传端口的维护与管理，为养护单位提供数据资料上传、修改、更新及补充的端口或平台 ③ 管理权限：系统管理员是工程数据库管理权限的唯一所有者。用户和权限的申请、赋予、变更等应履行完整审批手续 ④ 数据备份：考虑数据安全性要求，备份之前对原始数据进行检查，防止错误的原始数据被保存下来 ⑤ 备份介质保存：介质安全保存 ⑥ 数据恢复测试：每年度进行数据检查核对，出现问题进行分析解决，并备案

14 保养维修与病害处置

14.1 概述

本手册的维修工程分为3类:小修保养、中修、大修。实际操作时可根据隧道巡检手册中的技术状况评定类别来采取相应的维修方法,当技术状况评定类别为2类时进行小修保养,当技术状况评定类别为3类时进行中修,当技术状况评定类别为4类时进行大修,当技术状况评定类别为5类时隧道应及时关闭,尽快实施病害处置。

14.2 保养维修

隧道的保养维修工作主要包括:经常性和预防性的保养、轻微破损部分的维修等内容,以恢复和保持结构的良好使用状态。

当隧道土建结构经常检查和定期检查发现一般异常和技术状况值为2以下的状况时,应及时对土建结构进行保养和维修。隧道养护工作应包括:洞身、洞门、衬砌、路面、检修道、排水系统、标志、标线等设施的检查、保养、维修和加固。隧道内路面和人行道要求应符合同等级道路技术标准的规定。

(1) 隧道保养、小修应符合下列规定:
① 应及时清扫隧道内外的塌落物、隧道洞口边仰坡上的危石、积水。
② 各种标志、标线及反光部位应每季度清扫、刷新、修理一次,不得有污染、缺损。
(2) 隧道衬砌的保养维修按如下要求开展:
① 隧道衬砌不得有大于20 mm的变形,开裂裂缝不得大于5 mm,不得有渗漏。
② 隧道衬砌已稳定的裂缝可封闭。
③ 衬砌变形、下沉、外倾,变质、腐蚀剥落严重、裂缝区域较大影响衬砌强度时,应及时进行修复。
④ 隧道内路面拱起、沉陷、错位、开裂,可采取下列加固措施。
a) 因围岩侧压力过大使侧墙内移而引起路面拱起时,应加固;
b) 路面局部沉陷,错位、严重碎裂时,应翻建。
⑤ 隧道衬砌局部突然坍塌时,应暂时封闭交通,立即进行临时支护,随即重新进行衬砌

施工。当坍穴过大时,应做回填设计后再施工。

(3) 隧道的防护保养维修按如下要求开展:

① 隧道外山坡岩石风化严重或有大于 10 cm^2 坑穴、溶洞、大于 20 mm 裂缝时,可封闭裂缝,整修地表、稳固山坡。当地表岩石松散破碎时,可清除或固结。

② 隧道洞口坍塌时,应整修或局部加固。

(4) 隧道排水保养维修按如下要求开展:

① 有坡度的隧道其上洞门外的水不得流入洞内;

② 隧道山坡的地表水,不得渗入洞内;

③ 隧道内的防水层、排水设施必须完好、畅通、有效;

④ 隧道内渗水应及时堵漏;

⑤ 洞内发生涌水时,应立即处理;

⑥ 洞口内外排水系统应定期疏通,不得堵塞失效。

14.3 病害处置

14.3.1 病害处置分类

隧道土建结构的病害一般分为表面病害和非表面病害两种。所谓表面病害即指肉眼可见的隧道病害,包括隧道衬砌开裂、掉块、严重错台及渗漏水等;非表面病害一般包括衬砌厚度不够、强度未达到设计标准及衬砌背后空洞等原因。根据以往工程经验,隧道病害成因简单分析见表 14.1。

表 14.1 隧道病害分析表

序号	病害类型		成因简单分析
1	表面病害	衬砌开裂	(1) 未能预料的外力作用造成开裂; (2) 施工方法不适当造成开裂; (3) 混凝土收缩开裂
		衬砌混凝土渗漏水	(1) 喷射混凝土厚度不够,防水板破损; (2) 衬砌混凝土密实度不够; (3) 排水盲沟管堵塞或失效
		道床冒浆翻泥	(1) 仰拱、铺底滤渣、积水未清理干净; (2) 仰拱或铺底混凝土厚度不足; (3) 隧道水沟底部混凝土厚度不足或未铺底

续表 14.1

序号	病害类型		成因简单分析
2	非表面病害	衬砌混凝土厚度不够	(1) 欠挖; (2) 超挖未按照规范要求回填
		衬砌混凝土强度不足	(1) 砂石料不合格,粗细骨料级配不合理; (2) 未严格按照混凝土配合比施工; (3) 施工中试样取件不规范
		衬砌背后严重空洞	(1) 超挖回填不够或未回填; (2) 塌方过大造成空洞; (3) 混凝土捣固不实

14.3.2 基于病害表观特征分类

以病害形态作为标准将病害分为 9 类,具体的分类标准与分类方法见表 14.2。

表 14.2 按病害形态分类

病害类型	分类标准	病害子类
裂缝	裂缝形态	规则裂缝
		不规则裂缝
	病害部位	1) 裂缝和各种施工缝隙;2) 双跨连拱隧道中隔墙;3) 隧道明洞及塌方加固段;4) 衬砌蜂窝、麻面、空洞部位;5) 预埋件部位;6) 管道穿墙部位
渗漏水	大小、流速	1) 干;2) 湿;3) 渗;4) 滴;5) 漏;6) 涌
	渗漏的区域	1) 点渗漏;2) 渗漏;3) 面渗漏
	有害成分	1) 火山地区常有的强酸性温泉水;2) 通过矿床涌出的地下水;3) 水中溶有 CO_2 气泡的地下水;4) 植物的腐殖质产生锈蚀酸化地下水
底板隆起	底板隆起表象特性	1) 直线型;2) 折曲型;3) 弧状型
路面翻浆	——	——
冻害	冻害表现形态	1) 挂冰;2) 冰塞;3) 冰湖;4) 冰楔
混凝土剥离	水泥砂浆流失程度	1) 轻度剥离;2) 中度剥离;3) 重度剥离;4) 严重剥离
断面变形侵限	变形方向	1) 纵向;2) 横向
衬砌错台错缝	错台方向	1) 凸出错台;2) 凹进错台
	错台形态、成因	1) 弯曲受剪错台;2) 直接受剪错台
外观病害	病害形态	1) 蜂窝;2) 麻面;3) 空洞;4) 缺棱掉角;5) 漏筋;6) 缝隙夹层;7) 混凝土强度不足;8) 直曲墙歪斜凹凸;9) 白花;10) 保护层厚度不足

14.3.3 按照病害产生的部位属性分类

根据病害产生的位置属性将公路隧道的病害分为洞身衬砌病害、洞门病害、内装饰板病害、路基病害、路面病害、排水系统病害等,不同病害的具体特征见表14.3。

表 14.3 按病害产生的部位属性分类

病害发生部位	病害特征
洞身衬砌	裂缝、错台错缝、剥落剥离、掉块、断面变形侵限、挤出、边墙下沉、渗漏水、土砂流入、结冰(如冰柱、侧冰)、材料老化(如水泥流出、钢筋变色、龟裂)、凹凸部(断面变更、突起、欠缺)、接缝与混凝土施工缝张开、石灰析出、蜂窝麻面
洞门	起鼓、裂缝、错台、前倾、下沉、沉陷、钢筋露出变色
内装饰板	破损、裂缝
路基	底板开裂变形、侧沟开裂变形、中央通道开裂变形、塌陷或鼓起、基底翻浆冒泥、路基水平移动
路面	落下物、滞水、冰盘、路面底鼓、路面和路肩错台、路面与路两侧开裂、路两侧沟槽开裂变形
排水系统	滞水、排水过多、砂堆积过多、侧沟破损与变形

14.3.4 基于结构健康状态分类

考虑到隧道病害信息特征与时间的相关性、隐蔽性、出现的频度、部分病害难以定量及信息量大等特点,从综合全面地考虑隧道土建结构的健康状态角度出发,基于结构健康状态的分类见表14.4。

表 14.4 基于结构健康状态的分类

病害类型			病害子类描述
1. 渗漏水			隧道漏水和涌水(渗、滴、淌、涌)、隧道衬砌周围积水、潜流冲刷
2. 衬砌裂损		衬砌变形	整体变形(竖向压扁、横向压扁);局部变形(拱顶下弯、仰拱上拱、边墙内鼓;拱顶上拱、仰拱下弯、边墙外鼓)
		衬砌移动	转动(倾斜)、平移和下沉(或上抬)等变化
		衬砌开裂	张裂、压溃和错台
	衬砌缺陷	衬砌厚度不足	建成隧道衬砌厚度未达到设计要求、导致衬砌结构承载力无法达到设计值,直接危害到结构的安全性
		衬砌背后空洞	衬砌与围岩之间没有回填密实,出现脱空,与出现的位置、大小相关
		不均匀沉降	地质条件与地质活动引发衬砌结构不均匀沉降
		内空侵限	隧道内设备或衬砌结构侵入隧道建筑限界内时,将对隧道的运营产生严重的安全隐患

续表 14.4

病害类型	病害子类描述
3. 冻害	拱部挂冰、边墙结冰隧道漏水冻结;围岩冻胀破坏;衬砌发生冰楔
4. 衬砌腐蚀	物理性侵蚀和化学性侵蚀
5. 洞口病害	崩塌、落石、滑坡、流泥漫道、洞口路基冲毁及洞门各种病害等
6. 道床病害	下沉裂损型、上隆裂损型、其他
7. 有害气体	NO_x、CO、CO_2、SO_2、瓦斯、H_2S、碳氢化合物和悬浮颗粒等
8. 照明病害	黑洞、黑框
9. 地震引起的病害	拱部和边墙坍塌、衬砌开裂和变形错动、洞门破坏等
10. 火灾引起的病害	高温对隧道结构的破坏,烟气对隧道内人员安全的危害

14.3.5 隧道病害处置要求

隧道病害处置包括修复破损结构、消除结构病害、恢复结构物设计标准、维持良好的技术功能状态,并应符合下列规定:

(1) 确定病害处置方案前,应对隧道进行检测,对破损或病害的成因、范围、程度及其发展趋势等情况进行分析评定。

(2) 处置设计应综合考虑隧道病害状况、地形、地质生态环境及运营和施工条件,合理确定处置方案。处置方案可由一种或多种处置方法组成。

(3) 在初始设计与施工中,应根据病害程度、地质条件、处置方案,进行工程风险评估,制定相应的应急预案。

(4) 隧道处置施工应编制实施性施工组织方案。

(5) 病害处置工程施工完毕后,被处置段落各分项状况值应达到 0 或 1。

制定病害处置方案应满足下列要求:

(1) 原则上不能降低隧道原有的技术标准。

(2) 应按照安全、经济、快速、合理的原则,通过多方案技术、经济比选确定。

(3) 处置设计应体现信息化和动态设计的思想,制定监控量测方案。

(4) 应尽量减少施工对隧道正常运营的影响,不能中断交通时应制定保通方案。

(5) 应采取相应措施减小处置施工对既有结构、排水设施、机电设施及附属设施的不良影响。

15　水下隧道养护管理

首发养护公司下辖延崇高速公路(北京段)妫水河隧道一座,为水下隧道,运营养护管理在本手册的管理范围。

基于预防性维护的理念,妫水河水下隧道养护工作拟以其结构解析系统为基础,针对各部位、部件和构件,开展对应的检查和维护活动,以指导和规范水下隧道的日常巡查与清洁、结构检查、技术评定和保养维修等工作。

妫水河隧道模型图如图15.1所示。

图 15.1　妫水河隧道模型图

15.1　隧道土建结构分解

延崇高速公路(北京段)妫水河隧道全长 2 044 m,主体结构分为闭合框架和 U 型槽两部分,其中妫水河南岸 U 型槽长 234 m,北岸 U 型槽长 190 m,闭合框架全长 1 670 m,均采用明挖后回填施工。

本次结构解析根据该隧道的基本信息执行,待其竣工移交后再根据详细的竣工文件完善其解析系统。

妫水河隧道 OBS 表见表 15.1 所示。

表 15.1 妫水河隧道 OBS 表

部位	部件	构件	说明
敞开段			
	路基段混凝土结构		
		南岸路基段	以妫水河南北两岸划分
		北岸路基段	
	U 型槽混凝土结构		
		南岸 U 型槽 1	以南岸 234 m 的 U 型槽实际分段为准划分
		南岸 U 型槽 2	
		…	
		南岸 U 型槽 n	
		北岸 U 型槽 1	以北岸 190 m 的 U 型槽实际分段为准划分
		北岸 U 型槽 2	
		…	
		北岸 U 型槽 n	
	减光罩结构		
		南岸减光罩	
		北岸减光罩	
暗埋段			
	暗埋段混凝土结构		
		D1	拟以变形缝为界划分
		D2	
		…	
		Dn	
	洞门		
		南岸洞门	
		北岸洞门	
附属结构			
	检修道		
		南岸路基段	
		北岸路基段	
		南岸 U 型槽段	
		北岸 U 型槽段	

续表 15.1

部位	部件	构件	说明
附属结构		D1	
		D2	
		…	
		Dn	
	排水设施		
		南岸路基段	
		北岸路基段	
		南岸 U 型槽段	
		北岸 U 型槽段	
		D1	
		D2	
		…	
		Dn	
	路面铺装		
		南岸路基段	
		北岸路基段	
		南岸 U 型槽段	
		北岸 U 型槽段	
		D1	
		D2	
		…	
		Dn	
	路面伸缩缝		
		1#	
		2#	以竣工资料的编号为准
		…	
		n#	
	防撞护栏		
		南岸 1#~n#护栏	
		南岸 1#~n#护栏	
	内装饰		

续表 15.1

部位	部件	构件	说明
附属结构		D1	
		D2	
		…	
		Dn	
	防火板或防火涂层		
		D1	
		D2	
		…	
		Dn	
	设备洞室		

15.2 日常巡查与清洁

15.2.1 日常巡查

15.2.1.1 基本要求及流程

水下隧道日常巡查基本要求同第 5.3 节"基本要求",流程同 5.4 巡查流程。

15.2.1.2 频率及方法

水下隧道日常巡查与公路隧道频率基本一致,为 1 次/天,在雨季或冰冻季节增加日常巡查的频率,建议水下隧道日常巡查与线路巡查一并进行。

日常巡查中,发现路面有妨碍通行的障碍物或其他异常情况时,应视情况予以清除或报告,并做好记录。

日常巡查以目测为主,只需配备简单工具如皮尺、钢卷尺、铁锤、手电筒和粉笔等,可视条件配备照相机和摄像机记录现场照片和影像。

15.2.1.3 巡查内容(表 15.2)

表 15.2 隧道巡查对象与内容

巡查对象	巡查内容
减光罩结构	横向钢箱梁和造型钢柱是否存在明显的变形;涂层是否大范围脱落;立柱装饰板是否存在松脱等;装饰板表面是否存在张贴物、大范围污迹等
U 型槽混凝土结构	是否存在显著开裂、破损、渗漏水;表面是否存在张贴物、大范围污迹等
洞门	是否存在大范围开裂、渗漏水;表面是否存在张贴物、大范围污迹等

续表 15.2

巡查对象	巡查内容
检修道	是否存在结构破损，盖板缺损
排水设施	是否存在缺损、淤积、堵塞、结冰
路面铺装	路面是否存在明显开裂、隆起、错台等异常情况；路面是否存在散落物、垃圾或杂物堆积；路面是否存在严重积水；行车是否存在异常振动或颠簸
防撞护栏	护栏是否存在大范围损坏或严重变形
内装饰	装饰板是否存在显著变形、松脱等；装饰板是否有渗漏水、发霉、湿迹等现象；装饰板表面是否存在大范围张贴物、擦痕、污迹等
防火板或防火涂层	防火板表面是否存在渗漏水、发霉、湿迹等现象；防火板是否存在显著松脱、变形
设备洞室	是否有渗漏水

15.2.2 清洁

15.2.2.1 基本要求及流程

水下隧道日常巡查基本要求同第 5.5 节清洁。

15.2.2.2 频率

水下隧道清洁项目及频率（暂定）见表 15.3，后续根据隧道建成后情况进行调整。

表 15.3 水下隧道清洁频率

清洁项目	清洁频率
减光罩结构	1次/季度
U型槽混凝土结构	1次/月
洞门	1次/2月
检修道	1次/月
排水设施	1次/季度
路面铺装	1次/天
路面伸缩缝	1次/季度
防撞护栏	1次/季度
内装饰	1次/月
防火板或防火涂层	1次/季度
设备洞室	1次/3月

15.3 检查

15.3.1 经常检查

水下隧道经常检查要求及频率同巡检手册 6.2 节经常检查内容。基本检查内容见表 15.4。

表 15.4 水下隧道经常检查内容

项目名称		判定	
		一般异常	严重异常
减光罩结构		轻微锈蚀、损坏,尚未影响减光功能和交通安全	严重锈蚀、损坏,已影响减光功能或妨碍交通
洞门		侧墙出现起层、剥落;存在渗漏水或结冰,尚未妨碍交通	拱部及其附近部位出现剥落;存在喷水或挂冰等,已妨碍交通
混凝土结构	路基段	轻微破损,存在微小裂缝、轻度损伤,尚未影响结构功能和交通安全	破损严重,存在严重裂缝和损伤,已影响结构功能或妨碍交通
	U 型槽		
	暗埋段		
检修道		检修道盖板缺损;结构破损,尚未妨碍交通	盖板结构破损,已妨碍交通
排水设施		存在破损、积水或结冰,尚未妨碍交通	沟管堵塞,积水漫流,结冰,设施破损严重,已妨碍交通
路面铺装		存在落物、滞水、裂缝等,尚未妨碍交通	落物杂多,存在大面积路面滞水、裂缝,已妨碍交通
防撞护栏		存在变形、损坏,尚未妨碍交通	变形、损坏严重,已妨碍交通
内装饰		个别装饰板存在轻微变形、破损、湿迹,不影响交通与隧道防火安全	部分构件破损、松脱、表面有渗漏水,已影响交通与隧道防火安全
防火板与防火涂层		个别防火板存在轻微变形、破损、发霉、湿迹,不影响交通与隧道防火安全	防火板出现破损、松脱,渗漏水严重,影响交通与隧道防火安全
设备洞室		设备洞室存在轻微受损,但不影响结构功能与设备运行	洞室受损严重、设备受损锈蚀严重、影响结构功能与设备运行

15.3.2 定期检查

15.3.2.1 检查周期

定期检查的周期应根据隧道技术状况确定,宜每年一次。当经常检查中发现重要结构分项技术状况评定值为 3 或 4 类时,应立即开展一次定期检查。

15.3.2.2 检查内容(表15.5)

表15.5 水下隧道经常检查内容

项目名称		检查内容
减光罩结构		结构是否完好,有无杂物、积尘、积水;表面脏污、缺损的范围和程度;装饰板变形、缺损的范围和程度
洞门		墙身裂缝的位置、宽度、长度、范围或程度
混凝土结构	路基段	裂缝的位置、宽度、长度、范围或程度; 表层起层、剥落的范围和深度; 渗漏水的位置、水量、浑浊状况
	U型槽	
	暗埋段	
检修道		检修道损坏、盖板损坏的位置和状况
排水设施		结构缺损程度,排水沟等淤积堵塞、沉沙、滞水等状况
路面铺装		路面拱起、沉陷、错台、开裂、溜滑的范围和程度;路面积水等的范围和程度;伸缩缝错台错位程度,两侧路面破损程度
防撞护栏		损坏、变形的位置和状况
内装饰		表面脏污、缺损、发霉、湿迹和渗漏水的范围和程度;装饰板变形、缺损的范围和程度等
防火板与防火涂层		防火构件脏污、发霉、湿迹、渗漏水、变形、破损、松脱的范围或程度
设备洞室		混凝土破损范围、渗漏水程度,设备损坏程度

15.3.3 应急检查

应急检查内容参见7.2节应急检查内容。

15.3.4 专项检查

专项检查内容参见7.3节专项检查。

15.4 土建结构技术状况评定

水下隧道土建结构技术状况评定方法与公路隧道相同,具体参见第9章相关内容,本节仅给出水下隧道各分项权重(表15.6)。

表15.6 水下隧道经常检查内容

分项	分项权重	分项	分项权重
路基段混凝土结构	2	路面铺装	10
U型槽混凝土结构	5	路面伸缩缝	2
减光罩结构	5	防撞护栏	3

续表 15.6

分项	分项权重	分项	分项权重
暗埋段混凝土结构	38	内装饰	5
洞门	3	防火板或防火涂层	5
检修道	10	设备洞室	2
排水设施	10		

15.5 保养维修与病害处置

水下隧道构件路基段混凝土结构、U型槽混凝土结构、暗埋段混凝土结构、洞门、检修道、排水设施、路面铺装、内装饰保养维修与病害处置与公路隧道基本相同，相关方法参见附件D。水下隧道入口处减光罩与防撞护栏保养维修方法如下。

15.5.1 减光罩保养与维修

（1）小修保养

已老化、剥离的结构胶，铲除清理干净后重新施胶。局部锈蚀处，进行除锈防锈处理后再喷涂两遍面漆。

（2）中修与大修

针对大范围破损，并且钢结构出现锈蚀，应对破损部位钢板厚度进行检测，验证是否满足受力要求，当厚度满足受力要求时，更换涂层配套，并在日后加大该区域涂层的检验频率；当厚度不满足受力要求时，则需要更换新构件。

15.5.2 防撞护栏

防撞护栏应保持表面无油、无锈。若出现局部锈蚀，可采用脱脂、酸洗除锈后重新进行涂装。若防撞护栏出现损坏，应进行更换，使其保持清洁、坚固、无锈蚀。

16 应急管理

16.1 一般规定

（1）目的

应急管理的目的是为了有效应对首发公司管理维护和建设的隧道可能出现的突发事故，及时采取应急措施，组织实施抢险工作，最大限度地减少隧道突发事故造成的社会影响和财产损失，保障人民群众生命财产安全。

（2）工作原则

① 以人为本。坚持以人为本的原则，维护广大人民群众的利益，保护人民生命财产安全，最大限度地减少隧道突发事件对人民群众生产生活造成的影响。

② 预防为主。坚持预防为主的原则，做好预防、预测和预警工作。做好常态下的风险评估、物资储备、队伍建设、装备完善、预案演练等工作。

③ 快速处置。坚持快速处置的原则，隧道突发事件发生后，迅速启动应急预案，及时采取临时措施，及时通知相关机构，协调联动，统一指挥，组织应急抢险、疏导交通、控制事件的影响范围，尽快恢复交通。

16.2 应急组织机构与职责

16.2.1 应急组织机构构成

首发集团隧道应急组织机构由应急指挥领导小组和应急工作组组成。指挥领导小组成员包括集团公司领导和相关部门负责人。应急工作组包括应急办公室、运营应急组、监控应急组、消防应急组、机电应急组、土建应急组、安全保障组、后勤保障组、宣传信息组、专家技术组。

16.2.2 应急组织机构职责

（1）应急指挥领导小组

① 负责组织《首发集团隧道突发事故应急预案》制定、修订和宣传工作，指导隧道养护

单位制定、修订相关处置类应急预案。

② 负责制定隧道突发事故应急处置演习方案。

③ 负责隧道突发事故应急处置决策、指挥。

④ 督促检查有关单位做好相关抢险救援、信息上报、善后处理工作。

⑤ 负责组织相关的隧道突发事故调查和总结工作。

⑥ 负责贯彻执行上级应急指挥部的决策。

（2）应急办公室

① 负责收集本集团隧道突发事故信息，及时向应急指挥领导小组汇报。

② 负责组织隧道突发事故应急处置的演习。

③ 在应急响应期间，负责与应急指挥领导小组和各工作组进行联络。及时传达和执行上级各项决策和指令，检查执行情况并向领导小组报告。

（3）运营应急组

隧道发生突发事件后，负责制定交通导改方案，提前疏导车流。如无法绕行，采取相应措施尽量保证在突发事件现场交通顺畅。遇特殊情况与隧道所属地区高速队、119、120、999、110联络请求援助。

（4）监控应急组

负责隧道突发事件现场的监控，向应急办公室提供事件进展情况，协助其他工作组进行应急处置工作。

（5）消防应急组

负责隧道突发事件的火灾应急处置，负责事故隧道内人员救助工作。遇特殊情况与隧道所属地区高速队、119、120、999、110联络请求援助。

（6）机电应急组

负责发生突发事件隧道的机电设备保障工作，按要求做好隧道内照明、通风，及时恢复因突发事件损坏的隧道内机电设备。

（7）土建应急组

负责成立专职应急队伍，组织高速公路隧道应急抢险、恢复隧道内突发事件造成的土建设施、路面破损，处理突发事件等。

（8）安全保障组职责

负责事故现场的安全警戒线设置，负责维持事故现场秩序，协助配合交通管理部门做好交通疏导，保障事故现场的安全和交通顺畅。

（9）后勤保障组职责

负责配合应急办公室参与隧道突发事故救援工作，配合做好人员疏散安置、后勤保障和其他相关工作。

（10）宣传保障组职责

负责对隧道突发事故应急处置和抢险救援现场的信息报道及对外宣传，协助配合上级宣传部门做好向社会公众通报突发事故相关情况等工作。

(11) 专家技术组职责

应急指挥领导小组根据需要设立专家技术组，作为领导小组的技术咨询机构。专家技术组由隧道的设计、施工、维护、控制等方面的专家组成。主要职责：

① 在制定隧道突发事故应急有关规定、预案制度、项目建设方案的过程中提供参考意见。

② 为隧道突发事故应急抢险等重大决策提供指导建议。

③ 及时发现应急救援工作中存在的问题与不足，并提出改进建议。

④ 按照首发集团隧道应急指挥领导小组的要求，参与隧道突发事故的宣传报道，并参与应急业务培训讲座、教材编审等工作。

16.3 管理程序

16.3.1 处置流程(图 16.1)

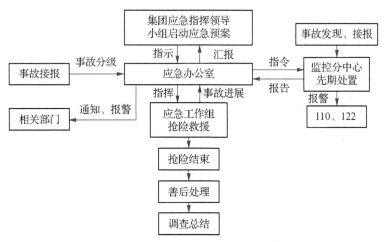

图 16.1 应急处置流程图

16.3.2 信息管理

(1) 信息分级

① 应急信息级别根据突发事件发生的严重性、紧急程度、可能造成的财产损失和人员伤亡程度分为 4 级：Ⅰ级(特别严重)、Ⅱ级(严重)、Ⅲ级(较重)、Ⅳ级(一般)，具体见表 16.1 与表 16.2。

表 16.1　应急信息级别

事故级别		条件
Ⅰ级	A	隧道内发生交通事故,造成人员伤亡
	A	隧道内或分中心发生火灾
	A	易燃易爆运输车辆在隧道内因故障滞留
	A	隧道内发生严重破坏、爆炸等恶性事件
	B	隧道内供电中断
	B	勤务车队通过前或通过时,隧道内及出入口外发生阻碍通行的突发事件
	B	发生突发事件,交通中断
	B	隧道分中心周边发生疫情
Ⅱ级	A	隧道分中心发生盗抢
	A	隧道分中心监控室设备全部失控
	A	隧道分中心发生人员食物中毒
	A	小隧道发生火险事件
	A	隧道监控分中心停电
	A	严重设备故障
	B	隧道设备、设施被盗
Ⅲ级	A	道路施工或事故造成车流回涌进隧道
	A	交通事故,造成隧道设备、设施损坏
	A	隧道内及出、入口外发生交通事故占用两条车道
	B	隧道部分区段停电
	B	收费站出口堵塞造成高速拥堵
	B	隧道内发生交通事故占用一条车道
	B	隧道内故障车停留占用一条车道
Ⅳ级	A	隧道能见度低,车辆通行缓慢
	B	隧道内行人进入

② 隧道可能发生的突发事件及分级

表 16.2　突发事件及分级

类别	事件	级别
交通类	1 000 m 以上隧道内发生交通事故占用 3 条车道	Ⅰ
	500～1 000 m 隧道内发生交通事故占用 3 条车道	Ⅱ
	500 m 以下隧道发生交通事故	Ⅲ
	由于机动车自身状况不良,车辆发生故障或单方事故占用一条或两条车道	Ⅲ
消防类	500 m 以上隧道内发生火灾事故	Ⅰ
	500 m 以下隧道内发生火灾事故	Ⅱ
	隧道内发生火灾事故时勤务车队正在通过	Ⅰ
治安类	破坏、爆炸等恶性事件	Ⅰ
	勤务车队的通行出现问题	Ⅰ
机电类	突发事故造成隧道停电事故	Ⅲ
	供电事故造成的隧道突然停电事故	Ⅱ
	隧道监控设备发生故障,造成无法正常监视洞内情况	Ⅱ
	隧道内风机故障,造成车辆无法正常通行	Ⅳ
结构类	隧道突发性坍塌	Ⅰ
其他类	隧道内及洞口拥堵	Ⅲ

(2) 信息监测

① 隧道日常巡查发现;

② 隧道监控系统监测发现;

③ 隧道应急报警设施接收报警;

④ 119、120、999、110 系统报警;

⑤ 交通管理部门的事故预警;

⑥ 相关单位通知。

(3) 信息报送

① 隧道日常巡查人员发现隧道突发事件后,立即向隧道监控分中心报警。

② 隧道监控分中心接到任何隧道突发事件信息,经现场核实分级后立即按规定程序上报分公司监控中心。

③ 分公司监控中心根据分公司突发事件上报程序,上报集团应急办公室,同时通知监控中心领导、分公司主管安全领导、安保部领导。

④ 对Ⅰ级预警信息,隧道监控分中心可直接上报集团应急办公室,同时通知分公司监控中心。

⑤ 集团应急办公室接到隧道突发事件信息后,报隧道应急指挥领导小组研究、决策。

⑥ 隧道应急处置期间,隧道监控分中心负责监控突发事件进展情况,及时向应急办公室和相关工作组报告。

⑦ 应急处理结束后,隧道养护单位应及时把事故处理结果向集团应急办公室汇报,由应急办公室报应急指挥领导小组上报市路政局。

16.3.3 管理制度

(1) 先期处理

隧道监控分中心发现或接获隧道突发事故信息后,立即启动先期处置预案,首先通过可变情报板和隧道广播系统向过往车辆发布相关信息,以提示过往车辆,其次,组织人力携带抢险设施 20 min 内到达事故隧道入口处,根据情况采取相应预防措施,减少车道或封挡将交通车辆拦截在隧道口 150~400 m 外。在交通管理部门人员到达后,协助交通管理部门疏导交通,设置警戒标志,采取措施防止事态扩大和次生灾害发生。

(2) 分级响应

① 隧道突发事故Ⅳ级响应

集团应急办公室接到一般事故报告,应在迅速核实后向应急指挥领导小组副组长报告,经批准后立即启动本预案,并迅速通知相关应急工作组赶赴现场,同时通知相关单位、部门。

集团应急办公室负责人在应急指挥办公室指挥,由隧道分中心的主管负责人和现场工作人员具体实施现场秩序维护、信息报告及抢险救援等相关工作事宜。

视突发事故的具体情况,必要时,集团应急办公室负责人赴现场指挥。

② 隧道突发事故Ⅲ级响应

在Ⅳ级响应基础上,采取下列措施:

集团应急办公室接到较大事故报告后,立即启动本预案,应急办公室负责人立即赶赴现场指挥处置工作。根据事故情况向相关社会单位请求救援。

③ 隧道突发事故Ⅱ级响应

在Ⅲ级响应基础上,采取下列措施:

集团应急指挥组办公室接到重大事故报告后,立即启动本预案,并向相关社会单位请求救援,应急指挥领导小组副组长立即赶赴现场指挥处置工作。

④ 隧道突发事故Ⅰ级响应

在Ⅱ级响应基础上,采取下列措施:

集团应急办公室接到特大事故报告后,立即启动本预案,并向相关社会单位请求救援,应急指挥领导小组组长立即赶赴现场指挥处置工作。

(3) 应急结束

突发隧道安全事件现场应急抢险救援工作结束后,应保证事态的基本稳定,受损设施的使用功能完全或基本得到恢复。通过信息板向过往车辆发布应急结束信息。必要时,应通过广播电台、电视台和新闻媒体向社会发布应急结束的消息。

一般隧道突发事故(即Ⅳ级事故)应急处置工作,由隧道分中心宣布应急结束。

较重以上隧道突发事故应急处置工作,由集团应急指挥领导小组宣布应急结束。

16.3.3.1 组织分工

隧道管理中心在紧急情况下成立应急小分队全面负责事故的抢险救灾工作,以保证隧道事故的及时有效处置。

(1) 人员组成。当班班长为应急小分队长,成员为隧道巡检员、机电队员、驾驶员、行政班人员等,其中以男性员工为主。

(2) 应急小分队职责。

① 队长职责。在所领导不在场时,担任隧道事故应急处置指挥,负责全所人员的调配。了解事故现场的基本情况(如有无人员伤亡、路产损失、是否有危险品等),亲自或指定专人将现场信息及时反馈给监控员,告知现场处理措施,并督促监控员通知相关单位及时处置;根据事故分级报告制度及时向上级领导汇报事故情况。全面负责事故现场的安全管理、抢险救灾,统一调配应急小分队队员;在专业处理部门到达后,协助其工作。

② 队员职责。服从指挥,听从队长的统一调度,互相配合,负责现场的预警、封道、交通疏导、伤员抢救、灭火救灾,在抢险过程中,要及时向队长提供建议,但以服从队长决定为原则。应急小分队队员在共同协作的基础上,也要兼顾专业分工。消防、伤员急救方面的问题以安保队员为主,机电方面的问题以机电队员为主,车辆方面的问题以驾驶员为主。

a) 机电队员职责:配合队长和其他队员做好事故处理工作,负责封道,并处理各类与机电设施相关的工作,随身带配电柜钥匙。

b) 巡检队员职责:配合队长和其他队员做好事故处理工作,确保事故现场安全与畅通,负责伤员急救与消防设施的使用与指导,随身携带消防箱钥匙。

c) 驾驶员职责:平时注意做好车辆例行保养工作,发现损坏和故障及时修复与排除,保持车容和车辆机件状况良好。交接班时必须对车辆进行检查(包括车况、油量),确保车辆状况良好以保证应急工作需要。发生事故时,主要负责驾驶,并协助队长检查事故车的车况。

16.3.3.2 事故分级报告制度

(1) 轻微交通事件(如抛锚等短时间就能处理的)由监控人员→信息中心汇报。

(2) 简易事故和一般交通事故(如车辆追尾、碰撞、翻车等无人员伤亡或无长时间封道可能性的)由监控人员→信息中心→中心领导逐级汇报。

(3) 重大交通事故、一般火灾事故等(须长时间封道或有人员伤亡的)由监控人员→信息中心→中心领导→处领导逐级汇报。

(4) 特大交通事故、重大火灾事故及化学危险品泄漏事故由监控人员→信息中心→中心领导→处领导→地方政府逐级汇报。

16.3.3.3 事故分级标准

(1) 交通事故分类

① Ⅳ级事故(蓝色,一般):

a) 仅造成事故车辆损失(预计损失 30 万元以内),无人员伤亡,事故车辆可移动。

b) 造成道路设施损坏较少,无人员伤亡,事故车辆可移动。

c) 在前两项基础上,虽有人员受伤,但明显轻微的。

② Ⅲ级事故(黄色,较重):

a) 造成事故车辆损坏,无人员伤亡,车辆无法移动。

b) 造成道路设施损坏,无人员伤亡,车辆无法移动。

c) 造成事故车辆损坏,预计损失 30 万元以上,无人员伤亡。

d) 造成道路设施损坏较大,无人员伤亡。

e) 造成人员 5 人(不含)以下受伤事故。

f) 大客车发生事故,人员受伤明显轻微的。

③ Ⅱ级事故(橙色,严重):

a) 造成 2 人(含)以下死亡事故。

b) 造成 5 人(含)以上受伤事故。

c) 大客车发生事故,有人员受伤或死亡的。

d) 涉及车辆起火事故,无人员死亡的。

④ Ⅰ级事故(红色,特别严重):

a) 造成 3 人(含)以上死亡事故。

b) 造成 10 人(含)以上受伤。

c) 涉及车辆起火事故,有人员死亡的。

d) 涉及化学危险品泄漏事故。

(2) 火灾事故分类

① 具有下列情形之一的火灾为特大火灾:死亡 10 人以上(含本数,下同);重伤 20 人以上;死亡、重伤 20 人以上;直接财产损失 100 万元以上。

② 具有下列情形之一的火灾为重大火灾:死亡 3 人以上;重伤 10 人以上;死亡、重伤 10 人以上;直接财产损失 30 万元以上。

③ 不具有以上两项情形的火灾为一般火灾。

16.3.3.4 施工交通管制

(1) 在距隧道口 150 m 的硬路肩上(超车道靠边处)放置一块施工告知牌。

(2) 在距隧道口 100 m 的施工车道上放置一块 60 km/h 的限速标志。

(3) 在距隧道口 50 m 的施工车道上放置一块导向标志。

(4) 在隧道口施工车道上放置一块禁止通行标志。

(5) 从距隧道口 150 m 的施工告知牌到隧道口的中央分道线,每间隔 10～15 m 斜放一个锥形桩。

(6) 从隧道口开始在中央分道线上每间隔 10～15 m 放一个锥形桩;并每间隔 50 m 在

施工车道上横放 2 个锥形桩。

（7）在施工现场位置靠边停放预警车辆,在施工区域内要亮警灯,打开双跳灯。并安排一人负责现场维护。

（8）施工人员必须穿反光背心,非必须情况下不得在施工区域外走动。

（9）将施工车道的通行指示灯改为红色"×"形。

（10）将隧道内的可变情报板改为相关施工信息。

（11）将隧道内的灯光打亮,保证施工照明,也便于后方来车及时发现施工情况。

16.3.4 恢复与重建

（1）善后处置

① 首发集团对参加应急处置的有关人员按照有关规定,给予补助;对因参与应急处理工作致病、致残、死亡的人员,按照国家有关规定,给予相应的补助和抚恤,并提供相关心理和司法援助。

② 应急结束后,应对参加突发事件应急处置过程中作出贡献的先进集体和个人进行表彰和奖励。

（2）调查与评估

按要求总结包括突发事件情况、采取的应急处置措施、取得的成效、存在的主要问题、建议等,按规定需上报北京市交通安全应急指挥部办公室的,按规定上报。

（3）恢复重建

隧道突发事件应急响应终止后,由集团运营管理部负责,按隧道养护管理相关制度实施恢复重建工作。

16.4 保障措施

（1）通信与信息保障

集团应急指挥领导小组、办公室和各应急工作组联络电话 24 小时开通,保证信息及时畅通。

（2）现场救援与工程抢险装备保障

集团应急办公室负责集团所管辖区域的数据库管理和装备的定期核查、补充和调配。各养护单位应制定并严格落实管理制度,确保装备处于良好的备战状态。

（3）应急队伍保障

按职责范围,各养护单位分别成立各类专业应急抢险队伍和后备队伍,人员分工及组织架构报集团应急办公室备案,并由集团应急指挥领导小组负责统一管理和培训,确保队伍具有较强的战斗力和应变能力。

（4）物资保障

各养护单位分别统计应急抢险救援所需的物质储备,报首发集团备案。集团按照安全形势的特点,制定具体的物质储备、调用、购买和生产组织方案,协助制定增补物质的生产工艺流程,保证物质储备充足,满足应急抢险救援要求。

(5) 经费保障

隧道管理养护中长期规划要求,安排专项资金用于隧道突发安全事故应急抢险救援,专款专用,不得挪作他用。

(6) 技术储备与保障

根据首发集团实际情况,借鉴国内外经验,有针对性地定期组织专家研讨,提出切实可行的应对方案和处理措施,做到未雨绸缪,不断提高防范和应对隧道安全事故的技术实力。

16.5　宣传、培训和演练

(1) 公众宣传教育

首发集团协助配合市交通安全应急指挥部办公室和市应急委通过各种媒体向社会广泛宣传预防突发隧道安全事件、躲避危险、遇险自救等方面常识,提高公众的自我保护能力。并在公众媒体上公布 24 小时值班电话,拓宽信息收集渠道。

(2) 培训

隧道养护单位应定期组织应急抢险救援队伍,按隧道安全事故预测、信息上报要求进行相应的专业应急救援知识和技能培训。同时,有计划地安排应急抢险救援人员参加继续教育,以提高应急抢险救援人员的综合素质,适应不断变化的应急抢险救援要求。

(3) 演练

应急办公室需按本预案有针对性地组织抢险队伍开展预案演练。各养护单位应根据具体情况定期进行演练。演练结束后,组织单位应及时进行总结,查找薄弱环节,认真进行整改,不断提高队伍的实战水平。

16.6　突发事件应急预案

为了加强高速公路隧道交通安全管理,及时有效地应对和处置突发事件,建立安全第一、预防为主的突发事件应急工作体系和科学、依法、有效处置突发事件的工作机制,充分发挥高速公路的经济效益与社会效益,保证高速公路隧道安全、畅通地运行,减少高速公路隧道突发事件,根据交通运输部、国家安监局有关法规的要求,特制定隧道突发事件应急预案。

应急处置预案遵循"安全第一、预防为主、快速反应、以人为本"的原则,以快速有效处置隧道交通事故为重点,及时采取有效措施保障人员生命安全、减少国家财产损失,使灾害损失降低到最低。主要包括:交通事故应急处置预案、火灾事故应急处置预案、化学危险品事故应急处置预案、非正常情况应急处置预案。

16.6.1　交通事故

(1) 隧道监控员职责。当隧道内某处发生交通事故时,应及时通知信息中心以及相关单位、部门和人员,与其保持密切联系,并做好相关工作。

① 迅速将监控图像切换至相应的位置,确认现场情况,并对事故现场进行录像。

② 立即启动应急预案,通知当班班长发生事故的地点、情况,及事故靠近隧道的哪个车行通道。

③ 由信息中心通知管辖本路段的高速交警发生事故的地点、简况。

④ 利用对应事故路段的有线广播进行呼叫。引导驾驶员向后续车辆发出警告信号并开启报警灯,如在夜间或隧道内应开启示宽灯和尾灯;引导驾驶员和乘车人必须迅速转移到右侧的路肩上或者紧急停车带内;引导驾驶员在肇事车的来车方向的后方150 m处设置"故障车警告标志牌",以引起后续车辆的注意;引导驾驶员通过紧急电话向高速公路的隧道管理部门求援或利用通信工具向高速公路交警报警。

⑤ 更改来车方向的交通信号灯、可变情报板、可变限速标志诱导指挥事故路段的交通状况。

⑥ 根据当班班长事故现场反馈的信息、指令作进一步的处理(如开关灯、风机),并及时将事故现场的反馈信息通知信息中心,有伤员则联系急救医院(简要说明伤情),有路产损失则联系路政值班人员,有抛撒物则联系养护公司或相关部门,若有火灾或危险品渗漏则联系消防队。同时及时告知当班班长相关业务单位、部门的处置情况。

⑦ 监控好其他路段的通行状况。

⑧ 服从当班班长安排,做好随时出勤准备。

⑨ 详细做好相关记录,包括事故状况、处置措施、相关联系情况等。

(2) 接到事故报告后,当班班长应迅速组织人员成立应急小分队。在确保自身安全的情况下,赶赴事故现场,由当班班长统一指挥事故处置工作。

(3) 到达事故现场路线

根据隧道实际情况规划好行驶路线,要求安全及时到达事故现场。

(4) 事故现场处置

① 鉴于当前的车流量,若事故现场已不能通行,则在进入事故隧道前,先在隧道外实施封道,并留一人维持秩序,清除应急通道(硬路肩)的路障,确保施救车辆和交警快速赶赴现场。

② 事故现场预警按预警方案执行。

③ 执勤队长亲自或指定专人了解事故的具体情况,并及时向监控员反馈现场信息,发出处置指令。

④ 机电设备操作指令:若现场受堵、废气污染严重,则加开事故路段的全部基本灯,并加开风机。

⑤ 现场交通处置指令:

a) 若事故较轻,车辆能行驶,则要求事故车立即开出隧道等待交警处理或事故双方协商解决,并对隧道内被堵车辆加以放行,应急小分队也随之撤出,并通知隧道外放行车辆。

b 若事故较重或事故车坚决不肯开走,则做好被堵车辆的疏通和预警工作(摆放安全标志牌、反光隔离筒等),等待交警处理。并根据现场状况,要求隧道外放行车辆或继续实施封道。

c) 若事故处还有一个车道可通行的或可以疏通的,则放行被堵车辆,由安保队员指挥放行。确保后续事故处理车辆的及时到达。

d) 现场已无法通行和疏通的,则继续实施封道。

⑥ 若有人员伤亡,应立即进行抢救工作,按现场伤员处置方案组织抢救。

⑦ 仔细检查现场状况,确定有无燃油泄漏扩散,若有则应立即用水冲洗将其排入边沟。严格禁止现场明火,以防起火燃烧,待泄漏物完全冲洗干净方可放行。

⑧ 若发现是火灾或危险品车事故则转入相关预案处理。

(5) 待高速交警到达后,将现场移交给高速交警,并根据具体情况继续协助交警处理。

① 告知交警、路政等专业处理部门隧道所掌握的事故情况(内容要真实,不能是推测内容)以及已采取的处理措施。

② 若事故较轻未造成隧道设施损失的,交警已能独立处理,则撤离现场并告知交警。

③ 若造成隧道设施损失的,则继续留在现场协助交警、路政取证,并确定损失情况和确定是否影响隧道通行。

④ 若现场还需协助的,则继续配合交警、路政等专业处理部门工作,如人员、车辆的疏散、伤员的运输等,由交警统一指挥。待处理好后再撤离。

16.6.2 火灾事故

(1) 隧道所监控员职责。当监控人员接到火灾报警或发现火灾后应及时通知信息中心以及相关单位、部门和人员,与其保持密切联系,并做好相关工作:

① 迅速将监控图像切换至相应的位置,确认火灾情况,并对火灾现场进行录像。

② 启动应急方案,根据火灾情况立即通知执勤队长发生火灾的地点、状况等,靠近隧道哪个车行通道。

③ 立即通知当地消防队发生火灾的地点、状况等。

④ 通知高速交警发生火灾的地点、情况、火灾状况等,并迅速实施封道。

⑤ 通知高速路政发生火灾的地点、状况等。

⑥ 通知相关收费所火灾状况。

⑦ 利用对应事故路段的有线广播进行呼叫。引导驾驶员利用附近的消防器材进行现场自救,引导司乘人员迅速转移到右侧的路肩上或者紧急停车带内;引导驾驶员在事故车的来车方向的后方150 m处设置"故障车警告标志牌",以引起后续车辆的注意;引导驾驶员通过紧急电话向高速公路的隧道管理部门求援或利用通信工具向高速公路交警报警。

⑧ 更改来车方向的交通信号灯、可变情报板、可变限速标志等,诱导指挥着火路段交通状况。

⑨ 根据当班班长反馈的事故现场信息、指令，安排下一步的处理措施；并及时告知当班班长相关业务单位、部门的处置措施。

⑩ 及时将事故现场反馈信息通知相关业务单位、部门，有伤员则联系急救医院（简要说明伤情），有抛撒物则联系养护公司或相关部门。

a）监控好其他路段的通行状况。

b）服从当班班长安排，做好随时出勤准备。

c）详细做好相关记录，包括事故状况、处置措施、相关联系情况等。

（2）接到火灾报告后，当班班长应迅速组织人员成立应急小分队，在确保自身安全的前提下，投入到扑救火灾的行动之中，由当班班长统一指挥。

① 当班班长职责

a）向上级汇报。当班班长向中心领导汇报火灾详细情况。

b）当班班长全面负责火灾现场的安全管理，确保应急小分队的人身安全，协调灭火工作，观察火情要由当班班长进行，便于及时作出决策。

c）当班班长亲自或指定专人了解火情，准确掌握起火物质、起火部位、被困人员、车辆情况等，并及时向监控员反馈现场信息，向站长或管理处上级部门汇报火灾具体情况，并发出处置指令。

d）根据火情决定灭火方案，人员分工。

e）根据火情发展情况，如隧道相关用电设施已开始燃烧则指挥切断相关电源，开启应急照明系统，切断电源前需向上级汇报，并保证隧道内事故现场人员能安全疏散。

f）根据火情发展情况，如火情已无法扑救或有爆炸等危及抢险人员自身安全的情况，当班班长有权作出撤离火场的决定，但尽可能要先向上级汇报。

g）与现场其他抢险单位共同协调抢险救灾工作。

② 中心领导职责

a）要及时向上级领导及相关部门汇报火情。

b）根据现场反馈情况，如有必要及时向外部求援。

（3）到达现场方法：根据隧道实际情况规划好行驶路线，要求安全及时到达事故现场。

（4）现场灭火救灾

① 在消防队到达之前，安排一名监控员负责接应消防队和消除道路交通障碍，确保消防队及时到达现场，并及时向消防队报告灾情。

② 在进入事故隧道前，要先在隧道外实施封道，并留一人维持秩序，清除应急通道（硬路肩）的路障，确保施救车辆和交警快速赶赴现场。

③ 到达现场后首先要侦察火情，询问知情人（以事故车的司乘人员为主），准确掌握起火物质（是否易爆、有毒的危险品，若是则立即进入化学危险品事故应急预案）、起火部位、被困人员、车辆情况等，以确定灭火抢险方案。

④ 事故现场预警按预警方案执行。

⑤ 根据火情确定是否打开风机并加开事故路段的全部基本灯。

a)若火未烧到顶部照明桥架的,则加开事故路段的全部基本灯。

b)开启风机要求保证火势不扩大、蔓延,且事故前方人员已疏散,此时可打开风机以及时排出烟雾。

⑥ 疏散围观群众、车辆,自己车辆应车头向外停放(发动机不熄火),设立警戒线(要离着火点至少50 m处),做好警戒工作,并安排一名队员(驾驶员)负责维持现场秩序。

⑦ 组织解救被困和伤亡人员,"救人第一"是我们灭火救援的指导思想,有伤员则按现场伤员处置方案组织抢救。

⑧ 根据火情实际情况,对人员进行分工,组织人员开展灭火抢险工作。

a)分工。以安保队员和一名电工为主拿消防器材灭火,另一名电工做辅助工作,执勤队长则负责指挥和观察火情。

b)若是一般物品着火可采用消防水灭火,若是遇水燃烧或各种不能用水扑灭的火灾,则采用干粉灭火器灭火。

⑨ 灭火注意事项:

a)抢险人员必须站在上风向,拿消防器材灭火的队员必须穿消防服。

b)靠近火场或现场浓烟弥漫时,抢险人员必须带上空气呼吸器。

⑩ 在灭火过程中如发现载有化学危险物品的车辆因事故造成泄漏,可能对人体造成伤害或可能出现爆炸,执勤队长应及时向所长或上级部门汇报并作出撤离火场的决定,组织人员在一定的范围内设立警戒线。

a)若接到全面疏散通知,则立即组织人员按疏散方案执行。

b)在灭火后要注意观察,防止复燃。

(5)专业处理人员(消防队、交警等)到达后,将现场移交给他们,并继续协助其工作。

① 告知专业处理人员事故情况(内容要真实,不能是推测内容)、现场所具有的消防设施以及我们的处理措施。

② 协助交警等组建现场抢险指挥部,统一指挥抢险和人员、车辆疏散工作,并与现场各抢险单位保持密切联系。

③ 按照交警要求协助对事故现场进行预警和疏散工作。

④ 配合消防队进行灭火,为其提供力所能及的支持。

⑤ 在灭火结束后,协同路政查看及取证隧道、路面和设施的损失情况,并确定是否影响隧道通行。

⑥ 待完全处理好后再撤离。

16.6.3 化学危险品事故

(1)化学危险物品。包括爆炸品、压缩气体和液化气体、易燃液体、易燃固体、自燃物品和遇湿易燃物品、氧化剂和有机过氧化物、有毒品和腐蚀品等。

(2) 当隧道内某处因运载危险化学品车辆发生事故而引发泄漏或火灾时,中控员接到报警或发现后,作为信息中枢,应及时通知相关单位、部门和人员,与其保持密切联系,并做好相关工作。

① 隧道监控员接到报警后,首先应问清发生事故的物品、理化特性以及周围的人员状况等。

② 迅速将监控图像切换至相应的位置,初步确认现场情况,并对事故现场进行录像。

③ 立即启动应急预案,通知执勤队长发生险情的地点、情况、危险品名或火灾状况等,指明靠近隧道哪个车行通道。

④ 立即通知当地消防队发生险情的地点、情况、危险品名、火灾状况等。

⑤ 通知高速交警发生险情的地点、情况、危险品名、火灾状况等,并迅速实施封道。

⑥ 通知高速路政发生险情的地点、情况、危险品名、火灾状况等。

⑦ 通知相关收费所险情状况。

⑧ 利用对应事故路段的有线广播进行呼叫。引导驾驶员利用附近的消防器材进行现场自救,引导司乘人员迅速转移到右侧的路肩上或者紧急停车带内;引导驾驶员在事故车的来车方向的后方 150 m 处设置"故障车警告标志牌",以引起后续车辆的注意;引导驾驶员通过紧急电话向高速公路的隧道管理部门求援或利用通信工具向高速公路交警报警。

⑨ 更改来车方向的交通信号灯、可变情报板、可变限速标志等,诱导指挥着火路段交通状况。

⑩ 根据执勤队长反馈的事故现场信息、指令,作进一步处理;及时告知执勤队长相关业务单位、部门的处置措施。

a) 及时将现场反馈信息通知相关业务单位、部门,有伤员则联系急救医院(简要说明伤情)。

b) 监控好其他路段的通行状况。

c) 服从执勤队长安排,做好随时出勤准备。

d) 详细做好相关记录,包括事故状况、处置措施、相关联系情况等。

(3) 接到险情报告后,当班班长应迅速组织人员成立应急小分队,在确保自身安全的前提下,投入到抢救险情的行动之中,由当班班长统一指挥。

① 当班班长职责:

a) 向上级汇报。当班班长向中心领导汇报险情详细情况。

b) 当班班长全面负责事故现场的安全管理,确保应急小分队的人身安全,协调抢险工作,观察险情要由当班班长进行,便于及时作出决策。

c) 当班班长亲自或指定专人了解化学品泄漏的具体情况(如可能发生的燃烧、爆炸、毒性等),泄漏部位、被困人员、车辆情况等,并及时向中控员反馈现场信息,向站长或管理处上级部门汇报具体险情,并发出处置指令。

d) 根据险情决定抢险方案,组织人员进行抢险工作。

e) 与现场其他抢险单位共同协调抢险救灾工作。

f) 根据险情发展情况,如隧道相关用电设施已开始燃烧,则指挥切断相关电源,开启应急照明系统,切断电源前需向上级汇报,并能保证隧道内事故现场人员安全疏散。

g) 根据险情发展情况,若是易爆、剧毒气体等物品泄漏、险情已无法控制或有爆炸等危及自身安全的情况,当班班长有权作出撤离现场的决定,并立即进行疏散。

② 中心领导职责:

a) 要及时向上级领导及相关部门汇报险情与求援。根据现场反馈的信息,如为有毒和腐蚀化学品泄漏,负责落实与安全生产监督管理部门或环境保护部门联系,请求他们到达现场做好对有毒和腐蚀化学品泄漏的监测和处理。

b) 根据现场反馈情况,如有必要及时向外部求援。

c) 做好与消防、安全生产监督管理、环境保护、交警、路政、卫生等部门的联系与协调工作。

(4) 到达现场方法

根据隧道实际情况规划好行驶路线,要求安全、及时到达事故现场。

(5) 现场抢险救灾

① 要安排一名监控员负责接应消防队和相关专业处理部门,消除道路交通障碍,确保消防队等及时到达现场,并及时向其报告灾情。

② 施救车辆与人员应坚持从上风口进入,绝对禁止逆风向进入隧道施救。在进入事故隧道前,先在隧道外实施封道,并留一人维持秩序,清除应急通道(硬路肩)的路障,确保各专业处理部门和交警快速赶赴现场。

③ 进入现场人员应配备、使用防毒面具。到达现场后首先要了解事故情况,询问知情人(以事故车的司乘人员为主),准确掌握泄漏的物品和理化特性(是否易爆物品、剧毒气体等,若是则要立即进行人员疏散)、泄漏部位、被困人员、车辆情况等,以确定抢险方案。

④ 若无法确定是何种危险源,则要立即进行疏散,确保人身安全。

⑤ 事故现场预警按预警方案执行。

⑥ 根据现场风向及险情确定是否打开风机并加开事故路段的全部基本灯。

a) 若是易燃、易爆气体的物品则现场严格禁止一切电气开关操作。

b) 若非易燃易爆物品,则加开事故路段的全部基本灯。

c) 若事故前方人员已疏散,则打开风机保持现场空气流通。

⑦ 疏散围观群众、车辆,自己车辆应车头向外停放,设立警戒线(要离现场至少 50 m 处),做好警戒工作,并安排一名队员(驾驶员)负责维持现场秩序,阻止一切人员使用明火。

⑧ 组织解救被困和伤亡人员

a) 按现场伤员处置方案组织抢救。迅速将中毒患者移至空气新鲜处,松解衣扣和腰带,摘下假牙和清除口腔异物。保证其呼吸道通畅,注意保暖。如果已有骨折或外伤,则要注意包扎和固定。

b) 污染的衣着要立即脱掉,皮肤污染时,要及早用清水或解毒液(根据毒物性质选择中和解毒的溶液)冲洗,强酸(如浓硫酸)或黏滞性较大的毒物(如油漆)污染皮肤时,应先用棉絮、干布擦去毒物,然后再用水、中和液或溶剂反复冲洗。化学物质进入眼内,首先应用大量清洁水或生理盐水冲洗至少 15 min,把眼结膜囊内的化学物质全部冲洗掉,冲洗时要转动眼球。

c) 充分重视个体防护。既要抢救别人,又要保护自己,个体防护是十分重要的。首先要搞清毒物的种类、性质,如果是气体,一定要选择合适的防毒面具,如佩带供氧式防毒面具或压缩空气呼吸器。遇有酸碱时,要穿戴防护衣、手套和胶靴。若现场情况不明则一定要先佩带供氧式防毒面具或压缩空气呼吸器再接近。

⑨ 若现场已起火,尽可能及时扑灭火灾。

a) 灭火方法。灭火剂的选择和使用方法,受各种特定情况的影响,如火灾规模和类型,可燃物质的化学性质和物理性质。

b) 气体火灾。当逸散的气体燃烧时,通常最好的办法是切断气源,而不是直接灭火。先灭火,而气源未切断,气体继续外漏会形成爆炸性气氛,遇火星会发生爆炸,其损失要比没有形成爆炸性气氛之前大得多。所以,当气体发生火灾时,应立即切断气源,喷水冷却容器或装置,可能的话,将容器转移到空旷处。

c) 液体和固体灭火。液体和固体化学物质的灭火比较复杂,这要根据物质本身的化学和物理性质来确定具体的灭火方法。

⑩ 根据现场的实际情况,一般宜以人员疏散及警戒为主,若具备防护条件,则组织人员抢险。

(6) 专业处理人员(消防队、交警等)到达后,将现场移交给他们,并继续协助其工作。

① 告知专业处理人员,我们所掌握的事故情况(内容要真实,不能是推测内容)、现场消防设施以及我们的处理措施。

② 协助交警等组建现场抢险指挥部,统一指挥抢险和人员、车辆疏散工作。并与现场各抢险单位保持密切联系。

③ 按照交警要求协助对事故现场进行预警和疏散工作。

④ 配合专业处理人员进行处理,为其提供力所能及的支持。

⑤ 在抢险结束后,协同路政查看及取证隧道、路面及设施的损失,并确定是否影响隧道通行。

⑥ 待完全处理好后再撤离。

16.6.4 非正常情况

高速公路隧道路段的安全畅通直接影响到整个高速公路网的正常运行。隧道路段一旦发生停电、台风、暴雨及大雾天气等非正常情况时,隧道内发生交通事故的概率远大于普通路段,同时也容易导致重大恶性交通事故的发生。为确保隧道路段的安全畅通,最大限度地保障司乘人员的生命与财产安全,防止非正常情况下意外事故的发生,特制定以下预案。

(1) 台风、暴雨应急处置预案

① 根据气象台及上级机关发布的大风警报,在思想上高度重视,并作必要的安排,同时认真做好相应记录。

② 对各类机电设备、房建、隧道的洞体和山体、边坡边沟要逐一细致地检查,对沿线的一些设施进行加固(如各类标志牌、情报板等),不能加固的应立即拆除或放下(如高杆灯等),同时要确保排水设施良好。

③ 做好绳索、应急照明设备(手电筒、应急灯、蜡烛等)、雨衣雨靴、医疗设备、食物等防台物资的准备。同时准备好发电机所需柴油,保证所有车辆车况良好并加满油。

④ 加强人力的准备,成立抢险小分队(必须有电工),同时加强值班;抢险小分队应急外出巡逻,检查时须2人以上协同;尽量限制人员外出,确保人身安全。

⑤ 准备好各类警示牌以防发生隧道停电,若长时间停电则在隧道口进行警告,并关闭各类不是很重要的设备,以延长不间断电源(UPS)的供电时间。

⑥ 灾后,对各类机电设备、房建、隧道的洞体和山体、边坡边沟进行检查,并及时整改维修。

(2) 隧道出入口处山体滑坡应急处置预案

隧道路段山体较高,有发生泥石流、滑坡的隐患,泥石流、滑坡将直接破坏道路,影响交通运输,甚至引发交通事故。为避免发生此类事故,结合本路段实际情况,特制定如下应急预案:

① 日常巡查中应重点检查可能滑坡部分,如发现原有滑坡复活,或发生新的滑坡,则应对滑坡作出全面观察分析,找出原因,及时解决,同时做好记录,及时向所长汇报。

② 日常巡查中应重点检查护面墙结构,因护面墙不承受墙后土体的侧压力,所防护的边坡若有滑动、滑塌现象,路堑边坡有不稳定现象时,护面墙均会立即产生反应,一般会有裂缝、块石松动、墙面局部突起变形等现象,此时应立即报告所长及上级主管部门领导。

③ 日常巡查中应重点观察有无下列现象:斜坡坡脚附近湿地增多且范围扩大。坡脚附近土、石挤紧并出现大量膨胀裂缝。斜坡下部路基上拱。斜坡中部出现纵横裂缝。斜坡上部出现弧形裂缝,并有下沉现象。斜坡上树木倾斜。斜坡上缘土、石零星下落。上述现象均可发生滑坡,遇此情况,巡查人员应立即报告所长及上级主管部门领导。

④ 观察隧道洞门及洞口边坡挡土墙。重力式挡土墙是依靠墙身自重来抵挡土压力的,若沉降缝(伸缩缝)有变形,墙身有裂缝,此时已是情况紧急,必须立即报告站长及上级主管部门领导。

⑤ 山体滑坡重在预防,重在及早发现。在日常巡查的基础上,遇暴雨天和多雨季节要加强巡查。

⑥ 一旦确认泥石流、滑坡等灾害即将发生或已发生时,必须立即上报所长和公司领导,同时立即通知高速交警和路政部门,及时进行封道。同时根据公司指示组织执勤队员做好

抗灾工作。

(3) 隧道停电应急处置预案

由于各地隧道供配电系统的不同,在具体应对停电上也存在差异,本预案以有 UPS 和自备发电机组的隧道为依据编制。

① 隧道管理所一旦发现意外停电或接到供电部门的停电通知,应立即报告当班班长,并立即与供电部门联系,确定停电原因和时间,若停电时间超过半小时则应迅速将情况告知所长,并通知高速交警和监控中心停电情况。

② 若是低于半小时的停电,则以 UPS 供电为主,在 UPS 供电时,系统自动切换为固定的照明模式,此时不要增开各类用电设备。

③ 电工则立即检查柴油发电机组情况、水位及柴油储备量,并进行试运行,若发现问题应立即处理,以确保柴油发电机组顺利发电。

④ 若是超过半小时还没来电,电工则应立即将柴油发电机组投入发电,由发电机向隧道供电。

⑤ 若已确定是超过 24 小时的停电,则应立即采购柴油确保 24 小时以上长时间的发电需要。

⑥ 在柴油发电机投入运行后,要注意负载不可超过额定功率的 80%,电工应每半小时对发电机检查一次,并做好记录。

⑦ 若出现所有供电手段都不能供电时,当班巡检人员应立即到各隧道进口放置"隧道停电,开灯减速"反光标志牌,并立即通知监控中心。

⑧ 在隧道恢复供电后,应立即通知监控中心和站长。

(4) 大雾封道隧道照明节能预案

针对冬天大雾天气引起封道的增加,根据实际情况制定了隧道照明节能预案。

隧道所通过对讲机接收到或接到通知因雾封道后,监控员立即联系分中心与监控中心了解详细的封道信息,确定封道的隧道是双向还是单向的,监控员密切监视封道道路相关隧道内的车流,若车流减少为零,则关闭封道隧道内的全部基本照明灯,开启隧道内应急照明灯;在双向封道时,若是夜间则隧道口的高杆灯也同时关闭。开启应急灯的作用是给予隧道内一定的亮度,防止偷盗事故的发生。

监控员通过对讲机接收到解除封道后,立即开启隧道内的基本照明灯和加强灯,隧道照明恢复正常状态,能够使车流到来之前达到足够的亮度。

16.6.5 应急检查

16.6.5.1 定义及目的

(1) 定义

对于隧道来说,在整个隧道的运营管理期内将可能遭遇台风/大风、洪水(暴雨)、大雾、雷电、火警、车撞、地震、维修不当和人为破坏等情况。此类事件不但影响隧道正常运营,而且可能危及行车安全,对人的生命构成严重威胁;甚至威胁隧道结构局部或者整体的安全。因此,必须根据特殊事件的特点,制定针对性的应对策略,包括预防措施,以及交通管制、事件后应急检查、养护措施等。

应急检查对应着中国规范中的特殊检查之应急检查和国外的特殊巡检(Special Inspection)。

(2) 检查目的

在全线隧道经历特殊事件的事前、进行中和事后应做相应的各阶段管理和检查工作。

16.6.5.2　检查方法

根据不同的应急事件响应不同的检查措施。

16.6.5.3　检查内容及要求

(1) 地震灾害后的应急检查

(2) 大风灾害后的应急检查

(3) 暴雨等水灾害后的应急检查

(4) 火灾后的应急检查

(5) 车辆撞击等灾害后的应急检查

16.6.5.4　记录方法及表格

应急检查记录应以应急检查表的形式进行记录。

17 安全管理

17.1 概述

隧道养护作业应在保障养护作业人员、设备和车辆运行安全的前提下,充分考虑养护作业的内容与要求、时间与周期、交通量与经济效益,合理布置养护作业控制区,有力保障养护作业的安全。

17.2 安全规定

(1)隧道养护作业时,当隧道养护作业影响原建筑限界时,应设置限高及限宽标志。

(2)隧道养护作业控制区中交通锥的布设间距不宜大于4 m,缓冲区和工作区照明应满足养护作业照明要求。

(3)隧道养护作业人员应穿戴反光服装和安全帽,养护作业机械应配备反光标志,施工台架周围应布设防眩灯。

(4)隧道养护作业宜在交通量较小时进行。

(5)特长、长隧道养护作业应全时段配备交通引导人员,轮换时间不宜超过4 h。

(6)特长、长隧道养护作业时,应间隔放行大型载重汽车。

17.3 养护作业控制区布置

17.3.1 单洞双向隧道

单洞双向隧道作业控制区布置应符合下列规定:

(1)封闭一条车道双向交替通行时,隧道入口处应布设临时交通控制信号设施或配备交通引导人员,上游控制区应布置在隧道入口前。以设计速度60 km/h为例,作业控制区布置示例见图17.1和17.2。

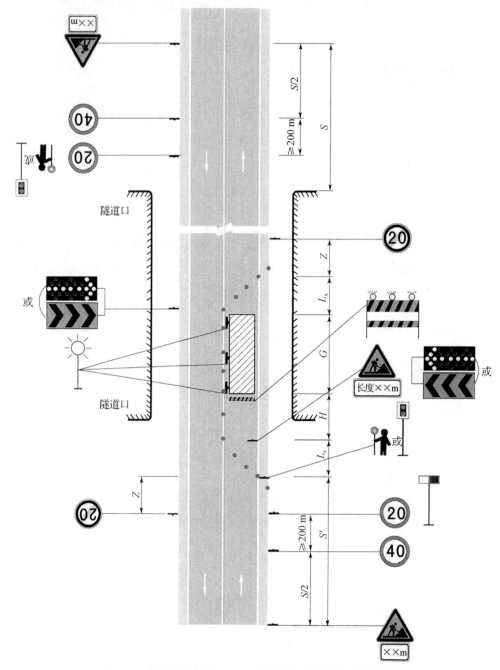

图 17.1 单洞双向隧道在入口附近养护作业控制区布置示意

17 安全管理

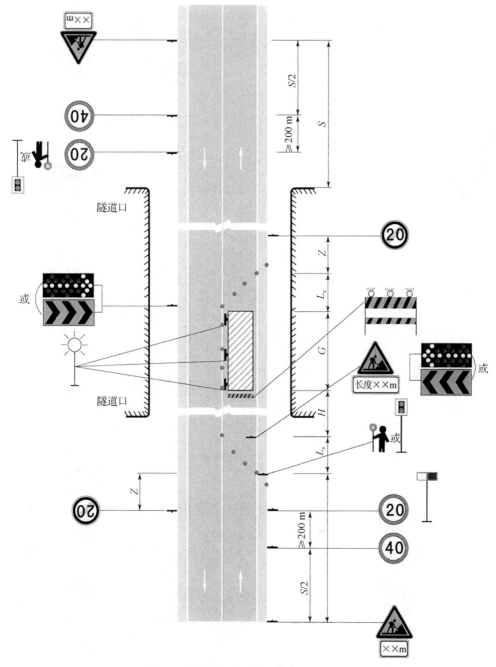

图 17.2 单洞双向隧道在中间路段养护作业控制区布置示意

(2)中、短隧道养护作业应封闭隧道内整条作业车道,下游过渡区宜布置在隧道出口外。以设计速度 60 km/h 为例,作业控制区布置示例见图 17.3。

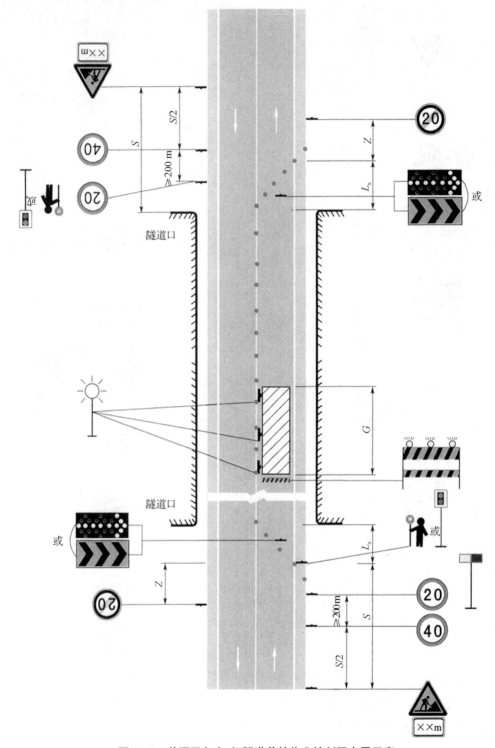

图 17.3 单洞双向中、短隧道养护作业控制区布置示意

（3）单洞双向通行的隧道全幅封闭养护作业时，应做好分流信息提示，并在作业控制区前后的交叉路口布置隧道封闭或改道标志。

17.3.2 双洞单向隧道

双洞单向通行的中、短隧道养护作业控制区布置应符合下列规定：

（1）上游过渡区应布置在隧道入口前。以设计速度 80 km/h 为例，作业控制区布置示例见图 17.4 和 17.5。

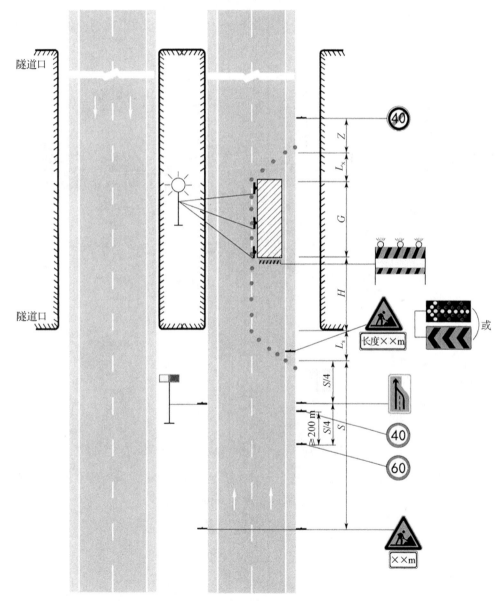

图 17.4 双洞单向通行的隧道在入口附近养护作业控制区布置示意

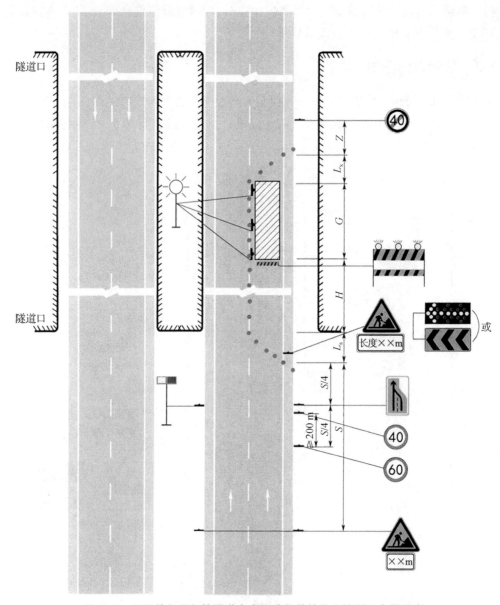

图 17.5　双洞单向通行的隧道在中间路段养护作业控制区布置示意

（2）隧道群养护作业，当警告区标志位于前方隧道内时，应将标志提前至前方隧道入口处。以设计速度 80 km/h 为例，作业控制区布置示例见图 17.6。

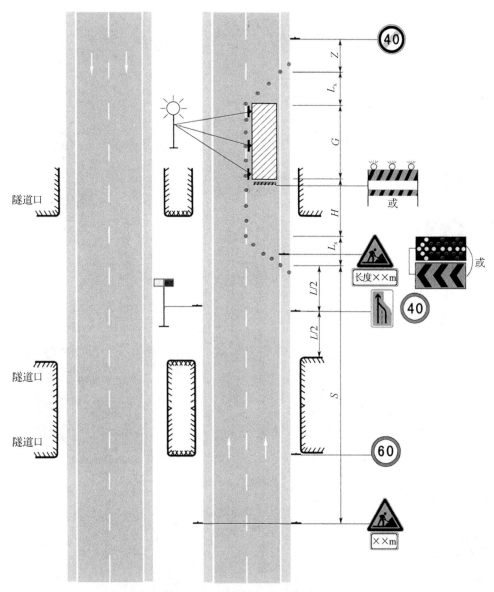

图 17.6 双洞单向通行的隧道群养护作业控制区布置示意
注:L 代表警告区隧道出口至上游过渡区起点的距离

(3) 以设计速度 80 km/h 为例,单洞全幅封闭并借用另一侧通行的隧道,养护作业控制区布置示例见图 17.7。

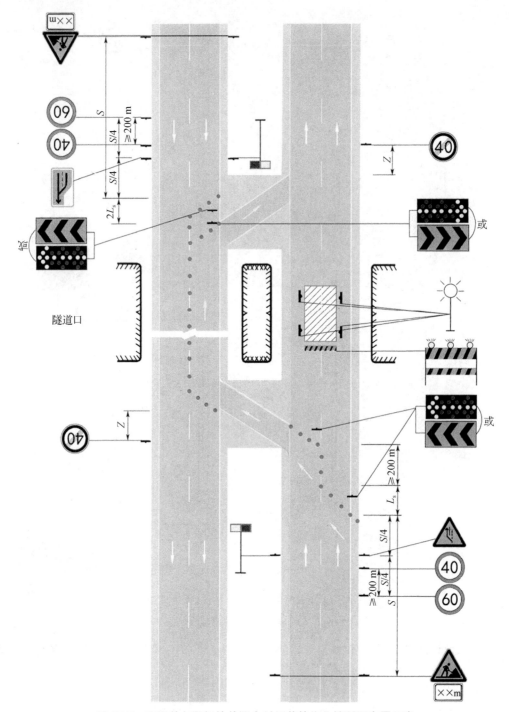

图 17.7 双洞单向通行的单洞全封闭养护作业控制区布置示意

(4) 双洞单向通行的特长、长隧道养护作业控制区布置，应符合下列规定：

① 当工作区起点距隧道入口小于 1 km 时，养护作业控制区布置应参考图 17.4 和 17.5 执行。

② 当工作区起点距隧道入口大于 1 km 时,应按路段养护作业控制区布置。隧道入口处应增设施工标志。隧道内警告区宜采用电子显示屏提示。

(5) 临时和移动养护作业宜布设移动式标志车,并在隧道两端布设施工标志,必要时配备交通引导人员。移动养护车作业宜采用机械移动养护作业。